KB274568

역대 세계의 소피스트

崔 映 昌　著

한 글

머 리 말

　　철학이 무엇이냐고 물어서 철학을 알려고 한다면 그는 영원히 철학을 알 수가 없을 것이며 철학을 하지도 못할 것이고 철학적으로 살 수도 없을 것이다. 철학을 배워서 안 사람이 있다면 그는 철학을 공부의 대상으로 삼아 연구하는 철학 연구자나 철학사가일 것이다.

　　철학이 많은 사람들로부터 격리되어 무관심의 자리에 남게 된 것도 철학을 연구하는 학자들이 철인을 대표한 때문이며, 그렇게 인식되어진 때문이다. 철학 연구는 철학자만이 할 수 있는 일일지 모르지만 누구나 철학을 할 수는 있을 것이다. 서양 철학의 경우에 있어서 소크라테스 이후 대부분의 철학 연구가들이 철인을 대표했거나 아니면 각 시대에서 철인은 잊혀지고 철학자만이 역사적 인물이 된 것은 아닐까?

　　이와 같은 심정으로 이 책을 엮었다. 내 얕은 지식과 주변에서 볼 수 있는 서적들을 참고로 철인(철학자)들의 생애에 관심을 기울였다. 그러니 이 책은 편집한 것에 불과하다. 그러나 나를 바라보는 학생들의 초롱초롱한 눈빛들과 철학에 관심은 있지만 거리감을 가진 많은 사람들이 용기를 주었다. 이 책은 그런 사람들을 위해 엮어본 것이다.

　　철학 사상에 관한 책읽기가 따분하고 난해하다는 생각이 들어 독자에게 부담을 주는 것은 문학 작품을 속독하듯이 읽으려 하기 때문이다. 표현 하나 하나마다 생각하면서 읽고, 읽고 나서 생각하고, 사용된 용어의 개념을 파악해 가야 할 것이다. 이 책의 표현이나 설명들도 이해를 돕기 위해 다양하고 장황한 해설을 덧붙이는 식이 아니라 오히려 표현을 삼가고 말을 아끼는 노력을 기울였다. 생각하면서 쓴 글이다. 그러니 지금 대하고 있는 사상가와 단둘이 마주앉아 철학적 담론을 한다는 편한 자세로 읽으면 더 많은 이해와 애정을 갖게 될 것이다.

　　탈레스도 노자도 석가모니도 철학을 대상으로 하여 묻거나 연구하지는 않았다. 소크라테스도 철학을 학문의 대상으로 삼아 연구하려 하지는 않

았다. 그런데도 그들은 철인(哲人)이었다. 그리고 철학은 학문 연구의 소
산이 아니라 진리를 추구하면서 진실하고 성실하고 솔직하게 자기를 수양
하며 산 사람들의 그 철학적 삶에 의해 만들어진 것이다 .이런 생각이 나
로 하여금 이 글을 쓰게 한 것이다.

〈추가〉

— 글을 쓰고 말을 하지 않는 사람은 선하다. 그러나 글을 쓰고 말을 하면 타락한
다. 그럼에도 불구하고 말을 하지 않을 수 없는 사람도 있고, 글을 쓰지 않을 수
없는 사람도 있다. —

목 차

머리말 / 3

Ⅰ. 서양편 / 13

1. 철학의 이해를 위하여 ·· 15
　가. 철학의 길 ·· 15
　나. 철학과 인간 ·· 17
　다. 철학은 필요한 학문인가 ······························ 18
　라. 철학의 의미 ·· 19
2. 자연철학(自然哲學) ·· 22
　가. 자연철학의 의미 ·· 22
　나. 자연철학자와 그들의 사상 ··························· 23
　　㉮ 탈레스(Thales, B.C. 624/640 - 546/550) ········· 23
　　　1) 생애 ·· 24
　　　2) 사상 ·· 26
　　　　가) 만물의 근원은 물이다 ························ 26
　　　　나) 자연주의적 세계관 ···························· 26
　　㉯ 아낙시만드로스(Anaximandros, B.C. 610-546) ···· 27
　　　1) 생애와 사상 ··· 27
　　　　가) 천체는 원통형이다 ···························· 27
　　　　다) 정의(正義)는 균형의 조화다 ················ 28
　　　　라) 자연주의적 우주론 ···························· 29
　　㉰ 아낙시메네스(Anaximenes,? - B.C. 525) ········· 30
　　　1) 생애와 사상 ··· 30
　　　　가) 근원적 물질은 공기(aer,아에르)이다 ······· 30
　　㉱ 크세노파네스(Xenophanes, B.C. 6세기경) ········· 31
　　　1) 생애와 사상 ··· 31
　　　　가) 만물은 물과 흙으로 되어 있다 ············· 31
　　　　나) 의인적 신관 부정 ····························· 31
　　㉲ 피타고라스(Pythagoras, B.C. 580- 500) ··········· 32
　　　1) 생애 ·· 33

2) 사상 ·· 34
　가) 만물은 수로 되어 있다 ·· 34
　나) 영혼 윤회설 ·· 34
　다) 순결성의 추구 ·· 35
　라) 수의 신비에 빠짐 ·· 35
⑭ 헤라클레이토스(Herakleitos, B. C. 530- 478) ·········· 36
1) 생애와 사상 ··· 36
　가) 에페소스 출신의 신비가 ······································ 36
　나) 만물의 근원은 불이다 ·· 36
　다) 만물은 유전(流轉)한다 ·· 37
　라) 인간관 ·· 38
　마) 신관 ·· 40
⑮ 파르메니데스(Parmenides, R.C. 644~501) ·············· 40
1) 생애와 사상 ··· 41
　가) 진리의 길, 억견(臆見)의 길 ································ 41
　나) 참된 실재는 유(有, einai)다 ······························ 41
⑯ 데모크리토스(Demokritos, B.C. 460 - 370) ············ 42
1) 생애와 사상 ··· 43
　가) 웃는 철인 데모크리토스 ······································ 43
　나) 만물의 근본은 원자(Atoma)다 ···························· 43
　다) 유물론 ·· 44

3. 소피스트(Sophist) ·· 45
　가. 소피스트의 의미 ··· 45
　나. 소피스트들과 그 사상 ·· 47
　　㉮ 프로타고라스(Protagoras, B.C. 500 - 430) ·········· 47
　　　1) 생애와 사상 ··· 47
　　　　가) 진리는 상대적이다 - 절대적 진리를 부정 ········ 47
　　　　나) 인간은 만물의 척도다 ······································ 49
　　㉯ 고르기아스(Gorgias, B.C. 485-380) ·················· 50
　　　1) 생애와 사상 ··· 50
　　　　가) 회의론자 고르기아스 ······································ 50
　　　　나) 불가지론(不可知論) ·· 51

4. 아테네 시대의 철학 ··· 52
　가. 개 설 ·· 52
　나. 아테네의 철학자와 그 사상 ······································ 52
　　㉮ 소크라테스(Sokrates, B. C. 469-399) ·············· 52
　　　1) 생애 ·· 53
　　　2) 사상 ·· 57

가) 인간 중심주의 ·· 57

나) 진리관(객관적, 보편적, 절대적 진리관) ············· 58

다) 너 자신을 알라 ······································· 59

라) 지(知). 덕(德), 복(福) 합일설 ······················ 59

마) 준법정신 - 「악법도 법이다」 ······················· 62

바) 영혼 불멸설 ·· 62

사) 교육론 ··· 64

㈏ 플라톤(Platon, B. C. 427-347) ························ 64

1) 생애 ··· 64

2) 사상 ··· 66

가) 이상주의 철학 ······································· 66

나) 이원론적 세계관 ····································· 67

다) 정의론(正義論) - 4주덕 ······························ 68

라) 이상국가와 철인 정치론 ······························ 68

마) 교육관 ··· 69

㈐ 아리스토텔레스(Aristoteles, B. C. 384-322) ··········· 70

1) 생애 ··· 70

2) 사상 ··· 73

가) 현실주의 철학 ······································· 73

나) 형상(形相)과 질료(質料) ····························· 74

다) 행복론(목적론적 세계관) ····························· 75

라) 정의론(正義論) -가장 적절한 상태(中庸) ·············· 76

마) 논리학의 집대성 ····································· 77

바) 저서 ··· 78

5. 헬레니즘 시대 ··· 80

가. 헬레니즘 시대의 사상 ··································· 80

1) 쾌락주의 ··· 80

나. 견유(犬濡)학파(Kynikos) ································· 83

다. 스토아철학(Stoicism) ···································· 85

1) 스토아 철학의 창시자 제논 ···························· 85

2) 스토아 학파의 사상 ··································· 86

6. 중세의 철학(크리스트교철학) ······························· 88

가. 개설 ··· 88

나. 교부 철학(Patristic philosophy) ·························· 89

㈎ 아우구스티누스(Augustinus, A.D.354 - 430) ··········· 89

1) 생애 ··· 89

2) 사상 ··· 92

가) 진리 인식의 문제 ····································· 92

　　　　나) 신의 인식 문제 ··· 93
　　　　다) 윤리설(7주덕) ··· 93
　　　　라) 구원론 ··· 93
　　　　마) 신국론 ··· 94
　　　　바) 교부 철학자들 ··· 95
　　　다. 스콜라(Schola)철학 ··· 95
　　㉮ 토마스 아퀴나스(Thomas Aquinas, 1225- 1274) ··············· 95
　　　1) 생애 ··· 95
　　　2) 사상 ··· 97
　　　　나) 신의 존재 증명 ··· 97
　　　　다) 윤리론(神愛 속에서의 생활) ··· 98
　　　　라) 국가론 ··· 98
　　　　마) 스콜라 철학자들 ··· 99

7. 인간성 해방의 시대 ··· 100
　가. 르네상스(Renaissance) ··· 100
　　　1) 개설 ··· 100
　　㉮ 단테(Dante, Alighieri, 1265 - 1321) ······························· 100
　　㉯ 에라스무스(Erasmus. 1466- 1536) ································· 101
　나. 종교개혁(Reformation) ··· 102
　　　1) 개설 ··· 102
　　㉮ 루터(Martin Luther. 1483-1546) ··································· 103

8. 근세철학 ··· 107
　가. 경험론(Empiricism) ··· 107
　　㉮ 베이컨(Francis Bacon, 1561-1626) ······························· 107
　　　1) 생애 ··· 107
　　　2) 사상 ··· 109
　　　　가) 아는 것이 힘이다 ··· 109
　　　　나) 우상론 ··· 109
　　　　다) 윤리관 ··· 110
　　㉯ 로크(John Locke, 1632-1704) ····································· 111
　　　1) 생애 ··· 111
　　　2) 사상 ··· 112
　　　　나. 합리론(Rationalism) ··· 113
　　㉮ 데카르트(Rene Descartes, 1596-1650) ··························· 114
　　　1) 생애 ··· 114
　　　2) 사상 ··· 116
　　　　가) 학문의 4규칙 ··· 116
　　　　나) 방법적 회의 ··· 117

다) 신의 존재 증명 ·· 118
라) 정신과 육체(이원론) ·································· 119
마) 윤리관 ·· 119
내 스피노자(Benedictus de Spinoza, 1632-1677) ····· 120
1) 생애 ··· 120
2) 사상 ··· 122
가) 신 즉 자연(범신론) ·································· 122
나) 인식론 ·· 122
다) 윤리설(자유론) ·· 123
다. 관념론(Idealism) ·· 124
가 칸트(Immanuel Kant, 1724 - 1804) ············· 124
1) 생애 ··· 124
2) 사상 ··· 127
가) 선험적 관념론(先驗的 觀念論) ················· 127
나) 도덕 법칙 ··· 128
다) 이성적 종교 ·· 129
내 헤겔(Georg Wihelm Friedrich Hegel, 1770-1831) ···· 129
1) 생애 ··· 130
2) 사상 ··· 132
가) 절대적 관념론 ··· 132
나) 변증법 ·· 132
다) 정신 철학 ··· 133
라) 종교 철학 ··· 134

9. 19세기의 철학 ··· 137
가. 공리주의(Utilitarianism) ······························ 137
1) 개설 ··· 137
가 밀(John Stuart Mill, 1806~1873) ················ 137
1) 생애 ··· 138
2) 사상 ··· 140
가) 귀납적 논리 ·· 140
나) 질적 공리주의 ··· 141
다) 자유론 ·· 142
나. 진화론(Evolution theory) ···························· 142
1) 개설 ··· 142
가 스펜서(Herbert Spencer, 1820~1903) ·········· 143
1) 생애 ··· 143
2) 사상 ··· 145
가) 불가지자(不可知者) ································· 145
나) 진화론(사회적 진화론) ····························· 146

다. 실증주의(Positivism) ··· 146
　　1) 개설 ·· 146
　㉮ 콩트(Comte Isidor Auguste Marie Francois Xavier, 1798∼1857) ············· 147
　　1) 생애 ·· 147
　　2) 사상 ·· 149
　　　가) 실증주의 ·· 149
　　　나) 인식의 3단계 ·· 149
라. 생철학(Philosophy of life) ·· 150
　　1) 개설 ·· 150
　㉮ 쇼펜하우어(Arther Schopenhauer, 1788∼1860) ······························· 150
　　1) 생애 ·· 151
　　2) 사상 ·· 153
　　　가) 표상(表象)으로서의 세계 ·· 153
　　　다) 염세주의(厭世主義) ··· 154
　　　라) 해탈의 길 ·· 155
　㉯ 니체(Friedrich Wilhelm Nietsche, 1844-1900) ······························· 155
　　1) 생애 ·· 156
　　2) 사상 ·· 158
　　　가) 생철학 ·· 158
　　　나) 허무주의 ··· 159
　　　다) 초인 사상(超人思想) ·· 160
　　　라) 실존주의(實存主義) ··· 161
　㉰ 베르그송(Henri Bergson, 1859∼1941) ·· 161
　　1) 생애 ·· 162
　　2) 사상 ·· 163
　　　가) 분석과 직관 ·· 163
　　　나) 물질과 의식 ·· 164
　　　다) 창조적 진화 ·· 164
마. 현상학(現象學, Phenomenology) ·· 164
　　1) 개설 ·· 164
　㉮ 후설(Edmund Husserl, 1859-1936) ·· 165
　　1) 생애 ·· 165
　　2) 사상 ·· 166
　　　가) 현상학의 성격 ·· 166
　　　나) 현상학의 대상 ·· 167
　　　다) 현상학의 방법 ·· 168
　　　라) 현상학의 내용 ·· 168
10. 현대 철학 ·· 170
　가. 실존주의(Existentalism) ··· 170

```
1) 개설 ······················································································· 170
㉮ 키에르케고르(Soren Kierkegaard, 1813-1855) ······················· 171
  1) 생애 ····················································································· 171
  2) 사상 ····················································································· 174
    가) 고독한 단독자 ·································································· 174
    나) 인간의 주체성 ·································································· 174
    다) 실존의 3단계 ··································································· 175
    라) 이것이냐 저것이냐 ·························································· 175
㉯ 야스퍼스(karl Jaspers, 1883-1969) ····································· 176
  1) 생애 ····················································································· 176
  2) 사상 ····················································································· 178
    가) 신뢰의 상실 ····································································· 178
    나) 철학적 세계정위(世界定位) ············································· 179
    다) 실존적 조명(照明) ···························································· 179
    라) 암호 해독과 초월자 ························································· 180
㉰ 마르셀(Gabriel Marcel, 1899-1973) ····································· 180
  1) 생애 ····················································································· 180
  2) 사상 ····················································································· 181
    가) 부서진 세계 ····································································· 182
    나) 인격적 교제 ····································································· 182
    다) 영적 교제 ········································································ 182
㉱ 사르트르(Jean Paul Sartre, 1905-1980) ····························· 183
  1) 생애 ····················································································· 183
  2) 사상 ····················································································· 186
    가) 존재(存在)와 무(無) ·························································· 186
    나) 행동과 실존 ····································································· 187
    다) 실존은 본질에 앞선다 ····················································· 188
    라) 실존은 주체성이다 ·························································· 188
    마) 실존주의는 휴머니즘이다 ················································ 189
나. 실용주의(Pragmatism) ························································ 190
  1) 개설 ····················································································· 190
㉮ 퍼스(Charles Sander Peirce, 1839-1914) ··························· 190
  1) 생애 ····················································································· 190
  2) 사상 ····················································································· 192
    가) 실험적 실증주의 ······························································ 192
    나) 우연주의, 연속주의, 자애주의 ·········································· 192
    다) 과학과 종교 ····································································· 193
㉯ 제임스(William James, 1812-1910) ····································· 193
  1) 생애 ····················································································· 194
```

    2) 사상 ··· 195
       가) 도구주의·개선주의 세계관 ······································· 195
다. 논리실증주의(Logcal Positivism) ······································· 196
    1) 개설 ··· 196
    ㉮ 비트켄슈타인(Ludwig Joseph Johann, Wittgenstein, 1889-1951) ·············· 196
    1) 생애 ··· 196
    2) 사상 ··· 199
       가) 명제론 ·· 199
       나) 용도 의미론(用度意味論) ··· 199

Ⅱ. 동양편 / 203

    ㉮ 공자(孔子)의 생애와 사상 ·· 205
    1) 시대적 배경 ·· 205
       가) 주(周)의 건국과 발전 ·· 205
       나) 공자가 살았던 시대 ·· 206
    2) 공자의 생애 ·· 206
    3) 공자의 사상 ·· 217
       가) 정치사상 ·· 217
       나) 주유열국(周遊列國) ·· 222
       다) 교육생활(敎育生活) ·· 227
       라) 윤리 사상 ·· 231
    ㉯ 노자(老子)와 도가사상(道家思想) ································ 237
    1) 老子의 생애 ·· 237
    2) 老子의 思想 ·· 241
       가) 도(道) ·· 242
       나) 덕(德) ·· 247
    ㉰ 석가(釋迦)의 생애와 사상 ·· 250
    1) 생애 ··· 250
       가) 탄생 ··· 250
       나) 출가 ··· 257
       다) 구도의 길 ·· 259
       라) 설법 ··· 263
    2) 사상 ··· 267
       가) 사성제(四聖諦) ·· 267
       나) 8정도(八正道) ··· 268
       다) 4법인(四法印) ··· 268
       라) 연기설(緣起說) ·· 268
    ㉱ 장자(莊子, B.C 365? - 290?) ······································ 269
    1) 생 애 ·· 270

2) 사 상 ··· 273
　가) 일원적 범신론(一元的汎神論) ························· 273
　나) 생사 일여(生死一如)의 인생관 ······················ 274
　다) 신선사상(神仙思想) ·································· 274
　라) 심제 좌망(心齋坐忘) ································· 275
　마) 무용지용(無用之用)의 처세술 ························ 276
　바) 무위 자연의 법칙 ···································· 276
㉲ 맹자(孟子, 372 / 382 ~289 B.C.) ······················ 277
　1) 생 애 ··· 277
　2) 사 상 ··· 285
　가) 양주(楊朱)와 묵적(墨翟) 배격 ······················ 285
　나) 성선설(性善說) ····································· 286
　다) 수양 방법:존의, 호연지기(存養, 浩然之氣) ············ 288
　라) 맹자의 정치론(王道政治論) ·························· 289
㉳ 묵자(墨子, 470?~390? B.C.) ···························· 291
　1) 생 애 ··· 291
　2) 사 상 ··· 295
　가) 3표법(三表法) ····································· 295
　나) 천지(天志) ·· 296
　다) 명귀(明鬼) ·· 296
　라) 겸애설(兼愛說) ···································· 297
　마) 비전론(非戰論) ···································· 298
　바) 절용절장(節用節葬) ································· 299
㉴ 순자(荀子, 321?~234? B.C.) ···························· 300
　1) 생 애 ··· 300
　2) 사 상 ··· 302
　가) 천론(天論) ·· 302
　나) 성악설(性惡說) ···································· 303
　다) 중례주의(重禮主義) ································· 305
㉵ 주자(朱子, 1130~1200) ······························· 306
　1) 생 애 ··· 306
　2) 사 상 ··· 310
　가) 이기 이원론(理氣二元論) ···························· 310
　나) 성즉리(性卽理)설 ··································· 312
　다) 심성론(心性論) : 인심 도심설(人心道心說) ············ 313
㉶ 왕양명(王陽明, 1472~1528) ···························· 313
　1) 생 애 ··· 313

2) 사 상 ··· 319
　가) 심즉이설(心卽理說) ······································· 319
　나) 치양지설(致良知說) ······································· 320
　다) 지행합일(知行合一) ······································· 321
㈜ 원효(元曉, 617~686) ··· 322
　1) 생 애 ··· 322
　2) 사 상 ··· 326
　　가) 일심(一心)사상과 화쟁(和諍)사상 ················· 326
㈜ 이 황(李滉, 1501~1570) ································· 327
　1) 생　애 ··· 327
　2) 사 상 ··· 333
　　가) 성리학(性理學)의 이해 ······························· 333
　　나) 이(理)와 기(氣) ·· 333
　　다) 4단 7정론(四端七情論) ································· 334
㈜ 이 이(李珥, 1536~1584) ································· 337
　1) 생 애 ··· 338
　2) 사 상 ··· 343
　　가) 이기론(理氣論) ·· 343
　　나) 4단 7정론(四端七情論) ································· 344

I.
서 양 편

소크라테스

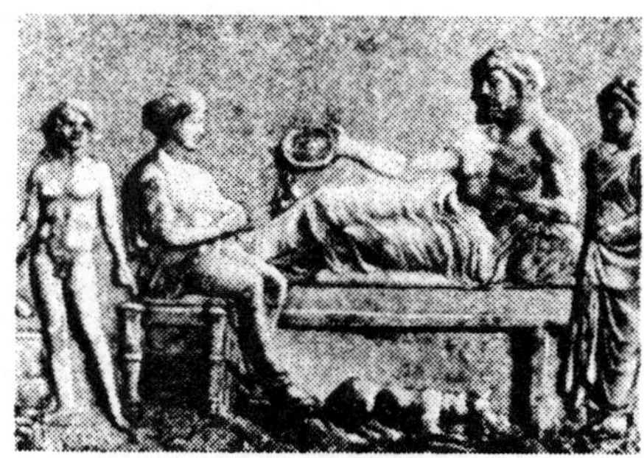

소크라테스의 최후

1. 철학의 이해를 위하여

가. 철학의 길

플라톤(Platon, B.C. 427-347)은 철학을 경이(驚異)라고 표현했다.[1] 대수롭지 않은 일이나 사물에도 크게 놀라 문제시하는 마음에서부터 철학적 활동은 시작된다. 인간들이 수없이 만나고 보내는 일들에 대한 지적 경이(知的 驚異), 지적 호기심, 지칠 줄 모르는 그 질문과 탐구 속에서 철학적 사고가 탄생된다. 처음에 그것은 제대로 물음 형식조차 갖추지 못한 물음이고 주제가 될 수 있을지 없을지조차 모르는 미정형의 주제이다. 그래도 꼭 알아야 할 주제이고 물음이다. 그것은 분명히 내 인생의 문제이고 내가 풀어야 할 주제이다. 그리고 그 문제는 본질적 문제이고 본질적 해답이어야 할 문제이다. 그런 활동이 바로 철학적 사색의 시작이고 철학적 삶의 시작이다. 그래서 인간의 특성을 전제하고 사는 사람은 모두가 철인(哲人)이다. 그 철인의 사색이 보편적 체계성을 가질 때 그것이 철학이다.

나를 모른 채 수십 년 살아온 내가 갑자기 어느 날 나를 인식하고 의아한 마음으로 질문을 시작한다. 이렇게 존재하고 있는 '나는 도대체 누구인가?', '나는 무엇인가?' 이 어처구니없는 질문, 그것이 자각이고 회의(懷疑)의 시작이다. 그때 비로소 페이드 인(fade in)되는 영상처럼 희미하게 내 주변이 보인다. 그리고 감당할 수도 없는 질문이 한꺼번에 쏟아진다.

  – 인간이란 천문학자들의 생각처럼 작고 그다지 중요하지도 않은 유성에서 무능하게 기어다니는 불순물이 섞인 탄소와 물의 작은 덩어리에 지나지 않은 그 무엇인가? 아니면 파스칼(B.Pascal, 1623_1662)[2]의 말처럼 지구보다 크고 위대한 존재인가? 니체의 초인의 자리를 승계할 황태자인가? 아니면 햄릿적 존재인가?–

---

1) 플라톤은 "경이가 철학자의 특성이 아니라 사색이 철학자의 특성이다"라고 말한 바 있다.
2) 파스칼은 인간을 중간적 존재로 파악했다. 전지자(全知者)와 무지자(無知者)의 중간, 신적인 것과 동물적인 것의 중간으로 인간을 이해했다.

- 세계는 정신과 물질로 구분되어 있는가? 그렇다면 정신은 무엇이고 물질은 또 무엇인가? 정신은 물질의 소산인가? 그 작용인가? 아니면 독자적 활동인가? -

- 우주는 카오스인가 피타고라스적 코스모스인가? 통일적 질서를 갖고 있는가? 그리고 그것은 어떤 목표를 향해 가고 있는 존재인가? 아니면 그저 커다란 회전을 하고 있는 것인가? -

- 자연법칙은 실제로 존재하는가? 혹은 플라톤의 에로스(Eros)3)에서 비롯되는 신앙에 지나지 않는가? 존재는 실재인가 아니면 그림자인가? 이미지(Image)의 형상에 불과한 것인가? -

- 인생에는 고귀한 생활과 천한 생애의 두 길이 있는가? 그 어느 생활도 다 무의미하고 허무한 것인가? 만일 가치 있는 삶이 있다면 어찌하여 그런가? 또 우리는 어떻게 그런 삶을 가질 수 있는가? -

- 선(善)4)은 참다운 최고의 것이 있고 그것은 영원한 것이라야 하는가? 그리고 순간적 내 삶과 그 영원한 가치와는 어떤 대응 관계가 성립되는가? 결국 죽음을 향하여 가고 있는 나에게 가치 있는 삶을 추구하는 행위는 그만한 가치가 있는 것인가? 아니면 죽을 수밖에 없는 운명적 존재의 몸짓인가?

- 우리가 지혜라고 부르는 그런 것들이 실제로 존재하는가? 혹은 그렇게 보이는 것은 어리석음의 세련에 지나지 않는가? -

나의 자각에서 시작된 철학적 질문은 어느덧 나를 잊게 하고 만다. 자신을 잊은 채 방황하는 사색. 점점 미궁의 소용돌이에 빠져 들어가는 그 벅차고 괴로운 사색의 심연--. 그러다가 아우구스티누스와 데카르트가 일찍이 보았던 그 회의(懷疑)5)를 만나고 스피노자적 고독에 휩싸인다.

이제 사고(思考)는 생각을 그만 두려는 사고이다. 그것은 갈등과 모순 속에서 벌어지는 필사의 투쟁이다. 그러나 그것도 생각임을 어쩌랴.

하나의 산책길이 보인다. 숲 속을 지나는 가늘고 긴 오솔길 --. 사색하는 인간은 그 길을 혼자 걷고 있다. 그것이 철학의 길이다. 물음들을 한 아름 안고 지고 가는

---

3) 플라톤의 에로스 : 불완전한 형상계의 존재가 그의 참다운 본질의 세계인 이데아를 동경하는 충동.
4) 선(善) : 착하다는 의미보다는 목적의 의미로서 아리스토텔레스의 최고선의 개념이 이에 속한다.
5) 데카르트는 '방법적 회의'라고 했다.

무거운 길이다. 그러나 잃었던 자신을 되찾은 회열의 길이다. 지적 회열의 길--.

나. 철학과 인간

인간이 미완성적 존재라는 데에 대부분의 사람들이 공감하는 것 같다. 다른 동물들과 달리 인간은 내적 성장을 계속하기 때문에 미완성적인 채로 태어날 수밖에 없도록 운명 지워진 존재라는 것이다. 물론 어느 상태가 미완성이고 완성인지 그 의미 한계가 논의의 쟁점이 될 수도 있다. 그러나 피조물이나 피사육적 존재는 자신의 독자적 의미 설정이 불가능하며 인간의 세계 인식은 그 인식의 주체가 인간이기 때문에 인간 중심적일 수밖에 없다. 그래서 '인간은 만물의 척도'인 것이다.

이 논의에서 인간을 포함한 전 존재에 공정하고 객관적 입장에 선다 하더라도 세계 인식의 한계는 관심의 한계 내지 삶의 장(場)의 한계를 의미하고, 높고 낮음, 깊고 얕음의 차이가 수반되는 것이다. 그것은 총괄적 인간 개념을 떠나 인간 개개인의 삶의 모습을 보았을 때도 같은 논리 전개가 가능하게 된다. 인간의 미완성은 단지 시간적 의미나 성장 발달 과정상의 문제에 그치지 않고 개 개 인간의 인격 완성이나 지적 성숙도에 따른 주제나 관심 정도, 여러 주제와 대상에 대한 인식의 차이까지 포괄하며 완성에로를 전제하는 논리이다.

이렇게 보면 인간이 갖는 불가피성만큼이나 철학도 불가피성을 갖는다. 완성에로의 끊임없는 추구, 그것은 도달할 길 없는 무한의 길임을 암시하고 있다. 그래도 안 갈 수 없는 길, 그렇기 때문에 완성이라는 말은 논리적으로 허구성을 면할 길 없다. 그렇더라도 인간이 철학 하는 것을 그만두지 않는 한 그렇게 고백할 수밖에 없다.

어째서 철학은 인류의 최고 지혜가 계속 동원되어 탐구해 왔어도 규명되지 않고, 추구해 왔어도 소유되지 않고, 그처럼 사랑 받고 모셔지고 사용되면서도 개념 정의조차 안 되어 있을까? 그래서 철학이 무엇인가? 라는 물음이 계속되고, 아예 그 물음을 포기한 채 철학하고 철학사만 뒤적이는가!

근세 이후 포괄적 개념 이해가 부족한 서양 사람들은(철인 아닌 철학자가 철학 문제를 다루려 했기 때문이기도 하지만) 분석적 개별적 지식과 자기 주장으로 철학을 규명하려 해보거나, 작은 부분을 인식론적 입장에서 탐구했지만 그것은 검불 속에 떨어진 바늘을 찾으려고 검불더미를 뒤적이고 헤치는 것 같아서 자신은 물론 다음 사람조차 찾을 수 없게 망칠 우려가 있다.

철인(哲人)과 철학을 한 학문의 대상으로 연구하는 철학 연구가는 다르지 않은가? 철학사가는 철인과 같은 집합이 아니고 더구나 철학사가 철학을 포함하는 것은 더욱 아니지 않은가? 철인은 순수하게 철학 하는 자여야 하고 철학을 사랑하는 자여야 하고 철학적으로 사는 자이어야 한다. 자기 삶의 근본과 그 최상의 원리가 철학적이어야 한다. 따라서 철학은 인간, 인생이 갖는 의미만큼이나 포괄적이며 다양하고 구체적이다. 철학 하는 사람에겐 인간이 철학이고 인생이 철학이다. 그의 지적 활동이 철학이다. 이런 의미에서 러셀이 "철학이 다루고 있는 문제를 저버리는 것도 바람직한 일이 못되며 또한 그 문제에 분명한 해결을 보았다고 확신하는 것도 옳지 못한 태도"라고 말한 것은 현명한 태도이다.

다. 철학은 필요한 학문인가

철학이 현실과 먼 학문이기 때문에 불필요하다는 비난은 철학이 하나의 학문으로 제기되면서부터 시작되었다고 볼 수 있다. 서양철학의 시조라고 불리는 탈레스도 그런 비난을 들었던 것 같다. 그가 하늘의 별을 쳐다보고 걷다가 우물에 빠졌을 때 트라키아의 아낙네들로부터 "당신은 발 밑의 일도 모르면서 어떻게 먼 하늘의 일을 알려고 수고하십니까?" 하는 조롱을 받았을 때도 그렇고 그가 철학자가 마음만 먹으면 쉽게 돈 벌 수 있음을 실제로 보여 주어야 했던 상황이 그렇다. 지금 당장의 생존이 문제이고, 보다 많은 학문이 실제적 유용성을 앞세워 촉박한 걸음을 재촉하는 때에 인생이 어떻고, 존재가 어떻고 본질이 어떻고 의미가 어떻고 하는 식의 생각을 되풀이하는 것은 지루한 낭비적 행위로 보일 법한 일이다.

철학이 실제적 유용성이 결여되고 필요한 학문이 못되기 때문에 무시된다는 것, 그것이 과연 옳은 것인가? 도대체 누구에게 필요 없다는 것인가? 그러한 태도는 철학에 대한 몰 인식에 근거하는 것은 아닐까? 야구 경기에 대해 모르는 사람이 야구가 필요 없는 경기라고 말하는 것과 같은 주장이 아닐까? 그 실제적이라는 말의 의미도 관계성에 근거하고 있는 것이다. 관계없는 자에게는 비실제적이고 관계 있는 자에게는 실제적이다. 야구 경기가 실제적이냐, 유용하냐를 논하기 위해서는 야구를 알아야 되듯이 철학이 유용하냐 아니냐를 논하기 위해서는 철학을 알아야 한다. 그리고 실제성 내지 유용성의 한계는 어떤 것인가? 병으로 누워있는 자에게 진통제나 치료약 정도인가, 아니면 정신치료까지인가? 그리고 병 치료와 직접 관계없는 다정한 친구의 위로나 사랑하는 이의 애정 넘친 염려의 표현과 간호는 비 실제적이고 불필요한 것인가?

영향을 받고 영향을 미치는 것은 모두 실제적이다. 관심 안에 있는 것은 모두가 필요한 요소이다.

한편 학문의 가치가 실용성에만 국한되는 것도 아니다. 학문은 학문 그 자체로서 독자적 가치를 가지는 것이며 모든 본질적 문제에 관심을 갖는 철학의 경우에는 더욱 그렇다. 진리를 향한 끊임없는 탐구와 정진이 오히려 철학의 학문적 가치를 보다 더 강하게 대변하고 있다.

그래서 유용성이나 필연성을 벗어난 학문을 소유하고 그 학문의 영향을 받으면서 산다는 것이 인간의 보다 고유하고 분명한 특징이다.

라. 철학의 의미

"철학이 무엇을 하는 학문인가?"라는 질문에 선뜻 대답하기가 어려운 것이 사실이다. 법률학, 의학, 물리학, 생물학, 화학 등 대부분의 특수 과학은 그 이름만 들어도 그것이 무엇을 연구하는 학문인가를 쉽게 이해할 수 있는데 반해 철학은 그렇지 못하기 때문이다.

대학시절의 일이다. "철학 공부하느냐?"는 하숙집 아주머니의 질문에 그렇다고 대답했더니 나를 퍽 신뢰했던 그분은 매우 진지하고 신중한 표정으로 "그러면 학생 점 잘 봐요?" 하고 묻던 일이 생각난다. 그로 인해 자기가 어느 명문 여자대학을 나왔다던 그의 말이 거짓이었음을 확인할 수 있었지만, 어쨌든 철학이 무엇을 하는 것인지, 무엇을 의미하는 것인지에 대한 일반인의 인식 부족을 단적으로 말해주는 실례가 된다

철학의 어원은 '지혜에 대한 사랑'으로서, 그것은 철학이라는 말인 필로소피아(Philosophia)가 필로스(Philos:사랑)와 소피아(Sophia:지혜)의 합성어라는 데에 근거한다6). 따라서 철학은 본래 지혜를 사랑하는 활동이고, 그것이 사랑이기 때문에 충만 되지 못한 아쉬움과 다할 줄 모르는 동경이며 노력이라고 말할 수 있다. 그러기에 플라톤도 "어떤 학문이건 가리지 않고 음미하고 알려는 사람, 배우기를 즐기며 싫증내지 않는 사람, 이런 사람이야말로 우리가 철학자라고 주장하려는 사람이다"라고 말하였다.

그는 철학을 '존재에 대한 학문'이라는 뜻으로 쓰기 시작했으나 이미 1세기 전의 헤로도투스7)(Herodotus, B.C. 484-425/430)가 지혜를 사랑한다는 의미로 필로소페인(Philosophein)이란 말을 사용하였고 소크라테스는 당시 소피스트들이 모든 것을 안다고 하는 데에 대해서 자기는 오직 알기를 좋아하는 사람. 곧 '지혜를 사랑하는 자'라는 의미로 필로소포스(Philosophos:애지자)란 말을 사용하였다.

중국에서는 상당히 다르기는 하지만 그리스의 소피스트와 같은 입장의 사람들을 유자(儒者)라고 불렀고 그들의 학문을 유학(儒學)이라고 칭했는데 송조(宋朝, 960-1279)시대에 이르러 그 내용이 천성(天性)과 물리(物理)를 연구하는 학문이라는 의미로 성리학(性理學)이라고 칭하다가 간단하게 이학(理學)이라고 불렀다. 명조(明朝)에 이르러서는 서양 문명이 수입되면서 물리학이나 생리학 지리학 등 자연과학 계통의 학문이 들어와 이런 과학들을 총칭하는 이름으로 이학(理學)이란 말을 쓰게 되었는데 이것과 구별하기 위해서 성리학 계통의 학문을 철학이라고 쓰게 되었고 이것이 지금 우리가 사용하는 이름이 되었다.

---

6) 필로소피아(philosophia)라는 말을(명사) 처음 사용한 사람이 피타고라스(Pythagoras, B.C. 571-497)라고 하나 확실치 않다. 플라톤은 소크라테스가 처음 사용했다고 했다.
7) 헤로도투스 : 그리스의 역사가. 이오니아 사람, 세계사 편찬

어떤 사람들의 말에 의하면 동양에는 철학이라는 말이 없었는데 일본 학자 서주(西周)란 사람이 서양의 필로소피(Philosophy)를 소개하기 위하여 만들어낸 역어(譯語)라고도 한다. 서주는 필로소피아(Philosophia)의 애지(愛知)의 정신이 주염계(周廉溪)8)의 『통서(通書)』에 나오는 '성희천(聖希天, 성인은 하늘을 바라고), 현희성(賢希聖, 현인은 성인이기를 바라며), 사희현(士希賢, 선비는 현인이기를 바란다)'의 희현(希賢)의 정신과 통한다 하여 필로소피아(Philosophia)를 희현학(希賢學)이라고 했다가 현자(賢者)가 유가적 색채가 짙어 희철학(希哲學)으로 고치고 마침내 철학(哲學)으로 확정 시켰다 한다.

그 외에 철학에 대한 개념 정의로는 '존재를 탐구하는 것' '회의' '죽음의 연습' '결단의 문제' '신과 같아지는 것' '우리의 아는 힘을 비판하는 것' '실재의 가장 높은 단계' '말의 논리적 구조를 밝히는 것' 등이 있고, 아리스토텔레스는 '만학(모든 학문)의 학' '제1원리' '존재 그 자체에 관한 학', 세네카는 '지의 사랑', 칸트는 '개념으로써 된 이성 인식의 체계', 피히테는 '지식학', 헤겔은 '절대자의 학', 위베르베크는 '원리의 학', 파울센은 '과학적 인식의 총화', 빈덴발트는 '절대적 가치 판단의 제 원리에 관한 학', 딜타이는 '비합리적인 생에 대한 세계관 학', 하이데거는 '생존의 해석에서 출발하는 보편적인 현상학적 존재학', 야스퍼스는 '철학은 학이 아니라 철학적 사색을 하며 실존적으로 사는 것을 말하는 것이다.'라고 하였다. (야스퍼스의 이런 철학 이해는 필자가 주장하는 '철인(哲人)'에 대한 이해와 가까운 생각이다.)

---

8) 주염계(1017-1073): 중국 송나라의 유자. 이름은 돈이(敦頤), 우주의 근원을 무극(無極＝太 極)이라 하고 음양오행(陰陽五行)의 생성을 설명.

2. 자연철학(自然哲學)

● 신화의 세계를 비판하고 자연에 대한 이해를 합리적으로 재구성하려 함.
● 주제 : 자연. 자연의 근본. 본질.(자연의 본질은 무엇인가?)
● 창시자 : 탈레스(Thales)
● 자연철학자 및 그들이 본질이라고 본 것.

㉮ 탈레스(Thales) : 물
㉯ 아낙시만드로스(Anaxrmandros) : 무한정자(apeiron)
㉰ 아낙시메네스(Anaximense) : 공기(aer).
㉱ 크세노파네스(Xenophanes) : 물, 흙 - 이원소설(다원론자)
㉲ 피타고라스(Pythagoras) : 수
㉳ 헤라클레이토스(Heraㅌeitos) : 불
㉴ 파르메니데스(Parmenides) : 유(有.einai)
㉵ 엠페도클레스(Empedokles) : 물, 불, 흙, 공기-4원소설(다원론자)
㉶ 아낙사고라스(Anaxagoras) : 종자(Spermata)
㉷ 데모크리토스(Demokritos) : 원자(Atoma)-원자론자.

가. 자연철학의 의미

자연철학이란 철학의 주제를 자연으로 삼은 데 기인한 이름이다. 처음 인간의 사색은 사색 이전에 경이(驚異),외경(畏敬)이었기 때문에 자연현상 조차 신(神)의 활동으로 보았다. 밤하늘의 고요한 달빛과 수많은 별들, 계절에 따른 기후의 변화, 홍수와 가뭄 그리고 폭풍, 특히 천둥 번개 등은 당시의 사람들에게는 공포였고 경이적인 현상이었다. 그러한 두려움과 외경심(畏敬心)이 자연에 대한 숭배로 변하였고 이러한 경험적 사건과 사색이 신화의 세계를 이루었다. 자연에 대한 숭배와 신에 대한 이야기는 과장

되고 변질되기도 하면서 문학적 철학적 주제가 되었다. 그리고 기후의 이변이나 폭풍, 홍수 등은 인간에 대한 신의 노함이나 징벌로 해석되었다. 따라서 벼락에 맞아 죽는 것은 악행에 대한 신의 징벌이었다. 이러한 시대의 인물인 호메로스(Homeros)9)나 헤시오도스(Hesiodos)10)의 주제가 되었던 것은 당연히 신(神)이었다.

이러한 신화의 세계를 비판하고 재구성하려는 노력이 그 주제를 신에서 자연으로 바꾸었을 때 비로소 서양철학의 세계가 열렸는데 그것이 자연철학이다.

당시의 자연은 전체로서의 우주나 보편으로서 우주를 의미하는데11) 자연철학자들은 그 자연의 본질(아르케;arche), 근본을 탐구했던 것이다. 이 우주의 근본을 이루고 있는 것이 무엇일까? 하는 것이 그들의 철학적 과제였다. 무엇의 근본을 묻는 것은 형이상학적 영역에 속한다. 근본이라는 단어의 개념이 이미 형이상학적이다. 대개 무엇의 근본은 우리가 머리 속에서 생각할 수는 있으나 실제로 경험할 수는 없다. 그러나 자연철학자들이 자연(전체로서의 우주)의 근본을 구하려 했을 때의 그 근본은 존재론적이다. 아니 그런 논의 이전의 개념으로 이해하는 것이 보다 더 원래의 의미에 가깝다고 볼 수 있다.

이러한 노력은 이오니아(소아시아 지방)의 밀레토스 사람들에게서 시작되었는데 그러한 이유로 자연철학자들을 이오니아 학파, 밀레토스 학파라 부르기도 하였다.

나. 자연철학자와 그들의 사상

㉮ 탈레스(Thales, B.C. 624/640 - 546/550)

● 밀레토스학파

----

9) 호메로스:B.C.8세기 경의 그리스 시인. 「일리아드」와 「오딧세이아」의 저자.
10) B.C 8세기 경의 교훈적 서사시 작가. 「노동과 나날」, 「신통기」를 씀.
11) 자연은 혼 또는 생명과도 직접 연관되었다.

● 서양철학의 시조, 최초의 과학자
● 그리스 7현인의 한 사람
● 만물의 근본은 물이다
● 일식 예언
● 자연주의 우주관 세움

1) 생애

밀레토스(Miletos) 출생의 철학자로서 그리스 7현인[12]중 한 사람이다. 그는 철학자로서보다는 현인(賢人)으로 보인 인물이었다. 그의 연대에 대하여는 확실치 않고, 분명히 알 수 있는 것은 그가 한 일식을 미리 알아 맞추어 유명하게 되었다는 것인데, 천문학자들에 의하면 이 일식은 B.C. 585년에 있었을 것이라고 한다. 그러나 당시의 바벨론 사람들과 마찬가지로 그는 일식이(월식도)주기적으로 일어날 것이라는 정도만 알았을 뿐 그 원인에 대해서는 몰랐던 것 같다. 월식은 지구가 태양과 달 사이에 위치함으로써 지구가 달을 가릴 때 일어나는 현상이지만 옛날에는 그것이 앞으로 일어날 어떤 사건에 대한 하늘의 경고나 징표로 생각되었다.

내가 어렸을 때 어른들로부터 들은 이야기는 마치 전설과 같았다. 일식이나 월식은 오랑캐(악한 동물, 아마 외적의 침입을 자주 받아 힘들고 불행한 생활을 해야 했던 역사의 소산일 것이다.)가 해나 달을 빼앗아 가려고 입에 문 것이며 해는 뜨거워서, 달은 차가워 이가 시려서 못 삼키고 결국 단념한다는 것이다. 당시 어린 나는 일식으로 대낮이 갑자기 어두워지는 것도 이상했지만(어른들의 이야기가 미덥지 않았었다.) 밤의 월식은 어둠과 함께 별빛도 달라져 무섭기조차 했다. 밝은 달밤에 마을 공동묘지(이곳은 당시 우리 마을 꼬마들의 놀이터였다.)에서 한참 전쟁놀이에 열중하다가 갑자기 사방이 어두워지고 여기저기에서 빨간빛 파란빛이 번득이면, 우리들은 무서워서 하던 놀이를 멈추고 월식의 과정을 바라보면서 끝나기를 기다렸고 어떤 애들은

---

12) 그리스의 7현인: ㉠솔론(Solon, B.C. 6세기의 아테네 입법가), ㉡킬론(Chilon, B.C. 7세기 의 스파르타 행정감독관), ㉢피타쿠스(Pitacus, B.C. 7세기의 미둘레네 정치가), ㉣비아 스(Bias, B.C. 6세기의 프리에네의 철할자, 시인), ㉤에피메니데스 (Epimenides, B.C. 7세 기의 크레테철학자, 의사, 시인), ㉥클레오부루스 (Cleobulus, B.C. 6세기의 철학자), ㉦탈 레스(Thales)

무서워 집으로 뛰어 달아나기도 **했었다.**

탈레스는 하늘 관찰을 위해 하늘을 보면서 걸었으므로 물에 자주 **빠졌** 고 그로 인해 "당신은 바로 발 앞의 일도 보지 못하면서 어떻게 먼 하늘 일을 알 수 있다고 하늘만 보느냐?"는 주위의 핀잔을 들었다고 한다.

한번은 밤하늘의 별들을 관찰하다가 우물에 **빠졌**는데 마침 물 길러 나 온 하녀에 의해 구출되었다고 한다. 그가 하늘을 열심히 사랑(?)했으나 인 연은 물과 더 관계가 깊었던 것 같다.

아리스토텔레스(Aristoteles)가 전하는 바에 의하면 그는 무척 가난하 여 남의 핀잔과 비웃음을 자주 들었는데 사람들이 말하기를 그가 가난하 게 사는 것을 보니 철학자란 쓸모 없는 사람이라는 것이었다. 그리하여 그 는 아직 겨울인데도 별을 관찰하여 이듬해에는 올리브가 대풍이 되리라는 것을 알아내고 얼마 안 되는 보증금을 지불하고 시중의(키오스와 밀레토스) 기름 짜는 기계를 모두 빌렸다. 아무도 그와 경쟁해서 미리 계약하려는 사 람이 없었으므로 아주 싼값으로 세 낼 수 있었다. 이듬해에 탈레스가 예상 한 대로 올리브가 대 풍작이었는데 지체하면 올리브가 썩어버리기 때문에 저마다 부랴부랴 기름 짜는 기계를 사용해서 그는 막대한 돈을 벌었다.

이 이야기 끝에 아리스토텔레스는 다음과 같은 말을 덧붙였다.

"이리하여 철학자는 그가 원하기만 하면 쉽게 부자가 될 수 있다는 것을 우리는 알 수 있다. 그러나 보통 철학자는 더 높은 것을 지향하고 있는 것이다."

이 이야기가 사실인지 아니면 아리스토텔레스가 지어낸 이야기인지는 알 수 없다. 그러나 예나 지금이나 철학자는 부와는 별 인연이 없었나 보 다. 철학자는 부를 얻기 위해 노력하기보다는 진리를 찾아 더 노력을 기울 이기 때문이다. 모든 사물과 현상과 사유 가능한 대상의 근본이 철학자들 의 관심의 주를 이루고 있다. 나는 학창 시절 미아리고개 양편에 줄지어 있는 '○○철학원'이라는 간판이나 깃발이 걸린 집들이 한결같이 판잣집이 거나 기와집이라도 다 허물어져 가는 초라한 집들이었고 '○○동양철학' 운 운하는 점쟁이들이 모두 가난한 것으로 보아 철학이라는 말이 가난을 의 미하거나 '철학이라는 이름을 붙이면 가난해지나 보다'라는 터무니없는 생각을 가끔 해본 적이 있었다.

항상 밤하늘의 별을 보며 걷는 사람, 그러다가 자주 흙탕물에 빠져 아낙네들의 웃음을 사고, 한 번은 우물에 빠져 하마터면 죽을 뻔한 노인, 그가 바로 서양철학의 시조 탈레스였다.

2) 사상

가) 만물의 근원은 물이다

탈레스는 물이 만물의 근원이라고 생각하였다. 모든 것은 물로 되어 있으며 땅은 물위에 떠 있다고 주장하였다. 물이 만물의 근원이라는 의미는 물이 만물의 형성 질료라는 뜻보다 물이라는 것이 자연계의 모든 중요한 변화를 설명할 수 있는 요소라는 뜻이다. 우주에 있는 모든 것이 물로써 만들어진 것이거나 물이 변형을 해서 된 것이라는 뜻이 아니고 우주 자연의 변화와 활동 및 작용에서 물이 중요한 요인(생성, 변화의 요인)이라고 생각했다는 것이다. 탈레스는 만물의 씨앗과 양분이 젖어 있음을 주목했으며 모든 생명체에 물이 있음을 지적하였는데 그러한 태도에서도 그가 물을 모든 변화의 불가결한 요건으로 보았음을 알 수 있다. 실제로 대부분의 생명체는 물과 관계가 깊다. 공기 없이는 살아도 물 없이는 못 사는 것도 있다. 인간의 몸도 물이 대부분이고 태아도 물에 싸여 있으며 그래서 '인간은 물주머니'라는 말도 있다. 새싹, 새 생명, 성장 등 모든 생명체는 물론 무생물의 변화에도 물이 중요한 역할을 한다. 어쨌든 탈레스의 주제는 "물이 제일이다"였다

나) 자연주의적 세계관

탈레스의 중요한 점은 그가 세계를 신(神)이나 초자연적인 힘의 활동에 의해서 설명하려 했던 이전 사람들의 노력(헤시오도스 등)으로부터 방향을 돌려 자연주의적 세계관을 세웠다는 것이며 그로 인해 그는 서양 철학사 상에서 뚜렷한 위치를 차지하게 되었다. 그는 자연 과정을 해명할 수 있는 요인을 자연 자체에서 찾으려고 한 것이다. 일식이나 월식, 폭풍이나 번개 천둥, 홍수 등 기상 이변이 신의 노함이나 징벌이 아니라 자연 현상이며

그 원인 역시 자연 안에 있다고 생각한 것이다. 그리하여 그는 서양 철학의 시조가 되었다.

그는 대중의 훌륭한 지도자로서 다른 사람들 같으면 사람을 희생으로 제사에 바치거나 혹은 성자(聖者)인 체하는 애매하고 위험한 무모의 길을 버리고 언제나 시민들과 함께 한 사람이 된 것이다.

내 아낙시만드로스(Anaximandros, B.C. 610-546)

● 탈레스의 제자
● 만물의 근원은 실체다(무한정자. apeiron)
● 정의론
● 지구는 원통형이라고 주장
● 진화론적 설명 시도

1) 생애와 사상

가) 천체는 원통형이다

아낙시만드로스는 밀레토스학파의 철학자로서 천문 지리 지식도 많은 탈레스의 제자이며 친구이다. 그가 처음으로 산문을 지었다고 하나 그 제명은 확실하지 않다. 그는 천체를 구형으로 보고. 천체 운동이나 기상, 지진 등에 대하여 처음으로 물리적인 설명을 시도하고. 대지를 원통형으로 생각했는데, 위쪽에는 크고 작은 많은 구멍이 뚫린 모습으로 생각했고, 깊이는 폭의 삼분의 일(1/3)이라고 하였다. 그리하여 비가 오는 것은 대지 위에 물이 지나갈 때 그 뚫린 구멍으로 물이 새어 떨어지는 것이며 하늘의 해나 달 별들은 대지 위에 불이 있을 때 그 구멍 사이로 비치는 빛이라고 생각했다. 해는 큰 구멍을 비치는 빛이며 별들은 작은 구멍을 통해서 비치는 빛이라고 생각한 것이다. 지금 들으면 웃음이 절로 나올 생각이지만 당시엔 나름대로 합리적이고 학문적으로 생각한 것일 것이다.

나) 만물의 근원은 무한정자(apeiron)이다

한편, 그는 만물이 한 근원적인 실체로부터 비롯된다고 주장했는데 이것은 탈레스의 물이나 어떤 다른 물질이 아니며 무한하고 영원한, 시간을 초월해 모든 세계를 포괄 내지 조정하는 것이라고 믿었다. 흙·공기·불·물 등은 당시 그리스인들이 보통 근원적인 것으로 생각했었는데 아낙시만드로스는 그것들은 보다 더 궁극적인 실체가 여러 가지로 변화하는 가운데 나타나는 모습이라고 하였다. 이 궁극적 실체는 그것의 변화를 통하여 여러 다양한 것들이 생겨나는 것이므로 무한정자(실체:apeiron)라고 불렀다. 이 아페이론(apeiron)은 무제약적인 것, 비경험적이고 규정짓기 어려운 것을 의미한다. 비경험적이고 규정짓기 어려운 것(to apeiron)에서 생겨난다는 말은 원인이나 질료적 의미만을 가리키는 것이 아니라 그것이 그렇게 되는 원리, 이치, 그러한 작용을 포함하는 개념, 즉 형이상학을 포괄하고 극복하는 어떤 개념을 의미한다. 그런 면에서는 도가의 도(道) 개념이나 음양 오행설의 태극 개념과도 유사한 데가 있다. 그 무한정자가 스스로 분열하여 뜨거운 것과 차가운 것이 되고 여기에서 여러 물질이 나온다고 생각했다. 모든 것의 근원이 되는 실체로서의 그 어떤 것, 그것을 아낙시만드로스는 무한정자라고 불렀던 것이다.

다) 정의(正義)는 균형의 조화다

아낙시만드로스는 "사물들은 그것이 생겨난 것에로 불가불 돌아가게 마련이다. 왜냐하면 사물들은 상호간에 저지른 부정(不正)으로 말미암아 시간의 질서에 따라 서로 보상하며 벌을 받아야 하니까."라고 주장했다

그의 주장에 의하면, 물과 흙, 불 사이에는 일정한 비율을 유지하고 있어야 하는데 각 요소들 사이에는 언제나 각각 자기 영역을 넓히려고 하는 경쟁이 있고 또 그 경쟁 속에는 한편으로 그들 상호간의 평형을 유지하려는 일종의 필연성 내지 자연법칙이 있는데 그것이 정의이다. 예컨대 불이 있는 곳에는 반드시 재가 있기 마련이며 이 재는 정의이다. 그런데 아낙시만드로스의 이러한 정의는 분수를 의미하기도 한다. 그리고 그 분수는 자기 자신은 물론 그가 속한 어떤 사회 집단에서의 자기 자신의 분수도 포함한다. 그러므로 정의로운 인간은 자기 분수를 넘지 않는 인간이며, 그러한 원칙이 자연스럽게 지켜지는 사회가 정의의 사회이다. 반면에 자기 분수

를 모르고 무리한 것, 자기답지 않고, 옳지 않은 것을 억지로 차지하면 그
것은 부정의이다. 상인이 의사를 한다거나 의사가 사업가가 되는 것 등 있
을 곳이 아닌데 있거나 가져서는 안 되는 것을 갖고 있는 것도 부정의이
다. 그래서 분수는 그의 한계이자 그를 그답게 하는 특성이다. 이런 의미
에서 보면 아낙시만드로스의 정의는 공자의 정명(正名)과 거의 같다.

　이와 같은 정의의 개념(규정된 한계를 넘지 못한다는)은 그리스인들의 가장
깊은 신념의 하나이기도 하다. 신들조차도 인간과 마찬가지로 정의에는
복종해야 하는 것이다.

　아낙시만드로스는 근원적인 것이 물이나 그 외에 이미 알려진 어떤 원
소도 아님을 입증하려 하였고, 그리하여 만일 그들 물질 중 어느 하나가
근원적인 것이라면 그것이 다른 물질들을 정복하고 말 것이며 나머지 것
들은 이미 자취를 감추었을 것이라고 주장하였다. 따라서, 근원적인 것
(arche)은 이 우주적인 투쟁에서 중립을 지켜야 한다고 하였다. 그렇게 될
때 우주는 조화를 얻는다

　어느 한계를 넘지 않는 범위 안에서의 활동, 그 분수를 지키는 투쟁에
서 도래된 조화, 그것이 아낙시만드로스가 주장한 정의이다.

라) 자연주의적 우주론

　– 자연은 창조된 것이 아니라 발전된 것이다.–

　아낙시만드로스는 최초로 완전한 자연주의 우주론을 세운 사람이다.
영원한 운동이 전개되어 세계들이 이루어지는데 그것들은 창조된 것이 아
니라 발전된 것이라 하였다. 그의 생물의 기원에 관한 주장에 의하면 최초
의 생명체는 바다 속에 나타났고 물이 그것을 둘러싸고 있는 불에 의해
증발됨에 따라 육지가 바다의 표면으로 나타나게 되었으며 일부 동물들은
육지 위로 밀려 올려졌다. 이들 동물의 대부분은 그 즉시 멸망했을 것이지
만 어떤 것들은 요행히 살아 남아 새로운 종족의 생명체를 이루었다. 인간
도 이전부터 살고 있던 다른 종족에서 내려온 동물들의 하나라는 것은 유
아 시절의 인간이 무기력하기 짝이 없고 긴 포유기를 필요로 한다는 사실
에서 알 수 있다고 하였다.

🔢 아낙시메네스(Anaximenes,? - B.C. 525)

● 밀레토스철학의 완성자, 기상학의 창시자.
● 아낙시만드로스의 제자
● 근원적 물질은 공기(aer)이다
● 아낙사고라스와 원자론에 영향 끼침

---

1) 생애와 사상

가) 근원적 물질은 공기(aer,아에르)이다

아낙시메네스의 출생 연도는 알려져 있지 않으나 B. C. 546년 경 아크메 (Acme)에서 활동한 밀레토스 학파의 완성자이고 아낙시만드로스의 제자이다. 그는 대지도 천체도 원반 모양이고 공기 중에 떠 있다고 생각하였다.

한편 그는 모든 것의 근원적인 물질이 공기라고 했는데, 공기의 작용이나 원인에 의해서 만물이 되는 것이 아니라 공기의 농화(濃化)와 희화(稀化)에 의해서 만물이 된다고 주장했다. 농화는 밀가루 반죽이 된 것을, 희화는 묽은 것을 연상하면 쉽게 이해가 갈 것이다. 그런데 그것은 종래의 생각과는 달리 관심의 핵심이 질적 문제가 아닌 양적 문제에로의 전환을 의미한다

공기가 희화하여 바람이 되고, 또 불이 되고, 그것이 농화되어 안개가 되고 구름이 되고 비가 되고 흙이 되고 돌이 되고—. 이와 같이 물리적 설명으로 양적인 데에 주의한 그의 생각은 중요한 의미를 갖는 장점이었다. 이 주장에 의하면 모든 것은 양적인 차이만 있을 뿐 질적으로는 모두 공기 (aer)로서 똑같다

한편 그는 세계의 모양이 모자(cap)와 같다고 생각하였다. 밑에는 둥근 대지가 있고 위에는 둥근 덮개가 있다. 덮개가 있어야 했던 것은 아마 공기가 희화된 것으로 본 불로서의 별들이 가볍기 때문에 날아가 버릴 텐데 그렇지 않은 것은 위에 어떤 덮개가 있어서 그렇다고 생각한 것 같다.

그의 이러한 양적, 물리적 사고는 아낙사고라스의 과학적 태도나 데모

크리토스의 원자론에 많은 영향을 끼쳤다.

래 크세노파네스(Xenophanes. B.C. 6세기경)

● 만물의 근원은 물과 흙이다-이원소설
● 의인적 신관 부정

1) 생애와 사상

가) 만물은 물과 흙으로 되어 있다

크세노파네스의 연대는 분명치 않다. 그러나 그가 피타고라스에 대해 언급하고 또 헤라클레이토스가 크세노파네스에 대해 언급하고 있는 사실에서 대략 짐작할 수 있을 뿐이다.

그는 이오니아의 콜로폰(Kolophon)에서 태어났으나 B.C. 545년에 콜로폰이 페르시아군의 침공을 받자 방랑의 길로 나서 60년 이상의 긴 세월을 그리스 각지를 유랑하였고 주로 그리스 남부 지방에서 살았다.

그는 만물이 물과 흙으로 되어 있다고 믿어 2원소설을 주장하여 다원론자라 불리기도 한다. 그리고 태양은 매일 새로 태어나 뜨며 밤에는 무한히 먼 거리로 멀어져 보이지 않는다고 하여 무한 공간 개념을 그가 가지고 있었음을 알 수 있다.

나) 의인적 신관 부정

크세노파스는 "신(神)은 인간을 닮지 않았다."고 주장했는데 그는 신에 대하여 자유주의적 사상가였고 종교 시인이었다. 그리고 그는 그 문제에 관한 한 합리주의자의 계열에 속한다고 볼 수 있다. 당시 사람들은 보통 신들도 탄생한 것이며 인간과 같은 형상을 가지고 있고 사람처럼 활동한다고 생각했다. 그러나 크세노파스는 신에 대한 종래의 통속적인 관념들은 부도덕한 것이며 민중들 사이에 저속한 윤리관을 부식하였다고 하여 의인적 신관을 부정하였다. 그는 말하기를, "호메로스나 헤시오도스는 인간에게 치욕이 되는 온갖 추행을 신에게 돌렸다. 사람들은 여러 신들이 자기네와 같이 생겼다고 믿고 자기네와 같은 의복·목소리·형체 등을 갖고 있는 것으로 믿는다. 에티오피아 사람들은 신들이 들창코에다 검은 피부라고 믿으며 트라키아 사람들은 푸른 눈과 붉은 머리털을 가지고 있다고 믿는다. 그러므로 만일 소나 말이나 개들이 그림을 그리고 말을 할 줄 안다면 신을 각각 자기들의 모양대로 표현할 것이다."라고 하였다. 소는 신이 소처럼 생겼다고 주장할 것이고, 말은 신이 말처럼 생겼다고, 개는 신이 개처럼 생겼다고 믿고 확신에 찬 주장을 할 것이다. 사람이 신을 사람처럼 생겼다고 믿는 것은 개가 신이 개처럼 생겼다고 믿는 것과 똑같다는 것이다. 그리고 신이 사람처럼 생겼다고 한다면, 그 신은 어느 인종을 닮아야 하는가? 백인인가, 흑인인가? 황색 인종인가? 아니면 그냥 사람이기만 하면 되는가?

　그는 신(유일신)은 이 세상에 존재하는 것. 그래서 변하고 죽고 없어지는 것을 전연 닮지 않았을 것이라고 주장하였다. 신은 인간을 닮지 않았을 뿐만 아니라 이 세상의 생성 변화의 질서에 제약되는 모든 존재와 닮지 않았다는 주장은 놀라운 것이다. 왜냐하면 지식 정도가 낮을수록 신은 어떤 형상으로 구체화되어야만 이해가 가능한 것이며 그래서 모든 종교나 종교 의식에서 형상화된 대상이 있게 되고, 그런 구체화된 형상 없이 신 인식이 가능하기 위해서는 높은 형이상학적 지식이 요구되기 때문이다. 현재도 모든 종교에서 어떤 형상화된 대상이 있는데 2500여 년 전 그런 생각을 했고, 확신을 갖고 자기 주장으로 내세울 수 있었다는 것은 불가사의에 가까운 일이 아닐 수 없다. 사실 신이 인간과 대화해야 한다는 필연성 때문에 그 형상이 구체화되고 더욱이 인간의 모습을 해야 한다고는 말할 수 없다.

㉤ 피타고라스(Pythagoras, B.C. 580- 500)

● 만물의 근원은 수이다
● 영혼의 윤회를 믿음
● 순결성의 추구(음악과 의약을 중요시)
● 수의 신비에 빠짐

1) 생애

피타고라스는 철학자이고 수학자이며 종교가였다. 그는 사모스(samos) 섬의 명문가에서 태어나 이집트 등 각지에 유학하여 많은 지식을 얻고 돌아왔으나 정치적 이유 때문에 크로톤(Croton)으로 이주하여 생애의 대부분을 남부 그리스에서 보내다가 메타폰티온(metapontion)에서 죽었다. 어떤 사람은 그가 므네사르코스라는 부유한 시민의 아들이라고 말하며, 혹자는 아폴로신의 아들이라고 말하기도 했다 한다.

그에게서 처음으로 수학의 연역적인 논증이 시작되었고 특수한 형태의 신비주의와도 관계가 깊으며, 그래서 수학이 철학에 미친 영향도 피타고라스 이후로 생각하게 되었다. 그가 크로톤에서 입신(入神)하게 된 것은 사실이다.

그는 B. C. 5세기 경에 하나의 독특한 교단을 형성하였는데 그가 죽자 그는 곧 신화적인 인물이 되어 사람들은 기적이나 마력 같은 것을 그의 소행이라고 간주하였었다. 그는 황금 넓적다리를 가졌다고도 하고, 그가 크로톤에서 추방되어 타론토만 부근의 어느 도시에서 굶어 죽었다고도 한다.

한편, 그는 수학의 한 학파를 창시한 사람으로 러셀(8.Russell)은 그를 "아인슈타인과 에디 부인13)(Mrs. Eddy)을 합친 사람"이라고 하였다. 아리스토텔레스도 그에 대해 말하기를 "그는 처음에 수학과 산술에 열중했으나 갑자기 기적과 같은 일에 몰두하였다"고 했다. 신 플라톤주의자인 케플러도 우주에 수로 표현되는 질서와 조화가 있다고 믿었으며 갈릴레이 또한 "자연 세계라는 책은 숫자로 씌어져 있다."고 말했다.

러셀은 피타고라스 사상의 서양철학사적 위치에 대하여 "나는 피타고라스만큼 사상의 영역에 큰 영향을 준 사람이 없다고 생각한다. 플라톤의 철학을 분석해 보면 본질상 모두가 피타고라스의 철학이 되기 때문이다. 영원한 세계(지능에는 나타나지만 감각에는 나타나지 않는)에 관한 모든 관념은

---

13) 에디(Mary Baker Eddy, 1821-1910):미국의 크리스천 사이언스(Christian Science) 창설자. 본래 척추병을 앓았는데, 얼음길에 넘어져 실신 상태에서 마태복음 9:2-8을 읽고 영적 치료법을 얻었다는 여자.

피타고라스로부터 비롯된다. 그가 아니었던들 기독교는 그리스도를 말씀으로서 생각하지 못했을 것이며 또한 신학자들은 신과 영혼 불멸에 대해 논리적으로 입증할 엄두를 내지 못했을 것이다."라고 말했다.

피타고라스의 사상에서 수학적, 철학적, 의학적, 종교적인 것들은 분리가 불가능할 정도로 서로 혼합되어 있다.

2) 사상

가) 만물은 수로 되어 있다

피타고라스는 "만물은 다 수로 되어 있다." "인식되어지는 모든 것은 수를 지녔다. 수 없이는 아무 것도 직관할 수 없고 인식할 수도 없다."고 하여 사물의 근원을 수라고 하였다. 그 말은 숫자들이 모여 만물을 이룬다는 집합적 조직적 의미가 아니고 만물을 구성하는 원리를 수적 조화로 보았다는 의미이다. 그리하여 그는 여러 가지 수적 연구에 관심을 기울였고, 평방 수, 피타고라스 정리, 선의 황금분할, 홀수·짝수·소수(素數)등도 그에게서 비롯되었으며, 음악의 8도 음정(옥타브). 5도 음정, 4도 음정 사이에 일정한 수적 비율이 있음을 발견하고, 그리하여 잡음도 형식을 갖추게 되면 음악으로 변한다고 하였다. 의학에 있어서는 육체를 어떤 요소들의 상호 관계, 즉 더운 것과 찬 것. 젖은 것들과 마른 것들의 상호 관계로서 이해하는 동시에, 건강이란 이 요소들 사이의 올바른 수적 비율을 확보함에 달려 있다고 믿었다. 그래서, 그는 병을 부조화로, 건강을 조화로 생각하였다. 이러한 조화와 질서의 의미로서 코스모스(Cosmos)라는 개념의 말도 비롯되었는데 그러한 그의 생각을 우주에 확장시켜 수가 만물 의 근원이라고 하였다. 그리고 피타고라스 학파 사람들은 월식에서 볼 수 있는 지구의 그림자에서 지구가 둥글다는 결론을 내리게 되었다고 한다.

나) 영혼 윤회설

피타고라스가 세운 종파는 영혼의 윤회를 믿었으며, 콩 먹는 것을 죄악시한 것과 그와 유사한 여러 금기가 있었다. 그는 영혼은 불멸이고 다른 생물로 탈바꿈하여 언제나 일정한 주기를 두고 다시 태어나게 되므로 아주 새로운 존재란 있을 수 없고, 따라서 생명을 타고 난 것은 다 혈연 관계에 있다고 보아야 한다는 주장을 했다.

크세노파네스의 비난적인 말에 의하면 피타고라스는 개를 심히 때리는 사람을 말리며, "그 개를 그렇게 심히 때리지 말게. 그 개도 자네와 한 형제이네. 나는 그 개가 괴로워하며 말하는 그의 이야기를 들었다네." 라고 말하였다 한다. 그의 윤회사상 내지 영혼 불멸 사상은 동양의 그것과 매우 흡사하다. 특히 불교의 윤회사상과 유사한 점이 많다.

다) 순결성의 추구

피타고라스는 순결 내지 정화(淨化)를 중시하여 육체의 정결을 위해서는 인간의 오물을 만들어낸다고 생각한 위의 세척을 생각하였으며 정신의 정화를 위해서는 음악을 생각하였다. 음악이 인간의 정신을 맑게 할 수 있다고 생각한 것이다

한편 이러한 생각과 관련하여 그는 인간을 올림픽 경기에 비유해서 세 계급으로 논했는데. 즉 "가장 무가치한 사람들은 물건을 팔고 돈을 모으기 위하여 경기장에 가며, 이보다 훌륭한 사람들은 경쟁해서 상을 획득하기 위해서 간다. 그러나 가장 훌륭한 사람들은 경기를 관람하고 지식을 얻기 위해서 간다."고 하였다.

라) 수의 신비에 빠짐

피타고라스 및 그의 제자들은 수의 신비에 빠져 숫자에 의미를 부여했는데, 이것이 서양의 숫자 점의 시작이 되었다. 그리고 종교에서 숫자에 의미를 부여하는 사고 역시 그러한 영향과 무관하지 않다. 그들은 정의는 4, 결혼은 3(혹은 5), 영혼은 6, 10은 신성한 수, 인간은 250, 식물은 360 등으로 의미를 부여했다. 또 홀수는 끝이 있는 수, 짝수는 끝이 없는 수라고 하여 그 두 수에 의해 모든 것이 생겨난다고도 하였다.

새로운 종교의 교주이자 한 학파의 지도자요 철학자였던 피타고라스에게서 신비와 과학·의학·수학·종교·음악과 조형 미술 등 서양 학문의 뿌리를 발견할 수 있다.

㈂ 헤라클레이토스(Herakleitos, B. C. 530- 478)

● 에페소스 출신의 신비가.
● 만물의 근원은 불이다.
● 모든 것은 변한다.
● 변증법의 기원

---

1) 생애와 사상

가) 에페소스 출신의 신비가

헤라클레이토스는 에페소스(Ephesos) 왕가 출신이라고 하며 종교적 귀족 출신이라고도 전한다. 그는 그러한 높은 공직을 동생에게 양보하고 물러났다고 한다. 그는 평소 고고하고 조소적이었으며, 이전의 철학자들에게 대해서도 매우 비판적이었다. 그리하여 그는 어두운 사람이라는 별명을 듣고 있던 사람이었고 매우 독특한 신비가였다. 그러나 그는 서양 세계에서 보기 드문 철인이었으며. 철학을 학문의 대상으로 연구하려했던 서양학자들의 눈에는 다소 의아스러웠을 것이다. 그는 이오니아 사람들의 지식이나 그 당시의 과학적 지식을 일소에 붙이고 지혜를 얻으려 했고, 독자적인 명상을 즐겼는데, 동양적인 철학의 태도와 매우 근접한 사람이었다

나) 만물의 근원은 불이다

헤라클레이토스는 근원이 되는 물질을 불이라고 생각해서 불을 만물의 궁극적인 질료인 동시에 인간이 의식하고 추리할 수 있는 생명 원리라고 보았다. 그리하여 "만물은 불꽃처럼 다른 무엇의 죽음으로 생겨난다."고 하였다. 불은 공기의 죽음을 살고 공기는 불의 죽음을 살며, 물은 흙의 죽음을 살고 흙은 물의 죽음을 산다.

따라서 헤라클레이토스의 형이상학도 아낙시만드로스와 같이 우주적인 정의의 사상에 지배되어 있다. 그리하여 대립물의 투쟁에서 어느 한쪽의

궁극적인 승리로 끝날 수가 없게 된다

그는 또 "멸하는 것은 멸하지 않으며, 멸하지 않는 것은 멸하는 것이다. 하나는 다른 것의 죽음을 살고, 또 다른 것의 삶을 죽는다"고 하였다. 그 말은 멸하는 것의 실재성은 멸하지 않는 것에 기인한 것이고, 그것은 가변이기 때문에 멸하는 것에서 멸하지 않는 것으로 변화한다는 의미이다. 따라서, 멸하는 것은 멸하지 않는 것이고, 그 반대도 마찬가지다

이러한 이론은 합리적 사고가 편견으로 고정돼 있는 사람들에게는 말 같지 않을지 모른다. 그러나 변하는 것, 멸하는 것도 그것의 실제성을 인정해야 되므로 있는 것(멸하지 않는 것)이며, 멸하지 않는 것도 모든 존재의 가변성을 인정해야 하므로 멸하는 것이라고 쉽게 이해할 수 있는 것이다. 좀더 부연하면 이렇다. 여기에 한 인간이 있다고 해 보자. 그는 죽을 존재, 멸할 존재이다. 그러므로 그 인간은 멸하는 것이다. 그러나 그 인간이 멸하는 존재라는 말은 현재 그가 존재하고 있다는 말이다. 그 존재성 즉 그 인간이 지금 있다는 말은 그가 멸하지 않았음을 의미한다. 그러므로 멸하는 것(인간)은 멸하지 않는 것이다. 또한 멸하지 않는 것, 즉 현재의 인간은 변하고 성장하고 노쇠하여 결국 죽어 없어질 존재이다. 변하는 모든 존재는 변하기 전과 후의 존재가 다르기 때문이다. 변한 존재는 변하기 전의 존재가 아니기 때문이다. 그래서 변하기 전의 존재는 멸한 것이다. 따라서 멸하지 않는 것은 멸하는 것이다.

그의 철학적 중심 개념인 불은 '과거와 현재 및 미래에 걸쳐 영원히 살 있는 불'이다. 그런데, 불은 언제나 변하고 있으며, 변한다는 그 자체만이 항구성을 갖는다

다) 만물은 유전(流轉)한다

만물이 유전한다는 주장은 헤라클레이토스의 견해 중에서 가장 유명한 것이다. 플라톤의 「테아이테토스」에서도 헤라클레이토스의 제자들이 제일 강조한 사상이라고 서술되어 있다. 이 말은 보통 자연 속에 어떤 항구적인 실체가 있다는 것을 부인하는 것으로 해석되고 있다. 그러나 그 변화는 제 멋대로의 무질서가 아니라 끝없는 변화 속에는 반드시 우주의 불변

적인 격식이 있다는 말이다.

그의 말 한 마디 한 마디는 잠언적이며 다 이해할 수 없는 어떤 더 많은 진리를 포함하고 있는 느낌을 준다.

"인간은 같은 냇물에 두 번 들어갈 수 없다. 왜냐하면 언제나 새 물이 당신에게 흘려 내려오기 때문이다." 내가 지금 인식하고 있는 이 순간은 내 일생에 두 번 다시없는 시간이다. 내가 지금 하고 있는 일, 만나고 있는 사람, 처해 있는 상황이나 주위 환경, 그 모든 것도 내 일생에 한 번 밖에 없는 것들이다. 흔히 우리는 그런 사실을 깨닫지 못하고 살아간다. 오늘 있는 이런 일이 내일도 모레도 반복된다고 생각한다. 그러나 내일의 그것 은 오늘의 이것과는 다르다. 상황이 다르고 대상이 다르고 인식 주체로서 의 나도 다르다. 나조차 변했기 때문이다. 산 시간이 다르고, 정신적 신체 적 여건이 다르다. 몇 분밖에 못사는 세포 조직에도, 영양에도 변화가 있 을 것이다.

이렇게 생각하면 조급한 마음이 될 수도 있다. 반면에 지금 이 시간이 내 일생에 한 번밖에 없는 유일 무이의 귀중한 시간이고 사건임을 생각하 면 소홀히 할 수가 없다는 것을 알게 될 것이다.

"태양은 날마다 새롭다." 오늘의 태양은 어제의 태양이 아니며 그 태양 을 인식하는 나도 어제의 나가 아니기 때문이다.

"선과 악은 하나이다." "오르막길과 내리막길은 하나요 동일하다." 밑에 서 보면 오르막길이고 위에서 보면 내리막길이니 하나라는 말이다.

이렇게 보면(사실이 그렇다) 우리는 일생에 단 한 번밖에 없는 순간들을 하나 하나 불태우며 살고 있다. 그러니 인생이 내 삶이 불장난이어서는 안 된다.

라) 인간관

그는 대부분의 사람들은 자기들이 보고 듣는 것조차도 알지 못한다고 하였다. "만일 사람들이 언어를 이해하는 정신을 가지고 있지 않다면 그들 에게는 눈과 귀는 나쁜 증인이다"고 말하고 "감각들은 이성이 피상적인 현 상 너머로 꿰뚫고 들어갈 수 있는 경우 외에는 불완전하며 사람을 기만하기가 일쑤"라고 하였다. 우리가 보는 것, 듣는 것은 얼마든지 사실과 다를 수가 있다는 주장이다. 헛것을 보고 잘못 듣는 경우도 있겠지만 그보다는 실제로 보고 실제로 들었어도 그것은 우리의 감각을 통해 들어온 것이므로 사실과 다를 수 있다는 것이다. 사실 우리가 보는 것은 우리 인간의 시각 구조나 시신경의 작용에 의한 것이고 듣는 것도 우리 인간의 청각 구조나 가청 주파수 한계의 제한을 받는 것이다. 그 한계 내에서만 우리는 보고 듣는 것이다. 우리 눈에 둥글게 보이는 것이 사실 그대로 둥근 것인지, 우리가 듣고 있는 소리가 본래의 그 소리인지는 알 수 없으며 오히려 본래의 그것이라기보다는 나에게 보이고 들리는 것이라고 해야 옳을 것이다.

같은 사물에 대한 모양이나 색상에 있어서 인간의 눈과 동물의 눈에 비친 것이 다르다는 것을 생각해 보면 쉽게 이해가 될 것이다. 같은 메뚜기인데도 우리 인간의 눈에 비친 모양과 색·붕어·잠자리·뱀·호랑이의 눈에 비친 메뚜기의 그것은 모두 다르다는 것을 이제 우리는 다 알고 있다. 그래서 우리 눈에 보이는 모든 모양이나 색상은 단지 우리 눈에 그렇게 보일 뿐 사실 그 자체와의 일치 여부는 별개인 것이다. 삼각형도, 사각형도 우리 눈에 보이는 모양일 뿐이고, 빨간색 파란색 노란색도 그렇다는 것이다.

한편 인간을 조소적으로 보았던 그는 인간으로 하여금 스스로 선을 행하게 하려면 강요에 의하는 수밖에 없다고 생각하기에 이르렀고, "당나귀는 금덩이보다 지푸라기를 더 좋아한다."고도 하였다. 인간은 간교하고 이기적인 동물이고, 본능적 행위를 천한 것이라고 안 하는 것처럼 밖으로만 떠들고, 조금 높은 지능을 그런 위선적 행위의 도구로 이용하는 잡식동물이다. 심지어 취미로 다른 동물을 사냥하고, 자기들이 즐기기 위해 다른 것들을 해치는 지극히 해악적인 동물이다. 그래서 세상의 모든 생명체가 두려워하고 피하는 불가사의한 존재인 것이다. 이 세상에 인간을 제외하고 먹는 것, 입는 것, 온갖 장난, 심지어 성행위까지 재미로 하는 동물이나 식물이 또 있을까? 게다가 더 맘껏 즐기려고 욕심부리고, 오래 살기를 도모하고 영원히 죽지 않기를 바라고 있다.(안 된다고 생각되니까 종교라는 것까지 만들었다.)

또 그는 영혼은 불과 물의 혼합으로 되어 있고, 불은 고귀하며 물은 비천한 것이라고 하였다. 그러나 영혼이 습기를 지니게 되는 것은 즐거운 일이어서 인간이 술에 취하면 수염도 나지 않은 소년에게 끌려 허둥지둥하며 어디를 가는지도 모르게 된다. 그것은 그의 영혼이 습하기 때문이라고 하였다.

마) 신관

그는 "만물은 일자(一者)로부터 비롯되며 일자는 만물에서 비롯되는 것이다."라고 하였다. 이 말은 동양의 우주론과도 통하는 말이다. 태극(太極)에서 양의(兩儀)가 나오고 양의에서 사상(四象)이 나오고, 사상에서 팔괘(八卦)가 나온다는 주역(周易)의 사상이나, 일(一)에서 이(二)가 나오고 이(二)에서 삼(三)이 나오고, 삼에서 만물이 나온다는 노자의 사상이 그것이다. 그러나 만물은 실재성(reality)에 있어서 일자(the One)보다 적으며 이 일자가 곧 신(神)이다. 그는 '신'은 '신들'과 구별된다고 강조하였다. 신들은 인간들보다 조금 낮은 존재들이다. 따라서 신들은 절대적인 존재도 아니고 근원적인 존재도 아니며 창조자도 아니다. 그러나 신(일자)은 근원적인 존재이며 인간보다는 물론 다른 신들보다도 월등한 존재이다. 말하자면 신들의 신이라고 할 수 있다. 그런 의미에서 신은 신들과는 구별된다.

한편 그는 "인간이 하는 일은 지혜롭지 못 하지만 신이 하는 일은 지혜롭다. 가장 지혜로운 사람도 신과 비교하면 원숭이에 불과하다. 마치 가장 아름다운 원숭이도 인간과 비교하면 추하기 짝이 없는 것과 같다."고 하였는데 그가 생각한 신은 실재성 그 자체이다. 신에게는 모든 것이 공정하고 선하고 올바르나 인간은 어떤 것은 그릇되고 어떤 것은 올바르다.

그러나 그는 이 세계는 신이나 사람이 창조한 것이 아니라. 그것은 과거 현재 미래를 통해서 알맞게 불타고 알맞게 꺼지는 영원히 살아 있는 불이라고 하였다. 운동하고 변화하고 약동하는 힘의 상징, 생명의 상징으로서 그는 불을 생각하였던 것이다.

㈎ 파르메니데스(Parmenides, R.C. 644~501)

● 엘레아학파의 창시자.
● 항구성 주장
● 근본은 유(有, einai)다.
● 변증법적 논증

1) 생애와 사상

가) 진리의 길, 억견(臆見)의 길

파르메니데스는 이탈리아 남쪽 엘레아(Elea) 출신이어서 엘레아 학파라고도 하며 이 학파는 크세노파네스로부터 시작된 것이라 하여 그를 크세노파네스의 제자라고도 한다. 파르메니데스는 피타고라스에게서도 영향을 받았으며, 플라톤에 의하면 소크라테스가 청년 시절에(B. C., 450년경이라 고 함) 파르메니데스와 만났다고 한다. 당시 파르메니데스는 이미 노숙했었다 한다. 플라톤은 소크라테스가 그에게서 많은 것을 배웠다고 하였는데, 플라톤 역시 그에게서 많은 영향을 받았던 것 같다. 그는 처음에는 고향에서 입법자로서 두각을 나타내기도 했다.

그의 사상은 「자연에 대하여; Peripheseos」라는 운문의 저작에 의하여 알 수 있는데 「진리의 길」과 「억견의 길」로 나누어져 있다. 그는 헤라클레이토스와는 반대로 항구성을 주장했고 형이상학적 논법을 생각하여 후의 헤겔에 이르기까지 영향을 끼쳤다.

나) 참된 실재는 유(有, einai)다

파르메니데스는 「진리의 길」에서 이성(logos) 만이 진리의 규준(規準)이라고 하고 절대의 유(有, einai)를 주장하였으며, 비유(非有)는 결코 존재하지 않는다고 하였다. 존재가 유이므로 비유는 비존재라는 것이다.

"존재하는 것은 불생(不生)하는 것이므로 불멸하는 것이다. 왜냐하면 존재하는 것은 완전무결한 것, 동요하지 않는 것, 종말이 없는 것이므로 그것은 어느 때만 있는 것이 전혀 아니며, 또 언젠가 생겨날 것도 아니다. 그것은 현재 전체로서 있기 때문이다." 그러니까 그에 의하면 비유는 없는 것인데 단지 개념만을 가지고 실제로 존재하는 것처럼 대상화하여 유(존재)와 함께 논하는 것을 반대한 것이다. 없는 것은 없는 것인데 "없는 것은 어떻다"고 논하는 것은 잘못이라는 생각이다. 없는데 "없는 것은 예쁘다."라고 주장하는 것이나 "없는 것은 추하다."는 주장은 아무 의미가 없으므로 잘못이라는 것이다. 이러한 생각은 우리가 생각할 수 있는 모든 존재, 즉 실제 전체를 유라고 규정한 결과다. 모든 존재를 하나로 묶어 유라고 해버리면 그 안에서 개별적으로 변하고 생성 소멸하더라도 전체적으로는 그냥 유일 뿐이기 때문이다. 어찌 보면 아무 의미도 없는 괜한 주장이라고 생각할 사람도 있을 것이다. 그러나 그는 모든 것의 항구성을 주장하고 있음을 알 수 있다. 그리고 그의 "있는 것은 있고, 없는 것은 없다."는 말은 중간을 배제하고 있는데, 그렇더라도 어떤 진리를 암시하는 격언처럼 들린다. 있는 것은 있고 없는 것은 없다. 있는 것은 무엇에서 생겨난 것이 아니다. 왜냐하면 생겨났다면 그 이전에는 그것이 없었던 것이 되므로 안 된다.

또 있는 것이 없어져서도 안 된다. 만약 그것이 없어진다면 조금 후에는 없는 것이 되기 때문이다. 그러므로 있는 것은 있는 것이다. 없는 것에 대한 논의도 마찬가지이다. 생겨날 수 없는 이유로서, 유(有)가 생겨나려면 유에서 생겨나거나 무(無)에서 생겨나야 하는데 만약 유에서 생긴다면 본래의 유와 새로운 유의 둘이 있게 되어 생겨났다고 할 수 없으며 무에서 생겨났다고 하면 무에서 유가 생기기 위해 무는 유를 포함해야 하기 때문에 무가 아닌 유가 되어 모순이라는 것이다

따라서 모든 존재는 항구성이며 변화는 있을 수 없다는 것이다. 이러한 주장은 모든 것을 변하는 것으로 본 헤라클레이토스와 반대적 입장이다.

데모크리토스(Demokritos, B.C. 460 - 370)

● 만물의 근본은 원자(Atoma)다
● 원자론자
● 유물론자
● 쾌락주의의 선구자

1) 생애와 사상

가) 웃는 철인 데모크리토스

데모크리토스는 트라키아(그리스)의 압데라(Abdera) 출신으로 원자론의 창시자인 레우킵포스(Leukippos) 의 가르침을 받았고, 젊어서 이집트 등 동방 세계를 두루 여행하여 박학 다식해서 소피아(sophia; 지혜 있는 자)라는 별명을 얻었고, 세상 사람들의 헛된 일들에 대해 웃었다고 하여 겔라시노스(Gelasinos), 즉 웃는 철인이라 불리기도 했다.

그는 소크라테스나 소피스트들과 같은 시대 사람이며 그의 선배 레우킵포스가 자연의 본질에 관심을 둔 자연철학자임에 비하여 그는 자연과 인간의 문제를 철학적 탐구의 과제로 삼아 하나의 체계화를 시도했다.

그는 쾌락을 긍정했고 절제와 교양을 중시했으며 격렬하고 정열적인 것을 싫어했다. 한편 우정을 높이 평가하였지만 여자들에 대해서는 좋지 않게 말하였고 아이들 교육은 철학과 부합되지 않는다 하여 원치 않았다.

그는 또, "민주주의 치하의 가난이 전제군주 치하의 번영보다 낫다. 이것은 마치 자유가 노예 상태보다 나은 것과 같다"고 말하여 당시의 민주제를 옹호하였다. 그는 운동에 관해서는 기계론, 구조에 관해서는 원자론, 실체에 관해서는 유물론의 입장을 가진 철학자였다.

나) 만물의 근본은 원자(Atoma)다

데모크리토스는 '물질의 궁극적 단위는 그 이상 나눌 수 없는 것'이라고 지적하고 그것을 원자(Atoma)라고 하였다.(물리적으로 분할할 수 없는 최소의 단위) 그의 원자론적 입장은 현대의 과학적 입장과 매우 유사하며 이 원자들은 파괴되지 않고 언제나 운동하며 그 수는 헤아릴 수 없이 많다. 그리고 그는 이 원자들의 운동의 장으로서 공허한 공간(Cannon)을 긍정하였다.

여러 원자들은 오직 크기와 형상에 있어서만, 즉 양적인 면에서만 서로 다르다고 하여 질적 특성들의 어떠한 것도 원자에 대하여 인정하지 않았고 복합물이 질적 특성을 지니게 되는 까닭에 대하여 동질적인 원자들이 결합하는 구조 방식 때문이라고 하였다. 그리하여 우주 안에 있어서 양은 질보다 더 궁극적인 것이고 질은 양의 작용에 의하여 생긴다고 하였다.

다) 유물론

데모크리토스는 "진실로 존재하는 것은 원자와 공간뿐이다."라고 주장하고 영혼(사이케;psyche)도 불같은 원자로 이루어졌다고 하였으며, 불같은 원자는 가장 운동하기 쉬운 원자이고 우리 몸 속에 가득 차 있다고 하였다.

그는 철저한 유물론자로서 영혼은 원자로 되어 있고 사유(思惟)도 물리적인 과정으로 이해했다. 그에게 있어서 우주는 목적이 없고 오직 기계적인 법칙에 지배되는 원자가 있을 뿐이다. 그는 대중적인 종교를 믿지 않았고 아낙사고라스(Anaxagoras, B.C. 500-428)의 누스(nous;정신)를 반대했다.

3. 소피스트(Sophist)

● 철학적 관심을 자연에서 인간 문제, 사회 문제, 인생 문제로 옮김
● 상대적 진리관
● 인간 중심적 진리관
● 쾌락주의, 경험론, 실용주의 등에 영향 끼침.
● 대표자 프로타고라스

가. 소피스트의 의미

소피스트(Sophist)라는 말이 본래는 나쁜 뜻을 가진 말이 아니었다. '지자(知者)' 혹은 '지혜의 교사(敎師)'란 뜻을 가져 오늘날의 교수라는 의미와 비슷하였고, '현명한 사람', '어떤 일에 숙달한 사람'이라는 의미였다.

그들은 젊은이들에게 생활에 유용한 것들을 가르쳤는데 당시에는 아직 교육기관이랄 만한 공교육 기관이 없었으므로 소피스트들은 어떤 대가를 받고 가르쳤던 것이다.

그러나 소피스트라는 말은 전통적으로나 현재에나 보통 비난하는 말로 사용되고 있는데 그 의미는 수사학적인 허식, 지적인 천박성, 심지어는 도덕적인 불성실을 의미하기도 한다. '진리가 아닌 것을 진리로 진리인 것을 거짓으로 믿게 하는 교묘한 언어적 사기'라는 의미로 쓰이기도 하고 '궤변론자'라 불리기도 한다.

플라톤은 소피스트들에 대해 "부유하고 뛰어난 젊은 사람들을 돈을 받고 낚는 사냥꾼"이라고 하였으며, 아리스토텔레스는 "피상적인 지혜를 농하여 돈을 벌려고 하는 사람"이라고 하였다. 그러나. 이때는 이미 소피스트의 활동이 퇴폐해 있었다.

어쨌든 그들은 지자(知者)로 자처하였으며 훌륭한 태도, 사회적 성공 기술, 웅변을 통해 집회를 좌우하는 방법, 정치적 출세 법 등을 가르칠 수

있다고 자처하였다.

그들은 절대적, 보편적 진리를 부정하였고 상대주의적 입장을 취하여도 도덕적으로 많은 문제점을 가져오기도 하였으나 철학적 탐구의 대상을 자연에서 인간적인 것으로 옮겨 놓았고, 소수의 철학자들에게 국한되었던 학문을 일반 시민의 관심 안으로 끌어 왔으며, '보다 궁극적인 것'보다는 '보다 직접적인 것'에로 관심을 돌렸고, 언어학, 예술, 정치분야에 필요한 이론적 토대를 제공하려 하였다.

그들이 관심을 기울인 것은 문법과 수사학·웅변술·시학·문학·교육·정치 분야 등 광범위하고 실질적인 분야였고 번영을 사랑하고 잘사는데 관심을 기울였다.

소피스트들의 활동 가운데 가장 논의가 되었던 것은 도덕 문제에 대한 상대주의적 적용이었고. 그들은 또 종래 도덕을 좌우해 온 종교적 권위를 배격하였다. 신의 존재 그 자체를 의심했을 뿐만 아니라, 신이 존재한다고 하더라도 사람은 자기의 의지를 신의 의지에다 예속시킬 필요가 없다는 입장이었고, 자기에게 좋은 것을 가장 잘 판단할 수 있는 것은 각자 자신이며 그에게 좋은 것이란 다름 아닌 자신이 원하는 것이요 그에게 이익을 베풀어주는 것이라고 하였다.

따라서 어떠한 사람도 자기 자신의 좋은 것을 어떤 종교적·정치적·사회적 억압 때문에 희생시켜야 할 의무가 없다고 하였다. 플라톤의 글에 다음과 같은 이야기가 실려 있다.

소피스트인 디오니소도로스와 에우티데모스가 클레시포스라는 순진한사람을 말로 희롱하고 있다. 디오니소도로스가 말한다. "개를 한 마리 갖고 있나?" "네 수캐 한 마리를 갖고 있어요." 하고 클레시포스가 대답했다. "그럼, 새끼들도 갖고 있나?" "네, 꼭 닮은 놈들입니다." "그럼 그 개는 그 강아지의 아버지군 그래?" "네, 나는 그 개가 강아지들의 어미와 함께 온 것을 보았어요." "그 개는 자네 소유이지?" "물론입니다." "그럼 그 수캐는 아버지고, 자네 것, 즉 그 수캐는 자네 아버지로군? 또 그 강아지들은 자네 형제이고"

이런 이야기는 소피스트들에 대한 플라톤의 비판적 입장을 대변해 주고 있다. 그러나 쾌락주의, 경험론 내지 실용주의를 비롯한 현대의 철학 및 기타의 학문에 끼친 소피스트들의 지대한 영향은 부정할 수 없는 일이다.

나. 소피스트들과 그 사상

● 프로타고라스(Protagoras)：인간은 만물의 척도다
● 고르기아스(Gorgias) : 불가지론자, 회의론자.
● 히피아스(Hippias) : 인위적인 법률 반대

㉮ 프로타고라스(Protagoras, B.C. 500 - 430)

● 소피스트의 대표자
● 「인간은 만물의 척도다」
● 상대주의

1) 생애와 사상

가) 진리는 상대적이다 - 절대적 진리를 부정

그리스 소피스트 학파의 개척자이며 제일인자인 프로타고라스는 토라케의 압데라(Abdera) 출신으로 약 40년간 아테네에서 소피스트로서 활동하여 남 이탈리아의 새로운 도시 쯔리오이 지방의 헌법을 기초하는 등 그의 업적은 지중해 각지의 그리스인 도시에 퍼졌으며 만년에도 여전히 시실리섬(sicily)에서 그 이름을 떨쳤다. 그는 절대적 진리를 부정하고 진리는 상대적이어서 그 기준·상황·상대에 따라 변한다고 주장하였다.

여기 그와 그의 젊은 제자 에우아쓰루스(Euathlus)와의 고소 사건을 소개한다.

유망한 청년 에우아쓰루스는 어느 날 프로타고라스를 찾아 왔다. "선생님, 선생님께 배우고 싶습니다.""그래, 좋지.""그런데, 저에겐 지금 돈이 없으니까 외상으로 하시죠? 그 대신 제가 첫 재판에서 승소하면 그때 한꺼번에 다 갚겠습니다.""그것도 좋지." 이렇게 해서 에우아쓰루스는 프로타고라스 밑에서 외상 공부를 하게 되

었다.

당시 소피스트에게 공부하려면 꽤 많은 돈이 들었다. 대부분의 젊고 유망한 청년들은 변론가가 되기 위하여 소피스트들을 찾아 배웠으며, 당시 재판의 승패는 막대한 재산과 생명이 관계되었으므로 변론가의 위치는 중대한 것이었으며 승소했을 때의 사례도 컸었다. 그러나 제자가 실직자가 되어 생계가 어려우면 스승 소피스트가 책임을 지는 것이 통례였다.

그런데, 에우아쓰루스는 프로타고라스에게서 배울 만큼 배웠는데도 변론을 맡으려 하지 않았다. 따라서 자연히 실직자가 되어 스승 프로타고라스가 그의 생계를 책임져야 되었다. 그리하여 프로타고라스가 재판을 신청했다. 가르친 값도 받아야겠고, 고의적으로 백수건달이 되어 자기 집에서 놀고 먹는 에우아쓰루스를 쫓아내기도 하려는 것이었다

드디어 재판 날이 왔다. 아테네 시민들은 구름처럼 법정으로 몰려왔다. 당시에 가장 유명한 소피스트와 젊은 수재 에우아쓰루스와의 재판인만큼 그 결과가 큰 관심거리였기 때문이다.

먼저 에우아쓰루스가 변명을 시작했다.

"저는 이제 선생님에게 돈을 지불할 필요가 없게 되었습니다. 이 재판에 서 제가 이기면 선생님의 고소가 패소되었으니 당연히 갚을 필요가 없으며, 설사 지더라도 저는 선생님과 약속하기를 첫 재판에 승소하면 갚기로 했던 바, 이 재판이 첫 재판 이므로 갚을 필요가 없습니다"

시민들은 우레와 같은 박수로서 동의하고 그의 천재성에 감탄했다. 스승인 프로타고라스는 여지없이 패하고 말 것이며 변명할 수도 없을 것이라고 수군댔다. 마침내, 프로타고라스가 자리에서 일어났다. 에우아쓰루스를 보며 천천히 말을 시작했다

"여보게, 에우아쓰루스 군, 이제 자네는 어차피 지불해야 하네. 자네가 고의적으로 변론을 맡지 않고 우리 집에서 놀고 먹기 때문에 내가 이 재판을 신청한 것 아닌가? 그러니 내가 이 재판에서 이기면 자네는 곧 빚을 갚고 내 집에서 떠나라는 판결이 되므로 갚아야 하고, 만일 자네가 이 재판을 이기면 자네는 첫 재판에서 승소했으니 그래, 자네의 원래 약속대로 역시 돈을 갚아야 되네."

프로타고라스의 변론이 끝나자 시민들은 역시 우레와 같은 박수로 동의

를 표하고 그의 변론에 깊이 감동되었다.

과연 누가 이겼을까? 누구의 말이 진리인가? 법정에 모인 시민들은 누구의 변론에 박수를 보내며 동의했는가? 그들은 에우아쓰루스가 말할 때는 그에게, 프로타고라스가 변론했을 때는 또 프로타고라스에게 동의하지 않았는가? 에우아쓰루스 입장에서 보면 에우아쓰루스의 변론이 옳고 프로타고라스 입장에서 보면 프로타고라스의 변론이 옳지 않은가? 이것이 그들 스승과 제자가 당시 아테네 시민들에게 깨우치려 한 것 아닐까? 단순히 제자와 스승 사이에 금전 관계로 발생한 고소 사건은 아닐 것이다.

나) 인간은 만물의 척도다

프로타고라스는 "인간은 만물의 척도다."고 말하여 모든 사물은 인간 중심으로 의미 지어지고 평가되며 그것도 인간 각자의 감각적 활동을 통하여 그렇다고 주장하였다.

소는 유용한 동물이나 모기나 벼룩은 해충이다. 왜 그런가? 인간이 그렇게 판단하고 규정하기 때문이다. 사람이 원숭이보다 왜 예쁜가? 사람 중심으로 평가하기 때문이다. 원숭이들은 틀림없이 자기들이 더 예쁘다고 할 것이다. 왜 누가 더 예쁘고 더 좋은가? 보는 사람이 각기 다르기 때문이다

포도주는 건강한 사람에겐 달지만 병든 사람에게는 쓰고, 단 과일도 사탕을 먹은 다음에 먹으면 달지 않다. 치약으로 이를 닦은 다음에 먹는 귤은 시지 않고 쓰다. 왜 그런가? 사물을 감지하는 대상과 그 상황이 다르기 때문이다.

이것이 상대주의적 견해이고 감각주의, 경험주의적 태도이다. 본래적 의미의 자연성보다는 인위성의 우위를 앞세우고 실용성을 강조하는 입장이다. 실제로 소피스트들이 가르친 덕은 실생활에서 성공의 수단이 되는 유용성의 교육이었다.

어린아이에게는 다이아몬드보다 장난감이 더 좋고, 몹시 졸린 사람에게는 먹을 것이나 입을 것, 강의나 설교보다 자는 것이 훨씬 더 좋은 법이다. "그에게 가장 좋은 것은 그가 좋아하는 것이다." 윤리도 상대주의 입장

이었다. 상황 윤리적 태도이다.

예배나 엄숙한 식장에서의 복장과 해수욕장의 복장은 같을 수 없다. 정장에 넥타이 매고 구두 신고 해수욕장에서 점잔을 뺄 것인가? 남자 수상 구조원이 익사 직전의 사람을 발견하고 헤엄쳐 가보니 수영복 차림의 여자다. 이크! 여자구나! 하고 놀래어 되돌아을 것인가?

그러나 주관적 상대적 진리, 상대적 윤리관에 집착하게 되면 진리, 윤리 그 자체가 파괴될 수 있다. 사람에 따라 윤리가 다르고 주관에 따라 다르다면 그게 어디 진리이겠는가. 상황에 따라 윤리가 다 다르다면 그게 어디 윤리이겠는가. 이것이 소피스트들의 문제점이고 소크라테스나 플라톤으로부터 비난을 받은 원인이다. 그러나 오늘의 관점에서 보면 발전된 견해이기도 하다.

🔠 고르기아스(Gorgias, B.C. 485-380)

● 불가지론자
● 회의론 및 허무주의자
---

1) 생애와 사상

가) 회의론자 고르기아스

고르기아스는 프로타고라스와 함께 소피스트의 대표적 인물이다. 시실리섬의 레온티노이(Leontinoi) 사람으로 라릿사에서 죽었다고 전한다.

B.C. 427년에 고향 슈라크사이가 전쟁 중일 때 구원을 청하는 외교 사절의 대표로 동맹국 아테네에 왔으며 그의 웅변은 아테네 사람들을 놀라게 하였다고 한다.

철학상으로는 엠페도클레스14)와 제논15)의 영향이 크며, 그리하여 제

---

14) 엠페도클레스(Empedokles, B.C.493-433경), 자연 철학자, 만물의 근본은 물·불·흙·공기라고 주장하여 4원소설 주장.
15) 엘에아의 제논(Zennon, B.C.490-430) 엘레아 학파의 개척자·파르메니데스의 제자·변증법의 발견자·궤변으로 유명함.

논의 논리를 사용하여 다(多), 즉 자연을 비유(非有:있지 아니함)로 생각하고 절대 유일의 유(有)를 부정하여 허무주의, 회의론자가 되었다.

나) 불가지론(不可知論)

고르기아스는 주장하기를 "첫째, 아무것도 존재하지 않는다. 둘째, 어떤 것이 존재한다 하더라도 그것을 알 수가 없다. 셋째, 어떤 것을 알 수가 있다 하더라도 그것을 전할 수가 없다."고 하였다.

어떤 것이 관찰되었다고 하자. 그것은 관찰된 현상이지 대상 그 자체는 아니다. 그것은 마치, 바닷물이 파랗게 관찰되었다고 해서 그 바닷물이 파랗지 않은 것과 같다. 그러므로 대상은 존재하지 않는다. 따라서. 그러한 대상이 존재한다 하더라도 사람은 오직 자신의 관찰에만 의지할 뿐 그 대상 자체는 알 수가 없다. 그리고 우연히 그 대상 자체를 알 수 있다 하더라도 다른 사람이 그와 똑같이 관찰할 수도, 느낄 수도 없기 때문에 전달할 수 없다는 것이다.

우리는 존재하는 것에 대해 그 존재의 사실 그대로를 알 수가 없어서. 우리가 관찰에 의존하는 한 존재한다고 믿을 수는 있지만 존재한다고 말할 수 없으며, 한편 알고 있다고 생각하는 것에 대해 깊이 생각해 보면 어느 것 하나 알고 있는 것이 없다. 또 내가 알았다는 확신이 선 어떤 사실에 대해서 전하려 하면 사실 그대로 전할 수 없음을 많이 경험한다. 그것이 더욱 진실에 가까운 것일수록 전할 수가 없을 뿐만 아니라 전할 말도 없음을 깨닫고는 한다. 그렇다면 알 수 없다는 것만 알고 있는 셈이 된다. 모든 인식은 이런 회의에서 제외되지 않는다. 그러나 이런 입장의 회의 역시 회의에서 제외되지 않음을 지적할 수 있다.

"존재하지 않는다" "회의적이다" 하는 것은 확실한가? 그것도 역시 같은 논리의 적용을 받아야 하지 않을까?

4. 아테네 시대의 철학

가. 개 설

서양 철학의 핵심이며 학문의 근본은 이 아테네에서 비롯되었고, 그 이후의 철학은 그 해석·전개·분석이라고 볼 수 있다. 당시 아테네에서는 신을 인간적으로 이해하였고 인간의 감각과 경험을 중시하는 철학 사조와 이성과 지성을 중시하는 사상이 철학의 주제로서 활발하게 논의되고 탐구되고 주장되었다. 그런 주제들은 어느 것이 더 강조되거나 비판받으면서 현재까지 서양 철학사상의 근본을 이루고 있다. 소크라테스, 플라톤, 아리스토텔레스는 아테네의 대표적인 철학자로서 그들도 자연의 근본을 묻는 자연철학의 주제에서 벗어나 소피스트들과 마찬가지로 인간적 문제, 인생론적 문제, 사회적인 문제에 관심을 두었다. 그들 사상은 전 학문을 포괄하며 이후 서양 세계의 사상과 학문을 주도하였다. 그들은 진리를 추구하였고, 인간 이성에 대한 확신을 가지고 학문에 정진하였다. 인간을 이성적 존재로 파악하였고 주장하였던 그들의 사상적 입장은 그 이후로부터 현재에 이르기까지 서양 사상의 중심적인 한 줄기를 형성하고 있다. 또 그들은 진리를 생활의 방편으로 삼지도 않았다. 오직 지혜를 사랑하는 애지자(愛知者)로서 혹은 진리를 추구하는 학자로서 철학을 했고. 자기 사상을 체계화하였다.

나. 아테네의 철학자와 그 사상

㉮ 소크라테스(Sokrates, B. C. 469-399)

● 객관적, 보편적, 절대적 진리 추구

● 인간 중심주의 철학
● 인간의 본성이 이성임을 자각.
● 진리에 대한 자각을 강조. "너 자신을 알라."
● 귀납적 연구(대화법, 문답법, 산파법)
● 지덕 합일설
● 준법 정신 강조.

1) 생애

소크라테스는 B.C. 469년 아테네에서 태어났다. 아버지 소프로니코스(Sopronicos)는 석공이었고 어머니 파이나레테(Phaenarete)는 산파였다.

그는 건강하고 강한 의지력을 가진 사람이었으며 대머리에 얼굴이 크고 둥글며 눈은 툭 불거져 개구리 눈 같아서 별명이 개구리였다고 한다. 입술은 두툼하고 키는 작달막하며 툭 나온 배 오리걸음같이 뒤뚱거리는 걸음걸이, 한 마디로 괴상하지 않을 정도로 못생긴 남자였다.

그의 어린 시절과 청소년기는 아테네의 다른 시민 자제들과 마찬가지로 교육받았고 군복무도 했다. 아버지 직업에 따라 그도 석공 일을 배웠으며 당시 학자들의 강의에도 귀를 기울였다. 아낙사고라스[16](Anaxagroas. B.C. 500-428)의 과학적 입장과 소피스트들에게서도 배웠으나 참다운 지혜라고는 생각되지 않았다.

그는 스스로 탐구하고 깨우쳐 갔으며 깊이 생각에 잠겼고 본질적 문제에 사로잡혀 갔다. 좋은 것은 무엇인가? 안다는 것은 무엇인가? 진리는 무엇인가? 하는 것들이 어릴 때부터 계속된 그의 문제였다.

소년시절, 그는 친구 크리톤(Criton)과 함께 도자기를 만드는 곳에 자주 구경을 갔는데 거기에는 이미 만들어진 도자기들이 많이 있었고 계속 무세(Mouse)의 손에 의하여 아름다운 그릇들이 만들어지고 있었다. 무세의 손가락이 닿을 적마다 움푹 파이기도 하고, 둥그스름하게 나오기도 하며 적당한 곳에 손잡이가 달리고 구멍이 났으며 또 쉽게 넘어지지 않도록

---

16) 아낙사고라스(Anaxagoras)：자연철하자로서, 만물의 근본은 종자(Spermate)라고 하였던 과학적인 경향이 짙은 철학자였다. 신을 믿지 않는다고 고소당하여 아테네를 떠났다.

균형이 잡혀갔다. 거기에는 좋은 것, 아름다운 것이 있었다. 그 좋은 것, 아름다움 그 자체, 그것이 소크라테스를 깊은 명상의 세계로 이끌어 갔다.

어느 여름, 그가 종군하고 있을 때의 일이다. 아침부터 줄곧 한자리에 서서 넋을 잃은 사람처럼 무슨 생각에 잠겨 있었다. 다음날 아침, 동료들이 그를 찾아 나섰을 때 그는 떠오르는 태양을 향해 무어라 중얼중얼 기도를 하고 나서 뒤돌아 막사로 걸어왔다. 그러니까 하루 종일 밤을 새우며, 24시간 동안이나 어떤 사색에 빠져 있었던 것이다.

한편, 그는 아테네 거리의 사람들과 자주 이야기를 나누고 많은 사람들의 강연과 이야기를 들었다. 그는 그렇게 만나는 사람들에게서 진리를 깨달았던 것이다. 모든 것을 안다고 큰 소리로 외치는 당시의 지도급 인사들(지식층)보다는, 오히려 자신은 무식한 인간이라고 생각하면서 순진하고 소박하게 사는 사람들에게서 보다 더 귀한 진리를 깨달았다.

그는 어려서부터 아버지의 석공 일을 도우며 배웠는데, 아버지의 망치와 조각칼에 의하여 아름다운 여러 장식이 새겨지고 살아 움직이는 듯한 사자상도 새겨졌다. 신기해하는 아들에게 소프로니코스는 "이 돌덩이에 사자를 그리고 새기는 것이 아니야. 이 돌 속에 숨어 있는 사자를 찾아내는 것이지" 하고 말했다

우리가 무엇을 안다는 것은 우리 자신 속에 숨어 있는 진리를 찾아내는 것이다. 나에게 없던 것을 다른 사람한테서 얻어오는 것도 아니고 밖에서 주워 오는 것도 아니다. 우리가 깨달은 그 진리는 이미 내 안에 있었던 것이다.

소크라테스는 그의 어머니로부터도 많은 진리를 깨달았다. 산파는 애를 낳아 주는 것이 아니다. 애는 산모가 낳고, 산파는 애를 잘 낳도록 도와 줄 뿐이다. 그와 마찬가지로, 가르친다는 것은 지식을 주는 것이 아니라, 배우는 사람이 지식을 잘 낳도록 도와주는 것이다. 깨닫는 사람은 역시 자기 자신이다. 이러한 이유로 소크라테스의 교육 방법을 산파법이라고 부른다.

소크라테스는 거리의 사람들에게서 배웠듯이 만나는 사람과 대화를 통하여 가르쳤다. 어떤 문제를 질문하고 그에 관하여 대답하게 한 후, 그 대답에 계속 질문을 해서 처음 대답했던 것이 잘못이었음을 깨우쳐 준다. 그래서 그의 이러한 교육 방법을 대화, 혹은 문답법이라고 한다. 이러한 소

크라테스의 태도는 제논[17](Zenon ho Elea)의 영향을 받은 것으로서 귀납적 방법이다.

한편, 소크라테스는 악처로 이름 높은 아내 크산티페(Xantipe)로부터도 많은 것을 깨달았고, 개인적 수양도 많이 쌓은 것 같다. 그의 아내 크산티페는 잔소리(바가지)가 심했다. 부모가 물려준 약간의 유산과 크산티페의 결혼 지참금을 친구이자 제자인 크리톤에게 맡겨 그 이자를 받아 검소한 생활을 할 뿐 보수를 받지 않고 가르쳤기 때문에 일정한 수입이 없어 아내로부터 잔소리를 들었다는 것도 있을 법한 일이다. 그러한 그를 꼬집어, 어떤 사람이 "당신은 아내의 잔소리를 어떻게 그리도 잘 견디시오?" 하고 물으니까 그는 "물레방아 돌아가는 소리도 귀에 익으면 괴로울 것이 없지" 하고 말했다.

하루는 집에서 제자들과 강론을 하고 있는데 아내가 예의 그 잔소리를 시작했다. 소크라테스가 들은 척 만척하자(물론 열을 올려 담론하는 소크라테스의 귀에 아내의 잔소리가 들릴 까닭도 없겠지만) 아내는 큰소리로 욕을 하며 그에게 물을 뒤집어 씌웠다고 한다. 일순간 분위기가 심각하고 어색해졌다. 그런데도 소크라테스는 태연히 "천둥이 친 다음에는 소나기가 오는 법이지" 하고 말했다. 보다못한 한 친구가 "여보게, 저런 여자를 쫓아버리지 어떻게 그냥 놔두나?" 하고 물으니까 "여보게. 내가 내 아내를 참으면 세상에 못 참을 것이 뭐가 있겠나?" 하며 미소짓더라는 것이다.

소크라테스는 아내를 통하여 참는 것을 배우고 있었을까? 그는 "결혼하는 것이 좋습니까, 안 하는 것이 좋습니까?" 하는 제자의 물음에 "결혼하게, 온순하고 현숙한 아내를 얻으면 행복해서 좋고, 사납고 고약한 아내를 얻으면 철학자가 될 테니 안 좋은가?" 하고 대답하였다.

그가 중년이 되었을 때 그의 친구이며 제자였던 카이레폰(Chaerephon)이 델포이(Delphoi) 신전에 가서 아폴로 신에게 아테네에서 가장 지혜로운 사람이 누구인가를 물었는데 신전의 무녀가 내린 신탁은 "소포클레스[18](Sophocles)는 현명하다. 유리피데스[19](Euripides)는 더욱 현명하

---

17) 제논(Zenon ho Elea): 파르메니데스의 수제자. '아킬레스와 거북이의 경주' '나는 화살은 정지해 있다' 등 변증적 궤변가.

다. 그러나 소크라테스는 가장 현명하다"는 것이었다. 카이레폰은 이 신탁을 매우 기뻐하여 소크라테스에게 말했는데, 이 말을 들은 소크라테스는 크게 놀랐다. 그는 스스로 자기 자신이 무지하다고 알고 있었기 때문이다. 그러나 한편, 그는 자신의 사명을 자각하였다. 그리하여 그는 당시 지적으로 혼란하고 국가적으로 쇠퇴해 가는 사회적 무질서의 상황에서 스스로 아테네의 등에(쇠파리)임을 인식했다. 게으르고 마비되어 가는 아테네 시민의 양심을 깨우치기 위한 진드기가 될 것을 결심하였다. 그리하여 많은 사람들이 그를 주목했고 젊은 제자들도 많이 모여들었다.

그러나 소크라테스도 역시 역사의 인물이었다. 그 시대의 역사는 그를 포용할 만한 능력이 없었다. 인간이 한 사회를 이루어 살고 있을 때, 그 사회 조직은 나름대로의 한계가 있는 것이다. 그 사회 조직에서 살기 위하여 인간은 적응하고 스스로를 비하해야 한다. 그렇게 하는 자는 시대의 은 둔자로 흔적도 없이 타고난 명대로 살다가 간다. 그러나 그러한 시대적 조직의 요구를 거부한 자는 위인·성인, 아니면 정반대로 반역자·죄인 등 그 시대에 걸맞는 이름을 역사에 남기며 형장의 이슬이 되어야 하는 것이다. 소크라테스는 그 후자의 길을 택한 인물이다.

그는 고소를 당하여 유죄 판결을 받고 사형수가 되었다. 그를 고소한 인물은 민주당 정치가 아뉘토스(Anytus). 비극시인 멜레토스(Meletus). 웅변가 뤼콘(Lykon)이었고, 죄목은 '국가가 신봉하는 신을 믿지 않고 새로운 신을 믿으며 청년들을 타락시켰다'는 것이었다. 이 죄목도 역시 시대를 거스른 자들에게 씌운 공통적인 죄목이다.

'아테네 시민들이여 - '로 시작되는 그의 유명한 법정 변명은 감동적이었으나 500 배심원들의 투표 결과는 근소한 차이로 유죄였다. 이어서 형량 투표에서 360 대 140으로 사형이 확정되었다. 그는 "아테네 시민 여러분, 이제 우리는 떠날 시간이 되었습니다. 이제 각각 자기 길을 가야지요. 당신들은 삶의 길로, 나는 죽음의 길로……. 그러나 어느 길이 좋은 길인

---

18) 소포클레스 : B.C. 496-406. 그리스 3대 비극 시인 중의 한 사람. 「안티고네」, 「엘렉트라」, 「오이디푸스왕」, 「클로노스의 오이디푸스」등 7편과 약간의 단편이 전한다.

19) 유리피데스: B.C. 485-406. 고대 그리스 3대 비극 시인의 마지막 사람. 「바카이」등 두세 편의 작품을 남김.

지는 아무도 모릅니다. 오직 신만이 알고 있을 뿐입니다."라는 말로 그의 변명을 마쳤다.

그것도 운명인지, 그는 델로스 섬에 있는 아폴로 신에게 제물을 바치러 간 배가 돌아오지 않아서 그 때의 관례에 따라 그 배가 돌아올 때까지 처형이 한 달 동안이나 연기되었다. 그 동안 여러 친구나 제자들이 면회를 할 수 있었고, 간수까지도 그의 인격에 감동되었다. 그는 친구, 제자들로부터 여러 차례 탈옥을 권유받았으나 응하지 않았고(당시 탈옥하기는 아주 쉬운 여건이었다.) 마침내 배가 들어오는 날 아침에 아내가 찾아와 "당신은 부당하게 처형되는 것이니 탈출해야 합니다."고 울며 권했으나 그는 "그러면 그대는 내가 정당하게 처형되기를 바라는가?" 하고 반문하였다.

해질 무렵 간수가 독배를 가지고 왔다. 그는 다른 사형수들과는 달리 간수가 들어오자 친구 제자들과 하던 이야기를 그치고 곧 받아 든 독배를 마셨다. 이를 지켜본 그의 친구와 제자들은 울지 않을 수 없었다. 그러나 소크라테스는 "이런 잘못이 없도록 내가 아이들과 여자를 돌려보낸 건데 이 무슨 꼴인가? 사람은 조용히 죽어야 한다고 나는 들어왔네. 진정들 하고 조용히 하게." 하며 제지하고는 간수에게 "이렇게 걸어야지?" 하고 물었다.(독배를 마신 자는 독이 빨리 몸에 퍼지게 하기 위해 억지로 걷게 했었다.) "네……." 간수도 목이 메어 말을 잇지 못했다. 드디어 발에 힘이 빠지고 침대에 눕혀졌다. 얼마 후, 그는 "여보게, 크리톤, 내가 아스클레피오스[20]에게 닭 한 마리를 빚졌네. 자네가 대신 갚아 주겠나?" 하고 말했다. "염려 말게. 반드시 갚아 주겠네. 다른 부탁은 없는가?" 크리톤이 얼른 대답하고 되물었으나 소크라테스는 아무 말이 없었다. 기원 전399년 4월 27일이었다.

2) 사상

가) 인간 중심주의

---

[20] 아스클레피오스 : 의약의 신으로, 당시 그리스인들은 사람이 죽으면 닭을 바치는 관습이 있었다.

소크라테스와 플라톤의 사상에서 그 둘을 따로 구분하기는 매우 어렵다. 소크라테스는 아무 저술도 남기지 않았으며 그의 사상에 관한 내용은 대부분 플라톤의 저작에 의존하기 때문이다.

그러나 소크라테스에 있어서 중요하고도 분명한 것은 그가 자연(우주)의 본질이나 현상보다는 인간 문제. 특히 윤리 문제나 진리, 가치 문제를 항상 자신의 중심 과제로 삼았다는 점이다. 이러한 사상은 소피스트들의 입장과 공통된다. 소크라테스는 '들과 나무들은 나에게 아무 것도 가르쳐 주지 않지만 거리의 사람들은 나에게 무엇인가 많은 것을 가르쳐 준다.'고 말하였는데, 그것은 그의 인간 중심적 경향을 잘 입증해 준다. 그러나 그는 소피스트들과는 달리 출세하는 방법이나 돈을 버는 데는 관심이 없었고, 인간의 참된 본성이나 삶의 참다운 가치 문제에 관심을 기울였다. 그리하여 인간이 이성적 존재임을 먼저 깨달았고 인간의 참된 삶이란 잘 사는 것이고 잘 사는 것은 아름답게 사는 것, 바르게 사는 것이라고 하였다. 그는 아름다운 것을 좋아했고. 미 자체에도 깊은 관심을 가졌었다. 어느 날, 한 제자가 "아테네 제일의 미녀 모델이 어느 화가의 화실에서 지금 나체가 되어 있습니다."라고 말하자, 그는 "가서 직접 보자" 하고 모델을 보러 갔다고 한다.

소크라테스는 아테네 시민들과 항상 함께 토론하고 가르쳤으며, 그들과 함께 생활하였고 오직 인간만이 그에게 깨달음을 주었고 또 가르침의 대상이 되었다. 소크라테스는 어디까지나 인간 속의 소크라테스였으며 인간 중심적인 철인이었다.

나) 진리관(객관적, 보편적, 절대적 진리관)

소크라테스가 주로 인간적 문제에 관심을 기울였고, 거리의 많은 사람들과 대화로 가르쳤다는 점 때문에 아테네 시민들은 그를 소피스트의 한 사람으로 인식했었다. 그러나 소피스트들이 주관적 · 상대적 진리관을 주장한데 대하여 그는 객관적 진리를 주장했고, 그 진리는 상황에 따라 변할 수 있는 것이 아닌 절대적이고 보편적인 것으로 확신했다. 이것이 소피스트들과는 결정적으로 다른 점이다. 진리가 주관적이라면 사람에 따라 다를 것이고, 한 진리마다 사람 수만큼 있게 되며, 경우에 따라 다르다면 그 것은 견해이지 진리일 수는 없다고 생각한 것이다.

소크라테스는 이러한 시대적 상황이 아테네를 병들게 하는 한 원인으로 보았으며 자신의 사명은 이러한 배경을 토대로 한 역사적인 역할이고 아 테네 시민들에 대한 충성과 사랑이라는 것을 자각하고 있었다.

다) 너 자신을 알라

이 말은 델포이 신전에 새겨져 있는 명언이었다. 소크라테스는 이 글을 보자 큰 충격과 함께 깨달음을 얻었다. 그리하여 이 말을 자신의 평생 좌 우명으로 삼았고 자신은 물론 남에게도 기회 있을 때마다 권했던 것이다.

이 말은 자신의 무지를 깨우치라는 말이고 진리에 대한 자각을 강조한 말이다. 또한 그것은 인간의 본성이 이성임을 간파한 말이다.

무지의 지(無知의 知), 그것만이 참된 지식이다. 안다고 생각하는 사람은 모르는 사람이다. 우리가 잘 안다고 생각하는 친구들, 부모·형제·선생 님에 대해 한번 생각해 보자. 과연 나는 그들의 무엇을 얼마나 안다는 것 인가, 그 ‘안다’는 말은 ‘식별할 수 있다’에 지나지 않는다. 서로를 혼동하 지 않고 누구인지 구별할 수 있다는 정도에 지나지 않는다. 어머니를 안다 고 말하는 나에게, 어머니가 “네가 나를 잘 아느냐? 나의 무엇을 얼마나 잘 아느냐?” 하고 물어 왔다 하자. 그때 과연 자신 있게 “네, 저는 어머님 을 잘 알고 있습니다”라는 대답이 나올 수 있을까?

‘무지의 지’는 몰랐음을 알았다는 뜻이다. 전에 잘못 알았음을 이제 깨 달은 것을 의미한다.

소크라테스는 자기는 아무 것도 모른다고 말했고, 아무 것도 모른다는 것을 안다는 점에서 남들보다 현명할 뿐이라고 하였다.

라) 지(知). 덕(德), 복(福) 합일설

① 지(知)

소크라테스는 결코 애지(愛知)하는 일을 그만 두지 않겠다고 다짐하면 서 “숨을 쉬는 한, 또 힘이 미치는 한 지혜를 사랑하고, 여러분에게 권고하 고, 누구를 만나든 제 생각을 말하기를 그치지 않을 것입니다.”라고 했다.

그는 어린 시절부터 다른 아이들과는 달리 많은 것에 깊은 관심을 가졌고, 특히 본질적 진리에 대한 탐구심이 강했다. 아름다움이 무엇인가. '좋은 것이란 무엇인가?' '선이란 무엇인가?'에 대해 끊임없이 탐구했다.

'너 자신을 알라'를 그의 좌우명으로 삼은 것으로 보아도 그가 참다운 지에 대한 심오한 각성을 가졌었고, 후에는 그렇게 가르쳤음을 알 수 있다. 그에게 있어서 모든 악은 무지(無知)였었다.

참으로 아는 것이 지인데, 알아야 바로 행할 수 있으며, 바르게 행했을 때 그것이 선이고 덕이고 복이다. 그는 우연히 잘 행할 수 있음을 인정했으나 그것을 선으로 보지는 않았다. 그에게 있어서 지(안다는 것)는 '어떤 것에 대해서 안다'는 의미보다는 더 적극적인 것으로서 '바르게 안다', '참으로 안다'는 것을 의미한다. 잘못된 지식, 그것은 참다운 지식이 아니다. 남을 속이기 위한 지식, 거짓말하는 지식, 과시하기 위한 지식, 그런 것들은 지식이라고 불릴 수 없는 것이다. 그는 많은 사람들이 잘못 알고 있는 것, 즉 편견과 오해를 깨우치기에 열을 올렸으며 토론을 그치지 않았다,

소크라테스식 대화법 자체에 의문의 여지나 비판의 여지가 없는 것은 아니다. 그는 자기의 의견을 관철시키기 위해 대화를 논리적 함정으로 끌고 갔으며, 스스로는 안다고 말하지 않고 모른다고 말함으로써 상대방에게는 아는 자로 인식케 했고, 귀납적인 논리 전개에 있어서 개개의 사실을 진리인 양 충분한 토론 없이 기정 사실화하고 있다. 그러나 그의 바른 지, 즉 바르게 안다는 것에 대한 생각은 당시 소피스트들 입장과는 다르며 윤리적 의미의 지식을 뜻하기도 하였다.

따라서 바로 안 자는 바르게 행하며, 바르게 행함이 잘 이루어진 것이 덕이다.

② 덕(德)

덕은 우수나 훌륭함으로 표명된다. 바로 알면 행하지 않을 수 없고, 바로 행하여 훌륭했을 때 그것이 덕이다. 부족하거나 불만족이 없는 참으로 멋지고 아름다움, 그 훌륭함이 덕인 것이다.

덕은 선을 행하는 의지의 습관에 의해서 된 것이다. 의무(사명)의 실행에서 얻는 품성이다. 우연한 행함이 선에 도달했더라도 그것은 덕이라고

할 수 없다. 참다운 지식에 근거한 의지적 행함과 그 행함이 일회적이 아니라 습관화되고, 그리하여 그 사람의 품성이 되었을 때 그것이 덕이다. 덕은 악의 결여가 아니라 탁월성의 성취, 인간의 능력이 이상적으로 발휘되어 완성에 도달함이라는 적극적인 의미이다.

소크라테스에게 있어서 참다운 진리는 그것을 실천하는 것이 진정한 가치이며 참으로 알고서는 행하지 않을 수 없는 것이다. 그러므로, 악을 행하는 것은 모르기 때문이다. 따라서 지를 깨닫고 습득함으로써 누구나 행할 수 있는 것이다.

③ 복(福)

소크라테스는 "우리가 그저 사는 것을 소중히 여길 것이 아니라 잘 사는 것을 가장 소중히 여겨야 한다."고 말했다. 이때의 잘이란 아름답게라던가 올바르게와 같은 의미이다

따라서 바로 알고 바로 행할 때 얻어지는 것이 복이다. 바르지 않은 행위, 즉 부정(不正)은 영혼을 훼상시키는 것이고, 영혼(psyche, 프쉬케=정신)은 로고스(logos), 즉 이성이며 그 이성은 실천이성에 가까운 것이다.

소크라테스는 행복이 진리의 추구 또는 획득에 의한 것일 때 진정한 것으로 본 것이다.

한편, 잘 산다는 것은 사명감을 가지고 그것을 실천하며 산다는 것이다. 보람 있는 일을 하면서 사는 것이다. 그러나 명예나 돈에 관해서 마음을 써서는 안 된다. 무엇보다도 인간에게 있어서 가장 소중한 자기의 영혼, 즉 정신을 가장 좋은 것, 가장 훌륭한 것이 되게 하려고 하면서 사는 것이라고 할 수 있다. 따라서 철학자는 먹고 마시는 쾌락, 성의 쾌락 등 모든 쾌락에 마음을 써서는 안 된다. 그것은 향락이며 향락은 정신의 유덕한 행동이 못 되기 때문에 잘 사는 것이 못 된다.

소크라테스는 육체와 여러 가지 욕망에 대해서, "육체는 우리로 하여금 연정과 정욕과 공포와 온갖 공상과 끝없는 어리석음으로 가득하게 하고 그리하여 도대체 생각하는 능력을 우리에게서 빼앗아 가는 것일세. 그리고, 전쟁이나 내란이나 싸움은 육체와 그 욕망 때문에 일어나는 거야. 왜냐하면 모든 전쟁은 재물을 얻으려고 생기는 것인데, 우리가 재물을 얻어

야 하는 것은 육체가 있기 때문이며 노예처럼 육체에 봉사하기 때문이야."
라고 말했다.

행복의 참된 의미는 죽음과 대결하고, 죽음에 대하여 올바른 생각을 가
지고 사는 것이 포함되어야 하는 것이다. 소크라테스에게 있어서 행복의
의미는 죽음을 반기면서 사는 것이 될 수 있으며 반드시 정신적 쾌락이어
야 한다. 따라서, 덕의 결과로서의 삶이 행복이다. 그러므로, 참다운 진리
는 그것을 실천하는 데에 진정한 가치와 의미가 있고, 그 실천이 덕이며
덕의 생활의 복이다. 이리하여 지·덕·복 합일사상이 성립되는 것이다.

마) 준법정신 - 「악법도 법이다」

소크라테스는 납득할 수 없는 사형 판결과 집행 과정에서 당시의 법에
따르는 모범적인 준법정신을 보여 주었다. 개인적으로 그는 조국 아테네
에 대한 자신의 사명감을 가졌으며 그것은 신앙적 경지에까지 이르러 주
위의 탈옥 권유를 거절했고, 오히려 그 부당성을 설득하고 있다

소크라테스가 탈옥의 권유를 뿌리친 것은 탈옥 자체가 도리에 합당한가
하는 문제에 대한 자신의 결정이었다. 설사 사형 자체가 악이더라도 그 악
을 악으로 갚는 것 역시 악이라는 생각이다.

악법도 법이다. 그러니까 악법도 따라야 한다는 의미는 법 만능적 입장
을 말하고자 한 것이 아니다. 악법이므로 따를 수 없다고 하는 것의 보다
큰 악을 막고자 한 것이다. 이것은 법의 적용을 받는 자의 바른 태도다.
그러나 그 법이 악법이라면 그것은 타당한 방법에 의하여 훌륭한 법으로
개정되어야 할 것이다.

또한 소크라테스는 법이 근본적으로 악일 수는 없다고 생각했다. 그 법
이 자신을 처형하게 했더라도 그 법은 보다 큰 국가적 차원에서 독자적인
유용성과 정당성을 갖는 것으로 여긴 것이다. 그런 소크라테스는 준법 정
신에 있어서 질서를 따라야 된다는 집단주의적인 입장이 아니라 국법을
어김으로써 자기의 영혼이 상할 것을 염려하여 탈주보다 죽음을 택한 것
이다.

바) 영혼 불멸설

소크라테스는 영혼이 신체보다 더 중요하다고 말했다. 그는 죽음에 대하여, "인간에게 있어서 모든 좋은 것 중 가장 큰 것인지도 모른다."고 말하기도 하였다.

그는 사람들이 죽을 때 가장 큰 재앙인 양 두려워하는 것을 무지의 결과로 보았다. 그러나 그가 삶을 가볍게 본 것은 아니다. 무의미하게 죽지 않으려고 했던 것이다.

그에게는 죽음의 의의와 영혼에 대하여 일종의 종교적 신념 내지 희망 같은 것이 있었다. 그는 죽음에 임하여, "내가 아주 좋은 주인인 신들에게로 간다는 것에 대해서는 굳은 확신을 가지고 있네"라고 말하였다.

참 철학자는 죽음이 임박했을 때 기쁜 마음을 가질 만한 이유가 있고, 또 죽은 후에는 저 세상에서 최대의 선을 얻을 희망을 가질 수가 있다는 것이다. 그리하여 그는 항상 죽음을 추구하고 있고 죽음을 원해 온 것이라고까지 말하였다. 철학자가 죽음을 추구하는 것은 그가 일생 동안 찾은 것이 진리요, 육체는 진리 탐구 및 인식에 방해가 되고 죽음은 우리의 영혼이 육체로부터 해방되어 순수하게 되고 진리 인식에 적합한 상태에 이르는 것이기 때문이라는 것이다.

그는 "특별히 경건하게 산 사람들은 마치 감옥으로부터 해방되듯이 지하의 장소로부터 해방되어 자유롭게 되고, 저 위의 청정한 곳에 올라가 그 위에서 살게 되는 것일세. 이 사람들 가운데 특히 철학으로 자신을 순결하게 한 사람들은 그 후로는 전혀 육체 없이 살 것이며…… 우리는 이 인생에서 덕과 지혜를 얻기 위하여 온갖 노력을 다 해야 할 것일세. 이런 까닭에 육체의 쾌락과 장식물이 자기 자신과는 이질적인 것이요, 유익하기보다 오히려 해가 된다고 보고 이것들을 물리치고 오직 배우는 기쁨에 열중해 온 사람은 자기 자신의 영혼에 대하여 확신을 가지고 기뻐하고 있는 것일세……"라고 말하였다. 소크라테스의 마지막 변명에 의하면 그는 영혼 불멸에 대한 확신을 가지고 있었다(생애편 참조).

끝으로 영혼 불멸에 관한 소크라테스의 확신에 찬 말을 소개한다

"…저 세상에서는 질문을 던진다고 해서 사람을 사형에 처형하는 일은 없을 것이다. 분명히 그럴 것이다. 거기서는 우리는 보다 더 행복스럽게

살 수 있으며 무엇보다도 그것은 영원의 세계이다."

사) 교육론

소크라테스는 부모의 영향을 많이 받았으며 이에 대해서는 그의 생애 편에 언급된 바와 같다.

그는 지식을 무(無)에서 유(有)의 창조로 본 것이 아니고 발견으로 인식했으며, 이미 있는 데도 깨닫지 못했던 것을 깨달아 바로 아는 것으로 인식했다. 그러기 위해서는 우선 각자가 잘못 알고 있다는 것을 깨닫는 것이 지식에로의 첫 출발이 된다.

소크라테스는 거듭 질문을 함으로써 처음 가졌던 잘못된 지식을 깨우쳤으므로 그의 교육 방법을 문답법, 대화법이라 하였고, 이미 내 안에 있는 지식을 낳도록 돕는다는 의미에서 산파법이라 부른다.

지식을 전달하거나(배우거나) 깨닫게 하는 방법으로서 서로 묻고 대답하는 질문법, 대화법을 강조했으며, 지식을 가르치는 사람은 배우는 자가 그 지식을 바로 깨달아 알 수 있도록 돕는 것이다. 즉 산파는 산모가 애를 잘 낳도록 도와줄 뿐이고 실제로 애를 낳는 것은 산모 자신이라는 말인데 옳은 지적이다(산파법이라고 하는 이유는 그의 어머니가 산파였다는 사실과 무관하지 않다).

나 플라톤(Platon, B. C. 427-347)

- 이상주의 철학자
- 핵심 사상 - 이데아론
- 이원론적 세계관(이데아계, 현상계)
- 정의론(4주덕)
- 이상국가론 - 철인 정치론
- 교육관 - 상기설

1) 생애

플라톤은 부유한 명문 귀족 가문에서 태어났다. 그의 아버지 아리스톤(Ariston)은 아테네 세습 왕정의 마지막 왕인 코도로스(Codoros)의 후예요, 어머니 페리크티오네(Periktione) 역시 명문 출신으로, 그녀의 사촌오빠 크리티아스(Kritias)는 B. C. 404년 30인 과도정치의 지도자였다. 플라톤의 아버지는 일찍 세상을 떠났고, 어머니는 페리클레스(Perikles)와 친분이 두터웠던 피릴람페스(Phyrilampes)라는 사람과 재혼하였다.

플라톤은 당시 명문 출신의 젊은이들이 다 그랬듯이 정치가가 되려고 하였다. 그는 군인으로서 뛰어났고 건강하고 운동도 잘하여 이스트모스 경기에서는 두 번이나 우승하였다. 그가 플라톤이라 불리게 된 것도 그의 체조 교사가 어깨가 넓다는 의미로 불렀던 것이 그대로 별명이 된 것이다. 그의 본명은 아리스토클레스(Aristocles)였다.

젊었을 때, 헤라클레이토스(Herakleitos)학파인 크라틸로스(Kratylos)의 영향을 받았고 소크라테스에게서 결정적인 영향을 받았다. 그가 20세였을 때 디오니소스 극장의 비극 경연 대회에 나갔다가 극장 앞에서 소크라테스의 강연을 듣고 크게 감동되어 즉시 가지고 있던 비극 대본을 불태워버리고 소크라테스를 따랐다. 그 후, 소크라테스가 죽을 때까지 8년간 스승으로 모시고 철학을 배웠다

그는 소크라테스를 만나 철학을 배우게 된 것에 특별한 의미를 가지고 있었다. 즉, 평소에 그는 '나는 야만인이 아닌 아테네인으로 태어난 것과 노예가 아닌 자유인으로 태어난 것, 여자가 아닌 남자로 태어난 것, 그리고 소크라테스와 같은 시대에 태어난 것을 신에게 감사한다.'고 말했는데, 그 말은 그가 소크라테스를 만나 철학을 배울 수 있었다는 의미인 것이다.

그처럼 존경하였던 스승 소크라테스가 정치의 혼란기에 희생이 된 것에 대해 몹시 가슴 아파했으며 지혜 높은 철학자가 어리석은 군중들의 투표에 의해 사형 당한 사실에서 큰 충격을 받아 그로 하여금 어리석은 군중에 대한 모멸감과 분노를 갖게 하였다. 그래서 그는 민주정치에 반대하고 가장 지혜롭고 선한 사람들이 정치를 해야 한다고 생각하였다.

스승 소크라테스가 옥사 당한 후 그는 아테네를 떠나 긴 유랑의 세월을 보냈다. 그는 가는 곳마다 당시 유명한 여러 학파의 학자들을 만나 학문에 대한 견문을 넓혔는데 그가 만난 사람들은 메가라 학파21)의 창시자 유클레이데스, 키레네의 도오토로스(수학을 배움) 그리고 이집트에서도 수학과

천문학을 배웠고, 잠시 아테네에 와서 초기 대화편을 썼다. 그 후, 다시 남부 이탈리아에서 피타고라스 학파들과 만났는데, 그 영향은 몹시 커서 종교적 영혼 불멸에 대한 내세적인 신앙과 종교적 어조, 수학의 존중, 지성과 신비주의 등은 그 영향의 결과이다.

그가 40세 경에 시칠리아의 시라큐사에서 참주(僭主) 디오니소스(Dionysos) 1세와 만나고 디온(Dion)이라는 청년을 알게 되었다.

후에 그가 아테네로 돌아와 교외에 있는 아카데모스의 숲(아카데모스의 신전이 있었다)에 학교를 세우고 죽을 때까지 이를 주재하고 가르쳤는데 이를 아카데미아(Academia)라고 한다. 아카데미아 학원 정문에 '기하학을 모르는 사람은 들어오지 마시오.'라고 써 붙였다고 하며, 많은 당대의 젊은이들이 모여 연구하는 학문의 전당이 되었고 남장을 하고 들어와 강의에 참여하는 귀부인도 있었다 한다.

그는 장수했으며 죽을 때까지 저술에 열중했는데 노모이(nomoi)편을 쓰며 죽었다고 한다. 그가 80세의 고령으로 한 제자의 결혼식에 참석했다가 밤이 늦어 자리에 누운 것이 영원한 잠이 되었으며, 아테네의 시민은 물론 이웃의 많은 사람들이 그의 영구를 따라 묘지까지 갔다고 한다.

그의 유명한 저술로는 「소크라데스의 변명」, 「파이돈」, 「심포지움」, 「국가」, 「파르메니데스」, 「테아이테토스」, 「소피스트들」, 「필레보스」, 「티마이오스」, 「정신」등이 있다. 그 중에서도 「변명」, 「파이돈」, 「국가」등이 특히 유명하다.

2) 사상

가) 이상주의 철학

이상주의(Idealism)의 중심 개념인 그리스어의 이데아(Idea)는 원래 본다는 의미의 이덴(Idein)에서 유래된 말이다. 그래서 보여진 것, 즉 형상(形相)을 의미하며 본래적인 것, 즉 어떤 실재의 원형을 뜻한다. 우리가 원

---

21) 메가라(Megar)학파 : 소크라테스와 엘레아 학파의 영향을 받았고, 논쟁에 능하여 변증가, 쟁론가라 불리기도 하였다.

을 생각할 때 원은 크기에 따라 많은 종류가 있고, 그려진 원은 불완전하겠지만, 원 그 자체는 완전한 것으로서 머릿속에 생각할 수 있다. 우리의 생각 속에 있는 완전한 원, 그것이 원의 이데아이다. 따라서 완전한 상태가 이데아인 것이다.

플라톤은 개인이나 국가나 완전한 상태, 즉 이상적 상태에 도달해야 한다고 믿었으며, 이데아를 철학의 주과제로 삼았다. 그의 이러한 노력은 현대에까지 여러 이상주의의 시작이 되었다.

스승 소크라테스가 당시 아테네 시민들에게 그릇된 지식(무지)에 대한 자각을 깨우치려 한 반면, 플라톤은 가장 이상적인 상태를 현실에 실천해 보려고 했던 것이다. 그가 66세가 되었을 때 디오니소스 2세를 가르치려 했던 것도 그러한 생각에서였다.

나) 이원론적 세계관

플라톤은 이데아계와 현상계로서 세계를 이원적으로 인식했는데. 이데아계는 영원 불변의 참다운 본질의 세계이고 현상계는 감각적으로 인식되는 가변적 경험 세계이다. 따라서 우리가 경험적으로 인식하는 존재들의 모습은 본래적 모습이 아니며 각 존재의 본래적 모습은 이데아라고 하였다. 그러므로 모든 현상적 존재는 본래적 세계, 즉 이데아계에서 비롯되었으며 현존재는 자기의 본래적 고향인 이데아계를 동경하게 되는데 이러한 동경 또는 충동을 그는 에로스(Eros)라 하였다.

우리가 현상계에서 생에 열중하여 분주하게 활동할 때는 잠깐 잊고 있다가도 조용한 시간에 정신을 맑게 하여 자신을 돌아볼 때 문득 그리움을 느낀다. 무엇인지는 모르지만 어떤 동경에 깊이 빠져들고 그로 인해 깊고 높은 고독을 느낀다. 왜 그런가. 인간이 본래적 자기 고향인 이데아의 세계를 못 잊어 그리워하기 때문이다.

플라톤은 이데아계와 현상계의 두 세계론을 제시하여 이원론적 세계관을 성립시켰는데, 그것은 후의 서구 이원론을 발전시키는 계기가 되었다.

선과 악, 천국과 지옥, 영혼과 육체, 빛과 어둠, 사랑과 미움 등 상반 대립적인 이원 사상은 크리스트교의 사상은 물론 서구인들의 정신사에 뿌리깊은 사상이 되었다.

한편, 플라톤의 이데아론에 의하면 현상계에 있는 모든 존재의 이데아가 이데아 세계에 있게 되는데, 이 모든 이데아 중에서 최고의 이데아는 선의 이데아라고 그는 말하였다.

다) 정의론(正義論) - 4주덕

플라톤은 인간을 영혼과 육체로 구성된 이원적 존재로 파악하였다.

인간 영혼의 본질을 이루고 있는 것은 이성(누스;nous)이고, 육체는 기개(氣槪), 즉 용기와 충동적이고 감각적 육체적 욕구를 갖는 정욕으로 되어 있다. 정욕은 복부에 관계하는 부분으로 영양과 생식, 소유를 구하는데 여기에는 절제(節制)의 덕이 필요하다. 기개는 심장에 관계하는 것으로 명예나 지배를 구하는데, 용기의 덕이 필요하다. 이성은 머리에 관계하며, 지혜의 덕이 필요하다. 이상과 같은 절제·용기·지혜가 잘 갖추어 조화된 개인은 정의의 인간이다.

마찬가지로 국가에 있어서 생산계급(경제)에는 절제가, 수호 계급(군인)에는 용기가, 통치계급(정치)에는 지혜가 그 덕이며, 이 세 가지 덕이 잘 조화되어 기능을 발휘할 때 그것이 정의이며 그러한 국가가 정의의 국가이다.

라) 이상국가와 철인 정치론

플라톤이 주장하는 이상 국가는 정의의 국가이다. 생산계급은 절제로 양식을 풍부케 하고, 수호계급은 용기로 국가를 잘 방위하며, 통치계급은 지혜의 덕으로 정치를 잘할 때 그 국가는 정의의 국가이며 그것이 이상적인 국가이다.

한편 각 계급은 고유의 덕이 있어 그것을 잘 발휘하면 되는 것이며, 그 덕을 가지고 자기의 역할이 아닌 타 계급의 일을 할 수는 없다. 예를 들어, 생산 계급이 방위나 정치를 잘 맡을 수 없으며 수호 계급이 경제나 정치를 잘 할 수도 없다. 통치 계급이 생산을 맡는 것도 마찬가지이다. 그러한 현상은 부정의이다.

이러한 정의의 국가 개념을 현대에 적용하여 보면 각자가 본분에 충실하여 최선의 덕을 발휘하는 조화된 국가가 정의의 국가이고 이상적인 국가가 된다.

플라톤에 의하면 통치계급의 덕이 지혜이므로 지혜 있는 자가 통치지가 되어야 한다. 그런데 지혜 있는 자, 지혜를 사랑하고 추구하는 자가 철학자이므로 철학자가 통치자가 되어야 한다. 이리하여 그의 철인 정치론이 성립한다.

플라톤은 말하기를 "철학자가 통치자가 되거나 통치자가 철학자가 되어야 한다."고 하였다. 그 말은 원래 통치자는 철학자 중에서 되어야 하며 그렇지 못한 자가 권력을 잡아 통치자가 됐다면 그는 이제 철학자가 돼야 한다는 뜻으로 해석할 수 있다. 지혜 없는 자가 통치자가 되는 것은 마치 맹인이 맹인의 손을 잡고 길을 인도하는 것과 같다고 하였다.

이러한 플라톤의 견해는 귀족 정치론으로 전개되며, 많은 어리석은 자들의 투표에 의해 통치되는 민주정치는 결국 중우정치(衆愚政治)에 불과하다고 생각했던 것이다. 따라서 플라톤의 정치적 신념은 철인에 의한 정치, 귀족적 전제정치의 형태였다.

마) 교육관

플라톤에 의하면 인간의 이성(理性)은 불사적인 것이며, 그것은 우리가 이 세상에 태어나기 전에도 존재한 것이고(이데아 세계), 그때 그것은 혼탁됨이 없이 이데아를 직관하였다. 그런데 이 세상에 탄생하여 육체 속으로 들어올 때 망각의 강(Lethe)을 건너야 하는데, 이 강을 건널 때 그 강물을 마시게 되고, 그 물을 마시면 알고 있는 모든 것을 잊는다. 인간이 이 세상에 살면서 무엇을 경험하고 배우게 되면 그 현상 속에 있는 이데아의 모습을 통하여 잊었던 이데아를 다시 상기하게 된다. 따라서 교육은 상기(想起;anamnesis)[22]를 위한 활동이고, 알았다는 것은 잊었던 것을 회상하는 것을 의미한다.

그것은 아름다운 꽃을 보고 아름다움(美) 자체를 상기하는 것과 같다.

---

22) 아남네시스(anamnesis = memory, recallection): 인간의 영혼 자신이 이데아계에 있을 때의 기억을 회상하여 알게 된다는 그 회상작용을 가리킴.

그래서 상기설이라고 한다.

또 플라톤은 조기 교육을 주장하고, 교육은 강제가 아니어야 한다고 하였다. 억지로 가르친 것은 곧 잊고 머리 속에 남지 않으며 그러므로 어린이의 교육은 일종의 오락이어야 한다는 것이다

그는 나이에 따른 교육 계획도 제시했는데, 출생 후 7세까지는 어머니 슬하에서 교육하고, 공교육은 7세부터 군생활(7세 - 20세)까지 포함하여 35세까지 받는 것으로 돼 있다.

한편, 그는 국가는 모든 아이들에게 출신 성분을 불문하고 균등하게 교육시켜야 하며 여자도 남자와 같이 고상한 재능을 가지므로 교육을 시켜야 한다고 하여 평등 교육론을 폈다.

그런가 하면, 우수한 종족을 출생하게 하는 것이 위정자의 임무라 하여 탁월한 능력을 발휘한 우수한 남자는 여자들과 접촉할 기회를 증가시키며, 우수한 남녀로 하여금 보다 많은 자녀를 낳도록 하고, 열등한 자는 자녀를 되도록 낳지 않도록 한다는 것이다.

플라톤의 이러한 주장은 우수하고 강력한 국가를 위한 것이었고 거기에 윤리적인 고려는 충분하지 못했던 것 같다.

🄳 아리스토텔레스(Aristoteles, B. C. 384-322)

● 현실주의 철학자
● 목적론적 세계관
● 인생의 목적은 행복
● 3단논법의 추리형식 체계화
● 10범주론
● 민주주의 국가관

---

1) 생애

아리스토텔레스는 마케도니아(Macedonia)남쪽 칼키디키(Khalkidhiki) 반도에 있는 작은 도시 스타게이로스(Stageiros)에서, 왕이며 필립포스 대왕의 부친인 아민타스(Amyntas) 2세의 궁정 의사인 니코마쿠스(Nicomachus)

의 2남 1녀 중 장남으로 태어났다.

아리스토텔레스의 부친은 펠라 왕궁 근처에 몇 명의 종을 거느린 부유층 의사였으며 아리스토텔레스도 당시의 풍습대로 부친의 가업을 이어 의사가 되려고 하였다. 그리하여 아버지를 도와 수습을 하였고 자연 과학에 큰 관심을 가져 다방면에 걸쳐 깊은 연구를 하였으며, 특히 생물학에 깊은 조예를 가졌는데 이것은 그의 사상 체계에 있어서 중대한 의미를 갖는다. 흔히 플라톤을 수학자에, 아리스토텔레스를 생물학자에 비교하는 것은 이 때문이다.

그의 용모는 잘생기지 못하여, 눈이 작고 머리와 수염을 짧게 깎았으며 사투리를 쓰고 말을 더듬었고 키는 작았으며 다리는 가늘었다. 그리고 얼굴에 조소의 빛을 띠는 버릇이 있었다 한다.

그는 이러한 자신의 신체적 결함을 보충하려고 신경을 썼으며 화려한 옷을 입는다거나 반지를 끼는 등 치장을 하였다. 그러나 그러한 표현에 반대하는 학자들도 있다. 어느 철학자는 아리스토텔레스의 흉상을 보고 평하기를, "머리와 수염은 짧게 깎여져 있고 머리카락은 조금씩 뭉치어 얼굴에 내려져 조심스럽게 정돈되어 있다. 머리숱이 적고 눈이 작지만 냉철하고 비판적인 예리함이 빛나며, 세계사적인 영혼의 창에 흡사하다. 굳게 다문 그위 입술은 조소의 빛보다 차라리 진리의 길을 걷는 자의 깊은 결단의 빛을 나타내고 있다."고 하였다.

그의 성격도 여자같이 나약하고 세심하였다. 그는 10세 전후에 양친을 잃고 고아가 되어 프로크세노스라는 친척의 손에서 자랐는데, 후에 아리스토텔레스는 그의 외아들을 양자로 삼아 돌봐 줌으로써 그 은혜에 보답하였다.

아리스토텔레스는 17세 때에 아테네에 와서 플라톤의 아카데미아에 들어가 플라톤이 죽을 때까지 그곳에서 약 20년간 학문 연구에 몰두하였다. 스승 플라톤은 그를 칭찬하여 아카데미아의 정신(누스;nous : 슬기로운 자)이라고 불렀다. 심지어 플라톤은 아리스토텔레스가 지각을 하면 출석할 때까지 강의를 하지 않았고 "정신이 결여되어 있다. 청중은 귀머거리이다."하면서 시간을 끌다가 아리스토텔레스가 출석해야 시작했다고 한다.

아리스토텔레스는 돈을 아끼지 않고 서적을 수집하여 많은 책을 모아 도서실을 만들었고 도서 분류법도 창안하였다. 그는 너무나 독서에 열중했으므로 그의 스승 플라톤은 "아리스토텔레스에게는 고삐가 필요하다."고 말했다 한다. 그는 졸음이 오면 발밑에 청동 그릇을 놓고 손에 청동 구슬을 들고 책을 읽어, 졸다가 손에 있는 청동 구슬을 놓치면 밑의 그릇에 떨어져 그 소리에 놀라 잠이 깨도록 하면서까지 독서를 했다 한다.

플라톤이 세상을 떠나자 플라톤의 누이동생의 아들 스페우시포스(speusippos)가 아카데미 학장이 되었고 아리스토텔레스는 아테네를 떠나 트로아스의 아소스(Assos)에 가서 그곳 왕이며 아카데미의 동문인 헤르미아스(Hermias)의 후원으로 아카데미아의 분교 비슷한 학원을 세우고 헤르미아스의 조카딸인 피티아스(Pythias)와 결혼하여 딸 하나를 낳았다. 그러나 얼마 안 있어 피티아스가 죽자 스타게이라 출생의 여자와 동거하여 니코마코스(Nicomachos)라는 아들을 낳았는데, 아리스토텔레스의 「니코마코스 윤리학」은 이 니코마코스가 자기 부친의 저술을 편집한 것이라고 한다.

B. C. 343년에는 그 학원을 미틸레네(Mitylene)로 옮겼으나 다음 해 마케도니아왕 필립포스(Phillippos)의 초청을 받아 왕자 알렉산드로스(Alexandros) 의 스승이 되고, 공부를 싫어하는 알렉산드로스 때문에 잠시 떠났으나 필립포스 왕이 죽고 알렉산드로스가 왕이 되자 초청을 받고 다시 돌아와 그가 정복의 길을 떠날 때까지 그 측근에 있었다.

B. C. 335년에 아테네로 와서 교외 뤼케이온(Lykeion)에 도서관, 박물관 등 많은 연구 시설을 갖춘 학원을 건립하였다. 그는 뤼케이온의 소요로(逍遙路;peripatos)를 거닐면서 강의하였다 하여 그의 학파를 소요학파(peripatos학파)라고 부른다.

한편 아리스토텔레스가 알렉산드로스를 신으로 예배하라는 명령을 거부한 조카 칼리스테네스의 처형에 항의하자, 알렉산드로스는 "철학자의 사형도 내 권력에 포함되어 있다."고 하면서 아리스토텔레스의 항의를 묵살했다고 한다. 그러나 알렉산드로스가 바빌론 원정 중 갑자기 죽자(열병이었다) 아테네는 독립을 선언했고 아리스토텔레스는 알렉산드로스의 측근자로 지목되어 고소를 당했는데 특별한 죄목이 없을 때 항상 그랬듯이 신을 모독했다는 죄목을 붙였다. 그는 데오프라토스에게 뤼케이온을 인계하고 "아테네 사람들로 하여금 두 번씩이나 철학에 대하여 죄를 범하지 않도록 하기 위하여"(소크라테스의 처형을 말한 것) 마케도니아 세력의 본거지인 칼키스로 간 후 수개월 만인 B. C. 322년 경 위장병이 악화되어 세상을 떠났다. 향년 62세였다.

2) 사상

가) 현실주의 철학

아리스토텔레스의 철학은 스승 플라톤의 철학을 비판하는 것에서 시작되는데 그것은 나에게 플라톤은 귀중하다, 그러나 진리는 더욱 소중하다는 그의 말이 잘 입증해 준다.

플라톤이 순수사유에 의해서만 참된 이데아가 인식될 수 있다고 주장하여 구체적인 경험적 사실을 소홀히 한데 대하여 아리스토텔레스는 인식이 감각적 경험에 근거한다고 보았다. 라파엘로가 그린 아테네 학당의 그림에서 플라톤은 하늘을 가리키고 아리스토텔레스가 땅을 가리키는 것은 이러한 플라톤과 아리스토텔레스의 서로 다른 철학적 견해를 잘 묘사해 주고 있다.

아리스토텔레스는 고금을 통하여 가장 위대한 생물학자였고 그의 관심은 성장과 발전의 현상, 가능적인 것으로부터 현실적인 것, 종자로부터 태아, 태아로부터 성장한 동물 형태로의 관심이 주를 이루고 있다. 그는 모든 사물이 다양한 운동 변화의 과정을 경과하는 것으로 생각하였다. 모든 것이 이렇게 움직인다면 그것들을 그렇게 움직이게 하는 '어떤 것'이 있어야 한다. 물론 자기 자신은 움직이지 않아야 된다. 그는 그것을 신이라 하였다. 따라서 신은, 자신의 단순한 현존(現存)에 의하여 그 자신은 운동 변화가 없고 모든 사물의 변화와 운동을 일으키는 최초 원인이라고 생각하였다. 즉, 신은 우주의 부동(不動)의 동자(動者)인 것이다. 아리스토텔레스는 이 부동의 동자인 신을 제일 형상이라 하였다.

그러나. 그에게 있어서 신은 우주의 창조자는 아니다. 왜냐하면 우주는 영원하며 또 영원히 생성·성장·발전하는 운동을 계속해야 되기 때문이다. 그래서 그는 신조차도 현상의 원인으로 설명하려 하였고 스승 플라톤과는 달리 경험적 현실 세계에서 진리를 발견하려 한 현실주의 철학자였다.

나) 형상(形相)과 질료(質料)

아리스토텔레스에게 있어서 형상과 질료는 존재론적 개념이다. 그는 플라톤의 이데아 대신 실체(Ousia)라는 개념을 상정(想定)하여 그것이 이데아처럼 개개의 사물들과 떨어져 있는 존재가 아니라 개개의 사물들 속에 내재하는 본질이라고 하였다.

이러한 실체(實體)는 형상(eidos) 과 질료(hyle)로 되어 있는데 질료는 실체를 이루고 있는 물질 즉, 재료이고 형상은 그 물질로 하여금 바로 그러한 사물이 되게 하는 원리이다. 형상을 의미하는 에이도스(eidos)란 말은 원래 플라톤이 사용한 이데아(Idea)와 같은 의미이다.

여기에 나무로 만든 책상이 있다고 하자. 이 책상이 실체이며 나무는 질료가 되고 그 나무로 하여금 다른 개체(존재)가 아닌 책상이 되게 한 원리가 형상이다. 나무로는 책상을 만들 수도 있지만 다른 개체가 될 수도 있는데 책상이 되게 한 것이 바로 형상이다.

그런데 실체·질료·형상은 각기 다른 개체적 존재가 아니라 한 존재에 내재하는 개념이다. 예를 들면. 인간도 형상인 영혼과 질료인 육체로 되어 있는데, 이때 인간·영혼·육체가 따로 어떤 존재 양태(있는 모습)를 가진 별개의 존재가 아니라 모두 한 인간 안에 내재하는 것과 같다는 설명이다.

이 점이 스승 플라톤의 이원론과는 다른 아리스토텔레스의 일원론적 입장이다. 아리스토텔레스의 결론은 다음과 같다. 즉. 형상은 질료 속에 내재하며 관념적인 것은 물질적인 것 속에 내재하고 보편적인 것은 특수적인 것 속에 내재한다는 것이다. 개념적으로는 그것들을 분리할 수 있지만 그렇다고 따로 뗄 수는 없는 것이다. 인간·영혼·육체가 개념적으로 분리되지만 실제로 그것을 따로 내어 별도로 존재하게 할 수는 없는 것과 같다.

한편, 질료는 형상과 결합해서 새로운 개체가 되고, 그 개체는 보다 높은 단계의 형상과 결합해서 또 새로운 개체가 되고…. 이렇게 하여 마지막에 순수 형상(신)에 이른다는 상승적 자연관을 전개했다.

다) 행복론(목적론적 세계관)

① 행복은 최고선(最高善)이다.

아리스토텔레스는 모든 행위는 목적이 있다는 목적론적 세계관을 전개했는데, 그 행위의 목적을 선이라고 하였다. 우리가 배부르기 위해 먹을 때, 먹는 행위의 목적인 배부름이 선인 것이다. 그런데 선은 또 다른 선을 위한 수단이 된다. 예를 들면, 앞에서는 배부름이 선이었으나 그것이 일을 하기 위해서 배부름이 필요했다면 이제 배부름은 수단이 되고 그 목적인 일이 선이 된다. 그리고 그 일이 필요한 재화를 얻기 위한 일일 때 이제는 일이 수단이 되고 재화가 선이 된다

이렇게 해서 선은 보다 차원 높은 선을 위하여 수단이 되는 것인데 그 자체가 목적(선)일 뿐 수단이 될 수 없는 것이 있다. 그것이 최고선이다.

아리스토텔레스는 인간에게 있어서 최고선을 행복이라고 함으로써 그의 행복론이 전개된다. 행복은 무엇을 위하여 행복할 필요성을 갖는 그런 것이 아니다. 누구의 칭찬을 듣기 위함도 아니고 과시하려 함도 아니며, 죽음에 대한 어떤 담보도 아니다. 그저 행복한 것 그 자체가 목적일 뿐이다.

② 행복은 쾌(快)이다.

아리스토텔레스는 행복의 내용이 쾌임을 인정하였다. 인간이 고통을 당하면서 행복하다고 말할 수는 없기 때문이다. 즐거움, 그 즐거움이 잘 정리되었을 때 그것이 행복감인 것이다.

그런데 쾌에는 육체적, 물질적인 쾌와 정신적 쾌가 있다. 이 서로 다른 두 쾌는 모두 필요한 것이다. 육체적 물질적인 쾌는 보다 많은 사람에게 쉽게 느껴진다. 그러나 그것은 몇 가지 단점이 있다. 첫째로, 육체적 물질

적 쾌는 인간을 노예의 상태까지 몰고 간다. 자신의 파멸이 보이는데도 그 쾌락에 끌려가는 인간이 많은 것은 그 때문이다. 둘째로, 육체적 물질적 쾌는 같은 정도의 쾌를 얻기 위해 횟수가 거듭될수록 보다 강한 자극을 필요로 한다. 우리가 찌개를 끓일 때, 간을 맞추기 위해 소금을 조금 넣고 맛본 후 싱거워 다시 조금 더 넣고 또 맛본 후 역시 싱거워서 다시 더 넣는다면 그 찌개가 다 끓어 먹을 때는 짜서 못 먹게 된다. 이러한 특성으로 인해 육체적 물질적 쾌락은 그 자신을 파멸로 이끌어 간다. 셋째로, 육체적 물질적 쾌락은 쾌의 상태가 짧으며 또 쾌 직후에 불쾌를 수반한다. 몹시 배가 고프면 배가 부를 때까지 많은 음식을 먹게 되는데, 그때 쾌는 잠깐이고 그 다음에는 배탈이 나거나 그렇지 않더라도 쾌는 벌써 사라지고 거북한 불쾌감을 갖게 된다.

이에 비해, 정신적 쾌는 그러한 부작용이 없다. 그러나 육체적 물질적 쾌를 빼버린 정신적 쾌만으로 행복할 수는 없다. 육체의 고통과 죽음은(극단화시킨 예지만) 곧 정신의 정지를 가져와 쾌를 얻을 수도 느낄 수도 없기 때문이다.

여기에서 조화 내지 완전히 요구된다. 그는 "완전하고 다시없이 행복한 사람의 활동이 한 가지이건, 혹은 그 이상이건 이러한 활동을 완전케 하는 쾌락이야말로 엄밀한 의미에서 인간에게 고유한 쾌락이다."라고 말했다.

그러나 조화 내지 완전한 활동이 인간에게 쉬운 일이 아니다. 이를 위해 욕망을 적절히 절제하는 중용이 필요하며 그것은 오직 인간의 특성이요 최대 장점인 이성의 활동에 의해 가능하다. 그러므로 이성에 따라서 살 때(관조적 삶) 행복이 가능한 것이다.

라) 정의론(正義論) -가장 적절한 상태(中庸)

아리스토텔레스의 정의에 대해서 흔히 비례적 정의라고 한다. 그러나 그보다는 적절성 내지 적법성의 정의라고 하는 것이 보다 알맞은 표현이 된다. 그 적절하다는 의미는 각각의 사물에 대한 합당성이고 그 합당성을 위한 보편적 입장이 중요하다.

어떠한 경우이든 그것의 부족과 과다를 생각할 수 있는데, 그것이 가장 알맞은 상태라는 적합성이 중용이다. 따라서, 일률적 균등을 주장하지 않으며, 그것은 가능하지도 않고 바람직하지도 않다는 것이다. 밥 열 그릇이 알맞은 사람과 두 그릇이 알맞은 사람이 있을 경우, 똑같이 여섯 그릇으로 하였을 때 그 두 사람 모두가 합당성을 갖지 못한다.

그러므로 '적합하다'나 '중용'이라는 개념은 각각의 상태에 알맞은 가장 적절한 상태인 것이다.

마) 논리학의 집대성

아리스토텔레스의 사상은 오늘날의 모든 학문을 담고 있지만 특히 형식 논리학, 즉 연역적 논리학은 그에 의해 거의 완성되었다.

그의 논리학을 총괄해서 오르가논(organon)이라고 불렀는데, 이는 기관이라는 말로 논리학이 사고(思考) 내지 지식의 기관이라는 뜻이다.

오르가논의 체계표를 보면 다음과 같다.

◇ 오르가논

　　가) 범주론(최고 유개념)

　　나) 해석론(명제론)

　　다) 분석론 전편(추리론)-연역법(3단 논법)

　　라) 분석론 후편(논증론)-귀납법

　　마) 제목론(변증론)

　　바) 궤변론(궤변 반박론)

이것을 보면 보통 아리스토텔레스를 연역적 논리학의 대성자로서만 인식하는데 실제로 그는 귀납적 논리학도 연구했다는 것을 알 수 있다. 그의 귀납적 논리학은 불완전한 것이었고 연역적 논리학은 거의 완성 단계였으므로 그런 인식을 갖게 된 것이다.

그의 3단 논법은 대전제, 소전제, 결론의 세 부분으로 되어 있고 그 형식은 1격에서부터 4격까지 있는데(1,2,3격은 아리스토텔레스가, 4격은 스콜라 철학자들이 첨가한 것이다.) 그 중 1격 몇 가지를 소개하면 다음과 같다.

◇ 형식 1. 바르바라(Barbara)

　　모든 인간은 죽는다(대전제)

소크라테스는 인간이다(소전제)
그러므로 소크라테스는 죽는다(결론)

◇ 형식 2. 켈라렌트(Celarent)

어떠한 짐승도 이성적이 아니다
모든 사자는 짐승이다
그러므로 어떠한 사자도 이성적이 아니다

◇ 형식 3. 다리이(Darii)

모든 인간이 이성적이다
소수의 동물은 인간이다
그러므로 소수의 동물은 이성적이다

◇ 형식 4. 페리오(Ferio)

어떠한 희랍인도 검둥이가 아니다
소수의 인간은 희랍인이다
그러므로 소수의 인간은 검둥이가 아니다

이러한 아리스토텔레스의 삼단논법은 하나의 추론(推論)이다.
끝으로 그의 10범주(範疇)를 소개하면 다음과 같다.

① 실체(사람, 소)
② 양(한 되, 두 되)
③ 질(선·미·추)
④ 관계(2배, 3배)
⑤ 장소(산에서, 바다에서)
⑥ 시간(오늘, 어제)
⑦ 상태(서서, 앉아서)
⑧ 소유(입고, 쓰고)
⑨ 능동(주고, 쫓고)
⑩ 수동(받고, 쫓기고)

바) 저서

아리스토텔레스의 저작은 책명을 가진 것이 400여 권이 된다고 한다.
그의 사후 200년경에 로도스(Rhodos)의 안드로니코스(Andronicos) 라는
사람이 편집했는데 100여 권이 전한다. 그 중 특히 유명한 것을 적으면

다음과 같다.

◇ 논리학 :「오르가논(Organon)」

◇ 제일철학 :「형이상학(Metaphysica)」

◇ 자연학 :「피지카(physica)」,「생성과 소멸에 관하여(De Gemeratioet Corruptione)」,「동물지(Historia anrmalium)」,「영혼에 관하여(Deanima)」,

◇ 윤리학 :「니코마쿠스 윤리학(Ethica Nicomachea)」,「에우데모스 윤리학(Ethica Eudemia)」

◇ 정치학 :「정치학(politica)」.「아테네의 국가제도(Athenaion politeia)」

◇ 창작 :「시학에 관하여(De arte poietica)」

5. 헬레니즘 시대

● 아테네 시대 이후의 그리스, 로마 사상.
● 개인주의적인 안심입명(安心立命)의 사상
● 쾌락주의, 견유학파, 스토아 학파.
● 주제 : 개인적 안심입명(安心立命)

가. 헬레니즘 시대의 사상

1) 쾌락주의

● 쾌(快)는 선, 불쾌는 악
● 키레네 학파.
   1) 육체적 물질적 쾌락추구.
   2) 대표자 : 아리스팁포스
● 에피쿠로스 학파
   1) 정신적 쾌락 추구
   2) 대표자 : 에피쿠로스

　　쾌락주의는 쾌락은 선이고 불쾌는 악이며, 그 밖의 어떤 것이 가치가 있다면 쾌락을 낳는데 효용 가치가 있을 때 의미가 있다고 주장하였다. 인생의 목적이 쾌락인 것이다.

　　그러나 어떤 것이 진정한 쾌락인가 하는 문제에 대하여 물질적 육체적 감각적 쾌락을 추구했던 키레네(Kyrene) 학파와 그와 대조적인 입장을 취한 에피쿠로스(Epikuros) 학파의 주장은 서로 다르다. 일부의 견해(특히 중세의 크리스트교적인 철학)대로 쾌락주의를 '네 육체는 내일이면 죽어 썩을 것, 아껴서 무엇하랴. 지금 실컷 마시고 즐겨라.'고 하는 사상으로 단정하는 것은 지나친 처사이다.

키레네 학파의 대표자는 아리스팁포스(Aristippos. B.C.435_360) 이다. 그는 자기의 주장에 대하여 소크라테스로부터 영향을 받았다고 스스로 말했고, 사실 그는 소크라테스와 사귀고 배운 것으로 알려져 있다.

우리가 우리 감각을 통해 확신할 수 있는 것은 쾌락의 가치이며 본질에 관한 것은 확실하지 않기 때문에 회의할 수도 있다는 것이다. 행복은 쾌락의 총계이다. 따라서 사람은 쾌락에 대해 민감해야 하며 최대량의 쾌락을 얻을 수 있도록 식견을 발휘할 수 있어야 한다.

이런 의미에서 아리스팁포스가 쾌락의 추구를 일방적으로 강조한 것이 아님을 알 수 있다. 총체적으로 최대의 쾌락을 누릴 수 있는 식견을 그는 지적한 것이다. 그러나 그 식견(識見)은 철학적 수준의 개념이 아니라 세속적 타산적인 식견이었다.

실제로 인간의 삶은 본래적 자기를 의식하고 사는 수준 높은 도덕이나 지적인 생활이라고 보기는 어렵다. 끊임없이 자극에 반응하면서 살고 있으며 정신적 여유를 갖는 다는 것은 쉬운 일이 아니다. 또 우리가 삶에서 쾌(快:즐거움)를 긍정적으로 볼 때 그 쾌를 자주, 자연스럽게 얻을 수 있는 장(場)은 그렇게 지적인 곳도 아니고 차원 높은 정신적 세계도 아니다. 우리는 쾌락적인 것을 비난하는 것이 자기 자신의 도덕성을 입증하는 것으로 착각하는 것은 아닐까?

그러나 사실이 그렇다고 하더라도 쾌락이(특히 육체적 물질적 쾌락) 우리 인간으로서 추구할 만한가에 대한 문제는 계속 남는다.

에피쿠로스 학파는 키레네 학파의 쾌락주의를 발전적으로 전개하였다. 에피쿠로스(Epikuros. B.C.341 - 271)와 그의 학파는 가치를 실제적 목적에 대한 유용성에 두었는데(잘 사는 것이 인생의 목적이라는 목적론적 윤리설). 이 점은 키레네 학파와 같다.

그들은 플라톤과 아리스토텔레스보다는 데모크리토스의 영향을 더 받았고, 그들도 쾌락이 인생에 있어서 유일한 선이라고 하였으나 쾌락을 구별하여 정신적 쾌락, 특히 덕(德)의 실천으로부터 생기는 쾌락을 높이 평가하였다. 육체적 감각적 쾌락은 쉽게 만족은 주지만 몇 가지 단점이 있다 (이에 대해서는 아리스토텔레스의 행복론 ②항 참조). 그래서 에피쿠로스 학파는 가능한 한 욕망의 자제를 위해 노력했고 수양 목표로 아타락시아(Ataraxia)를 주장했는데. 아타락시아는 일체의 육체적인 욕구와 충동을 단절하고 한 점의 거리낌이나 불안이 없는 극대의 정신적 만족감을 느끼는 평정심(平靜心)의 경지이다.

한편 그는 공포에는 두 가지가 있는데 하나는 죽음이고 또 하나는 종교라고 하였다. 죽음은 그것 자체가 공포이며 종교는 그 죽음이 불행이라고 강조하여 가르치기 때문에 그렇다는 것이다.

한편, 에피쿠로스를 비난하는 스토아 학파의 말에 의하면 에피쿠로스는 그의 어머니와 함께 이집저집을 돌아다니며 정화주문(淨化呪文)을 외워 먹고살았으며 그의 부친은 초급 교사 노릇을 했다고 한다.

그러나 믿을 수 있는 이야기에 의하면 그의 아버지는 사모스에 살던 가난한 아테네의 이주민이었고, 에피쿠로스가 태어난 곳은 정확하지 않으나 소년 시절을 사모스에서 보낸 것은 사실이었다.

그는 자기가 I4세 때부터 철학을 공부했다고 말했으며, 18세 때 시민권을 얻기 위해 아테네로 갔었는데, 그가 아테네에 머무는 동안 사모스에 살던 아테네 주민들은 정치적 이유로 사모스에서 추방되었고, 그의 가족도 소아시아로 피난을 갔었다. 그는 그곳에서 가족과 만났는데 그 무렵 그는 나우시파네스(Nausiphanes, 데모크리토스의 제자)에게서 철학을 배웠다고 한다.

에피쿠로스는 B.C. 311년에 학원을 세웠는데 처음에는 미틸레네에, 다음에는 람프사쿠스에 세우고, B.C. 307년에는 아테네에 세웠다. 그가 처음 학원을 세웠을 때는 그의 세 형제와 그 외 몇 사람뿐이었으나 아테네로 옮긴 후에는 제자뿐만 아니라 여러 계층의 친구와 그들의 자식까지도 함께 있었다. 그는 우정이 깊고 사제지정(師弟之情)도 두터워, 제자가 죽자 그의 아들을 최후까지 돌봐 주기도 했다. 또, 자기 집단에 속한 자들의 자녀들에게 다정한 편지를 쓰기도 했었다. 그가 죽던 날 친구에게 쓴 편지 내용에는, "나의 생애에 참으로 행복한 날, 나는 지금 죽음을 눈앞에 두고 이 편지를 쓰고 있습니다. 병은 나의 방광과 위에서 그들의 길을 달리고 있습니다. 그렇지만 내가 당신과 이야기를 주고받던 일을 회상하면 가슴에 기쁨이 가득합니다. 어릴 적부터 나와 철학에 바치던 당신의 헌신을 생각하고 내가 믿지만 앞으로 메트로도로스의 자녀들을 잘 돌봐 주시오."(메트로도로스는 그의 제자의 한 사람으로 당시에 이미 죽었었고, 에피쿠로스가 그 자녀들을 부양하고 있었다.)라는 부탁이 있었다. 에피쿠로스 학파로 그의 제자 루크레티우스(Lucretius, R.C.99 - 55)가 유명하다.

나. 견유(犬濡)학파(Kynikos)

● 창시자 : 안티스테네스
● 반문명적 태도
● 대표자 : 디오게네스
● 사상가
   ㉮ 안티스테네스(Antisthenes)
   ㉯ 디오게네스(Diogenes)
   ㉰ 크라테스(Krates, 테베출신, 디오게네스의 제자)
   ㉱ 힙파르키아(Hipparkhia, 크라테스의 처)
   ㉲ 메트로클레스(Metrocles 힙파르키아의 오빠)
   ㉳ 비온(Bion)
   ㉴ 메닙포스(Menippos)
   ㉵ 베시파시아누스(Vesipasianus. 로마 황제)

키니코스(kynikos)를 번역한 견유(犬濡)라는 한자는 개선비라고 직역이 되는데 이런 번역은 본 의미에 잘 맞는다.

이러한 이름을 갖게 된 데에 대해서는 창시자인 안티스테네스가 세운 학교가 아테네의 동쪽 교외 키노사르게스(Kynosarges)에 있었기 때문이라는 학설과 이 파의 대표자인 디오게네스가 개의 생활을 찬양하고 개 같은 생활을 모범적으로 보여준 데서 연유한다는 두 가지 견해가 있다(개: 쿠온, Kuon).

어쨌든 그들은 반문명적 태도를 취했고 자연으로 돌아가려는 견해였다. 따라서 그들은 인간의 인습적 생활을 버리고 들쥐나 개가 사는 것 같은 원시적 생활을 하려고 하였다. 그들의 이러한 사상은 스토아 철학에 영향을 주었으며 황제 베시파시아누스(Vesipasianus)와 교양 있는 지식인 디오(Dio)가 유명했다.

창시자 안티스테네스(Antisthenes, B.C.455경 - 360경)는 소크라테스의 "선한 사람에게는 어떠한 해악도 닥쳐오지 않는다."는 사상을 발전시켜 인간은 자신의 능력에서 벗어나는 감정적 얽매임으로부터 완전히 벗어나고 타인들의 좋고 나쁘다는 견해의 영향으로부터 벗어나야 한다고 하였다.

그리하여, 그는 "쾌락의 노예가 되는 것보다 차라리 미치광이가 되는 것이 낫다."고 하였다 한다. 그러나, 견유학파의 대표자는 그의 제자 디오게네스이다.

디오게네스(Diogenes, B.C.400 - 323)는 흑해의 바닷가 시노페(Sinope) 출신의 청년이었는데, 안티스테네스는 그를 처음 보았을 때 제자로 받아들이려고 하지 않았다 한다. 디오게네스는 불명예스러운 고리대금업자의 아들이며 부친은 화폐를 파손했다는 죄로 복역한 일도 있었다. 안티스테네스가 이 젊은이를 내보내려 했으나 그는 들은 척도 안 했고 채찍으로 때렸으나 꿈쩍도 하지 않았다. 그는 지혜를 원했고 안티스테네스가 그것을 줄 것으로 믿었다.

디오게네스는 개의 생활을 찬양하고 개처럼 살려고 하였고 스스로 모범을 보여 그의 학파를 견유학파로 부르게 된 계기가 되었다고도 한다.

그는 풍습·의복·집·음식·예절 등 모든 전통적인 인습을 거부했고 그는 커다란 독(항아리)속에서 살았다고 한다. 그 속에 들어가 쉬고 잠자다가 배고프면 기어 나와 거리에서 주는 대로 먹었다 알렉산드로스(Alexandros) 대왕의 방문을 받았을 때 디오게네스는 "당신이 햇볕을 가려 추우니 비키시오." 하고 말했다 한다.

또 그는 대낮에 등불을 들고 거리를 다니며 사람을 찾는다고 하여 당시 사람들은 그를 미친 노인으로 생각했다.

그러나 그는 미치지 않았다. 사실 밤에만 캄캄하고 대낮은 밝기만 한 것은 아니다. 무지(無知)한 사람은 항상 캄캄하다. 그렇지 않은 사람도 어떤 절망, 좌절의 순간에는 태양이 중천에 비치는 대낮이지만 캄캄해진다.

또 사람이 아무리 많다 해도 찾는 사람에게는 그렇지 않다. 참으로 간절히 원하는 그 어떤 사람을 찾아 나선 그에게도 사람은 그렇게 많을까?

　디오게네스와 그의 제자들은 세상에 물들지 않고 모든 세간적 욕망으로부터 벗어나 자연 상태로 되돌아가려는 의미에서 금욕적인 생활을 했다.
　특히 그는 세 가지 생활 목표를 정하여 몸소 실천하고 제자들에게도 가르쳤는데, 첫째는 아스케시스(Askesis)로 가능한 한 욕망을 적게 갖도록 훈련하는 것이고 둘째는 아우타르케이아(Autarkeia)로서 자족(自足) 즉 어지간하면 스스로 만족하도록 훈련하는 것이며 셋째는 아나이데이아(Anaideia)로 무치(無恥) 즉 인습적인 것에 얽매어 수치스럽게 생각하는 것을 버리기 위한 수양이다

다. 스토아철학(Stoicism)

● 이성(理性) 존중
● 금욕주의, 도덕주의
● 자연법 사상
● 평등주의
● 대조자 : 제논(키프로스의 제논)
● 수양목표 : 아파테이아(Apatheia, 부동심)
● 사상가
　㉮ 제논(Zenon)
　㉯ 클레안테스(Kleanthes)
　㉰ 크리십포스(Chrysippos)
　㉱ 키케로(Cicero)
　㉲ 세네카(Seneca)
　㉳ 마르쿠스 아우렐리우스(Marcus Aurelius)

---

1) 스토아 철학의 창시자 제논

　스토아 철학의 창시자 제논(Zenon. B.C. 336-264)은 페니키아인으로서 키프러스의 키디움에서 태어났다.[23] 그의 집은 상업을 하는 상인 집안이었고 그가 처음 아테네에 간 것도 상업상의 용무에서였다.[24]

---

23) 제논이라는 이름이 많기 때문에 그를 키프러스의 제논이라 부르는데, 그것은 그가 키프러스 출생이기 때문이다).
24) 그가 아티카의 해안에서 풍랑을 만나 아테네에 남게 되었다고도 한다.

그러나 그는 아테네에 머무는 동안 철학 공부가 하고 싶어졌다. 그가 철학에 깊이 빠지게 된 것은 크세노폰(Xenophon)의 「소크라테스의 회고」를 읽은 데 기인한다고 한다. 그는 이 책에서 소크라테스의 인품에 경탄하였다. 재판정에서의 태도, 탈옥의 거절, 죽음에 임해서의 침착성, 불의를 지적하는 용기, 소박하고 검소한 복장과 일상 생활 등. 한편, 그는 키니크 학파(견유학파)의 크라테스(Krates)를 비롯한 당대의 유명한 철학자들의 사상에 대하여 고루 공부하였고 아테네의 스토아 포이 키레에서 학문을 강의하여 아테네 4학원 중의 마지막 네번째의 학원을 세웠다.(플라톤의 아카데미아, 아리스토텔레스의 뤼이케온, 에피쿠로스의 학원. 제논의 학원)

그들은 초기에는 제논파라 불렸으나 후기에는 스토아 학파로 불리게 되었다. 프리기아(Phrigia) 왕 안티고노스(Antigonos)는 제논을 가리켜 명예로 보나, 행복으로 보나 자기보다는 훨씬 상위라고 생각하여 전 마케도니아의 스승으로 모시었다고 한다.

제논은 인내심이 강하고 소박한 생활을 하였으며 학문을 위해서는 아무것도 아끼지 않았다 한다. 늙은 제논은 어느 날 넘어져 발을 삐었는데, 신이 자기를 부르는 것이라고 생각하여 그 자리에서 죽었다고 한다.

그는 당시의 여러 사상을 고루 연구했으며 어떤 면은 따르고 어떤 것은 비판하였으나 어쨌든 여러 사상을 고루 받아들였다. 소크라테스의 인품과 생활에 깊이 감동하였으나 플라톤을 비판하고 데모크리토스에 공감하였으며 아리스토텔레스의 목적론적 행복에 동의했으나 이성에 따른 삶이란 자연에 따른 삶이라고 하였다. 또, 견유학파에서 큰 영향을 받기도 했다.

2) 스토아 학파의 사상

스토아 학파에서 특히 강조한 이성은 로고스(logos)이다. 로고스는 우주 창조의 원리이고 운동력이다. 모든 인간은 이 로고스를 나누어 갖고 있어서 평등하고, 세계인은 한 공동체이며 한 동포이다. 이러한 사상은 세계 평화주의적 성격을 갖게 되었고. 근대 자연법 사상의 근본이 되었다.

그들은 인간의 윤리 문제, 특히 도덕을 중요시하여 도덕주의를 강조하였다. 그들의 주장에 따르면 선한 사람은 이성적인 사람이고, 이성은 감정을 초극한 자연에 따르는 정신 활동이다. 따라서 그들의 생활은 금욕주의적이었고 수양 목표를 아파테이아(Aphateia)라 했는데. 그것은 부동심(不動心)의 상태를 말한다.(Aphatheia는 a+phatheia인데 phatheia는 pahtos, 즉 감정, 격정을 의미하고 a는 부정의 뜻이다. 따라서, aphatheia는 파토스가 없는 것, 감정, 격정이 없는 것을 의미한다.)

스토아 사상가들은 황제에서부터 재상·평민·노예 등 다양하며 도덕 분야에 있어서는 후세까지 큰 영향을 끼쳤다. 특히 로마 만민법 성립과 근대 자연법에 끼친 영향, 세계 평등 사상에 끼친 영향은 지대하다.

6. 중세의 철학(크리스트교철학)

가. 개설

2세기부터 14세기경까지 서방 사상계는 크리스트교의 지배하에 있었다고 볼 수 있다. 그때 서구는 종교 생활은 물론 일상 생활·윤리·음악·미술 등 문화 전체에 극심한 통제를 받았다. 그리하여 비판적 입장의 사람들은 그 시기를 암흑시대라고 말하는 사람도 있다.

중세 철학의 특징은 크리스트교 교리의 체계화 내지 호교적 목적에 대해 철학(플라톤 철학과 아리스토텔레스 철학)을 방법적으로 사용한 것이었고, 따라서 당시 철학은 크리스트교의 학문적(신학) 밑바탕이 되었다.

서구 중세 철학을 대표하는 교부 철학(Patristic philosophy)과 스콜라 철학(Scholastic phiIosophy)은 크리스트교의 교리적 체계와 호교에 있어서 같은 입장에 있지만 성격적으로 다른 점도 많다.

교부 철학은 교부(교부. Patres ecclesial)들의 철학으로서 당시 그리스 철학을 사용하여 크리스트교 신학을 이루어 놓은 사람들을 교부라 불렀던 것인데, 5세기 전반의 아우구스티누스에서 그 전성기를 이루었다. 교부 철학은 지역적으로 거의 지중해역 사람들의 철학이었고, 시회적으로는 고대의 노예 제도가 로마 제국 말기에 이르러 무너져 가고 있을 때인 2-8세기 경이었다

반면에 스콜라 철학은 로마 제국의 서방 식민지인 서유럽인들이 중심 인물이었고 사회적으로 봉건제도의 지배계급을 배경으로 하는 9-14세기경의 철학이었다.

또한 교부 철학이 플라톤 철학을 받아들인 반면 스콜라 철학은 아리스토텔레스 철학을 원용하였다.

나. 교부 철학(Patristic philosophy)

● 크리스트교 교리를 체계화하기 위해 그리스 철학을 원용.
　(플라톤 사상 + 크리스트교 사상).
● 대표자 : 아우구스티누스

㉮ 아우구스티누스(Augustinus, A.D.354 - 430)

● 원시 크리스트교 사상의 완성자.
● 데카르트의 방법적 회의의 선구자.
● 3위 1체론.
● 윤리관 : 7주덕(지혜, 용기, 절제, 정의, 믿음. 소망. 사랑)
● 저서 : 「신국론」, 「고백」, 「3위1체론」

---

1) 생애

아우렐리우스 아우구스티누스(Aurelius Augustinus)는 354년 11월 13일 로마 통치하의 북부 아프리카 누미디아(Numidia)의 해안 타카스테(Thagaste)에서 태어났다.

아버지 파트리키우스(Patricius)는 로마 제국의 시의원이며 세금 징수관이었고 마니교도였으며, 어머니 모니카(Monica)는 독실한 크리스트교 신자였다.

이러한 사실은 당시 사회적 배경을 잘 말해 주고 있는 것으로서, 당시 사회는 크리스트교가 뿌리를 내리고 있는 한편 여러 이교(異敎)가 뒤섞여 존재하고 있었다.

모니카는 남편보다 훨씬 젊었으면서도 이교도인 남편을 인내와 기도로 잘 섬겨 죽기 직전에는 크리스트교로 개종시킬 수가 있었다고 한다.

아우구스티누스는 6세 때 문법 학교에 입학했으나 공부에 취미가 없어 장난과 유희에 몰두하였는데, 시 암송, 웅변 등에 소질이 있다고 생각한 그의 아버지는 초등학교를 마치자 정치적으로 출세시키기 위해 고향 타카스테에서 30km 떨어진 마다우라(Madaura)로 보내 아플레아누스(Apleanus) 밑에서 공부하도록 하였다. 그가 중등 교육과정을 마쳤을 때 가정 형편이 어려워 타카스테로 되돌아 왔는데, 이때부터 그는 절도·사기·방탕 등 온갖 관능적 향락에 빠졌고 타락한 생활을 했다. 그의 아버지는 그를 빨리 결혼시키려 했으나 어머니 모니카가 반대하였다.

그의 아버지는 부유한 친척이자 친구인 로미니우스 도움을 얻어 카르타고(Cartago)의 평민 학교에 입학시켰다. 거기서 그는 키케로의 홀텐시우스(Hortensius: '철학의 권유'라는 분실된 논문)라는 책을 읽고 깊은 감명을 받아 철학의 길을 발견했으나 여전히 생활은 문란하고 방탕하였으며 한 이교도 여자와 동거하여 아들(아데오다투스)까지 낳았다.

그는 항상 육체적 유혹과 이상과의 사이에서 고민하였고, 왜 전지 전능한 신이 악을 만들었을까 하는 회의에 잠겨 있었다. 그는 마침내 선악 이원론을 주장하며 세계의 기원, 사물의 목적 등 그노시스파(Gnosis, 영지주의)25)와 유사한 이론을 가진 마니교26)에 입교하여 그 후 9년 동안 마니교에 충실하였고 교수로 또 지도자로서 존경까지 받았다.

고향을 떠난 지 4년 후, 그는 아내와 세 살된 아들을 데리고 다시 집으로 돌아왔으나 어머니 모니카는 받아들이지 않았다.

그가 29세 때, 마니교의 사제 파우스투스(Faustus)와 대화를 나누고부터 마니교에 대한 실망과 회의가 시작되었고 아카데미 학파27)의 신 플라톤학파28)에 기울기 시작했다.

30세 때, 당시 가장 훌륭한 인물로 알려졌던 밀라노의 주교 암브로시우스(Ambrosius)29)의 강론에 큰 감동을 받고, 내용이 빈약하다고 경멸했던

---

25) 그노시스파(Gnosis) : 그리스어로 지식을 의미했으나 신약성서에서는 신이나 그리스도에 대한 지식을 말하고, 신비적 객관적인 계시 체험을 중시하여 예수의 인격을 경시한 사상으로서 이단으로 규정받았다.
26) 마니교(Manichaism) : 고대 페르시아의 조로아스터교를 바탕으로 하여 파생한 종교로 마니(A.D.215-276)가 세웠으며 이원론에 입각한 종교.
27) 아카데미학파 : 플라톤이 아카데미아 성지에 세운 학교의 이름에서 유래되어 그가 사망한 후 아카데미 학원을 중심으로 한 학자들을 아카데미학파라 불렀다.
28) 신플라톤학파(Neo-Platonism) : 로마 제국 몰락기(3-6세기)의 신비주의 철학.

성서에 깊은 계시가 있음을 알게 되었으며, 신 플라톤학파인 플로티노스 (Plotinos)30)의 철학에 접하여 회의론을 극복했다.

그가 32세 때, 밀라노의 어느 집 정원에서 부르는 "집어라, 읽어라(혹은 펴서 읽어라, Tolle lege. Tolle lege)"라는 노래 소리를 듣고 성서를 펴니 로마서 13장 13절 -14절이었다. "낮에와 같이 단정히 행하고 방탕과 술취하지 말며 음란과 호색하지 말며 쟁투와 시기하지 말고 오직 주 예수 그리스도로 옷 입고 정욕을 위하여 육신의 일을 도모하지 말라." 이것을 밀라노의 회심이라 부른다. 그 후, 곧 학교에 사직원을 내고 밀라노의 까치아꿈에 은거하여 영세 준비를 했다.

이때 그의 어머니 모니카가 아들 곁으로 와서 함께 살았는데 어머니는 10여 년 이상 살고 있는 아내와의 관계를 끊고 다른 여자와 결혼할 것을 요구했다. 드디어 14년 동안 동거하여 아들까지 낳은 여자를 버리고 어머니의 권유대로 문벌과 재산이 있는 12세의 양가집 딸과 약혼하였다. 당시 아우구스티누스의 나이 32세였다. 그는 당시를, "나는 그 여자를 보낼 때 마음이 찢어지는 것 같았다." 고 회고하였다. 그러나 곧 그는 정욕을 억제하지 못해서 다른 여자를 가까이 하였다. 약혼녀가 너무 어려서 2년 후가 아니면 결혼할 수 없었기 때문이었다. 이러한 번민 중에 그는 밀라노의 회심을 맞게 된 것이다. 마침 친구 폰티키아누스로부터 이집트의 수도사 안토니우스의 이야기를 듣고 새로운 결심을 하여 약혼녀와 파혼하고, 387년(33세) 암브로시우스로부터 세례를 받았다.

그 후 어머니와 아들과 함께 아프리카로 가기 위해 오스티아에서 출항을 기다리던 중 그는 그의 어머니와 동시에 어떤 환상을 목격하였다. 이것을 오스티아의 기적이라고 부른다.

그러나 그의 어머니 모니카는 곧 병(열병)이 들어 56세로 세상을 떠났다. 1년 후, 아프리카에서 아들 아테오다투스도 18세의 나이로 죽었다. 신변의 사람들이 모두 다 없어지고 아우구스티누스는 사제의 과정을 밟아 391년 사제에 서품되어(37세) 힙포의 고령인 발레르 주교를 보좌하게 되

---

29) 암브로시우스(Ambrosius, 333-397) : 밀라노의 주교.
30) 플로티노스(Plotinos, 204-269) : 신플라톤학파의 대표자.

었는데, 396년 발레르 주교가 죽자 그 자리를 계승하였다. 그가 주교가 되면서 그는 많은 저술을 내었고 페라키우스파, 도나투스파, 마니교와 논쟁하며 호교에 열중하였다.

주교로서 그의 생활은 검소하였고 중도의 길을 걸었다. 그는 사치는 사람을 오만하게 만들고 빈곤은 사람을 비굴하게 만든다고 생각하였다. 그는 혼자 있을 때는 검소한 식사를 했으나 손님이 왔을 때는 고기도 먹고 술도 마셨다. 고백록에서 그는 "내가 두려워하는 것은 음식의 부정이 아니고 욕망의 부정이다."라고 하였으며, 그의 수저는 은으로 된 것이고 식기는 토기나 목기였다고 한다. 그는 음식을 먹으면서 토론을 즐겼고 식탁에 "여기에 없는 사람의 명예를 손상시키는 사람은 이 식탁이 자기에게 적합하지 않다고 생각하기를."이라는 팻말을 붙여 두었다고 한다. 그는 교회의 재산을 가난한 사람에게 나누어주기도 하였으며 거룩한 생활을 하였다.

430년 5월, 그가 76세 때 힙포시가 반달족의 공격을 받았는데 그 해 8월 28일 반달족의 말발굽 소리를 들으며 열병으로 사망하였다. 그는 34년간 주교직에 있으면서 크리스트교의 교권과 사상 확립에 큰 공헌을 했고 교부 철학을 완성하여 고대와 중세를 잇는 가교 역할의 업적을 남겼다.

2) 사상

가) 진리 인식의 문제

아우구스티누스는 진리의 존재에 대한 확신을 갖고 인간이 진리를 인식하는 것이 가능하다고 믿었다. 만일 진리가 없고 진리 같은 것을 진리라고 여긴다면 그것은 모순이다. 진리가 없는데 어떻게 진리 같은 것이 있을 수 있겠느냐고 반문한다. 또 진리 인식이 불가능하다면 진리 인식이 불가능하다는 것 역시 믿을 수 없는 것이 된다. 이로써 아우구스티누스는 회의론을 극복한 것이다.

아우구스티누스는 진리 인식은 감성을 통해서가 아니라 이성의 빛에 의해서 가능하다고 주장하였다. 감각은 마음이 외적 변화에 주의해서 택한 심적 활동이고 따라서 감성에 의한 인식은 외계에 관한 것이고 확실한 진리 인식은 이성에 의해서 뿐이며, 그 이성은 신의 조명(照明)에 의해 인식이 가능하게 된다. 따라서 알기 위해서는 믿는 것이 필요하다.

그는 회의론을 극복하는 데 있어서 나의 존재에 대한 확신을 그 출발점으로 삼았다. 의심하더라도 그 의심하는 내가 있다는 것이다. 내가 어떤 오류를 범하더라도 역시 오류를 범하는 내가 있다는 것이다. 이것은 후일 데카르트의 방법적 회의의 선구가 된다.

나) 신의 인식 문제

아우구스티누스의 신 인식은 신의 존재에 대한 믿음을 근본으로 삼고 있다. 신의 인식은 보이는 세계를 통한 간접적 인식의 길과 내적인 인간 정신 속에 있는 직접적 인식의 길이 있다. 인간은 신의 모상(模像)으로 만들어졌기 때문에 그의 예지적 가능성으로 영혼 속에서 신을 인식할 수 있다.

아우구스티누스는 신은 존재의 근거, 생명의 원천으로서 세계에 내재하면서도 초월하는 존재라고 하였다. 따라서 신은 정신적 존재이며 그러면서도 영혼과는 유(類)가 다른 무한하고 영원 불변하는 존재이다.

다) 윤리설(7주덕)

아우구스티누스는 믿음·소망·사랑의 셋을 크리스트교의 3주덕(三主德)이라고 하였다. 믿음은 도덕의 근본이며 따라서 믿음에서 나온 행위만이 선이다. 믿음은 사랑에 의해 발전하며 사랑은 믿음에 의해 보장된다. 그리고 믿음과 사랑의 결합으로서 소망이 생긴다. 그는 플라톤의 4주덕을 하나님에 대한 사랑의 표현이라 해석하여, 정의는 인간이 바른 길로 가야 할 의무를 가르치는 덕, 절제는 욕망을 억제하고 악에 빠지지 않게 하는 덕, 용기는 모든 역경을 무릅쓰고 악에 이기는 덕, 지혜는 옳고 그름을 가리는 덕이라고 하였다.

그는 이리하여 크리스트교의 윤리인 믿음·소망·사랑에 플라톤의 4주덕을 결합하여 원시 크리스트교 교리를 체계화하려 했던 것이다.

라) 구원론

아우구스티누스는 창세기에 나오는 인간의 시조 아담의 죄가 모든 인류에게 적용되며, 따라서 인간은 출생과 동시에 죄악을 범하지 않을 수 없다는 원죄설을 주장하였다. 인간은 그 죄로 인하여 죽을 수밖에 없지만 자비로우신 하나님의 은총으로 구원의 약속을 받았는데 그 중보(仲保)가 예수 그리스도이다.

그 그리스도의 구원 사업을 이어받은 것이 교회이므로 교회를 통해서만 인간은 구원의 가능성을 보장받는다고 주장하였다. 그러나 아우구스티누스는 교회 자체나 성직자가 구원자가 되는 것으로 보지 않았다. 다만 성직자나 교회에서 행하는 의식과 그 행위가 그리스도의 구원 사업과 연결된다고 보았다.

펠라기우스(Pelagius, 360-420, 영국의 초기 신학자)는 아우구스티누스의 원죄설에 반대하여 아담의 죄는 개인적인 것이고 죄 없이 죽은 유아는 세례를 받지 않아도 구원된다는 자유의지론을 주장하였다. 그러나 격렬한 논쟁 끝에 431년의 에페소스 종교회의에서 구원사상 확립을 위해서 아우구스티누스의 원죄설(의지결정론)이 필요하여 펠라기우스를 이단으로 선고하고 아우구스티누스의 이론을 정론으로 택하였다.

마) 신국론

아우구스티누스는 지상국은 멸망하고 신의 나라(하늘나라)는 영원하다고 하였다. 신의 나라는 정의와 질서와 평화만이 있는 나라이고 우리 인간에게 그 가능성을 계시하였으며 예수 그리스도를 통하여 인간은 그 나라의 시민이 될 수 있다. 지상국은 국가와 동의어가 아닌 악의 사회를 의미하고 그것은 인간이 이기심에 의해서 운영되는 나라이다. 지상국이 신의 사랑에 근거를 두는 신으로 향하는 국가일 때 정의의 국가가 된다.

그는 또 국가는 외적의 침입을 방위하며 국내 질서를 유지하고 경제 문제를 해결하며 교육과 종교는 교회에 맡겨야 한다고 생각하였다.

또 국가는 인생의 궁극 목적이 아니고 일시적 순례의 생활에 불과하므로 국가 생활은 신에 대한 순례자에게 해로운 존재여서는 안 된다. 따라서 국가는 궁극적으로 신의 명령에 복종해야 한다고 하였다.

그의 이러한 사상은 플라톤의 사상을 강하게 받은 것이다. 그리고 그의 호교론적 입장을 말해 주는 것이기도 하다.

바) 교부 철학자들

교부 철학은 철학사보다 교리사(教理史)에서 더욱 중요하며 그노시스파 (또는 노스틱주의, Gnosticism)의 바실레이데스(Basileides. ?- 130)와 바렌티노스(Valentinos), 그리고 호교가(Apologist)라고 불리던 사람들 가운데 가장 유명한 터툴리아누스(Tertullianus. 160-222). 그밖에 클레멘스 (Clemens I50-212), 클레멘스의 제자인 교부 오리게네스(Origenes. 184-235) 등이 있으나 아우구스티누스가 가장 큰 영향을 끼쳤다.

다. 스콜라(Schola)철학

● 크리스트 교리를 학문적으로 체계화.
● 신학 우위론.
● 아리스토텔레스 사상을 수용.
● 대표자 : 토마스 아퀴나스

㉮ 토마스 아퀴나스(Thomas Aquinas, 1225- 1274)

1) 생애

토마스 아퀴나스(Thomas Aquinas, 1225-1274)는 이탈리아의 남쪽 아퀴노 근처의 로까세까(Roccasecca) 성에서 독일 황제의 일가인 란돌프 폰 나퀸 백작의 셋째 아들로 태어났다. 그의 아버지 백작은 로까세까의 성주였고 어머니 테오도라도 왕가의 혈통이었다고 한다.

로까세까는 마른 바위라는 뜻으로 이 지역에 물이 흔하지 않은 데서 유래한 말이다. 어머니 테오도라는 야심가여서 처음에는 토마스를 훌륭한 군인으로 만들려고 하였으나 토마스가 신앙심이 깊고 사색과 연구심이 강한 것을 알고는 나폴리의 까시노 수도원에 보내 학문을 연구하도록 하였다. 그것은 토마스를 큰아버지인 까시노 수도원장의 후계자로 만들기 위함이었는데, 그렇게 된다면 큰아버지의 광대한 영토를 토마스가 상속받게 되는 것이다

토마스는 18세 때 대학을 졸업하자 가족의 반대에도 불구하고 당시 유명했던 도미니크 수도회에 입학하기 위해 파리로 가려 하였다. 그러나 야심 많은 어머니는 두 형들을 시켜서 그를 까시노성에 감금하였다. 설득이 안 되자 어머니는 미녀를 창부로 꾸며 그에게 보냈으나 토마스는 불이 붙은 장작을 휘둘러 쫓아 버리고 뜻을 굽히지 않았다. 마침내 감동한 누이들이 그를 광주리에 넣어 성밖으로 빠져나가도록 도와주었다.

그는 파리의 수도회의 대표적 신학자 알베르투스 마그누스 밑에서 배웠는데, 이때 그는 아리스토텔레스에 대한 이해가 깊었고 사색에 몰두하여 동료들로부터 벙어리 황소라는 별명을 들었다 한다. 그러나 알베르투스는 그를 후일에 천하를 진동시킬 인물이라고 하였다. 또 그는 천사적인 박사라는 칭송도 받았다. 토마스는 당시 강의보다는 토론에 능했다 한다.

로마 교황은 그를 까시노 수도원 원장으로 임명하려 하였으나 이를 사양하고 수도사의 한 사람으로 지내기를 희망했으며, 1259년 로마를 떠난 지 15년 만에 돌아와 교황의 신학 고문이 되었다.

이때 그는 그의 반대파에 의해 알베르투스와 함께 이단으로 공격받기도 했으나 파리의 주교가 아베로에스주의를 이단으로 규정했을 때 자진하여 증인이 되었다. 이런 이단 투쟁은 아베로에스파가 파문 선고를 받음으로써 끝나고 그는 교회의 권위에 승복할 것을 천명했으나 철학의 영역에 있어서 이성의 자주성을 주장하기도 하였다.

1273년 12월 6일 신학대전 제 3부의 대부분을 쓰고 난 뒤 신비적 체험을 한 그는 "지금까지 내가 쓴 것은 내가 본 것(계시)에 비하면 모두 티끌같이 보인다."고 말하면서 펜을 놓았다.

1274년 봄, 교황 그레고리 10세의 초빙을 받고 제2회 리용 회의에 참석하기 위해 가는 도중 병을 얻어 포사노바의 수도원에 옮겨진 뒤 "당신에 대한 사랑이 나로 하여금 학문을 하게 하였고 논쟁을 하게 하였고 강의를 하게 하였다."고 말하고 자기로 인하여 토론자들이 상심하게 된 것에 대해

용서를 빌면서 세상을 떠났다. 3월 17일(또는 7일)이었다

2) 사상

가) 신앙과 이성의 조화

중세 최대의 철학자이자 신학자인 토마스 아퀴나스는 아리스토텔레스의 철학을 원용하여 기독교 교리를 체계화하였으며 신앙과 이성을 구별하되 이 양자의 조화를 꾀하였다.

자연계는 질료가 형상을 목적으로 하여 운동하는 과정이라는 아리스토텔레스의 입장을 따랐으며, 높은 단계로 올라갈수록 형상은 순수해져서 마지막에는 순수 형상인 신이 존재한다고 하였다. 이 신은 모든 사물의 제일 원인이며 최종 목적이고 만물의 창조자이다. 따라서 이 세계는 신의 의지에 따른 필연적 결정적 존재가 됨으로써 이 입장은 주지주의적 결정론(主知主義的 決定論)이 된다.

한편, 인식의 문제에 있어서 그는 두 가지의 진리 광원(光源)이 있다고 하였다. 하나는 자연의 세계 피조의 세계를 인식할 수 있는 이성의 빛이고 (lumen rationale) 또 하나는 신앙적 진리 인식을 가능케 하는 은총의 빛 (lumen gratiae)이다. 신의 존재, 세계 창조, 세계 내의 여러 법칙 등은 이성에 의해서 인식할 수 있으며 3위 1체설, 신인설(神人說), 원죄설 등은 신비의 대상이며 은총의 빛에 의한 계시에 의해서 인식될 수 있다. 이성과 계시는 서로 배척하지 않고 서로 보완한다. 이성은 인식의 앞 단계로서 철학을, 계시는 철학을 완성하는 신학을 낳는다.

그러나 토마스는 신학을 철학의 위에 둠으로써 "철학은 신학의 시녀다."라는 말을 하였다. 철학은 신학으로 가기 위한 앞 단계로서 신학에 봉사한다는 것이다. 철학이 끝없이 자체 추구에 있어서 물음의 되풀이를 지양하고 어떤 결론을 원한다면 그것은 신학이 대신해야 한다는 생각이다.

나) 신의 존재 증명

토마스는 인간 이성에 의해서 신의 존재와 본성을 증명할 수 있다고 믿고 다섯 가지의 신 존재 증명을 시도하였다. 그것은 경험적 자연으로부터

의 신 존재 증명인데 안셀무스(S.t. Anselmus, 1033-1109) 의 존재론적 신 증명의 비판에서 시작한 것이었다.

그 다섯 가지 증명 법은 운동, 작용인(作用因), 우연적인 것, 완전성, 합목적성인데 운동의 예를 들면 운동하고 있다는 확실성에서 출발하여, 운동한다는 것은 움직임인데 움직임이 있기 위해서는 자기는 움직이지 않으면서 움직이게 하는 것이 있어야 한다. 그 부동(不動)의 원동자(原動者)가 바로 신이라는 것이다.

나머지의 증명법도 그와 같은 추론으로서 스스로는 그 원인을 초월하면서 최종 원인이 되는 것, 그것을 신이라고 증명해 보인 것이다. 이러한 그의 증명 논리로 인해 그의 신 증명을 자연 신학의 전형으로 보기도 한다.

다) 윤리론(神恩 속에서의 생활)

토마스 아퀴나스는 아리스토텔레스의 행복론과 목적론적 윤리설을 받아 들였다. 그러나 아리스토텔레스의 이성에 따르는 관조적 삶을 불완전한 것이라 하고, 완전한 행복은 하나님 앞에서만 얻을 수 있다고 하였다. 그것은 하나님을 믿는 데서만 가능하며 하나님의 은혜 속에서 얻어지는 은총의 삶이다. 하나님의 은혜는 마음이 바르고 많은 유덕한 행위로서 공적을 쌓은 사람에게 주어진다고 보았는데 이것은 아우구스티누스의 예정설과는 다르다.

토마스도 아우구스티누스와 마찬가지로 7주덕을 인정했는데 그 중 지혜 용기 절제 정의의 플라톤 4주덕을 이성을 바탕으로 한 수양에서 얻어지는 자연의 덕이라 하고, 믿음·소망·사랑의 기독교적 3주덕은 하나님의 은총으로 주어진 종교적 덕(신학적 덕)이라 하였다. 자연적 덕에서는 자연적 행복이 오지만 그것은 불완전한 것이고, 완전한 행복은 하나님의 은총에서 얻어지는 종교적 덕을 통해서 가능하며 그는 이것을 신은(하나님의 은총)속의 생활이라 하였다.

라) 국가론

토마스 아퀴나스는 법을 영구법 자연법 인정법(人定法)의 세 가지로 구분하였다. 영구법은 우주의 창조자이며 통치자인 하나님의 법이며 최고의 법이다. 그것은 명령이 아니고 만물을 운행하는 질서 체계이다. 자연법은 인간의 이성을 기초로 한 법으로서 영구법에 종속되지만 그 일부는 아니다. 자연법의 근저는 이성과 양심이다. 인정법은 자연법의 규정에서 구체적 행위를 규정한 것으로 사람이 정한 법률이다. 그런데 토마스는 자연법과 인정법도 전지 전능하신 하나님의 계획에 포함된 것이라고 하였다.

한편 토마스의 국가관은 아우구스티누스와 마찬가지로 지상의 나라는 환영이고 천국(하나님 나라)이 참다운 목적이라고 하지 않고, 국가 제도를 하나님의 뜻에 의해서 세워진 제도 중에서 최선의 것이라 하였다. 그러나 국가의 권위는 교회의 정신적 권위 밑에 속하는 것으로서 국가는 시간적 현세적 사건을 처리하고 교회는 영원적 종교적 사건을 처리해야 한다고 하였다. 그리고 그것이 모두 신의 뜻이기 때문에 상하의 위치를 유지하면서 조화를 이루어야 한다고 주장하였다.

한편 그는 정치 형태로는 1인 군주제가 최선의 것이라고 하였는데 군주는 세습제가 아닌 선거제여야 한다고 주장하였다.

마) 스콜라 철학자들

① 에리우게나(Eriugena, 810-877) : 스콜라 철학의 선구자. 철학이 신앙의 진정한 기초라고 하였다.

② 안셀무스(Anselmus.1033-1109) : 지식을 가진 사람의 신앙이 단순한 신앙보다 우위에 있다고 하였다.

③ 아벨라드(Abelard. 1079-1142) : 보편은 개체 속에 실재한다고 주장했으며 윤리학을 신학에서 분리하여 독립학으로 연구했으며, 양심(良心)에 따른 행위는 선이라고 하였다.

④ 둔스 스코투스(Duns Scotus. 1265-1308) : 토마스 아퀴나스의 주지적 결정론에 반대하고 주의적(主意的) 결정론을 주장.

⑤ 윌리암 오캄(William of Occam. 1280-1347) : 유명론자(唯名論者, 보편은 명목에 불과하다.)

7. 인간성 해방의 시대

가. 르네상스(Renaissance)

● 재생, 부활의 의미로, 문예부흥이라고도 함
● 인간 재발견, 인간 해방 운동
● 교회 중심의 권위주의 탈피
● 그리스와 로마의 고전의 원전을 통해 연구
● 근본 정신 : 휴머니즘

---

1) 개설

르네상스는 일반적으로 유럽 중세로부터 근세에 이르는 동안의 과도기 시대(14-16세기)에 있어서의 문화의 총칭으로서 원래 언어적 의미는 재생, 부활의 뜻이다.

그것은 중세의 신 중심의 권위주의에서 벗어나 인간성의 자유로운 활동을 시도하는 인간성 해방의 운동. 인간 자아의 해방 운동이기도 하다. 이를 위해 그리스와 로마의 고전 연구를 통하여 왜곡된 성서원전 비판을 시도했으며 인문주의(Humanism)적 경향을 사상·문예·예술 등 각 분야에서 활발히 전개했고, 그것은 자연과학의 분야에서도 놀라운 변모를 보였다. 따라서 철학적 주제나 사상적 경향이 중세 이전의 고대(특히 아테네의 고전 철학)로 되돌아간 운동이었기에 천년 이상이나 죽었던 인간 중심적 사상이 재발견됨으로써 재생, 부활된 것이었다. 따라서 교회의 권위에 대한 도전의 성격을 띠었고 신 중심에서 인간 중심으로, 철학자도 성직자로부터 일반 세간적인 인물로 바뀌었다.

㉮ 단테(Dante, Alighieri, 1265 - 1321)

이탈리아의 시인이며 문예부흥 초기의 대표자인 단테는 피렌체에서 출생했다. 할아버지 캇치아구이다(Cacciaguida)는 십자군에 참가하여 기사의 칭호까지 받았으나 아버지는 무명인이었다.

단테는 소년 시절 천사와 같은 소녀 베아트리체를 만났었는데, 그 후 9년 만에 다시 노상에서 만나자 사랑을 품게 되었고 이 사건은 그의 정신뿐만 아니라 작품에도 커다란 영향을 주었다.

단테의 플라토닉러브는 그녀의 인사 한 마디 미소 하나에도 만족하고 영광으로 여기게 되었는데 그 소녀가 갑자기 죽자 큰 상처를 입고 그 아픔을 학문을 향한 정열로 위안 삼았다.

그는 수도원이 경영하는 라틴학교에서 공부했고 피렌체의 유명한 학자 라티니에게서 고전 문학을, 볼로냐 대학에서 수사학을 배웠는데 고전 문학자 중에 특히 베르길리우스에 심취했었다.

후에 그는 피렌체의 귀족의 딸인 엠마(혹은 젬마) 도나티와 결혼하였고 정치 활동도 하였는데 피렌체 행정관이 되기도 했고 외교관이 되어 로마에 가기도 하였다. 그러나 그의 정치 활동은 난관에 봉착하여 그로 인해 유랑의 생활을 하기도 하였다. 마침내 라벤나의 영주 구이도에게 처자와 함께 몸을 의탁하였고, 영주의 사절로 베네치아에 갔다가 병을 얻어 라벤나에서 사망하였다.

저작 중 유명한 것은 종교 서사시 「신곡(神曲)」이 있다.

🔟 에라스무스(Erasmus. 1466- 1536)

에라스무스는 네덜란드의 인문주의 사상가로서 어려서는 수도원에서 배웠고 그 후 아우구스티누스 교단 학교에서 고전을 연구하며 명성을 얻었다.

그는 한때 감독의 비서로 일했고 파리에 유학도 했는데, 후에 영국에 건너가 토마스 모어와 사귀고 옥스퍼드에서 그리스어를 가르치기도 하였다. 그가 케임브리지 대학에서 가르치는 동안에 쓴 「우신 예찬」은 당시에 비상한 관심을 불러일으켰는데, 그는 권위주의와 형식주의에 빠진 기독교를 비판하고 직업적인 성직자를 비난하였다.

그의 이러한 비판적인 행동과 작품은 카톨릭과 루터파의 반감을 사게 되어 만년을 고난 속에서 보냈다. 「우신예찬」외에 「신증서(교정 신약성서)」, 「자유 의사론」, 「기독교 병사 제요」, 「기독교 군주 교육」, 「대화집」등 이 있다.

나. 종교개혁(Reformation)

● 로마 카톨릭 교회에 대한 반항 운동
● 국민의 교회에서의 분리 운동
● 시민과 농민의 반발
● 신앙 해방 운동
● 민주운동

---

1) 개설

종교개혁은 1517년, 독일의 루터에 의하여 시작된 중세의 보편교회(카톨릭)에 대한 반항 운동으로서, 그 결과로 중세의 기독교 세계의 통일이 깨지고 신교 또는 프로테스탄트(Protestantism)로 불리는 개신교가 생기게 되었다. 이리하여 종래의 중세 교회는 구교 또는 카톨릭 교회라고 불려지게 되었다.

종교개혁이 일어나게 된 원인은 여러 가지가 있지만 시대적으로는 봉건사회가 무너지게 되었다는 것, 그리고 그로 인해 교황권이 쇠퇴되었고 교황청 및 교회가 부패하였으며 승려들의 타락이 주원인이 되었고, 그에 반하여 르네상스의 영향 등으로 시민정신이 높아지고 신흥 상공 시민의 등장이 활발했다는 것도 중요한 작용인이었다.

그러나 종교개혁의 직접적인 도화선이 된 것은 면죄부 판매 문제였는데, 면죄부는 그 전에도 여러 명목으로 판매된 일이 있었던 것이다. 그런데 교황 레오 10세가 로마의 성 베드로 사원을 수축하는 비용을 얻기 위해서 면죄부를 팔게 되었는데 그것이 정도를 지나치게 되었고, 특히 독일에서의 판매를 맡은 텟첼(Tetzel)이 강매했던 데서 문제가 발생하게 되었다. 면죄부 강매에 대하여 당시 비텐베르크 대학의 신학교수였던 루터가 95개조의 반박문을 발표하자 독일 전체에 중대한 반항을 불러일으키게 된 것이다.

루터의 항의나 종교개혁 운동은 처음부터 새로운 종파를 만들려고 했던 것이 아니었지만 이에 대한 로마 교황청의 강경책과 탄압, 그리고 시대적 상황이 결국 개신교의 시작이 된 루터파를 낳고 말았다.

㉮ 루터(Martin Luther. 1483-1546)

---

① 독일의 종교개혁자(신학박사, 교수)
② 면죄부(indulgene) 강매에 항의.- 95개조 반박문
③ 성서, 신앙주의 -믿음으로 의로워진다.
④ 만민 사제주의
⑤ 하나님 앞에서의 만민 평등

루터는 아이슬레벤(Eisleben)에서 이곳으로 이사온 아버지 그로스 한스(Gross Hans) 의 장남으로 1483년 11월 10일(월요일)에 태어났다. 출생 다음 날 관례에 따라 유아 세례를 받고 이름을 마르틴(Martin)이라고 하였는데, 그것은 그 날이 갈리아(남 프랑스)지방에 처음 수도원을 세운 성 마르틴의 날이었기 때문이었다. 아버지는 광산에서 일했는데 후에 만스펠트(루터가 출생한 다음 해에 이곳으로 이사했었다)시의 시평의원으로 당선되기도 했다

루터는 부모로부터 엄한 가정 교육을 받았는데 공부에 게으르거나 잘못이 있을 때는 용서 없이 매를 맞았다. 그는 만스펠트에서 초등 교육을 받았는데 후에 그는 교육이라는 것은 법이나 성직을 위하는 것이 아닌 생명을 훈련하는 것이 되어야 한다고 회상하였다. 계속하여 그는 마그데부르크와 아이제나하에서 배우고 1501년(18세) 에르푸르트대학에 입학했는데 에르푸르트는 당시 스콜라 학파와 인문주의 학파의 교류처로 그는 여기서 스콜라 철학과 라틴 고전을 배웠다. 1505년 문학석사 학위를 받고 부모의 뜻대

로 법학을 배우려 했으나 갑자기 대학을 떠나 에르푸르트에 있는 아우구스티누스 수도원에 들어갔다. 루터는 그가 수도원에 들어 간 것은 의혹(疑惑) 때문이었다고 말했지만 외부적인 충격 세 가지를 드는 사람도 있다.

그 하나는 루터가 고향으로 가던 길에 몸에 지녔던 칼에 다리를 찔려 많은 피를 흘리자 마리아의 구원을 호소하였던 일, 다음은 루터의 한 학우의 갑작스러운 죽음에 충격을 받은 일, 그리고 마지막으로 그가 방학에 고향에 갔다가 에르푸르트로 돌아가던 중 스토테른하임(Stotternheim) 노상에서 뇌성 벽력을 만났는데, 그는 땅위에 엎드려 "오! 성 안나여 도우소서 저는 수도사가 되겠나이다."라고 서약한 일이다. 이 이야기는 바울의 경우와 비유해서 말해지기도 하는데 그 당시 사람들은 벼락이나 갑작스런 재난을 하나님의 진노로 생각하였었다. 1507년에 사제가 되었고, 1512년 10월 18일 신학박사의 학위를 받았다. 그러나 루터는 사제가 되어 성례전을 집례하면서 더욱 고민에 빠졌다. 이런 가운데 1510년 11월 중순의 로마 순례는 그에게 커다란 충격을 주었다. 12월 말경 그가 로마가 보이는 곳에 이르렀을 때 그는 너무나 감격해서 땅에 엎드려 두 손을 쳐들고 "오! 거룩한 로마여, 거룩한 순교자의 피로 적신 거룩한 곳이여!"라고 부르짖었다. 그러나 이탈리아에서 진실한 기독교인들은 바보로 취급되고 있다는 인상을 받았고 열정 없고 무성의하며 진부한 설교, 그리고 신부들이 미사를 외울 때 뜻도 모르고 중얼거리거나 틀리게 외우는 것을 보고 마음을 크게 상하였다.

그러나 루터는 깊은 신앙심과 경건한 태도로 로마의 성역을 순례하였다. 그 당시의 일반적인 순례 코스는 먼저 로마 서남의 카타콤을 구경하고 성 베드로 성당에 가서 저녁 성찬예식에 참여하고 그 다음 모든 성인의 유해(遺骸) 사이를 지나 교황청 정원에 흘러드는 물을 마신다.

루터는 라테라노궁(이전의 교황관, 지금은 박물관)북쪽에 있는 '거룩한 계단(Scala Sancta, 28계단)을 올랐다. 그것은 빌라도의 재판을 받고 예수가 밟아 올랐다는 계단이었다. 이 계단을 하나 올라가면서 주기도문을 외우고 계단에 키스한다. 그렇게 하면서 마지막 계단까지 다 올라가면 자기가 염원하는 조상의 영혼이 연옥에서 구출되는 것이다. 루터도 자기 할아버지를 빌며 올라갔다. 그러나 맨 마지막 계단에 서서 루터는 "정말 그렇게 된다고 어떻게 알 수 있을까?"라고 말하였다. 로마에는 수많은 성단(聖壇)이 있어서 거기서 한번만 미사를 올려도 영혼이 연옥에서 해방된다는 것이다. 8만 순교자와 46 교황이 묻힌 산 세바스티아노(San Sebastiano), 바울과 베드로 신체의 일부가 있는 산 파울로(San Paolo), 그리고 베들레헴의 300명의 어린 이이들이 묻힌 곳, 바울이 찼던 쇠사슬, 사도의 설교단, 예수의 발자국이 난 돌, 예수의 가시관의 가시, 입에 넣었던 스폰지, 성모 마리아의 젖과 머리털 등을 루터는 낱낱이 보았다. 이보다 더 굉장한 유물이 라테라노(Lsterano)의 성, 베드로 성당과 성 지오바니 성당에 많이 있었다. 바울의 목을 자른 검으로 만든 십자가, 사도 요한의 무덤, 5000명을 먹인 떡 5개 중의 두 조각, 모세의 타는 가시덤불 두 개피, 모세의 막대기, 예수의 만찬 테이블, 그리고 베드로 성당 입구에는 가룟 유다의 은전 등이 있는데 누구나 한번만 보아도 1400년 동안 죄가 사면되고, 성 베드로가 로마에서 처음 미사 드린 예배당에 참관하면 7,000년 동안 사면을 받는다. 황금문 부근 담에 예수의 무덤 입구를 막았던 돌이 있고, 성 베드로 성당 안에는 유다가 목매어 죽은 밧줄이 있다. 탑 부근 담에는 베드로와 바울로의 유해가 있다는 것을 표지한 두 개의 은 십자가가 있는데, 이 십자가에 입을 맞추는 사람은 17,000년 동안 죄 사함을 받는다. 그러나 모든 유물 중 당대의 것은 거의 없었다. 루터는 후의 종교개혁이 시작되었을 때 "로마는 일찍이 성도(聖徒)였었는데 지금은 제일의 악의 도시"라 하였고, "교황청은 악마의 제도", "교황은 반 그리스도"라고 비난했다. 어쨌든 교황청이 재정난에 허덕이게 되었을 때 성지 순례를 강요했었는데, 그것은 면죄부 강매와 함께 일반 신자들에게 커다란 멍에였었다.

루터의 생애와 신앙에 있어서 가장 중대한 사건은 그의 탑 체험이었다. 비텐베르크 대학의 교수로서 그가 시편 강의를 준비할 때, 수도원 탑 안에 있는 서재에서 준비했다. 이때 그는 시편 22편 1절에서('나의 하나님, 나의 하나님 어찌하여 나를 버리시나이까?') 다윗을 통한 그리스도의 말씀을 들었고 (마태복음 27장 46절). 시편 31편의…. '당신의 의(義)로써 나를 건지소서….'에서 로마서 1장 17절의…. '오직 의인은 믿음으로 말미암아 살리라….'의 말씀을 깨달았다.

루터가 대학에서 「시편」, 「로마서」, '갈라디아서」, 「히브리서」등을 강의하며 '하나님의 의'와 '믿음으로 새로워진다는 뜻을 체험하고 신 신학의 연구를 하는 동안 뜻하지 않았던 사태가 발생하였다. 그것은 도미니크교단의 수도사 텟첼(Johann Tetzel. 1465-1519)이 마인츠 대주교 알브레히트(Albrecht) 의 명령을 받아 인덜젠스(면죄부)를 팔기 시작한 것이다.

인덜젠스란 말은 라틴어 인덜젠티아(Indulgentia)에서 유래된 말인데 본래의 뜻은 '형벌을 사면한다'는 것이다. 그것이 교회에서 회개를 한다든가 교회가 자선 기관에 돈을 내는 조건으로서 벌에 대한 현세적 처벌을 면제해 준다는 뜻으로 해석되었다. 그것이 십자군 원정 때에 몸이 약해서 십자군에 참여하지 못하는 사람을 상대로 팔았고, 연옥(煉獄)에서 고생하는 죄가 사해진다는 뜻으로 인덜젠스를 팔게 되었었다. 그런데 그것이 십자군원정 실패 이후 피폐한 교회 재정과 줄어든 수입을 해결하기 위해 성지 순례와 함께 팔게 되었다. 본래 인덜젠스 자체는 그리 나쁜 것이 아니었다. 다만 그 정도의 지나침과 판매 방법 남용이 커다란 사건으로 발전하게 된 것이었다. 그런데, 수도사 루터가 조수 요한 슈나이더(Johann Schneider)를 데리고 나타나 비텐베르크시 교회 게시판에 95개조의 항의문을 게시한 것이다.

때는 1517년 10월 31일 정오였다. 이 사건이 확대되어 종교개혁으로 발전하였고 루터는 일약 그 주역이 된 것이다. 그는 각종 토론과 강의를 계속했으며 생명의 위협까지 받는 고통과 핍박을 받았으나 끝내 굴복하지 않았고 마침내 1521년 1월 3일 교황청으로부터 파문을 받아 루터의 목상(木像)과 서책은 관례대로 화형되었다. 그러나 그는 줄기차게 투쟁하여 동료들과 함께 프로테스탄트(protestant. 개신교)를 탄생시켰다.

그 후 루터는 수녀였던 보라(Katherina von Bora, 1499- I552)와의 결혼을 선언하였고, 4년 후인 1525년 6월 13일 저녁에 결혼했는데, 당시 루터는 42세 보라는 26세였다. 루터의 결혼 생활은 행복하였고 3남 3녀의 자녀를 보았다. 1546년 2월 18일 새벽 루터는 향년 63세를 일기로 파란만장한 생애를 마쳤다.

8. 근세철학

가. 경험론(Empiricism)

- 인식(認識)의 근원을 경험에 둠.
- 소피스트, 쾌락주의의 영향을 받음.
- 귀납법(歸納法) 채택.
- 현실적 주제가 개개의 인간임을 강조.
- 대표자 : 베이컨, 홉스, 로크, 버클리.
- 영국에서 발전한 철학사상.
- 실증주의, 고전 경제학, 공리주의, 실용주의로 발전하는 소지가 됨.

㉮ 베이컨(Francis Bacon, 1561-1626)

1) 생애

베이컨(Francis Bacon, 1561-1626)은 1561년 1월 22일, 런던에서 궁정 대신 니콜라이베이컨과 그의 둘째 부인 엔쿠크 사이에서 둘째 아들로 태어났다. 그는 어려서부터 지식욕이 강하고 조숙하여 엘리자베스 여왕의 귀여움을 받아서 여왕은 그를 '어린 궁정 대신'이라 불렀다 한다.

12세(1573년)에 형과 함께 케임브리지의 트리니티 대학에 입학하였으나 스콜라 철학의 강요에 불만을 품고 1576년 자퇴했다. 그 후 아버지의 권유로 프랑스 주재 영국 대사관 수행원으로 파리에 가서 3년간 머무르며 문학과 과학을 공부했다.

18세 때에 아버지가 갑자기 세상을 떠나자 영국으로 돌아 왔는데 그는 막내였기 때문에 상속받을 유산이 없었다. 그러나 그는 사치스런 생활에 젖어 있었기 때문에 가난의 고통을 견디지 못하고 우선 생계 유지를 위하여 법률 실무에 종사하였고, 1582년에 변호사 자격을 얻는 한편 1584년 23세의 젊은 나이로 타운톤 시에서 하원의원에 당선되었다. 그 후 계속 당선되었는데 그의 발언은 발랄하고 간결했으며 정밀하고 장중하여 청중들은 그의 연설이 빨리 끝나지 않을까 걱정하였다고 한다.

45세(1606년)에야 시 참사의원의 딸 엘리스 버남과 결혼했는데 부인의 매력의 하나였던 지참금도 호화로운 결혼 생활로 몇 년 못 가서 다 써버리고 빚에 쪼들려 채권자들을 피해 다니기도 하였다.

그는 출세욕이 대단하여 돈을 뿌리면서 청탁도 하고 다녔지만 별 성공은 하지 못하였다. 그러나 여왕이 죽고 제임스 1세가 왕위에 오르자 출세 가도를 달리기 시작하여 1607년 검사장, 1613년 검찰총장, 1616년에는 추밀원 고문관, 1617년에는 궁정대신, 1618년 1월 7일에는 왕 다음 가는 관직인 대법관이 되었다.

대법관이 된 지 3년만인 1621년에 기대에 어긋난 한 소송인이 그를 수뢰죄로 고소하여 의회의 소환과 심문을 받고 유죄 판결을 받아 공직을 박탈당하고 런던 탑에 감금되었다. 그러나 4일 후에 왕의 사면으로 석방되고 4만 파운드의 벌금도 면제받았다. 그런데 그는 이 사건에 대해 "나는 50년이래 영국에서 가장 공정한 재판관이었다. 그러나 이 판정이야말로 200년이래 의회에서 가장 공정한 판결이었다."라고 말하였다고 한다. 그 후 고향에 내려가 조용히 연구와 저술에 몰두하였으며, 국왕으로부터 정계 복귀를 권유받았으나 사양했다.

1626년 3월, 런던에서 하이케이트로 가는 도중, "고기를 눈 속에 묻어 두면 얼마 동안이나 썩지 않고 있을까?" 하는 의문이 생겨 한 농가에 들어가 닭 한 마리를 사 가지고 내장을 꺼낸 후 털을 뽑아서 눈 속에 묻었다. 그러는 동안에 병이 들어 집으로 돌아가지도 못하고 인근 아런델 경의 저택으로 옮겼는데, 그는 죽어가면서도 "실험은 훌륭하게 성공했다."고 썼다. 이것이 그의 최후의 글로서, 향년 65세인 1626년 4월 9일이었다.

그의 유언장에는 "나는 내 영혼을 신에게 바친다. 시체는 사람의 눈에 띄지 않게 슬쩍 파묻어라! 나의 이름을 다음 세대에, 그리고 다른 나라의 여러 국민들에게 전해달라!"라는 글을 남겼다. 당시 의회는 그의 저작들을 국비로 모두 출판토록 하였다.

2) 사상

가) 아는 것이 힘이다

베이컨은 학문을 목적보다는 수단이라고 보았으며, 따라서 중세의 스콜라 철학을 쓸데없는 언어의 논쟁이었다고 비판하고 배격하였다. 학문이 인간 생활을 개선하며 실생활에 도움이 되는 새로운 진리의 발견이어야 한다고 생각했기에 아는 것은 힘이 되는 것이다. 여기서 '아는 것'은 아무 것이나를 가리키는 것이 아니고 지식, 그것도 확실한 과학적 지식을 의미한다. 그리하여 그는 관찰과 실험을 중요시했고 학문의 방법으로는 귀납적 방법을 채택하였다.

베이컨은 근대 경험론 철학의 창시자로 알려져 있는데 아마 베이컨 자신은 자기의 철학을 경험론이라고 규정하는 것을 알았다면 거부했을 것이다. 그 이유는 당시 경험주의자라는 말은 사이비철학 내지 개똥철학(?)을 한답시고 철학을 만지작거리는 사람들을 일컫는 말이었기 때문이다. 그러나 19세기 이후에 와서 경험론이라는 말이 인간의 인식 근원을 경험적인 것으로 보고 관찰과 실험을 통해 확정된다는 인식론적 견해로 받아 들여지자 베이컨의 사상은 경험론의 선구가 되었다.

그는 지식을 후천적 경험에 의해서 얻어진다고 보았으며, 감각을 중시함으로써 소피스트와 에피쿠로스로 이어지는 철학적 연관성을 갖게 된다.

나) 우상론

베이컨은 올바른 지식을 얻는 데 장애가 되는 것으로 편견을 들고 이 편견에서 벗어나야 한다고 주장하였으며, 그는 편견을 우상이라 하였다. 이 우상을 자연적 우상과 사회적 우상으로 나누고 다시 자연적 우상을 종족(種族)의 우상(偶像)과 동굴(洞窟)의 우상(偶像)으로, 사회적 우상을 시장(市場)의 우상(偶像)과 극장(劇場)의 우상(偶像)으로 나누어 4대 우상론을 폈다.

① 종족의 우상(The idol of the tribe)

이것은 인간이라는 종족 일반이 갖는 편견으로서 모든 사물을 인간 본위로 보는데 기인하며 자기 본위적이기도 하다. 소가 유용한 동물이라고 하는 것이나 밤이 되면 무섭다거나 새가 노래한다, 꽃이 웃는다 등의 생각이 바로 그것이다.

② 동굴의 우상(The idol of the cave)

동굴의 우상은 개인적 편견으로서 성격·환경 등에 의하여 형성된 것이다. 따라서 개인이 갖는 주관적 견해에 따라 사물을 보고 관심에 의하여 현상을 보는데 이러한 편견은 사물을 있는 그대로 보는데 장애요인이 된다. 비판적인 사람이 사물을 비관적으로 보며 배금주의적인 사람이 돈과 결부시켜 판단하려 하는 것 등이 그것이다.

③ 시장의 우상(The idol of the market)

이것은 인간이 사용하는 말(언어)에 의한 편견으로서 개념상으로 만들어진 언어를 믿고 그 말을 사용하여 불확실한 공론의 체계도 세우는데 그것들을 실제 여부와 관계없이 사용된다. 존재 그 자체, 부동의 원동자, 운명 등 형이상학적 용어들이 그 예이다.

④ 극장의 우상(The idol ofthe theather)

이것은 전통이나 권위에 대한 무비판적 편견을 가리킨다. 무대 위에서 연출되는 꾸며진 이야기를 믿는 것처럼 어떤 전통이나 권위를 맹신하는 것을 지적한 것인데 종교적 미신이나 권위, 신학적 교리 및 제의(祭儀) 등에 대한 신념도 이에 연유한다.

다) 윤리관

베이컨은 철학을 신학에서 분리하는 것과 마찬가지로 윤리학을 신학에서 분리하여 독립된 학적 체계를 수립하려고 하였다. 그는 인간의 본능과 충동을 인정했고 자기보존 본능을 개인적인 선이라 하고 종족 보존 본능을 공공선이라 하였다.

그는 아리스토텔레스의 관조적덕을 경시하고 개인적 선보다 공공선을 더 중시하였으며 그의 이런 한 윤리적 경향은 영국 공리주의의 밑거름이 되었다.

㉯ 로크(John Locke, 1632-1704)

1) 생애

로크(John Locke, 1632-1704)는 1632년 8월 29일 잉글랜드 서남쪽에 있는 서머셋의 링턴에서 시골 변호사인 존 로크(아들과 이름이 같다)의 장남으로 태어났다. 그의 부모는 모두 근실한 청교도였다.

1646년 10월에 웨스트민스터의 학교에 입학하여 철학 수학 의학 자연과학 등을 배웠는데 당시 옥스퍼드의 지배적인 스콜라 철학에는 흥미를 갖지 못하고 데카르트나 홉스의 철학을 더 좋아했다. 1653년 여름에 호흡기 질환으로 학업을 중단하고 휴양했다.(그는 내내 이병으로 고생했다.) 이 무렵 한 여인을 사랑하여 많은 편지를 썼는데 불행히도 이 사랑은 실패로 끝났다. 그가 일생 동안 독신으로 살았던 것도 이 연애에서의 실패 때문인지도 모른다.

그의 부모는 몸이 약하여 어머니는 1654년에, 아버지는 1661년에 죽었다. 그는 1660년에 모교의 그리스어 강사가 되었고, 1665년(33세) 11월에는 독일 브란덴부르크 공사 베인 경의 비서가 되어 독일에 갔다가 이듬해 2월에 돌아와 옥스퍼드 대학에 복학하여 의학 공부를 시작하였다. 그 후 의사로서 공인을 받아 성공하였다. 한편 학문에도 몰두하였으며 초기 데카르트의 철학적 경향으로 버리고 경험론적 입장을 분명히 했으며 사색과 저술을 시작하였다. 그가 의사로서 우연히 아슐레이(후레 샤프츠베리 백작)를 대신 진료하게 된 것이 계기가 되어 그 후 수술 성공으로 그와 깊은 교우 관계를 맺고 아슐레이의 네덜란드 망명에 동행하여 「 인간 오성론 」

을 완성했다.(1684년)

그 후 제임스 2세가 프랑스로 망명하고 그의 큰 딸 메리와 그녀의 남편 윌리암 3세가 공동으로 왕이 되자 새 여왕이 된 메리와 같은 배로 귀국하여 다시 관직 생활을 했으나 한직을 골라 맡으면서 저술 활동을 계속했다.

그는 1691년(59세)에 런던 교외에 있는 마샴 부인 집으로 이사하여 살았는데 그곳 자기 서재에서1704년 10월 29일 72세로 세상을 떠났다.

그의 철학은 버클리와 흄에 의해 계승되었고 벤담, 몽테스키외 등에게도 영향을 미쳤다.

2) 사상

① 경험론

로크는 데카르트의 생득 관념을 부정하고 관념은 감각적 경험에 의하여 후천적으로 얻어진다고 하였다. 그는 주장하기를 만일 관념의 선천성을 인정하면 어린이나 바보나 미개인도 보편적 개념(신, 도덕 법칙 등)을 가지고 있어야 하고 보편적 관념이 생득적이라면 오성 속에 그것이 있어야 하는데 오성 속에 있는 것을 오성이 모른다면 모순이라고 하였다. 즉 보편 개념이 생득적이라면 날 때부터 타고난 것이고 그것이 그의 오성 속에 있기 때문에 모든 사람이 보편 개념을 알고 있어야 하는데 사실은 모든 사람이 알고 있지 않다는 것이다. 따라서 그는 우리의 마음 즉 오성은 원래 백지(tabula rasa) 혹은 암실인데 경험을 통하여 관념 혹은 지식을 얻게 된다고 하였다.

그러나 대부분의 서양적 사고가 그렇듯이 로크의 주장도 주장인 만큼 개인 입장이 강한 어느 편에 서 있을 뿐이다. 경험해 보지 않고도 아는 것이 있을 뿐 아니라 오성 내에 있다고는 믿으나 그것을 다 알고 있다고 할 수는 없다.

② 윤리관

로크는 윤리론에 있어서도 후천적 입장을 취하였다. 어떤 도덕 법칙에 대한 이유가 개인의 입장에 따라 다른 것이 그 증거가 된다는 것이다. 예컨대 질서를 지켜야 한다는 것에 대하여 고대 철학자들은 덕을, 중세 기독교들은 하나님을, 홉스주의자들은 국법을, 실용주의자들은 실용성을 그 이유로 든 것인데 이것이 도덕 원리가 선천적이 아닌 후천적임을 말해준다는 것이다.

그는 또 의식(意識)을 지배하는 세 가지 윤리 법칙이 있다고 하여 ①의무관념의 근거로서의 신법(神法-자연법), ②인간 행위의 범죄성 여부를 결정해 주는 시민법, ③행위가 덕과의 부합 여부를 지배하는 여론법을 들고, 이 세 가지 법칙을 지키는 것이 선이고 지키지 않는 것이 악이라고 하였다.

③ 정치론

로크는 개인적 자유를 옹호하고 홉스의 왕권신수설에 근거한 절대 군주제를 반대하여 명예혁명을 이론적으로 정당화시켰다.

한편 그는 신앙의 문제는 각자의 양심의 문제로서 국가가 간섭해서는 안 되고 개인의 자유에 맡겨야 한다고 하여 정교(政敎)의 분리를 주장하였다. 그에게 있어서 교회는 국가와 마찬가지로 인간이 만든 하나의 사회에 불과하며 국가는 개인의 신앙을 위임받은 것이 아니므로 국가 권력이 종교 문제에 개입해서는 안 된다고 하였다.

한편 그는 홉스가 정치 사회 이전의 자연 상태를 '만인의 만인에 대한 투쟁' 상태로 규정한데 반대하여 이성의 법칙인 자연법에 의하여 만인은 평등하고 독립적이며 생명·자유·재산권은 천부의 자연권이라 하였다.

그러나 그도 사회계약설의 불가피성을 인정하였다.

또 그는 국가의 주권이 군주가 아닌 백성에게 있다고 주장했으며 3권 분립을 주장하였다.

나. 합리론(Rationalism)

● 이성주의(이성론)이라고도 함.

● 인식의 근원을 선천적인 이성에 둠.
● 연역법 채택.
● 수학적인 합리적 지성을 중요시.
● 대표자 : 데카르트, 파스칼, 스피노자, 라이프니츠
● 유럽 대륙에서 발달

㉮ 데카르트(Rene Descartes, 1596-1650)

1) 생애

데카르트(Rene Descartes, 1596-1650)는 1596년 3월 31일 프랑스 중부의 뚜레느주 라아이에서 지방 의원인 조아상의 셋째 아들로 태어났다.

데카르트가 출생한 지 1년 만에 어머니가 폐병으로 세상을 떠나서 그는 할머니 밑에서 자랐다. 그는 어머니를 닮아 몸은 허약했으나 지능이 비범하여 아버지는 그의 교육에 특별한 관심을 기울였다.

10세(1606년)때 라후레에슈 왕립 학교에 입학하여 8년 동안 수학, 문학, 과학, 스콜라 철학 등을 공부했다. 그는 신경질적이고 몸이 약하여 독방에 들어가서 아침 늦게까지 침상에 누워 있는 것이 허락되었는데 이때부터 그는 누운 채로 사색하고 메모해 두는 버릇이 생겼다. 그러나 그는 꽤 무술에 능했던 것으로 알려져 있다.

18세(1614)에 이 학교를 졸업하고 포와티에 대학에서 법학과 의학을 공부하고 1516년 12월 10일에는 법학부를 졸업했으나 변호사 개업은 하지 않았다. 당시의 다른 철학자처럼 그도 역시 스콜라 철학에 실망하고 21세인 1617년에 네덜란드로 가서 모리스의 낫소 공 군대에 지원하여 15개월 동안 근무했는데, 이 때 길거리에서 우연히 의사이며 수학자이고 물리학자인 이쟈크 베크만을 만나 물리학과 수학에 관심을 갖게 되었다. 그 후 1618(22세)에는 독일에서 신교도 구교도 군 사이에 30년 전쟁이 일어나자 구교도 군의 일익인 바이에른 공의 맥시밀리안 군대에 입대하여 2년간 복무했다.

1619년 11월 10일, 데카르트는 하루 휴가를 얻어 도나우 강가의 울음

근교 마을에서 보내게 되었는데 날씨가 몹시 추워 하루 종일 난로 가에 홀로 앉아 사색에 잠겼었다. 그 날 밤 신비한 세 가지 꿈을 꾸고, 하나님으로부터 철학 전체를 혼자의 힘으로 새롭게 하는 일을 소명 받았다고 생각하여 흥분하였다. 1621년부터(25세) 약 4년 동안 유럽 각지를 방랑하고 1625년부터 27년 가을까지 파리에 머물면서 연구와 사교 활동을 했는데 주로 메르센느 신부와 친교를 맺었다. 메르센느 신부는 데카르트 고등학교 2년 선배였으며 나이는 데카르트보다 8세나 많았다. 메르센느는 일류 학자는 아니었지만 평생을 수도사로서 학문에 바친 사람이다. 그가 살고 있던 수도원의 객실에는 각국의 학자들이 모여 토론을 했기 때문에 그 수도원은 메르센느 아카데미라고 불리게 되었다고 한다.. 그는 온화하고 친절한 사람이었으며 당대의 저명 인사들에게 데카르트를 소개시켜 주었으며 데카르트가 책을 쓰면 출판을 주선해주고 격려해 주었다. 그는 데카르트를 가리켜 엄격한 용모의 그늘에 깊은 우정이 숨어 있는 사람이라고 하였다.

데카르트는 1633년(37세), 지동설에 기초를 둔 「 우주론 」을 썼으나 그때 갈릴레오가 코페르니쿠스의 지동설을 지지했다는 이유로 종교 재판을 받고 있다는 소식을 듣고 큰 충격을 받아 인쇄 단계에 있던 「 우주론 」 출판을 중지하였다. 이때 그는 메르센느에게 다음과 같은 글을 써 보냈다. "나는 분명히 말하겠는데 만약 지동설이 틀린 것이라면 나의 학설 전체도 틀린 것이 된다. 지동설은 나의 학설로도 충분히 증명할 수 있기 때문이다."

데카르트는 1634년(38세) 때에 암스테르담에서 에레느라는 한 소녀와 사랑에 빠져 프란시스라는 딸을 낳았다. 그러나 딸이 5살 때 열병으로 죽자 그는 크게 상심하여 슬픔에 빠졌는데 그 후 그는 독신으로 살았다.

1637년(41세) 메르센느의 요청에 따라 「 방법서설 」과 수정한 「 우주론 」을 익명으로 출판했으나 이로 인해 종교적 압력과 박해를 받았고, 특히 유트레히트 대학 학장이며 칼뱅주의자인 보에티우스와 논쟁이 시작되어 1642년부터 5년간이나 지속되었다. 보에티우스는 데카르트를 위험한 무신론자라 하여 데카르트 철학 강의를 금지토록 당국을 설득하여 공식

결정을 얻어냈다. 1645년에는 데카르트의 관한 출판 금지의 포고를 내게
하였다. 또, 데카르트는 리비우스 교수로부터 신교로 개종할 것을 권유받
았으나 거절하기도 하였다.

1649년 10월 스웨덴 여왕 크리스티나(당시 24세로 철학을 매우 좋아했다)
간곡한 요청으로 스톡홀름으로 떠났다.(여왕이 보낸 군함을 타고 갔다)여왕은
하루 중 가장 조용하고 자유로운 시간인 새벽 5시에 강의하도록 요청했는
데 데카르트는 고등학교 시절부터 잠이 많아 하루 10시간 이상을 자야 했
다고 한다.

이듬해 1월부터 주 2-3회 강의를 시작했는데 어느 추운 날 새벽 심한
감기에 걸렸고 그로부터 2주일 후인 1650년 2월 11일 오후 4시에 그는숨
을 거두었다. 당시 54세였던 그의 최후의 말은 "자! 이제 출발해야지!"라
고 중얼거렸다 한다. 그런데 그가 죽기 전 그를 간호한 사람도 그를 반대
하던 학자들이었고 치료를 맡은 의사도 그의 명성을 싫어한 사람이었다.

그의 생에는 참으로 다사다난했고 프랑스에서 태어나 독일에서 전투했
고 네덜란드에서 학문 연구를 했으며 스웨덴에서 죽었으니 그야말로 전
유럽적인 인물이었다. 그의 유해도 많은 곡절과 수난을 겪었다.

2) 사상

가) 학문의 4규칙

데카르트는「 방법 서설 」Ⅱ부에서 자기의 학문 방법을 다음과 같은 4
가지 규칙으로 설명했다.

① 명석 판단하여 내가 그것에 관해 더 이상 의심할 수 없는 것 이외에
　어떤 것도 진리로서 받아들이지 말 것.(명증의 규칙)
② 만족스런 해결에 도달하기 위하여 어려운 문제들을 가능한 여러 부
　분으로 나눌 것.(분석의 규칙)
③ 가장 단순하고 이해하기 시운 대상에서부터 복잡한 것으로 질서 바
　르게 종합할 것.(종합의 규칙)
④ 분석 종합하는 동안에 빠진 것이 없는지 충분히 점검하고 재검토하

여 완벽하게 열거할 것.(열거의 규칙)

데카르트는 이와 같은 방법을 취하는 한, 인간의 이성은 모든 사물의 인식에 도달할 수 있다고 하였다.

그리하여 자연과 인생에 관한 완전한 지식 체계를 이루어 인간을 자연계의 주인이며 소유자로 만드는 것이 그의 목표라고 하였다.

그러나 데카르트의 이러한 규칙들은 너무나 일반적이고 애매하여 '네가 필요한 것을 취하고 네가 해야 할 것들을 하고 네가 원하는 것을 얻으라'라는 말과 같다고 라이프니츠는 비판했다. 데카르트도 이 점을 인정했으나 첫 번째 규칙은 그의 철학적 방법이었던 방법적 회의로 전개되었다.

나) 방법적 회의

데카르트는 확실한 진리를 찾는 수단으로 회의적 방법을 채택했기 때문에 그것을 방법적 회의라고 한다. '확실한 진리에 이르는 방법으로서의 회의'라는 의미이다.

그는 모든 전통적 권위와 편견을 버리고 확실한 지식을 얻기 위하여 우선 현존(現存)하는 모든 것에 대하여 의심하였다. 그 결과 모든 것의 확실성이 의심되었다. 그것은 인간 지각의 신뢰성에 대한 회의와 인간 이성의 능력에 대한 회의에 기인한 것이다. 우리가 느끼는 것은 사실과 다른 착각일 수도 있기 때문이다. 사실과 달리 크게 보이거나 작게 보일 수 있으며 움직임과 정지 또는 빛의 굴절로 반사 등 우리 지각이 착각하는 예는 수없이 많다. 같은 사물인데도 서로 다르다는 것을 생각해 보면 우리 눈에 비친 모양도 참 모양이 아닐 수 있음을 부정할 수 없다.

이성에 대한 능력도 마찬가지이다. 인간이 인식하는 한계는 이성 능력의 한계이기 때문이다. 이리하여 데카르트의 의심은 수학적 진리에까지 이르렀다. 그러나 아무리 의심하려고 해도 의심할 수 없는 하나의 사실이 있다. 그것은 내가 지금 무엇인가 의심하고 있다는 사실이다. 즉 모든 것이 다 의심되고 부정되어도 의심하는 나는 존재해야만 의심할 수 있고 부정할 수 있다. 그리하여 "나는 생각한다. 그러므로 나는 존재한다(Cogito ergo sum)"는 명제를 정립하였다.

그러나 그것은 연역적 합리의 한 예에 불과하다. 의심하기 때문에 그 의심의 대상인 객체도 존재해야 하고(객체가 존재하지 않는다면 회의는 공상일 테니까) 의심도 존재한다. 스피노자는 이것을 '나는 생각하면서 존재한다.'라는 말로 해석했고 가상디(Gassendi)는 '나는 걷는다. 고로 나는 존재한다'고 할 수도 있지 않느냐고 비판했다.

그런데 데카르트의 이 명제는 추리에 의한 것이 아니고 직관에 의한 지식이며 그는 이것을 그의 학문적 기초로 삼고자 했다.

한편 이 코기토 에르고 숨(Cogito ergo sum)의 명제는 사고하는 인간(정신)을 의심할 수 없는 확실한 것으로 규정함으로써 신 중심적인 중세 철학에 반대하여 인간 중심적 근세 철학을 출발시켰다. 당시는 크리스트교 신앙이 절대적인 힘을 행사하던 때인 만큼 데카르트를 조용한 투사라고 부르기도 한다. 그러나 그가 신(크리스트교적 신, 하나님)을 부정한 것은 아니었다.

다) 신의 존재 증명

데카르트는 신의 존재 증명에 있어서 세 가지 방법을 사용하였다.

첫째로 인간이 가지고 있는 관념에는 외부의 사물에 의하여 주어지고 인간의 경험을 통하여 들어온 외래 관념(빛·소리·열 등)과 인간 스스로가 만들어 내는 인위 관념(언어 등 조작 관념)과 인간이 태어나면서부터 가지고 있는 마음 안에 저절로 생긴 본유관념(생득 관념, 타고난 관념)이 있는데 자아의 관념, 수학적 공리의 관념, 철학적 공리의 관념, 신에 관한 관념이 본유 관념이라 하였다. 따라서 인간은 나면서부터 신의 관념을 가지고 있기 때문에 이 관념을 우리에게 준 신의 존재를 인정하지 않을 수 없다는 것이다.

둘째로 인간은 '나'의 존재를 회의를 통해서 인식하게 되었는데, 회의한다는 것은 '나'의 존재가 불완전하다는 것이다. 그런데 불완전하다는 것은 완전이라는 관념이 없으면 알지 못한다. 그 완전 그것이 바로 신이다.

셋째로 신이 완전하다면 그는 존재해야 한다. 만일 존재하지 않는다면 그는 완전한 존재가 못된다. 존재는 신의 본질이고 그 일부이다. 따라서 신은 그 본질상 필연적으로 존재한다. 다시 말해 '신은 모든 완전성을 가진다. 그런데 존재는 완전성 중의 하나이다. 그러므로 신은 존재한다.'라는 삼단논법 형식으로 약술할 수 있다.

그런데 데카르트가 이러한 논술로 자신의 입장(주장)이 확실하게 증명된 것으로 생각했다면 큰 잘못이다. 그것은 하나의 견해, 하나의 방법을 예시했을 뿐이라고 보아야 한다.

어쨌든 근세 철학이 인식의 문제에 집착함으로써 철학을 중세부터 이어지는 타의적 내리막길에서 이제 스스로를 하찮은 자리로 떨어뜨리고 말았다. 철학을 하는 것이 아니라 누가 무슨 말을 했느니, 그 말이 어쨌느니 하여 그 의미를 분석해 보고 나름대로 해석하는 일에 너무 치우쳐서 철학자가 곧 철인일 수 없게 되었다. 그리하여 철학자가 학문적 업적으로나 지적 발전에는 공헌을 했으면서도 그들의 삶이 철학적이지 못했다는 비판을 면할 길이 없게 되었고, 어느 의미에서는 그 양자간의 분리를 인정하는 경향으로 인식되고 있다.

라) 정신과 육체(이원론)

데카르트는 정신 내지 영혼만이 생각하는 실제로서 인간의 본질을 형성하는 것이며 육체는 연장된 실체, 즉 물질적인 것으로 본성에 속하지 않는다고 하였다.

그는 인간의 마음속에 완전자, 즉 신의 관념을 근거로 물체의 존재를 증명했는데 인간은 감각을 통해서 물체의 관념을 가지며 신의 완전성에 의해 물체의 존재는 긍정되어야 한다고 하였다. 따라서 데카르트의 정신은 실체이고 본질이며 물질은 정신의 작용을 기계적으로 받아 움직이는 하나의 커다란 자동 기계와 같다.

마) 윤리관

데카르트는 인간은 완전한 진리를 발견한 후에 행동하는 것이 아니고 우선 행동해야 되므로 도덕률을 정해야 되는데 첫째는 법과 관습에 복종하는 것이고(보수의 원칙), 둘째는 가능한 한 확고하고 단호하게 행동하는 것이며(결단의 원칙), 셋째는 언제나 운명보다는 나를 이기며 세상의 질서

를 바꾸려고 하기보다는 내 욕망을 바꾸도록 노력하며(체념과 자율의 원칙),
넷째는 자기 직업에 대한 긍정적인 태도이다.

団 스피노자(Benedictus de Spinoza, 1632-1677)

1) 생애

스피노자는 1632년 11월 24일, 네덜란드의 암스테르담에서 부유한 상
인 미카엘 스피노자와 그의 두 번째 부인 한나 데보라 사이에서 태어났다.
그의 아버지는 세 번 결혼하여 세 아들과 두 딸을 낳았는데, 스피노자
는 둘째였다. 그의 어머니는 그가 여섯 살 때 폐병으로 죽고 총명하고 온
화한 성품의 스피노자는 어릴 적부터 아버지의 사랑과 교회 장로들의 촉
망 속에서 자라났다.

7세 때(1639)유대인 학교에 입학하여 히브리어와 유대교 경전을 공부
했고, 14세에 졸업하고 모라틸라의 율법학교에 입학하였다. 그런데 이듬
해 우리엘이라는 청년이 내세의 신앙을 회의하는 논문을 발표하여 유대교
회로부터 파문을 당했는데 교회는 그 청년을 교회당 입구에 엎드려 있게
하고 신자들로 하여금 그를 짓밟고 들어가게 하였다. 모욕을 참지 못한 그
청년은 박해자들을 비난하는 준열한 글을 남기고 자살했는데 이 사건에서
스피노자는 큰 충격을 받았다.

스피노자는 그 사건 이후 유대교에 의문을 품고 탈무드 연구에 더욱 몰
두했으며 마이모니데스의31) 저서를 읽다가 구약성서의 모순을 발견하였
다.

20세 때(1652년) 크리스트교 사상을 연구하기 위하여 이단적인 네덜란
드 신학자 반덴 엔데의 라틴어 학교에 입학하여, 라틴어와 신학, 코페르니
쿠스, 갈릴레이, 케플러, 데카르트 등의 새로운 사상과 학문을 배웠다.

이때 의학도이고 데카르트 학도인 마이어32)와 사귀게 되었고 스승의

---

31) 마이모니데스(Maimonides, 1135-1204) : 스페인의 철학자. 소년기에 종교적 탄압
    을 피해 아버지와 함께 카이로에 이주하여 아라비아 철학에서 큰 영향을 받았다. 유대
    교 최대의 신학자.
32) 마이어(Mayer, 1814-1878) : 독일의 의사 물리학자. 에너지 보존 법칙의 제창자로 알

딸과 사랑하게 되었다. 그런데 그 여자가 값비싼 선물을 보내주곤 하던 자와 가까워지자 스피노자는 원망은 안 했지만 상당히 큰 충격을 받아 한평생 독신으로 살았다.

이때부터 그는 철학을 본격적으로 연구하기 시작하였다. 그의 아버지가 죽은 후로 가업을 이어받았으나(이미 형은 죽고 없었다), 물려받은 스피노자 상회를 청산하고 학문 연구에 전념하였다.

그 후 그의 인문주의적 학문 연구와 유대 교회에 대한 태만과 무신론 사상 때문에 교회에 호출되어 심문을 받았는데, "네가 친구들에게 신은 신체를 가지고 있을지 모른다, 천사는 환상일지도 모른다. 영혼은 단지 생명일지 모른다. 그리고 구약성서에는 영생에 관하여 아무 말도 없다고 말한 것은 사실이냐?"라는 것이었다.

이에 대해 스피노자가 뭐라고 대답했는지는 모르지만 그는 신학에 대하여 침묵을 지켜주면 500달러의 연금을 주겠다고 회유했으나 거절하였고 마침내 파문을 당하였다. 그리하여 "입으로 그와 말하지 말며, 글로 그와 교통하지 말며, 누구든지 그를 돌보지 말며 그와 함께 한 지붕 위에서 살지 말며, 4에르렌(약2m) 이내로 접근하지 말며, 그의 손으로 쓴 문서를 읽지 말 것이다."라는 선고를 받았다.

이러한 파문은 그에게 심각한 것이었으며 누이동생과의 상속권 재판이 있었고(누이가 그의 재산을 가로채려 하였다), 그에게는 셋방도 빌려주지 않았다. 마침 어느 이해심 깊은 사람을 만나 이름을 베네딕트로 바꾸고 그의 지붕 및 다락방에서 살 수 있었다.

그는 직장도 구할 수 없어 학생 시절에 습득해둔 안경 렌즈를 깎는 일로 생계를 유지하면서 가난하고 고독한 생활을 보내고 주인이 이사가는 대로 따라 전전했다. 그를 돕기 위해 몇 가지 제안들이 있었지만 그는 거절했고, 특히 프랑스 왕 루이 14세가 다음 출판할 저서를 자기에게 바칠 조건으로 거액의 연금을 주겠다고 제안했으나 "나는 나의 책을 오직 진리 앞에만 바치겠습니다."고 거절하였다. 41세 때(1673년)는 하이델베르크 대학에서 철학

려졌으나 당시 학계의 인정을 못 받고 불우한 생활을 했다.

연구에 있어 완전한 자유를 보장하며 교수로 초빙했으나 거절하였다.

1677년 2월 20일 지병인 폐병으로 그가 계획했던 저술도 끝내지 못한 채 친구인 의사 마이어의 팔에 안겨 44세를 일기로 조용히 운명하였다.

2) 사상

가) 신 즉 자연(범신론)

스피노자는 실체(實體)란 신뿐이며 사유(思惟)를 가진 정신과 연장(延長)을 가진 물체를 신의 두 가지 속성이라고 믿었다.

데카르트의 철학이 이론적인데 반하여 스피노자는 도덕적, 종교적이었고 자연의 인식과 신과의 관계에 대한 인식이 철학의 목적이었다.

그는 실체란 독자적으로 존재하고 그 자체에 의하여 이해되는 것, 즉 그 개념을 형성하기 위하여 다른 개념을 필요로 하지 않는 것이라 하였다. 따라서 신 이외의 어떤 실체도 있을 수 없다. 왜냐하면 신만이 다른 것에 의존하지 않고 독자적으로 자기 원인에 의하여 존재하기 때문이며 그 밖의 다른 존재들은 궁극적으로 신을 원인으로 하는 것이며 신에 의존한다.

한편, 스피노자는 기독교에서 전통적으로 믿어 온 신의 관념을 부정하고 신 즉 자연(Ethica 제4부)이라고 하였는데, 그에 의하면 모든 것은 유일하고 절대적인 신의 표현이며, 존재하는 모든 것은 신 속에 있고 신 없이는 존재할 수 없다. 신은 모든 존재 속에 내재하며, 따라서 신은 곧 자연이다. 신은 자연을 생산하는 능산적 자연(能産的 自然)이며, 자연은 생산적 활동의 결과로 생긴 소산적 자연(所産的自然)이다. 신은 자연을 초월하여 존재하는 것이 아니라 자연에 내재하며, 자연의 창조자가 아니라 자기의 내적 필연에 의하여 만물의 원인이 된다. 따라서 신의 내적 필연성에 의해서 생긴 사물은 우연한 것도, 자기의 뜻에 따라 활동하는 것도 아니며 모든 영혼과 사물은 신성한 존재의 일부이고 신과 합일하는 존재이다.

나) 인식론

스피노자는 인식의 단계를 상상(속견)과 지성으로 나누고, 지성을 다시 이상적 인식과 직관적 인식으로 나누었다. 속견은 불완전한 관념이며 개체의 경험적이고 다양한 관념이며 개체의 경험적이고 다양한 관념이다. 그것은 지성보다 저급하다.

지성은 하나의 포괄적인 실체를 인식하는 보다 상위 기능으로서 이성적 인식은 추리, 즉 개별적 표상들에 공통된 관념을 끄집어내어서 인식하는 작용이고 불완전한 인식이다. 이에 대해 직관적 인식은 사물을 고립적이 아닌 필연적 관련 속에서 보는 것, 즉 모든 사물을 '영원의 빛(모습) 아래서' 인식하는 것으로 신과 정신과의 결합 상태에 있어서의 인식이고 확실하고 완전한 인식이요 인간 지식의 최고 형태라고 하였다. 그러나 그것은 하나의 이상이지, 가능한 일인지에 대해서는 확신하기 어렵다.

다) 윤리설(자유론)

스피노자의 윤리설은 자연주의적이다. 자기 보존과 완성의 욕구를 충족시키는 것은 선이고 그것을 방해하는 것은 악이다. 인간의 도덕은 자연에 반할 수 없기 때문에 도덕법과 자연법은 일치한다. 자연에는 선의(善意)도 악의도 없으며, 인간은 그 자연법을 이해하고 따르는 데서 자유를 얻을 수 있다. 그러므로 인간의 의지는 필연성의 지배를 받으며, 때문에 자유가 아니다. 의지에 자유가 있다고 생각하는 것은 자연에 따라 움직이는 인간이 스스로 움직이고 있다고 생각하기 때문이다. 그러나 인간은 그 움직임을 중단할 수도 없고 벗어날 수도 없다. 인간이 행위만을 의식하고 그 행위의 궁극적 원인을 의식하지 못하기 때문에 자유 의지가 있다고 믿는다. 인간이 자유롭기 위해서는 신의 섭리, 즉 자연법에 순응하는 것, 신을 인식하는 것뿐이다. 그러면 어떻게 신을 인식할 수 있는가? 그것은 '영원의 빛을 통하여' 인식한다. 그리고 신의 인식은 신에 대한 사랑이고, 이 사랑에 의해서 인간은 영원의 신과 합일할 수 있다.

이러한 스피노자의 견해는 인간의 구체적인 죄의 행위에 대하여 부분적(인간적)으로는 죄이지만 전체적, 무한적인 신의 입장에서는 아무 것도 아닐 수 있으며, 또 죄라고 단정하더라도 그 책임의 일부 내지 궁극에 있어서 신에게 돌릴 수 있는 여지가 있다. 그것은 스피노자가 인간의 자유 의지를 거부한 데서 생긴 결과이다. 이로 인해 그는 당시의 많은 사람들을 놀라게 했고 또 많은 박해의 원인이 되었다.

다. 관념론(Idealism)

● 정신적인 것을 세계의 기원으로 간주하고 물질적인 것을 제 2차적인 것으로 여기는 견해.
● 플라톤의 이데아에서 개념적 근원을 찾을 수 있다.
● 관념론자라는 말은 라이프니츠가 처음 사용(17세기 말)
● 비판 철학, 종합적 인식론
  인식의 내용 : 경험론 수용.
  인식의 형식 : 합리론의 수용.
● 대표자 : 칸트, 헤겔, 피히테, 쉘링.
  헤 겔 : 절대적 관념론
  피히테 : 주관적 관념론
  쉘 링 : 객관적 관념론

㉮ 칸트(Immanuel Kant, 1724 - 1804)

● 근대 관념론의 창시자
● 3대 비판 체계
  순수 이성 비판 - 인식론
  실천 이성 비판 - 도덕론
  판단력 비판 - 미학
● 사상
  (1) 선험적 관념론
  (2) 도덕 법칙
  (3) 이성적 종교

---

1) 생애

칸트는 1724년 4월 22일, 프로이센 대공국의 수도 괴니히스베르크(현재 소련영 카리닌그라드)에서 가난한 마구상 요한 게오르그라하의 11남매 중 넷째(2남)로 태어났다. 그의 아버지는 가난 때문에 32세 때 당시 18세인 레기나 로이터와 결혼하였다.

그는 아버지보다도 어머니로부터 더 많은 영향을 받았는데 그의 어머니는 경건파 크리스트교 신자로서 신앙심이 깊었다 한다. 그리하여 그는 1737년 40세로 그의 어머니가 세상을 떠날 때까지 종교적인 분위기 속에서 자랐다. 그는 후에 "어머니는 애정이 많았고 신앙심이 깊은 정직한 여성이었다. 어머니는 나에게 선의 싹을 심어주었고 길러 주었다. 자주 나로 하여금 지식의 눈을 뜨게 하였고 또 그것을 넓게 해 주었다."고 회상하였다.

그는 8세 때(1732년), 경건파 식학자 슐츠가 교장으로 있는 프리드리히 학원(중·고 병합)에 입학하여 8년간 교육을 받았는데, 매일 아침 예배로 시작되고 수업시간마다 기도로 시작에서 기도로 끝나는 것에 대해 소년 노예제도라 하여 혐오감을 느꼈다.

여기서 그는 크리스트교에 대한 반감을 갖게 되어 결국 평생 동안 교회에 충실하지 않은 사람이 되었다. 그러나 근본적인 신앙은 지켰으며 학교 성적은 항상 수석이었다.

16세 때(1740년) 가을, 칸트는 쾨니히스베르크 대학에 입학하였는데, 구둣방을 경영하는 큰아버지의 도움과 성적이 뒤떨어진 동급생들의 공부를 도와주는 등의 아르바이트로 겨우 대학 생활을 꾸려 나갔다.

그는 처음에는 돌아가신 어머니의 소원대로 목사가 될까 하고 신학을 전공했으나 별로 흥미를 느끼지 못하고 오락에 열중했다. 그러다가 크누첸을 만나 그의 도움과 영향 아래 그의 서재에 드나들며 볼프 철학, 수학, 물리학 등을 공부하였다.

그가 22세 때(1746년) 5년간의 대학 생활을 마쳤는데 그 해 봄에 아버지가 세상을 떠났다. 그리하여 그는 시골 어느 상류층의 가정에서 9년 동안이나 가정교사를 했다. 그런데 이때 그는 상류사회의 습속을 배우고 식견을 높였다.

1755년 '불에 관하여'라는 논문을 제출하여 모교에서 박사 학위를 받았고, 그 해 가을에는 '형이상학적 인식의 근본 원리'를 써서 모교의 시간강사 자리를 얻었다.

그의 시간 강사 생활은 그 후 15년 동안이나 계속됐으며 그 동안 그는 수학·물리학·논리학·지리학·인류학·철학·시학·교육학·신학·

광물학 등 많은 강의를 했는데 그것은 강사료가 너무 적었기 때문이었다.

그의 최초의 수년간은 수입이 너무 적어서 끼니를 거르기도 하였는데 그런 가운데에서도 병이 날 경우를 생각하여 매월 20 타아르의 돈을 저축하여 절대로 손을 대지 않았다. 그가 60세 때(1783년) 낡은 집을 하나 샀는데 그의 방안에는 책상과 책꽂이 외에 책장 2개가 있었고, 벽에는 루소의 초상화 한 장이 걸려 있을 뿐이었다.

그는 가난했지만 일생 동안 돈을 빌린 일이 없어서 언제나 사람들의 방문을 유쾌하게 맞아들였다.

그는 평생 독신으로 살았는데 한번은 젊은 미망인을 사랑한 적이 있었고 또 한번은 어느 귀부인을 따라온 처녀를 연모했으나 자기 수입 등 여러 모로 따지다가 두 사람 다 놓치고 말았다.

그는 여자를 찬미했고 결혼하지 않은 젊은 제자들에게도 결혼을 권했으며 아내를 택할 때는 현모양처의 자격 이외에 정열적인 애정보다도 냉철한 이성에 따를 것, 미모보다는 경제문제(지참금)를 말했다 한다.

그리고 그는 학생들에게 항상 "나에게 철학을 배우지 말고 철학을 어떻게 공부해야 할 것인가를 배우도록 하라." "오직 남의 사상을 모방하려 들지 말고 자신이 스스로 사색하라."고 하였다.

그는 원래 몸이 허약했지만 규칙적인 생활을 하여 80세의 장수를 누렸는데 아침 5시 5분 전에 하인 람페(40년간 칸트 집에서 살음)가 "시간이 되었습니다." 하고 깨우면 일어나서 차를 두어 잔 마시고 출근할 때까지 연구하고 강의가 끝나면 다시 연구하고 1시30분에 그의 유일한 식사인 점심을 먹고 3시 30분부터 한 시간 동안 산책에 나섰다. 젊어서는 제자들이나 친구들과 같이 간 적도 있었지만 후에는 혼자서 했다. 산책 후에는 다시 연구와 집필로 시간을 보내고 10시가 되면 잠자리에 들었다.

이러한 그의 규칙적 일과는 아주 정확해서 그곳 사람들은 칸트가 자기 집 앞을 지나갈 때 시간을 맞추었다고 한다. 그런데 그가 40세 무렵 독서에 몰두하다가(루소의 에밀을 읽었다고 하는 사람도 있으나 확실하지는 않다.)산책 시간을 어겼는데 그 때문에 부근 일대의 시계가 일제히 틀리게 되었다고 한다.

57세 때(1781년) 무려 15년 간의 고심 끝에 「순수 이성 비판」을 출판하여 세계적 명성을 얻고, 1788년에는 「실천 이성 비판」, 1790년에는 「판단력 비판」을 써서 그의 3대 비판서를 완성하였다.

이리하여 칸트는 철학을 공부하기 위해 많은 유학생들이 모여들어서 쾨니히스베르크는 유럽 철학의 중심지가 되었다.

그는 1768년과 1788년 두 번 쾨니히스베르크 대학의 총장에 취임하였으나 연구 생활에 지장이 있다 하여 임기 만료 전에 사임하였다.

그는 산책 외에 오락을 안 했고 음악도 감각적 쾌락으로 보고 삼가야 한다고 가르쳤다.

1786년 프리드리히 대왕이 죽고 그 뒤를 이른 프리드리히 빌헬름 2세는 계몽 사상을 탄압하기 시작했고 칸트의 종교에 관한 논문이 실린 월간지가 판매 금지 처분을 받았다. 이에 바이스터 교수는 "칸트의 논문이 한 검열관의 손에 논란되는 것은 학문의 권위를 손상시키는 일"이라고 논박했으나 허사였다. 칸트가 70세 때(1794년 10월 1일) 정부는 그에게 "만약 앞으로 정부의 지시에 불복할 경우에는 좋지 못한 조치가 따를 것임을 밝혀두는 바입니다."라는 경고문을 보냈으나 이에 대해 칸트는 "자기의 내적 확신을 굽힌다는 것은 부끄러운 일이다." 하고 침묵을 지키다가 1976년(72세)에는 강의를 폐하고 교단을 물러났다.

1803년, 지쳐 쓰러졌다가 회복한 후 이듬해 2월 12일 친구와 제자들이 권하는 포도주를 좀 마시고는 "이것으로 족하다."는 말을 한 후 숨을 거두었다.

간소한 장례식을 원했던 그의 뜻과는 달리 성대한 장례식이 베풀어졌고 쾨니히스베르크의 모든 교회에서는 그의 죽음을 애도하는 종이 일제히 울리고 수천 명의 행렬이 장례의 뒤를 따랐다.

그리고 그의 유해는 대학 묘지에 안장되었다.

2) 사상

가) 선험적 관념론(先驗的 觀念論)

칸트는 근세 철학의 두 주류인 영국 경험론과 대륙의 합리론을 비판, 종합하여 관념론을 수립하였다.

그는 제1비판(순수이성비판)에서 "감성이 없으면 어떠한 대상도 우리에게 주어지지 않을 것이다. 오성(悟性)이 없으면 어떠한 대상도 사유되지 않을 것이다. 직관 없는 개념은 공허하고 개념 없는 직관은 맹목이다……오성은 아무 것도 직관하지 못하며 감성은 아무 것도 소유하지 못한다. 양자가 결합함에 의해서만 인식이 성립한다."고 말하였다.

그에 의하면 감성을 통한 직관과 오성의 사유의 결합 즉 직관을 통하여 수용된 내용을 개념(형식) 안에 포용시킴으로써 인식이 성립하고, 인식의 대상이 먼저 직관에 의하여 받아지는 것은 반드시 공간과 시간의 제약 아래 주어지므로 공간과 시간은 사물을 직관하는 조건으로서 감성에 선험적 (아프리오리, a priori)으로 있어야 한다는 것이다. 그래서 칸트 자신이 자기 철학을 선험적 관념론이라고 하였다.

나) 도덕 법칙

칸트는 감성과 오성을 포괄한 순수 이성에서 인식론을 다루고 도덕론은 실천이성에서, 미학은 판단력에서 다루어 3대 비판 체계를 확립하였다. 즉 지적인 분야의 순수이성 비판, 정(情)의 분야인 실천 이성 비판, 의(意)의 분야인 판단력 비판이 그것이다.

그는 그의 제2비판서인 실천 이성 비판에서 인간은 쾌(快) 또는 행복에 살려는 감성적인 경험적 의지와 선을 실현하려는 순수 실천 이성, 즉 선의 의지가 있는데 경험적 의지에 따르는 행위는 타율적이어서 보편 타당한 법칙이 될 수 없고 순수 실천 이성(선 의지)의 명령에 따르는 행위만이 보편 타당한 도덕 법칙이 될 수 있다고 하였다.

순수 실천 이성은 인간에게 정언 명령(定言命令: 무조건 명령, 양심의 명령)을 부과한다. 가언적 명령이란 만약이라는 가정이 없으면 명령이 생길 필요가 없는 것이다.(만약 부자가 되려면 인색해야 한다에서 만약에 해당하는 것 즉 부자가 되려고 하지 않는 사람에게는 인색해야 할 필요가 없어진다).

이러한 가언 명령은 타당성은 있으나 무조건적으로 보편 타당한 것이 아니기 때문에 격률(格律; maxim, 격언)은 될 수 있어도 도덕 법칙은 될 수 없다.

그리하여 그는 "네 의지의 준칙이 언제나 동시에 보편적 입법의 원리로서 타당한 것이 될 수 있도록 행위하라."고 하였다.

그런데 이 의지는 타율적이 아니고 자율적이며 자기 입법에 따르는, 순수 이성 명령에 따르는 것이며 그것은 곧 자유이다.

칸트의 이러한 입장은 동기를 중시하는 사상을 낳았다. 결과는 선이었다 하더라도 동기가 선하지 않은 한 그것은 의외의 결과, 우연의 결과이기 때문에 선이 될 수 없다는 견해이다.

한편 인간은 필연적 법칙에 따르는 존재이지만 동시에 공간과 시간을 초월한 초자연적 자유의 나라에서 주인공이기 때문에 주체이며 인격체라 하여 결코 수단이 될 수 없는 목적 그 자체라 하였다.

따라서 인격을 서로 시인하고 존중해야 하며 그러한 나라, 즉 목적의 왕국을 제창하였다.

다) 이성적 종교

칸트는 인간은 무엇을 알 수 있는가? 인간은 무엇을 해야 하는가? 인간은 무엇을 바랄 것인가? 라는 세 가지 물음을 과제로 삼고, 첫째 과제는 순수 이성 비판에서, 둘째 과제는 실천 이성 비판에서, 세 번째 과제는 이성적 한계 내의 종교에서 다루었다.

그는 인간이 갖는 감성적(본능, 욕망) 요소에서 악에로의 경향을 인정하고, 이것을 극복하기 위한 노력의 필요성을 생각하였다. 그는 그러한 노력의 공동체로서 크리스트교를 지적하였고 "종교란 우리의 모든 도덕적 의무를 신의 명령으로 인식하는 것이다."고 하여 신의 명령인 도덕적 의무에 충실하는 것만이 참다운 신앙이라고 보았다. 반면에 교회의 제도나 행사, 절차는 참다운 신앙을 위한 수단에 불과하므로 거기에서 신의 축복을 받을 수 있다고 생각하는 것은 잘못이라고 주장하였다. 그리하여 당시의 기성 종교에 대해 비판적인 입장을 취하였다.

나 헤겔(Georg Wihelm Friedrich Hegel, 1770-1831)

● 이성주의- 절대정신
● 관념론적 변증법

1) 생애

헤겔은 1770년 8월 27일, 독일 서남부 뷔르템베르크 공국의 수도 슈투트가르트에서 수세국 재무관인 게오르그 루드비히의 2남 1녀 중 장남으로 태어났다. 그의 가정은 신교를 믿었는데, 특히 그의 어머니 마그다레나는 신앙심이 강하고 교양 있는 여성으로 소년 헤겔에게 라틴어를 가르쳤다고 한다. 그런데, 어머니는 헤겔이 13세 때 세상을 떠나고 말았다.

헤겔은 5세 때 라틴어 학교에 입학하여 고전 교육을 받았고 7세 때에는 그곳의 김나지움으로 전학하였다. 그는 언제나 수석이었고 독서열이 대단했으며 고전을 좋아하였다. 그가 고전을 좋아하게 된 것은 레플러 선생님의 영향 때문이었는데 레플러 선생님은 신약성서, 그리고 고전, 셰익스피어 희곡 등을 아주 감명 깊게 가르쳤으며, 헤겔의 재능을 인정해 주고 사랑했다. 선생님은 셰익스피어 작품집을 선물로 사주기도 했다 한다. 그런데 그 선생님도 그가 15세 되던 해에 갑자기 돌아가시고 말았다. 당시 헤겔의 일기에 다음과 같은 기록이 있다.

- 레플러 선생님은 내가 가장 존경하는 선생님이었다. 선생님은 매우 성실하였고 공평하셨다. 학생들을 위해서 몸을 바치는 일이 유일한 염원이었다. 다른 선생님들은 해마다 똑같은 수업을 반복하면서 굳이 공부할 필요가 없다고 생각했지만, 선생님은 그렇게 생각하지 않고 학문의 가치와 그것이 인간에게 주는 위안을 잘 알고 계셨다. 선생님은 몇 번이나 기뻐하면서 내 곁에 와 앉았고 나도 또 몇 번을 선생님 곁에 가서 앉았는지 모른다. 선생님이 이런 곳에 묻혀서 일하지 않으면 안 되었던 것은 불행한 일이었다. 이제 선생님은 가시고 없다. 하지만 나는 선생님의 추억을 마음 속 깊이 간직하리라."

그는 18세에 김나지움을 졸업하고 그 해 가을에 전력을 다하여 신학만 전공할 것이며 신학과 관계없는 직업에는 나가지 않을 것을 굳게 서약하고 신학교인 튜빙겐 대학에 장학생으로 입학하였다. 그러나 철학에 끌려 그 서약을 지키지 못했고 그는 신학과 함께 철학을 공부하였다. 또, 동향인이고 함께 입학한 횔더린과 사귀고 2년 후에는 5세 아래인 쉘링이 입학하자 그와도 친하게 지냈다. 쉘링은 조숙하고 유능하여 선배인 헤겔을 능가했으며 헤겔은 평범하여 철학을 제외하고는 성적도 평균 이하였다. 그 때 친구들은 헤겔을 노인이라고 별명을 지어 불렀다.

이때 헤겔은 친구들과 잘 어울렸고 어떤 소녀와 연애에 빠지기도 했으며 비밀 독서회를 조직하여 금서였던 혁명 관계 서적을 비롯한 많은 책을 읽었다. 스피노자, 루소, 칸트의 저서를 읽었는데 칸트의 순수이성비판과 루소의 에밀은 그에게 충격적이었다. 당시는 프랑스 대혁명의 영향이 독일에 불어와 헤겔을 비롯한 대학생들이 열광하기도 하였다.

졸업 전후에 쓴 '민족 종교와 크리스트교'라는 논문에서 그는 크리스트교는 결코 민중의 종교가 못 되고 그리스 종교가 이상적 종교라 하였다.

23세 때 투빙겐 대학의 신학과를 졸업했으나 목사 되기를 거부하고 철학자가 되기 위하여 칸트나 피히테 등의 선배들을 본 따서 가정 교사를 했다.

29세 때 아버지가 돌아가시자 많은 유산을 상속받아 가정 교사를 그만두고 당시 철학의 중심지였던 예나로 가서 31세 때에 쉘링의 추천으로 예나 대학 강사가 되고 4년 후에는 괴테의 추천으로 교수로 승진하였다.

37세 때에는(1807년 2월) 하숙집 부인과의 불륜 관계로 루드비히 헤겔이라는 아들은 낳았는데 그 부인은 딸이 하나 있는 여자로 당시 남편이 멀리 떠나 있었다 한다. 루드비히는 4살 때 고아원으로 갔다가 그 후(6년 후)에 헤겔의 집으로 들어와 함께 살았는데 이복 동생과 자주 싸우고 집을 나가 버렸다.

그 사건으로(불륜관계) 그는 문제가 일어나 교수직을 그만 두고 신문 편집 일을 보다가 김나지움 교장을 지냈다.

41세 때(1811년)에 21세 연하인 뉴른베르크 시의원의 딸 마리아와 결혼하여 행복한 생활을 누리며 2남 1녀를 두었는데, 딸은 곧 죽고 두 아들은 자라서 하나는 역사학 교수가 되고 하나는 정치가가 되었다.

헤겔이 교장으로 있으면서 쓴 「대 논리학」이 크게 명성을 얻게 되자 에를랑겐 해학, 베를린 대학 등에서 초빙하였으나 가지 않다가 46세인

1816년 가을에 하이델베르크 대학의 철학과 정교수로 간 후 「철학강요」를 써서 당대 철학계의 제 1인자가 되었다.

1818년 10월, 피히테의 사망으로 4년간 공석이었던 베를린 대학 철학과 교수로 부임하여 그곳에서 13년 동안 전성기를 이루었고, 1829년에는 총장으로 선출되기도 하였다.

베를린 대학 시절 그의 철학은 정부로부터 관학으로 보호를 받았고, 1831년에는 빌헬름 3세로부터 훈장까지 받았는데 사람들은 이때의 헤겔 철학을 어용철학이라고 하였다.

61세인 1831년 11월 14일 베를린에 퍼진 콜레라에 걸려 4일 만에 사망하였다.

2) 사상

가) 절대적 관념론

쉘링은 자연과 정신은 동일한 절대자에서 나온 것이기 때문에 질적인 차이는 없고 영적인 차이만 있을 뿐이라고 하였는데, 헤겔은 그것을 거부하고 변증법을 받아들여 새로운 절대자를 만들고 그것을 이념 혹은 이성, 절대 정신이라고 하였다.

그의 절대자로서의 이념은 유한자이며 자기를 전개 발전시켜 나가는 동적인 것이고, 그것은 역사적으로 전개하고 실현하는 것이다. 따라서, 그의 이념은 존재이면서 사유이고, 실재이면서 관념적인 것이다. 그리하여 그는, "현실적인 것은 이념적인 것이요, 이념적인 것은 현실적인 것이다." 라고 하였다.

쉘링은 정신을 중시하고 피히테의 주관적 관념론에 반대하여 자연을 중시하는 객관적 관념론을 수립하였는데, 헤겔은 자연적인 것을 정신적인 것에 종속시키고 양자는 결국 내적으로 동일한 것이라는 절대적 관념론을 수립하였다.

나) 변증법

헤겔은 동적 세계관(動的世界觀)에 입각하여 우주를 생성 발전하는 과정으로 보았다. 그 과정을 추진하는 원리가 절대 정신(이념)이다. 이 이념이 3단계로 발전하는데, 제1단계는 이념이 자기 자신의 상태에 있는 단계이다. 그 자신 속에 발전의 요소 모순의 요소를 내포하지만 아직 발현되지 않고 자기 동일성을 유지하는 상태에 있다. 이 단계가 즉자(卽自)의 단계이다. 정(正:These) 또는 긍정이라고 한다. 제 2의 단계는 이념이 발현되어서 대자(對自)의 단계로, 제 1단계에 대하여 대립 상태를 이룬 단계이다. 이것을 반(反: antithese)또는 부정이라고 한다. 제3의 단계를 즉자대자의 단계라 한다.(卽自對自). 보통 합(合: Synthese)또는 부정의 부정이라 한다.

이와 같이 정→반→합의 3단계는 거기서 그치는 것이 아니라 계속적이다. 즉 내적인 모순과 대립이 서로 침투되고 작용하여 투쟁하는 가운데 무한히 운동하고 발전해 나가며(대립물의 통일) 양적인 발전이 어느 한계에 도달하면 질적으로 전화하고(양의 질로의 전화) 모든 세계는 끊임없이 고차적 단계로 발전한다고 그는 주장하였다.

다) 정신 철학

헤겔의 정신 철학은 자연 속에 그 모습을 나타냈던 이념이 다시 자기 자신으로 되돌아가 자기를 형성해 가는 과정을 내용으로 하고 있는데 주관정신(개인적 정신), 객관정신(사회적 정신), 절대정신(신적정신) 등 3대정신을 기본으로 하고 있다.

첫째로 주관 정신은 이념이 자연에서 떨어져 나와 자신으로 복귀하는데 자연으로부터 복귀하게 된 최초의 이념은 자연성을 띤 자연적 정신 즉 혼(마음)이다. 그것은 의식 이전의 잠자는 정신이다. 이 자연적 정신은 자기 감정 현실적 정신으로 점차 정신을 회복하여 의식 자체, 자기 의식, 이성으로, 다시 이론적 정신(지성), 실천적 정신(의지), 자유 의지로 전개된다.

둘째로 객관 정신은 다른 사람의 자유를 승인하는 정신이다. 그것은 먼저 법으로 나타나는데 추상적인 법은 개인의 양심에서 도움으로 구체화되고 그 다음 인륜, 즉 사회 도덕으로 지양된다.

셋째로 절대 정신이란 객관적인 정신에서 자기에로 되돌아 온 정신이다. 그것은 정신이 자기의 이념적 본질이 절대적이라는 것을 깨닫게 된 정신을 말한다. 이 때 정신은 예술·종교·철학의 세 가지 모습으로 나타난다.

라) 종교 철학

① 철학과 종교와의 관계

헤겔에 있어서 정신 철학은 주관 정신, 객관 정신, 절대 정신의 세 단계인데 그 최고 단계는 절대 정신으로서 예술·종교·철학의 형식으로 나타나고 예술의 형식은 개념이라 하여 철학이 완전한 진리라고 하였다. 따라서 그는 신에 이르는 길은 철학에서 발견되고 철학은 종교의 완성이며 종교보다 우월하다고 하였다.

한편 종교와 철학의 관계에 대하여 그는 종교가 신에의 봉사인데 철학도 신에의 봉사이며 철학의 내용과 그 필요와 관심 등이 종교와 공통적인 것이고 대상 역시 모두 영원한 진리와 신이며 그 영원한 진리와 신을 설명하는 것이 양자의 사명이라 하였다.

그러나 그는 양자의 내용이 똑같이 절대정신이며 구별되는 것은 그 형식으로서 철학의 형식은 사변적 사유이고 종교의 형식은 표상(表象)과 감정이라고 하였다.

한편 그는 절대종교와 절대철학과의 통일에서 절대정신의 실재가 완성된다고 생각하여 모든 부분이 고립하여 있지 않고 서로 관련을 가지고 있으며 영원한 진리, 즉 절대정신을 목표로 예술·종교·철학이 발전적으로 전진한다는 그의 변증법적 이론을 전개하고 있다.

② 종교의 발전 단계

헤겔은 종교의 발전 단계로서 다음 3단계를 들었다.

  ㉮ 자연 종교 : 인도, 이집트, 중국 등에 있어서의 주술·불 숭배·동물숭배

  ㉯ 정신적 개성의 종교 : 유태의 숭고, 그리스의 미, 로마의 합목적적 오성적 지혜.

  ㉰ 절대 종교 혹은 기독교

이 3단계 중 자연 종교가 제일 낮은 단계이며 기독교가 이상적 절대 종

교로서 최고의 종교라 하였다. 동양 세계를 지배한 종교는 자연 종교이고 신은 아직 정신이 아니며 자연을 지배할 수 없고 오히려 자연적이다. 신은 실체이며 실체 앞에서 인간은 무력하다. 따라서 자연 종교는 실체적 범신론의 종교이다. 제2단계는 정신적 개성의 종교로서 유태, 그리스, 로마의 3개 종교가 이에 속한다.

헤겔은 유태의 종교를 숭고의 종교라 하였고, 로마의 종교를 합목적적 오성적 지혜의 종교(혹은 유용성의 종교)라고 특징짓고 여기서 신은 실체가 아니고 정신이 된다.

다음에 제3단계로서 절대적 종교가 있는데 여기서 신은 자유로운 절대적 정신으로서 자각되며 무한한 절대적 주체로서 자각되는 단계이다. 이 기독교는 중세의 제 문제를 극복하여 자율적, 도덕적 이성 종교로 되어야 하며 종교의 핵심은 신의 영생이지만 도덕적 실천에 있어서 유용해야 하고 도덕적 생활의 확립은 종교에서 가능하다 하였다.

그러나 헤겔은 모든 것을 변증법에 비추어 고찰하였기 때문에 기독교의 교리조차 그의 변증법적 도식에 맞추어서 해석하였다. 즉 우주창조 이전의 신(죄와 관계없는), 자연과 우주 창조(유죄, 타락), 그 타락한 우주 창조를 용서하는 제도인 교회로 논리 전개하고 이 3자는 각각 성부의 나라, 성자의 나라, 성령의 나라에 해당한다고 하여 본래 개념의 보편·특수·개별의 3계기(변증법의 3단계)를 표시하는 동일 본성이라고 하였다. 이것은 3위1체를 그의 변증법적 방법으로 논한 것이다.

③ 신

헤겔은 범신적 종교관을 가지고 있었는데 그것도 신비주의적 범신론이다. 따라서 신에 관한 그의 표현은 매우 다양하다. "신적인 것은 순수한 생이기 때문에 그것이 말하여진다면 그것은 필연적으로 아무런 대립도 자기 속에 가지지 않는 것이어야 한다." "가르친다, 배운다, 본다, 인식한다, 행한다, 의욕한다, 천국에 들어간다, 등의 표현하는 것에 불과하고, 신적인 것에 관해서는 다만 영감에 있어서 말하여질 수 있을 뿐이다." 등의 표현에서도 다양성을 알 수 있다.

헤겔에 있어서 신적인 것은 제한을 넘은 정신이다. 자신 속에서 자기의 존재 이유와 자기의 권위를 가진 순수한 생의 감정이 나타나는 곳에서 비로소 신은 정신으로서 파악된다. 이 순수 생명은 현실에 얽매여서 더럽혀진 눈에는 순수한 직관을 줄 수 없는 것이다.

신과 인간과의 관계에 있어서 헤겔은 무한한 절대적 정신과 유한한 인간이 넘을 수 없는 간격을 체험하는 인간에게 성립하며 신은 무한존재로서 유한한 인간에 대립하여 존재해야 한다는 것이다. 이러한 신에서 떨어져서 신과 대하는 인간적 정신의 도가 표상이다. 단순한 감정도 아니고 단순한 직관도 아닌 이 표상이 종교를 종교로서 규정하는 특수적 형식이다.

그리고 신앙의 주체와 신앙의 객체는 동일한 정신이어야 한다. 신은 무한한 절대적 정신으로서 인간적 유한한 정신은 그것에 의해서 유지되고 신앙이 거기서 나오는 절대의 주체이다. 신은 자기 자신에 관해서 알려지는 한 신이다. 신에 관해서 아는 인간의 정신이 바로 신의 정신이다. 신은 자기 속에 아무런 분할도 대립도 가지지 않는 유일한 것인 동시에 분리와 무한의 분할 가능성을 내포한 유일한 것이다.

신은 정신이고 참된 종교는 신을 절대적 정신으로 인식하는 종교여야 하며 그것은 계시 종교여야 하는데 그것이 기독교이며 가장 완성된 종교다. 그리고 계시종교의 진리를 자각적으로 인식하는 것이 철학이다.

그러나 헤겔의 종교론에서 지적할 수 있는 것은 첫째로 그가 사용한 방법인 변증법을 종교론에 적용한 것이 무리였다는 것, 그리고 둘째로는 헤겔의 신관에 범식론적 색채가 있었는데 그것은 기독교의 신관과 근본적으로 배치된다는 것, 셋째로 헤겔은 지식과 신앙과의 관계를 동일시함으로써 앎과 믿음을 분리하는 기독교 사상과는 다르다는 점을 들 수 있다. 그 외에 '기적', '3위1체', '영생', '기독론' 등에 있어서도 이질적 논설을 전개하였다.

9. 19세기의 철학

가. 공리주의(Utilitarianism)

1) 개설

공리주의는 영국에서 경험론을 원천으로 하여 18세기부터 나타난 사상으로서 철학이라기보다는 하나의 윤리론이라고 볼 수 있다. 그 선구자로서는 흡스, 로크, 흄 등이 있으며 공리주의의 창시자라 할 수 있는 사람은 영국의 법학자이며 윤리학자인 벤담(Jeremy Benthum, 1748~1832)이다.

공리주의는 행위의 도덕적 가치 기준을 유용성, 특히 공중의 이익을 내세운 사회적 쾌락에 유의하여 '최대 다수의 최대 행복'을 그 기초 원리로 삼았다.

따라서 그들의 주장은 잘 사는 것을 목표로 하는 목적론적 윤리설에 해당하여 쾌락 대신 공익을 앞세운 사회적 쾌락주의이다. 벤담은 이 목적을 달성하기 위하여 법률적 제재를 생각하였고 쾌락과 고통이 비교 계량된다고 하여 그 계산을 생각하였다. 이런 이유로 벤담을 밀과 구별하여 양적 공리주의자라고 부르기도 한다.

이에 반하여 밀(J.S.Mill)은 육체적 쾌락보다 정신적인 쾌락을 중시하고 인격주의 적인 입장을 취했는데 그는 벤담의 '최대 다수의 최대 행복' 추구에서 소수의 희생을 상기시키고 쾌락의 질적 차이를 인정하였다. 그리하여 그를 질적 공리주의자라고 부른다.

㉮ 밀(John Stuart Mill, 1806~1873)

● 공리주의의 완성자
● 질적 공리주의자

● 대의정치 및 부인 참정권 주장
● 다수의 횡포를 경고
● 쾌락의 본질은 자율과 책임 위에서 존재함을 역설

---

1) 생애

밀은 1806년 5월 20일, 영국 런던에서 제임스 밀의 9남매 중 장남으로 태어났다. 그의 아버지는 스코틀랜드에서 어떤 귀족의 비서를 하다가 런던으로 옮겨 글을 써 대가족의 생계를 이끌어 갔다.

밀이 2살 때(1808), 아버지는 벤담을 알게 되어 물심 양면의 도움을 받아 경제 및 윤리학자로 명성을 떨치게 되었다. 한편, 아들을 자기 후계자로 키우기 위하여 어릴 때부터 철저한 천재 교육을 시켰다. 밀의 자서전에 의하면 3세 때 그리스어를 배우고 이솝이야기를 읽기 시작해서 7세 때에는 헤로도토스, 크세노폰, 플라톤의 저작들을 독파하였고, 수학도 3세 때부터 배우기 시작했으며 8세 때에는 라틴어를 배워 4년 후에는 이에 능통하였다 한다. 12세 때에는 아리스토텔레스로부터 홉스에 이르기까지 고전·논리학·역사·문학·수학·경제학 등의 공부도 하였다.

그리고 밀의 아버지는 그가 8세 되던 해부터 가정 교사 일을 맡겼으며 아침 산책 때에는 역사 이야기, 경제학 등을 알기 쉽게 설명하였고, 밀은 그것을 동생들에게 가르쳤는데 동생들은 다시 자기들이 배운 것을 요약하여 아버지에게 제출하였다. 아버지는 그것을 검토하고 틀린 부분을 다시 지도하였다.

그가 13세이던 1819년에 아버지의 친구인 리카도가 아버지의 격려를 받아 「경제학 및 과세의 원천」이라는 유명한 책을 썼다. 아버지는 산책할 때에 이 책의 윤곽을 설명하고 밀에게 그것을 글로 써내게 하였는데 잘못되었을 때에는 몇 번이고 다시 쓰게 하였다. 이것을 모아 펴낸 것이 「경제학 요론」이다.

그의 아버지는 주입식으로 교육시키지 않고 모든 것을 자기 스스로가 사고하여 발견토록 하고, 힘을 내도록 격려하고, 무엇이든지 생각하고 노력한 후가 아니면 결코 가르치지 않았다고 한다.

14세 되던 1820년에 밀은 프랑스에 가서 견문을 넓히는 한편 프랑스어를 익히고 생 시몽, 콩트 등의 사회 사상도 이해하였다.

1823년(17세) 리카도, 그로트, 오스틴 등 벤담의 제자들과 공리주의 협회를 창립하여 2주마다 모임을 가졌고, 아버지가 다니던 동인도 회사 서기로 취직하였다. 당시 케임브리지 대학에 가서 공부하라는 권유도 받았으나 그들 부자는 대학을 비웃으며 가지 않았다.

20세인 1826년 가을에 밀에게 정신적 위기가 닥쳐왔다. 그것은 지나친 주지주의 때문이었는데 반년 가까운 우울기를 거친 다음 이것을 벗어날 수 있었다.

그가 26세 때인 1832년, 벤담이 사망하고 36년에는 아버지가 폐결핵으로 죽었다. 그보다 조금 전인 1830(24세)에 밀은 런던의 약종상 존 테일러의 초대를 받고 그의 집을 방문했는데 그때 소개받은 그의 부인 헬리에트 테일러를 사랑하게 되었다. 두 사람은 자기가 갈망했던 이상적인 이성을 발견하고 깊은 사랑에 빠졌는데 그녀는 남편에게 사실을 고백하고 이혼하여 자기를 해방시켜 줄 것을 요구하였다. 자유주의 자인 테일러는 이를 반대했으나 실질적으로는 자유스럽게 행동해도 좋다고 양보하여 두 사람은 자주 만날 수 있었다. 1836년(30세)에 밀의 건강이 나빠져 파리로 정양을 갔을 때 헬리에트도 남편의 양해를 얻어 두 아이를 데리고 파리로 가서 밀을 간호하였다. 이런 부자연스런 관계는 1846년 테일러가 암으로 사망할 때까지 계속되었고 이로 인해 밀은 친구들을 잃고 어머니와 누이들과도 멀어졌다.

그가 45세인 1851년 주위의 반대에도 불구하고 헬리에트의 두 아이들이 증인이 된 가운데 결혼식을 올렸으나 1년도 못 되어 두 사람이 다 같이 폐결핵에 걸려 있다는 것을 알았다. 밀은 헬리에트를 프랑스 남쪽으로 요양 보내고 자기는 계획한 저술을 서둘렀다.

1858년(52세) 겨울 프랑스의 아비뇽으로 피한(避寒) 여행을 떠났으나 이곳에서 헬리에트는 감기로 폐렴에 걸려 갑자기 죽었다. 밀은 아내의 유해를 이곳에 묻고 묘지 가까이에 아담한 집을 사서 특별한 일이 없을 때에는 이곳에서 지냈는데, 헬리에트의 장녀 헬렌 테일러는 어머니와 밀의 진실한 사랑에 감동되어 아비뇽으로 가서 밀을 보살폈다. 그녀는 밀의 사상을 이해하고 후에는 밀의 유고를 정리하고 그 후계자가 되었다.

밀은 저술에 힘쓰는 한편 1865년 웨스트민스터 선거구 유지들의 권유를 받고 자유당원으로 입후보하여 당선되었는데 그는 입후보 수락에 네 가지 조건을 내세웠다. 선거 운동에 돈을 쓰지 않는다는 것, 선거 운동을 하지 않는다는 것, 당선되어도 지방의 이익을 위해 일하지 않는다는 것, 당의 의견에 구속받지 않는다는 것이 그것이다. 사람들은 전능의 신도 이러한 조건으로는 당선되기 어렵다고 말했으나 700표 차이로 당선되었다.

그는 의회에서 여성 참정권을 요청했고, 비례대표제, 선거 비용 삭감, 공명 선거 등을 주장했으나 당시 사정과 맞지 않아 실현시키지 못했고, 1868년 선거에서 낙선되자 그는 아비뇽으로 돌아가 죽을 때까지 연구에 몰두하였다.

1873년, 아비뇽에서 「곤충기」의 저자 파브르와 소풍을 나갔다가 병을 얻어 3일 만인 5월 7일 사망하였다.

그는 간호하던 헬렌을 향하여 "나는 나의 일을 다 끝마쳤다."는 말을 남기고 눈을 감았다 한다. 그의 유해는 아비뇽의 헬리에트 묘와 나란히 매장되었다.

2) 사상

가) 귀납적 논리

밀은 영국 경험론의 전통에 따라 합리론의 생득 관념을 부인하고 경험을 인식의 근원으로 보았다. 그는 인식에 이르는 방법으로 귀납법을 채택하여 베이컨의 귀납법을 더욱 발전, 체계화시켜 일치법, 차이법, 일치차이결합법, 잉여법, 공변법의 5공리(公理)를 들었다.

일치법은 일치에서 얻는 지식을 가리키는데 예를 들면 쇠나 얼음 같은 고체들이 가열하면 액체가 되는데, 이러한 일치점에 의해 열이 고체를 액체로 변화시키는 원인으로 단정할 수 있다는 것이다.

차이법은 점심 식사를 많이 먹으면 졸음이 잘 오고 점심을 먹지 않으면 졸립지 않을 때 그 차이점에서 점심 식사와 그 후의 졸음과의 인과 관계를 정할 수 있다는 것이다.

일치차이결합법은 어떤 학생이 감기에 걸렸을 때 A라는 약을 먹으면 낫고 B라는 약을 먹으면 낫지 않을 때 이 두 약의 차이를 비교해서 그 A라는 약이 그의 감기 약으로 효과가 있다고 단정할 수 있다는 것과 같다.

잉여법이란 세 학생의 총 체중이 150kg이고 A학생이 45kg, B학생이 35kg임을 알면 나머지 C학생의 체중이 70kg임을 알 수 있는 것을 가리킨다.

공변법이란 대학 지원자 수가 많아짐에 따라 재수생이 많아지면 대학 지원자 수와 재수생 사이에 공변 관계가 있음을 알 수 있는 것을 가리킨다.

나) 질적 공리주의

① 사회적 선(공익)

밀은 벤담과 마찬가지로 쾌가 선이고 고통(苦痛)이 악이라고 하였으나, 쾌가 모두 계산될 수 있다는 것을 부정하고 그 질적 차이를 인정하여 어떤 종류의 쾌는 다른 종류의 쾌보다 질적으로 우월하다고 하였다. 그리하여 쾌락을 양적이고 감각적인 것에서 질적이고 정신적인 것으로 발전 확대시켰다.

그에 의하면 행복은 인류가 요구하는 유일한 목적이요 선이지만 개인의 행복은 개인의선이며 일반의 행복인 공익은 개인의 집합으로 이루어진 단체의 선이다. 그리고 개인의 최종 목적은 개인의 선일 수 없고 공익인 것이다.

그런데 대체로는 개인의 쾌락이 공익의 증가에 비례하여 얻어지지만 현실 사회에서 양자가 상반되는 경우도 있다. 이러한 경우에는 공익을 성취하기 위하여 개인의 쾌락을 희생시키지 않으면 안 되는데 그리하여 행복을 얻는 길이 행복을 버리는 데 있기도 하다. 때문에 쾌락의 평가는 양적으로만 할 것이 아니고 질적으로 해야 한다는 것이다.

다) 자유론

밀은 자유와 평등이 완전하게 조화적으로 실현될 수 있는 민주주의를 신봉하였다. 평등을 실현하기 위한 방안으로 노동자의 자위 향상, 여성 해방 운동 등을 전개하였고, 비례대표제(학식과 경험에 따라 투표권이 다른), 그리고 보통선거 제로의 이행을 위한 국민 교육의 즉각적 실시를 부르짖었다.

그는 자유에는 사상 언론의 자유, 행동의 자유, 단결의 자유가 있는데 사상과 언론의 자유는 절대적으로 확보되어야 한다고 주장하였다.

한편 그는 인간의 행위를 주로 이해 관계를 갖는 것이 개인인 경우와 사회인 경우로 나누어서 전자의 행위는 자유로워야 하지만 후자의 행위에는 사회(국가)가 간섭할 권한이 있다고 하였다.

나. 진화론(Evolution theory)

1) 개설

진화론은 생물이 갑자기 창조된 존재도 아니고 불변하는 것이 아니라 원시적 상태에서 변화 발달(진화)한 것이라고 주장하는 학설이다.

이러한 주장은 그리스 시대에도 있었지만 과학적 이론으로 확립된 것은 다윈(Charles Robert Darwin, 1809~1882)에 의해서였다. 그가 그의 이론을 발표한 것이 1858년인데 처음 그는 자기 이론을 발표하는 것에 대하여 주저하였었다. 그의 이론은 종교가 및 일부 학자들의 반박을 받았으나 그 후 확고한 자리를 차지하여 오늘에까지 많은 영향을 주고 있고 논란의 대상이 되고 있기도 하다. 그의 주장에 의하면 인간도 원시 미생물이나 침팬지와 같은 근원에서 진화했다고 말할 수 있고 특히 이러한 이론은 기독교의 창조론과 충돌하지 않을 수 없기 때문이다.

한편 다윈 이후 생물 진화의 사실 자체를 의심하는 일은 거의 없어졌지만 진화 과정을 지배하는 법칙이나 요인에 관해서는 생물학의 여러 부문의 발달과 관련하여 다윈주의에 대립하는 여러 학설이 나타났다.

캐 스펜서(Herbert Spencer, 1820~1903)

- 영국의 철학자
- 사회 진화론자
- 진화론을 제 분야에 적용시킴

1) 생애

스펜서는 1820년 4월 27일 영국의 공업 중심지인 중부 더비에서 9남매 중 장남으로 태어났다.

그의 아버지 조지 스펜서는 할아버지와 마찬가지로 사립 학교의 교사였다. 그리고 지방 철학회 서기직을 맡은 적이 있으며 비국교도이었고 개인주의적이어서 아부나 아첨을 전혀 할 줄 몰랐고 그것이 지나쳐 누구에게도 인사를 하지 않았으며 편지 수취인에게 귀하라든지 님이라는 말을 쓰지 않았다.

그의 아버지는 스펜서가 살아남은 하나뿐인 아들이었음에도 불구하고 자유로 방임했고 무관심했기 때문에 그는 어려서부터 나태하였다. 그래서 공부하거나 학교에 다니는 것을 싫어하여 3개월을 제외하고는 학교에 다니지 못하였다.

13세 때, 엄격하기로 이름난 큰아버지 집으로 보내졌는데 3일 동안을 걸어서 돌아와 버렸다. 그러나 얼마 후 다시 큰아버지 댁에 되보내져 3년 동안이나 그곳에서 머물렀다.

그러나 그는 곤충 채집이나 하고 보잘것없는 화학 실험을 하는 것으로 그쳤고 「일리어드」를 읽으려 했으나 "약 6권까지 읽자 그 이상 읽는 것은 견딜 수 없을 것 같아 끝까지 읽어야만 한다면 차라리 금화를 던져 버리는 편이 낳을 거라고 생각했다."고 하였다.

아무튼 이러한 태도는 계속되어 1844년에는 칸트의 「순수 이성 비판」을 입수하여 그 첫 장을 읽어보고 칸트가 공간 및 시간을 감관 지각의 형식으로 간주한 것으로 생각하여 칸트는 바보 녀석이라고 여기고 책을 던져 버렸다고 한다.

1850년 루이스의 전기적 「철학사」를 읽을 때까지 철학에 대해서는 거의 백지였고 그의 최초의 책 「사회 정학」을 썼을 때에는 조나단 다이먼드가 쓴 책밖에는 아무런 윤리학도 읽은 일이 없으며, 흄과 리드를 읽었을 뿐인데도 「심리학」을 썼고 콩트와 타일러도 읽지 않고 「사회학」을 썼다 한다.

그의 서재에는 그에게 부쳐 온 것 이외에 철학에 관한 책이 한 권도 없었고 문학 서적으로는 그가 소중히 여기는 「트리스람 산디」 한 권밖에 없었다 한다. 그리고 정기 간행물은 통독했으나 일반 서적은 필요한 부분 이외에 거의 끝까지 읽지 않았다.

1836년(16세)에 그는 교편을 잡았으나 형식을 싫어하고 단조로운 일을 참지 못하여 이상적인 교육을 하려는 욕망 때문에 자주 학부모들과 의견 충돌이 있어 잘못된 출발이라고 생각하여 1년만에 그만 두고 이듬해에는 철도 기사로 전직하였다.

그 후 9년간 그는 훌륭한 기사로서 자기가 습득한 과학적 지식과 기술을 충분히 발휘할 수 있었다. 그 동안에 그는 지질학 등에 관한 흥미를 갖고 화석을 수집하면서 점차 진화설에 대한 관심을 쏟았다.

그는 기회 있을 때마다 여러 가지 발명을 시도했는데 식탁용 소금 그릇, 물주전자, 소화기, 환자용 의자 등 별의별 것을 다 고안해 냈다. 그러나 성공한 것은 아무 것도 없었다.

그는 한번 뉴질랜드로 이주할 것을 생각하여 이주를 좋다고 하는 이유와 나쁘다고 하는 이유와의 비교표를 만들어 점수를 매겼는데 결과는 영국에 머무는 것이 110점 이주하는 쪽이 301점이 되었지만 이주하지는 않았다. 그는 명예를 부여하려는 정부의 제안을 거절하였으며 40년 동안 홀로 한거했는데 고독한 독신 생활은 그를 더욱 고독하고 외롭게 만들었다. 나이 들어서 사귄 약간의 친구를 제외하고는 모든 교제를 끊고 그가 싫어하는 사람이 왔을 때는 미리 귀를 막고 태연히 이야기만 듣고 있었다.

불황이 닥쳐와서 철도계에서 물러났다가 1848년 「이코노미스트」지의 부편집인이 되어 7년간 저널리스트로서 저술 생활을 하였다 그가 30세(1850년)였을 때 조나단 다이먼드의 「도덕 원리론」을 힘들여 읽고 혹평을 가했는데 이때 그의 아버지가 그 이야기를 듣고 그렇다면 그런 주제로 그만한 책을 써 보라고 하였는데 그는 그까짓 것을 못하겠느냐고 하여 쓴 것이 「사회 정학」이다.

그가 33세 되던 1853년에 큰아버지가 죽자 그에게 상당한 유산이 들어와 그는 직장을 버리고 연구생활에 몰두하여 어려운 여건 하에서도 40년간의 노력 끝에 「종합 철학」 전 10권을 무사히 출판했고 1862년(42세)에 출판한 「제1원리」는 점차 스펜서를 저명한 철학자로 만들었고 유럽의 거의 모든 언어로 번역되었다.

그의 영향은 유럽 사상에 스며들었고 강력하게 문학과 예술에 있어서 리얼리즘(realism)운동을 추진하였다. 마침내 그는 1903년 12월 8일 83세를 일기로 세상을 떠났고 유해는 그의 유언대로 화장되었다.

2) 사상

가) 불가지자(不可知者)

스펜서는 궁극적 실재로서 인간 인식의 한계를 초월한 것 즉 불가지자를 가정하였다.

무신론자는 세계를 원인도 시작도 없는 그 자신으로서 존립한다고 하지만 시작도 원인도 없는 것을 인간은 상상할 수도 없다. 유신론자는 신이 세계를 창조했다고 하지만 그 신을 누가 만들었는가를 말하지 못한다. 신 즉 궁극의 종교적 관념은 논리적으로 불가해한 것이다. 그리고 궁극에 대한 과학적 관념도 합리적 이해를 초월하고 있다. 물질을 원자로 환원시키고 있지만 분자를 분할한 것과 마찬가지로 이 원자도 반드시 분할하지 않으면 안 된다. 따라서 물질은 분할할 수 없는 것이라고 생각할 수 있다는 딜레마에 빠지게 된다. 공간 및 시간의 가분할성도 마찬가지이며 양자는 함께 비합리적인 관념인 것이다.

다시 말하여 계속적으로 분할할 수 있다는 것은 그 분할의 끝이 없기 때문에 분할이 끝나지 않아서 결국은 다 분할하지 못한다는 의미이다. 따라서 상대적이며 현상적인 것은 그 이름과 그 본성에 의해서 그것을 초월한 어떤 것, 즉 궁극적이며 절대적인 것을 예상하고 있다.

그리하여 그는 "우리의 사고 속에서 현상의 배후에 무엇인가가 존재한다는 의식을 떼어버린다는 것은 불가능하다. 그러므로 이러한 실재에 대한 우리의 불멸의 신앙이 생긴다. 그러나 그 실재가 무엇인가는 알 수 없다."고 하였다.

나) 진화론(사회적 진화론)

스펜서는 생성과 소멸을 거듭하는 현상계는 진화의 법칙에 의하여 지배된다고 하였다. 그리고 진화는 집적(集積)과 분화(分化)의 두 가지 형식으로 이루어진다고 생각하였다.

그것은 성운(星雲)으로부터의 천체의 발생, 지구상의 바다와 산맥의 형성, 태내에서의 심장의 발달과 출생 이후의 골격의 성장, 인식과 사유에 있어서의 감각과 기억의 결합, 가족으로부터 씨족·부족·도시·국가·국제 연맹으로의 발전, 이런 것들은 불리된 감각 부분이 대량으로, 집단으로, 전체로 집적되는 현상이다. 그런데 이러한 집적은 동시에 분화 작용을 수반한다. 즉 형태와 기능 면에서도 좀더 확정된 성질을 지니게 된다.

이러한 진화의 법칙은 생명·심리·사회·윤리의 모든 분야에 타당한 것이라야 한다. 그리하여 그의 사회학은 원시 미개인의 생활에서 당대 문명인에 이르기까지 인간 사회의 역사적 진화를 전제하고 있다. 또한, 그는 사회 조직 안의 법·관습·언어·윤리사상 등도 유기체의 진화 사상에 입각해서 설명하였다.

다. 실증주의(Positivism)

1) 개설

실증주의는 초경험적, 형이상학적 실재를 부정하고 모든 지식의 대상은 경험적 사실에 한정된다고 하는 사상으로서 근대 자연과학의 방법과 성과에 의거하여 정신적 현상계의 통일적인 설명을 시도하였다. 따라서 실증주의는 관찰과 실험을 중시하며 실증적 지식만이 참다운 것이라고 주장한다.

이러한 사상은 19세기 후반에서 20세기 초에 걸쳐 프랑스를 중심으로 한 서유럽에서 번창했는데 그들은 경험되었던 사실의 배후에 사변이나 공상으로 초월적인 존재나 추상적인 실체를 상징하는 것에 반대하고 인식의 대상을 경험적 사실에 국한하면서 이것을 그 자체로 해명하려는 입장이다. 콩트가 인간의 지식을 실증적 단계에서 완결되는 것이라고 하여 최고의 단계로 보았던 것은 실증주의의 입장을 선언한 것이라고 할 수 있다. 콩트, 마하[33]가 그 대표자이다.

㉠ 콩트(Comte Isidor Auguste Marie Francois Xavier, 1798~1857)

● 프랑스의 철학자, 수학자, 사회학의 창시자
● 실증주의 협회 창설
● 인식의 3단계설

1) 생애

콩트는 1798년 1월 19일, 프랑스 남부에 있는 몽페리에서 세무서의 하급관리의 장남으로 태어났다.

그의 아버지는 열렬한 카톨릭 신자였는데 취미라고는 정원을 가꾸는 일밖에 몰랐고 직장과 가정 일에만 전력하는 엄격하고 고지식한 사람이었다.

콩트는 어려서 병을 많이 앓았고 소심하고 섬세하였다. 9세 때(1807년) 그 고장의 왕립 중학교에 입학했는데 그는 황제의 지배를 증오하였고 그로 인해 왕당파였던 부모와 자주 의견충돌을 일으켰다.

그는 이 학교에서 박식한 목사 출신의 수학 선생님으로부터 큰 영향을 받아 수학을 좋아하게 되었는데 16세 때(1814년) 8월에는 프랑스 혁명 중에 창설된 당시 유명했던 파리의 이공 대학에 지원 응시하여 4등으로 합

---

33) 마하(Erust Mach, 1838-1916) : 오스트리아의 물리학자, 철학자. 실증주의적인 경험 비판론 수립. 물질과 정신이 감각적 요소의 복합이라고 주장. 논리실증주의에 큰 영향을 줌.

격하였다.

그는 벤자민프랭클린을 현대의 소크라테스라 하여 숭배했으며 당시 대부분의 학우들과 마찬가지로 공화주의적 신념을 가지고 나폴레옹을 지지하였다.

왕정 복고 후인 1816년 4월 정부와 학생과의 갈등으로 학교가 폐쇄되자 그는 고향에 갔다가 7월에 다시 파리로 와서 가정 교사 생활로 암담하게 살았다.

19세 때에는 생시몽의 비서가 되어 큰 영향을 받았고 27세 때인 1825년 그는 인류 구제의 이상을 몸소 실천하기 위하여 매춘부 출신으로 작은 서점을 경영하는 카로리느 마생이라는 여자와 결혼했는데 불행한 결혼 생활 2년 끝에 정신적 좌절을 이기지 못하여 세느강에 투신 자살하려 했고 정신 이상을 일으켜 정신 병원에 입원했으나 어머니와 아내의 간호로 회복되고 다시 저작에 열중하였다.

28세인 1826년부터 자택에서 대중을 상대로 강좌를 열었는데 도중에 정신 이상으로 중단하기도 했지만 1829년까지 계속했다. 그 내용이 「실증철학」이다. 그 후 1830년 「실증 철학 강의」 제 1권을 출판하기 시작하여 12년 후인 1842년 마지막 제 6권을 간행했는데 그의 실증 철학은 프랑스에서는 비난의 대상이었고 영국에서 주목을 끌었다. 그는 1842년부터 아내와 별거해 왔는데 1845년에 클로딜드 바오 부인을 알게 되어 열렬히 사랑하였다.(당시 바오 부인의 남편은 공금 횡령죄로 도망 중이었다.) 그런데 몇 달 후 바오 부인이 폐결핵으로 누운 지 1년 후에 죽자 콩트는 큰 충격을 받아 정신적 타격을 받고 자기의 남은 생을 그의 천사(바오 부인)를 그리는 데 바치기로 결심하였다.

1848년에 제자 리트르가 모금한 기부금으로 실증학회를 창설하고 1851에서 54년까지 사이에 「실증 정치학 체계」를 출간하였다.

여기서 그는 지성에 대한 감성의 우위를 강조하고 감성에 입각한 새로운 종교 즉 인류교를 제창하고 그 교조로 자처하였다. 그는 질서와 진보를 중시했는데 만년에 이르러서는 질서를 더 강조하였다. 그는 1857년 9월 5일 57세로 세상을 떠났는데 위암이었다. 그의 시신은 베르다쉐즈의 바오 부인 옆에 묻혔고 그가 살던 집은 실증학회 본부가 되었다.

2) 사상

가) 실증주의

실증주의라는 말은 콩트가 처음 사용했는데 실재하는 것 즉 실증적인 것을 문제삼고 그 밖의 것은 일체 부정하는 것이다. 그런데 실증적인 것은 오직 현상뿐이므로 실증주의는 현상계만을 그 연구 대상으로 삼는다.

따라서 현상계를 통하여 주어진 일체의 사실을 있는 그대로 받아들이고 이 주어진 사실들을 일정한 법칙에 따라 정리하여 여기서 인식된 법칙을 토대로 하여 앞으로 현상계에 나타날 여러 사실을 예견하여 그에 대처할 준비를 갖추는 것이 그 할 일이다. 그리하여 그는 "예견하기 위하여 알라!"고 하였다.

실증적이란 프랑스 말은 비현실적인 것과 반대되는 현실적인 것, 무의미하거나 불필요한 것과 반대되는 유용한 것, 이론의 여지없이 확정적이거나 확실한 것을 의미하는데, 이것은 모두 콩트의 실증주의 내용에 부합된다. 그는 현실적으로 주어져 있는 사실, 사회적으로 유용한 것, 확실하게 규정될 수 있는 것만을 평가의 대상이나 기준으로 삼았다.

나) 인식의 3단계

콩트는 모든 지식 분야는 신학적 단계(신화적 단계), 형이상학적 단계, 실증적 단계의 세 가지 발전 단계를 거친다고 하였다.

신학적 단계에서는 사람은 자기를 둘러싸고 있는 세계는 인격적이며 초자연적인 존재가 지배하는 것이라고 믿는데, 이 단계는 다시 모든 대상이 생명력이나 영혼을 지닌 것으로 간주하는 만물 숭배의 단계, 모든 사물이나 사건이 전적으로 어떤 초자연적 힘에서 연유한다고 보는 다신교의 단계, 그리고 최고 절대자의 의하여 지배되고 있다고 믿는 일신교의 3단계를 거친다.

형이상적 단계에서는 초자연적인 힘 대신에 비인격적 추상적 힘이나 실체 또는 개념 등이 등장한다. 이러한 추상적인 힘 또는 실체 등이 모든 개별적 현상의 원천을 이루는 것으로 본다.

실증적 단계에서는 인간은 우주의 기원과 궁극 목적 혹은 우주적 현상 이면의 궁극적 본질을 포착하려는 노력을 포기하고, 경험적인 관찰을 통해서 또는 이성 능력을 활용해서 오직 주어진 사실을 통하여 나타나는 유사성과 계속성의 법칙만을 파악하고자 한다.

라. 생철학(Philosophy of life)

1) 개설

생철학은 19세기에서 20세기에 걸쳐 독일, 프랑스에서 시작하여 세계 여러 나라로 퍼지게 된 철학 사상으로서 제1차 세계 대전 후인 1920년대 이후에 실존 철학으로 이어진 사상이다.

생철학에서는 생(生)을 세계의 모든 사물에 우선되는 근본적인 것으로 보고, 합리적이고 지적인 인식이 아니라 비합리적이고 직관적인 체험을 통하여 생을 파악하려 한 사상이며, 헤겔의 주지주의(계몽 사상도 그렇지만) 와 합리주의에 대항한 사상이다. 그것은 인생관 확립을 꾀하는 인생 철학, 생활과 철학의 일치를 강조하는 실천문학, 생명을 파악하려 하는 생명철 학, 철학적 인간학을 포함하지만 구체적으로는 쇼펜하우어를 시작으로 하여 니체, 베르그송, 딜타이, 짐멜 등으로 이어지는 철학사상을 가리킨다.

그들은 생을 고정적인 것으로 보지 않고 살아있는 생, 항상 새로운 내용을 창조해 가는 생으로 파악한다. 생의 의의와 본질, 가치와 목적을 추구하는 이른바 생을 연구의 대상으로 삼는 철학이다. 삶이란 무엇인가? 그 의의, 목적은 무엇이며 가치가 있는 것인가? 또 생의 본질은 무엇인가?를 묻고 파악하려 하는 철학이다.

㉮ 쇼펜하우어(Arther Schopenhauer, 1788~1860)

● 독일 철학자
● 인도 철학의 영향을 받은 염세주의자.

● 주의설(主意說)의 대표자.

---

1) 생애

쇼펜하우어는 1788년 2월 22일 당시 자유시였던 단치히에서 부유한 상인 하인리히 쇼펜하우어의 1남 1녀 중 장남으로 태어났다.

그의 아버지는 고지식하여 취미라는 것을 몰랐고 추남인데 반하여 그의 어머니 요한나는 문필에 뛰어난 재능을 가진 미모의 여류 작가였다. 그녀는 19세 때, 20세나 연상인 쇼펜하우어의 아버지와 결혼하였던 것이다.

쇼펜하우어는 성년이 된 1809년(21세) 9월에 어머니를 걸어 소송을 제기해서 아버지 유산의 1/3을 따로 받아 가지고 헤어졌다.

그와 어머니와의 불화는 여자를 인간적 불행의 근원이라고 생각하게 되고 여성 일반의 불신에까지 이르게 되었고, 그래서인지 그는 여성을 혹독하게 비난하면서 일생을 독신으로 살았다. 그러나 그가 여자와 전연 접촉을 안 한 것은 아니고 이탈리아 여행시에 다르시니아라는 여성과 깊이 사귄 적이 있으며 그밖에 사창가에서 창녀들과도 어울렸다.

그는 아버지의 뜻을 어기기가 싫어 상업 견습을 하다가 더욱 고뇌만 깊어지므로 2년만인 1807년 함부르크의 김나지움에 입학하여 열심히 공부하였다.

그가 25세 때인 1813년 전란을 피하여 베를린을 떠나게 되었는데 「충족 이유의 사 근거」라는 처녀 논문을 예나 대학에 제출하여 박사 학위를 받았다. 그 논문은 호평을 받았는데, 특히 피히테의 주목을 끌어 서로 가까워지기도 하였다. 그런데 그의 어머니는 아주 혹평하여 서로 말다툼을 한 후 다시는 서로 만나지 않았다고 한다. 그때의 말다툼 한 토막을 소개하면 다음과 같다.

어 머 니 : 이것은 마치 약장사를 위한 책 같구나.

쇼펜하우어 : 당신이 쓴 소설은 쓰레기통 밑바닥에서도 찾아볼 수 없게 되었을 때에도 내가 쓴 책은 읽힐 것입니다.

어 머 니 : 그때가 되어도 너의 책은 초판을 언제든지 책방에 가서 살 수 있을 걸.

한편 그는 동양학 전공 학자인 마이어의 권유로 인도의 우파니샤드[34]를 연구하여 염세사상에 빠지게 되었다.

그가 31세 되던 1819년 베를린 대학의 사강사로 초빙되었고 이듬해 3월 23일에는 베를린 대학에서 교수 자격 시험 강의를 하였다. 이때 헤겔과의 논쟁으로 그 둘 사이는 불화의 관계가 되었다.

당시 헤겔이 "말이 길거리에 드러누울 때 그 동기는 무엇입니까?" 하고 묻자 쇼펜하우어는 "말의 정서적 구조, 즉 그의 피로함이 동기입니다."고 대답하였다. 그러나 헤겔이 "그러면 동물적 기능 즉 심장의 고동이라든가 혈액순환도 역시 동기이겠군요?"하고 물었다. 쇼펜하우어는 "우리가 동물적 기능이라고 하는 것은 신체의 의식적 운동입니다."고 대답하였다. 이에 헤겔이 동물적 기능은 그런 것이 아니라고 하자 한 의학도가 "쇼펜하우어 박사가 옳다고 말씀드리지 않을 수 없습니다. 우리 학문에서는 바로 그러한 기능을 동물적 기능이라고 합니다."고 말하였다. 그 후 쇼펜하우어는 헤겔과 경쟁하여 10년간을 버티어 헤겔과 같은 시간에 강의를 열었으나 첫 강의 외에는 한 번도 강의실이 가득 차지 않았다.

43세인 1831년 베를린에 콜레라가 퍼지자 이를 피하여 달아났는데 당시 헤겔도 피했으나 너무 빨리 돌아와 병에 걸려 죽었고 쇼펜하우어는 주위에 아무도 없이 삽살개 한 마리와 고독하게 살았다.

그는 우울한 성격으로 변해 갔고 의심이 심해졌으며 공포와 불길한 망상에 곧잘 사로잡혔다. 금화를 가지고 있을 때에는 잉크병 속에 감추어 두었으며 지폐는 침대 밑에 숨겨 두고 파이프를 넣어 두고도 자물쇠를 채우고 이발할 때는 절대로 목덜미의 면도는 시키지 않았고 화재가 날까봐 2층에서 자지 않았으며 잘 때는 권총에 탄환을 넣어 침대 옆에 두고 잤다.

그의 서재에는 장식이라고는 칸트의 반신 초상과 청동 불상 하나뿐이었다. 그는 칸트와 석가를 대단히 존경했는데 특히 칸트를 존경하여 일찍 일어나는 일만 제외하고는 칸트를 본받았다고 한다.

만년에 그는 헤겔 철학을 압도하였고 1854년에는 음악가 바그너가 쇼

---

34) 우파니샤드(Upanisad) : 고대 인도의 철학책. B.C. 600-300년에 형성되었고 인도 정통 바라문 사상의 연원으로서 그 후의 종교 사상의 근원이 되었다.

펜하우어의 철학에 감동을 받아 「니벨룽겐의 반지」라는 곡을 지어 선사하였고 1858년, 그의 70회 생일날에는 여러 곳에서 축사가 날아왔다.

1860년 9월 21일 보통 날과 다름없이 냉수욕을 마친 뒤 식탁에 앉아 숨을 거두었는데 심장마비였다고 한다. 그의 무덤의 검은 대리석 비석에는 단지 그의 이름만 적혀 있을 뿐이다.

2) 사상

가) 표상(表象)으로서의 세계

쇼펜하우어는 칸트의 정통 후계자로 자처하고 그 선험적 관념론을 바탕으로 하여 플라톤의 이데아와 인도의 우파니샤드 철학인 범신론(汎神論) 및 염세관을 결합하였다.

그는 형이상학에 있어서 피히테와 쉘링, 헤겔을 비판 공격하였지만, 그 자신의 철학 역시 독일 관념론의 한 계보에 속한다고 볼 수 있다.

그는 인식의 대상은 현상계에만 한하고 인식이라는 것은 감각이 오성의 범주에 의하여 배열되었을 때에 생기는 것이며 우리가 통상 감각만에 의하여 얻어진다고 생각하는 직관도 또한 오성의 소산이라고 하였다. 요컨대 그는 우리가 경험하고 있는 세계는 공간과 시간의 개별화의 제약 밑에서 있는 것이고 인과율에 지배되는 것으로서 합리적으로 인식될 수 있다고 하였다.

그러나 그것은 참다운 실재가 아니라 표상에 불과한 것이다. 다시 말하면 우리들이 지력에 의하여 인식하는 것은 표상뿐이고, 지력(智力)에 의해 인식할 수 없는 세계인 형이상학적 실재가 있다. 그 형이상학적 실재는 공간·시간·인과성의 형식에서 해방되어 있는 의지이며 이 의지는 천재적 직관을 통해서만 인식되는 것이다.

나) 의지로서의 세계

쇼펜하우어에 의하면 형이상학적 실재인 의지는 의식적이며 합목적적인 이성이 아니라 무의식적이며 비이성적인 맹목적 생존 의지이다. 이것은 인과성에 지배되지 않는 모든 현상들의 유일한 본질이다 개체의 차별은 공간 및 시간 속에서만 존재한 것이므로 시간 공간이 존재하지 않는 곳에서는 만물은 하나로 돌아가는데 그것이 영겁회귀이다. 그러므로 만물은 개개의 다른 의지의 발현이 아니고 동일 의지의 발현이다.

근본에 있어서 오직 하나인 의지는 여러 단계의 보편적 의지로 전개되어 이것들이 경험 세계에서 개별화되어 현상계를 이룬다.

우리의 신체도 외면적으로 보면 다른 객체와 마찬가지로 현상에 속한다. 그러나 내면적으로 보면 신체는 우리 의지의 갈등이요 표현이다. 신체의 동작은 작용이 직접 객관화해서 나타난 것이어서 소화 기관은 식욕을, 성기는 성욕을, 눈은 보려고 하는 의욕을 각각 객관화한 것이다.

이같이 우리는 맹목적 생존 의지를 신체의 활동을 통해서 직접 체험할 수 있다. 이러한 의지는 최하의 것에서 최상의 것에 이르기까지 정연한 단계를 이루고 있다. 의지는 무기계(無機界)에서는 자연적 모습을(무게·액체·전기 등), 유기계(有機界)에서는 종족 보존의 모습을, 인간계에서는 개인의 본유적 성격의 모습을 각 각 띠고 있다.

이러한 각종 의지의 근원적인 형상·공간·시간·인과성에서 해방된 사물의 영원한 원형을 그는 이데아라고 하였다.

다) 염세주의(厭世主義)

쇼펜하우어에 의하면 인생을 지배하는 것도 맹목적 생존 의지이다. 이러한 의욕은 쾌락 또는 행복을 추구하나 그 의욕이 무한하기 때문에 항상 그 욕구를 충족시킬 수 없어 그 결핍 때문에 고통이 생긴다. 어떤 욕망이든 그것이 충족되고 나면 곧 다시 새로운 욕망이 나타나게 마련이고 어떤 고통도 그것을 벗어났거나 벗어나는 정도가 되었다고 생각되면 어느덧 새로운 불행이 따르게 마련이다.

맹목적 의지에만 지배되게 마련인 인생은 필연적인 고통에서 벗어날 수 없다. 고통이야말로 삶의 실재이며 쾌락이나 행복은 이 고통이라는 정상 상태에서 이따금 벗어나기 때문에 나타나는 하나의 변형에 불과하다. 그리하여 그는 세계를 '가능한 세계 가운데서 최악의 것'이라 하였다. 인간의 이와 같은 필연적 고통에 대해 그는 "이 세계의 고통스러운 박물지(博物誌)

- 동기 없는 욕망, 끊임없는 고뇌와 투쟁, 그리고 죽음 등 - 이것이 지구가 금이 가고 가루가 되도록 계속될 것이다."고 하였다.

그래서 인생은 살 가치가 없다. 그것은 계산이 맞지 않는 사업이다. 게다가 우리의 삶은 끊임없이 죽음을 향해 줄달음치고 있다. 그러나 자살은 해결책이 될 수 없다. 그것은 의지의 개체적 현상을 소멸시킬 뿐 의지 자체를 없애지 못하기 때문이다.

그리고 오직 하나의 탈출구가 있다. 그것은 해탈의 길이다.

라) 해탈의 길

인간이 맹목적 생존 의지를 벗어나는 길은 해탈이다. 그것은 일체의 욕구를 버리고 무위(無爲), 무정념(無情念)의 정태(情態)에 도달하는 것이다.

이러한 해탈의 방법에는 일시적 해탈법(예술적 해탈)과 영구적 해탈(논리적 해탈)이 있다. 일시적 해탈법은 개성을 버리고 이데아의 관상에 몰입하는 것인데 이데아의 관상이란 맹목적 생존 의지가 그 자체를 의식하는 것이다. 예술적 철학적 명상에 젖어 영원한 이데아에 몰입하면 시간의 흐름도 의지의 꿈도 그치게 되고 마음의 안정 상태가 되는데 이것이 일시적 해탈이다.

영구적 해탈은 생존 의지를 완전히 부정하는 데서 시작된다. 세계는 고통이고 개체는 하나의 본질이 나타난 것에 불과함을 자각하여 개성에 대한 집착이 사라지고 생존 의지에서 완전히 벗어나 무아경, 황홀경, 열반의 경지에 도달하는데 이러한 상태에 도달한 자가 성자(聖者)요 도덕적 천재이다.

그러면 어떻게 이러한 자각에 이를 수 있는가? 하나는 도덕적 천재가 직관에 의하여 돌연히 크게 깨닫는 것이고 또 하나는 고통과 불행의 수련을 통해서 깨닫는 길이다.

나 니체(Friedrich Wilhelm Nietzsche, 1844-1900)

● 독일의 철학자, 시인.
● 생철학자
● 무신론적 실존주의자

● 초인 사상

----

1) 생애

니체는 1844년 10월 15일, 독일 작센 지방의 뢰켄에서 목사인 카알 루드비히 니체의 큰아들로 태어났다. 그때 그의 아버지는 31세였고, 그의 어머니 오에러는 18세였다.

할레 대학을 우수한 성적으로 졸업한 그의 아버지는 프리드리히 빌헬름 4세의 세 공주의 가정 교사를 하다가 왕의 특별한 주선으로 1841년에는 뢰켄의 목사가 되었다. 니체가 태어난 날은 왕의 생일 축제일이었기 때문에 아버지는 기뻐하여 아들 이름을 왕의 이름으로 정하였다. 그래서 니체의 이름이 프리드리히 빌헬름 니체인 것이다.

그러나 니체가 5세에 불과했을 때 그의 아버지는 밤늦게 집으로 돌아오다가 현관 앞 층계에서 넘어져 뇌진탕을 앓게 되었고 약 1년 후인 1894년 7월에 25세밖에 안 된 아내와 세 자녀를 남겨 두고 세상을 떠났다. 8개월 후에는 두 살 난 남동생이 죽었다.

그래서 1850년(6세) 4월초 나움부르크에 있는 홀로 된 할머니 댁으로 이사를 했는데 거기에는 노처녀인 두 고모가 있어서 니체는 할머니, 어머니, 두 고모, 여동생 등 여자들 틈에서 자라게 되었다. 이 연인들은 하나뿐인 사내 니체를 무척 귀여워했으나 그를 여성적인 아이로 키웠다.

그는 6세 때 초등학교에 입학하여 공부를 시작했는데 다른 학우들과 어울려 놀기보다는 혼자 성경을 읽거나 독서를 하였고 10세 때에는 50여 편의 시를 짓기도 하였다.

그의 학교 성적은 매우 우수하여 장학생으로 뽑혀 1858년 10월 엄격한 기숙사 생활과 인문주의적 교육으로 유명한 포르타 학원에 들어가 어머니 곁을 떠나게 됐는데 수학은 겨우 낙제 점수를 면할 정도였다고 한다. 그러나 그 외의 과목에는 흥미를 가졌으며 음악은 연주는 물론 작곡도 하였고 열심히 시를 쓰고 그림도 그렸다.

20세 때인 1864년 9월에 포르타 학원을 졸업하고 10월에 본 대학에 입학했는데 이때 그는 프랑코니아라는 대학생 사교 클럽에 가입하여 친구들과 향락에 빠져 성병(매독)에 걸렸고 연말이 되기 전에 **탈퇴했다.**

그는 어머니의 희망대로 목사가 되기 위해 신학과에 적을 두었지만 크리스트교에 대한 회의와 리츨 교수의 권유로 신학을 그만 두었다. 이듬해에 리츨 교수를 따라 라이프치히 대학으로 옮겨 연구에 몰두하였다.

그는 쇼펜하우어의 「의지와 표상으로의 세계」를 헌 책방에서 사 가지고 두 주일 동안을 새벽 6시부터 밤 2시가지 탐독하였다. 그리고 그는 "쇼펜하우어는 꼭 나를 위해 이 책을 써 둔 것 같다."고 말하였다. 그것이 그가 철학과 깊은 관계를 맺는 계기가 되었다.

1896년 대학을 졸업한 후 리츨 교수의 추천으로 스위스의 바젤 대학 교수로 초빙되었고 1896년(25세) 10월 31일 '디오게네스 레이티우스'라는 논문을 근거로 소급하여 철학 박사 학위를 라이프치히 대학으로부터 받았다.

1870 독일과 프랑스 사이에 전쟁이 일어나자 지원했으나 시력이 나빠 거절당하였고, 다시 위생병으로 지원 입대했으나 한 달만에 이질과 디프테리아에 걸려 제대했다. 이때 약을 잘못 써 심한 신경쇠약과 위장병으로 일생을 병과 싸워야 했고 항상 수면제와 소화제를 먹어야만 했다.

25세 때 그는 바그너의 집을 방문하고 그에게 매혹되어 그의 첫 작품인 「음악의 정신에서의 비극의 탄생」을 쓰기 시작하였다. 1871년(27세) 2월 병가를 얻어 르가노에 6주간 체류하면서 「비극의 탄생」을 써서 출판했는데 이 책은 기독교를 비방하는 것으로서 바그너의 격찬을 받은 것과 몇몇 친구의 찬사를 받은 것을 제외하고는 당시 학계의 반감을 샀고 학생들조차 멀어져 1872년 겨울 학기에는 단 한 사람의 청강자밖에 없었다.

그 후 바그너의 작품 경향이 크리스트교 쪽으로 기울자 이를 비판하는 「인간적인 너무나 인간적인 것」을 써서 바그너에게 증정했는데 그것을 계기로 두 사람은 완전히 결별하게 되었다.

1876년(32세) 4월 그는 제네바에서 네덜란드 여류 음악가 미티르데 트란페라드를 알게 되어 성급하게 구혼하였다가 거절당한 후 건강이 더욱 악화되어 동생에게 유언을 했는데 "약속해라! 내가 죽거든 내 관 옆에는 친구들만 서게 하고 쓸데없는 조문객을 거절해라. 목사나 누구를 막론하고 내 시체 옆에서 거짓말을 못하게 하고 나를 정직한 이교도로서 무덤에 들어가게 하라!"고 했으나 건강이 회복되었다.

그 병고의 결과로 그는 건강과 태양 그리고 생명과 웃음을 사랑하게 되었다. 1879년(35세)에 대학을 떠났는데 바보 같은 학생들을 상대하고 있다가는 자기까지 바보가 되고 재능 없는 교수를 상대하고 있다가는 자기 재능까지 오염된다는 것이 그 이유였다.

1882년(38세)에 로마에서 21세의 루살로메라는 여자를 알게 되어 청혼했는데 또 실패했다. 그 후 그는 세 번이나 죽음을 시도했고 어머니와 누이동생과도 절교하게 되었다. 그는 어려운 생활 속에서도 「서광」을 비롯하여 많은 저작을 하였는데 1888년(44세)말에 정신 착란이 나타났고 이듬해 1월 31일에는 토리노 광장에서 졸도했다. 진단 결과는 진행성 마비 증세였다. 그런데 그 원인은 전에 감염된 매독이었다. 이것을 가리켜 크리스트교인들은 천벌을 받은 것이라고 했다.

그는 깨어난 후 계속 노래하고 악기를 두들기고 거리를 배회하면서 "나는 신이다. 변장하고 있는 것뿐이다."고 떠들어댔다.

어머니의 헌신적인 간호를 받았고 어머니가 죽자 남편을 두고 귀국한 누이동생 집에서 간호를 받았는데 이에 대해서도 많은 비난과 나쁜 소문이 나돌았다.

12년 후인 1900년 8월 25일 그는 바이마르에서 56세로 세상을 떠났다. 그의 장례식에는 희망에 따라 친구 몇 사람이 고별사를 낭독했다.

그가 사망한 몇 년 후 그의 명성이 세계에 떨치게 되었는데 어떤 철학자는 현대는 니체의 르네상스라고도 하였다. 그는 당시 철학의 주류였던 생철학의 완성자요 실존철학의 창시자 중 한 사람으로 평가되고 있다.

2) 사상

가) 생철학

① 운명애(運命愛)

니체는 앤티(amti, 반)적 인물로 쉽게 떠오르는 사람이다. 아폴로적인 종래의 철학 체계에 반항했고 크리스트교 교회적 사상과 윤리에 반대했다. 그러나 그의 앤티는 강한 긍정을 시도하기 위한 전제였다고 보는 사람이 많다. 그의 반항이 강력하였고 당시로서는 포용하기 어려울 정도로 혁명적 폭탄적 선언이었기 때문에 그에 대한 반발도 컸고 부정적 인식도 강하였다. 그가 주장한 초인 사상은 강력한 긍정적 사상의 표현이기도 하다

니체는 운명을 사랑해야 한다고 주장했다. 인간이 운명에 대해 취할 수 있는 태도는 운명에 반역하고 극복하려는 것과 자기 운명을 깊이 들여다보고 그 운명을 자기 것으로 하여 애정을 자기고 그 운명을 받아들여 사랑하는 것의 두 가지가 있다. 니체는 후자를 더 중시하였다.

② 권력의지(權力意志)

니체는 쇼펜하우어의 맹목적 생존 의지 대신 권력 의지를 생의 본질이라 하고 그것을 이념으로 하는 초인 사상을 전개했다.

그는 "생명이 있는 곳에서 나는 권력 의지를 발견한다." "생존 의지가 아니고 권력 의지이다."라고 주장했다. 그것은 다윈의 자연 도태와 적자 생존의 이론에 영향을 받았다고 볼 수 있는데 그는 소크라테스와 크리스트교를 비난하여 소크라테스는 내부에서 크리스트교는 외부에서 인간의 건전한 생명을 부패시켰으며 비하시켰다고 주장하고 일체의 가치 전도를 통한 권력의 의지를 주장하였다.

그는 인간의 정신이 아폴론적이 아니며 디오니소스적이라 하고 로고스나 합리·지성·이성보다는 파토스(Pathos), 카오스(Caos)의 불합리, 의지와 본능에 생의 근원이 있다고 하였다.

그는 또 선이란 권력의 감각이고 권력 그 자체를 높이는 것이며 악은 나약에서 오는 것이라고 하였다.

따라서 행복은 권력이 증가해 가는 감정이고 저항이 정복되는 감정이며 그것은 생명의 본질이고 투쟁하고 성장하여 창조하는 생명력이다.

나) 허무주의

니체는 허무주의란 최고 가치의 무가치화라고 하였다. 이때의 최고 가치는 2천년 동안 서구 세계를 지배해 온 크리스트교의 종교적 세계관과

그 도덕을 말하며 이제 그 낡은 가치가 붕괴되었음을 의미한다. 또 그가 신은 죽었다고 말할 때도 그 신은 크리스트교의 신을 의미한다.

크리스트교의 신과 영혼과 자유 의지는 허구의 개념이며 그 허구의 세계는 하나의 신성한 거짓말이다. 이 허구의 세계는 현실에 대해 괴로워하는 자나 자기의 뜻대로 되지 않는 자들에게 필요한 것이며 그러한 자들이 만든 세계이다. 따라서 크리스트교는 강자에 대한 약자의 자기 보존이며 그 연대성이고 집단적 이기주의에 지나지 않는다고 하였다.

이제 권력 의지의 구현인 초인 즉 강자가 되는 것이 최고의 도덕이고 그 초인 도덕이 군주 도덕이며 겸손과 평화와 사랑과 동정을 주장하는 크리스트교의 도덕은 노예 도덕이라고 하였다. 그 군주 도덕이 생의 절대 긍정의 도덕이고 노예 도덕은 생을 부정하는 도덕이라고 하였다. 한편 니체는 종래의 서구적이고 크리스트교적인 직선적 역사관을 부정하고 윤회(회귀, 回歸)사상을 받아들였다. 그는 "우리들의 세계는 처음도 알 수 없으나 끝도 알 수 없다. 모든 존재의 영원한 법칙은 끝없이 되풀이하는 회귀일 뿐이다."라고 하였다.

그것은 부단히 창조하고 있는 순간의 생을 절대적 현재, 절대적 가치로 긍정하는 사상이다. 그래서 신을 부정하게 되었고 신이 죽은, 신이 필요 없는 사상이 발생한다.

따라서 그것은 종래 가치의 부정이며 허무이며 이 허무의 극복으로서 초인을 주장하였던 것이다.

다) 초인 사상(超人思想)

니체에 의하면 이제 신이 죽었으므로 인간의 나아갈 목표는 초인(Ubermensch)이고 인간은 초극되어야 할 존재이다. 초인은 인간이 도달하고자 하는 이상적 인간상이며 지성보다 본능, 합리보다 의지, 이성보다 정열, 사고보다 육체를 중시하는 의지의 인간이다. 이 초인은 유한 속에서 무한까지도 긍정하며 죽음을 운명적으로 받아들이는 새로운 인간이다. 현실 속에서 자기 자신을 극복해 가는 용사이다. 모든 인간적인 약점을 극복한 강한 인간이며 권력의지의 구현자이다. 그는 그 이름을 짜라투스트라라고 지었다. 짜라투스트라는 아폴론적인 이성과 디오니소스적인 감정이 조화를 이룬 인간이고 허무주의를 극복하는 사람이며 영겁 회귀 사상을 확신하고 권력 의지가 세계의 본질임을 깨닫는 인간이다.

라) 실존주의(實存主義)

니체의 신을 부정한 초인 사상은 무신론적 실존주의의 시작이다. 그는 "냉정히 인식하는 자의 눈으로 볼 때 인간은 볼이 붉은 동물에 불과하다. 왜 볼이 붉어졌는가? 그것은 너무 많은 치욕을 겪었기 때문이다. 치욕 이 것이 인간의 역사이다."라고 하여 인간을 치욕적 존재로 단정하고 이에 대 해 분노를 느낀다고 하였다.

또 그는 인간은 근대의 기계화와 대중화 때문에 병들고 비소하게 되었 다고 하였다. 기계의 대량 생산 속에는 개성이 없고 인간의 평범화 균일화 기계화를 초래하여 인간을 비소하게 만들고 창조의 기쁨마저 빼앗아 가 버렸으며 대중화는 그 말 자체에 우매와 저속과 비천함의 뜻이 담겨 있고 고귀한 것을 인정하려 하지 않고 일체를 평균화시키는데 그것이 소위 민 주주의라고 하였다. 거기에는 저속한 다양성은 있어도 창조적 개성은 없 다고 하여 새로운 원리와 새로운 가치 평가의 기준을 찾아야 한다고 주장 하였다. 한편 그는 생의 절대 긍정을 주장하여 "인생을 즐기지 않는 것 이 것이 우리들의 원죄이다."고 하여 인생을 즐겁게 살아야 한다고 하였다. 인간은 자신의 생과 자신의 현존에 충실해야 하며 대지에 충실할 것을 역 설하였다.

🔲 베르그송(Henri Bergson, 1859~1941)

● 생철학자.
● 시간 속에서의 주체성은 지속이다.
● 분석과 직관.
● 생의 약동.
● 창조적 진화.

---

1) 생애

베르그송은 1895년 10월 18일 파리에서 음악 교사인 메셀 베르그송의 4남 3녀 중 차남으로 태어났다. 아버지는 유태계 폴란드 태생이고 어머니 캐더린 레비슨은 영국 태생이었다.

베르그송은 그의 아버지의 내성적 성격 근면성 신앙심을 물려받았고 어려서부터 파리에서 교육을 받았다.

그는 전국 경시 대회에서 라틴어, 프랑스어, 논문, 수학에서 1등을 할 만큼 수재였다.

그는 스펜서의 「제일 원리」를 읽고 감명을 받았으며 대학 시절에는 친구를 사귀거나 특별 활동에 가입하지 않고 조용히 명상하고 연구에 몰두하였다. 유명한 고등 사범 학교를 마친 후 철학 교사 자격증을 얻어 시골의 리세(Lycee:중·고 병합)에서 교사를 했다.

그가 제논의 궤변을 강의하다가 의문에 잠겨 연구 끝에 쓴 것이 「의식의 직접 여건에 대한 시론(일명, 시간과 자유)」이고, 1898년(30세)에 「의식의 직접 여건에 관한 시론」과 「아리스토텔레스의 장소론」으로 박사 학위를 받았다. 1892년(33세)에 루이스 뉘뷔르제와 결혼했고, 1896년에는 「물질과 기억」을 쓰고, 1900년에는 콜레쥬 드 프랑스의 철학 강사로 임명됐는데 그의 강의는 청강생들을 감동시켜 많은 청강생들이 창가에 매달리기도 하고 복도나 교정에서 서성거리기도 했다 한다.

1901년에 학사회 회원으로 뽑혔고, 1903년에는 「형이상학 서설」을 썼으며, 1907년에는 「창조적 진화」를 써서 하룻밤 사이에 철학계의 최대 인물이 되었다. 1928년(69세)에는 노벨 문학상을 받았다.

1937(78세)에 그는 파리에서 개최된 제9회 국제 철학회에서 명예 회장으로 추대되었는데 그때 그는 "우리는 사색인으로 행동하고 행동인으로서 사색해야 한다"고 역설하였다.

그는 제2차 대전 중 여러 가지 면제 조치도 거부하고 당시 파리를 점령하고 있던 독일 당국에 유태인으로 등록하였고 카톨릭교가 유태교의 발전된 종교라 하여 공감하였으나 동포 유태인들이 박해를 받고 있는 시기에 동포와의 유대를 위하여 영세 받지 않고 있다가 유언장에 카톨릭 신부에 의한 장례식을 부탁하였다.

1941년 1월 4일, 지병인 류머티즘으로 고생하다가 감기가 악화되어 82세로 세상을 떠났다. 그가 유태인이었기 때문에 파리에서 장례식을 못 하고 가족과 발레리 등 몇몇 친지들만이 참석한 가운데 파리 카르슈 묘지에 묻혔다가 전쟁이 끝난 1949년 5월 13일 소르본느 대학 강당에서 대통령 참석 하에 추도식이 거행되었다.

그는 프랑스의 유심론의 전통 위에 서지만 뿌리는 그리스의 고전 철학과 실증 사상이 첨가되어 있으며 스펜서의 진화론의 영향을 받아 생철학을 전개하였고 철학뿐만 아니라 문학과 예술에도 세계적인 영향을 끼쳤다.

2) 사상

가) 분석과 직관

베르그송에 의하면 사물을 인식하는 데는 두 가지 방식이 있다. 하나는 밖에서 바라다보는 방식으로서 분석이다. 그것은 상대적 인식의 방법으로서 사물을 어떤 관점에서 어떤 기호에 의존해 인식하는 방식이다. 이 분석을 행하는 것이 지성이다.

또 하나는 사물을 본질 속으로 들어가서 직접 그것과 공감하는 것으로 그것을 직관이라 하였다. 직관은 절대적 인식의 방식으로서 대상의 내부에 들어가서 그 대상의 고유한 것과 일체가 되는 지적 공감이다. 그저 눈으로 보고 아는 단순한 인식 능력이다.

우리가 음악을 개념적으로 분석하거나 설명해서는 도저히 음악의 본질을 이해할 수 없고 그 음악의 생명과 우리 생명이 서로 하나가 되는 신비적인 융합이 이루어진 그 체험을 통하여 아는 것이다.

결국 분석은 실증 과학의 방법이고 직관은 형이상학 또는 철학적 방법이다.

그는 고정된 생이 아닌 움직이는 생, 살아 있는 생의 본질을 파악하려면 분석적인 방법으로서는 불가능하고 철학적 직관에 의해서만 파악할 수 있다고 하였다.

나) 물질과 의식

베르그송은 외적 세계와 내적 세계를 구별하여, 공간적 물질의 세계를 외적 세계라 하고 생명의 세계와 의식의 세계를 내적 세계라 하였다.

물질의 세계는 딴 물질과 구별되는 비연속적 동시적 병존의 세계이며 의식세계는 시간의 세계이고 지속의 세계로서 유동하고 변화하는 세계이다. 이 부단한 연속적 변화의 세계를 그는 순수지속(純粹持續)이라고 하였다. 순수지속은 베르그송의 철학적 근본개념으로서 실재적 지속 또는 참으로 산 지속이라고도 한다.

이러한 순수 지 속의 세계는 생의 본질이고 진정한 실재의 세계로서 분석에 의해서 인식할 수 있는 세계가 아니고 직관에 의해서만 파악할 수 있는 세계이다.

다) 창조적 진화

베르그송은 계속적 성장과 성숙을 주목하여 지속의 구체적인 내용이 창조적 진화라고 하였다.

그에 의하면 생명은 끊임없는 창조적 활동으로서 지속하며 항상 생성하는 과정이므로완성된 세계를 가정하는 기계론이나 목적론은 생명의 본질을 파악할 수 없다. 생물은 물질적 결합의 복잡한 기계적 원인에 의하여 진화하는 것이 아니라 내부로부터의 생명의 약동(불, elanvital)에 의해 창조적으로 진화한다. 생물이 이 생명의 약동을 상실하면 물질이 된다 지식은 고정화된 상태의 물질을 취하는 것이고 생명의 참된 모습은 직관을 통해서만 얻어질 수 있다. 그는 또 전 우주도 역시 창조적 진화의 일대 체계라고 주장하였다.

마. 현상학(現象學, Phenomenology)

1) 개설

현상학이란 말은 독일 철학자 람베르트가 1764년에 「신기관」이라는 저서 속에게 처음으로 사용하였다. 현상에 관한 학이라는 뜻 그대로이지만 실재로는 여러 학자에 따라 조금씩 그 의미가 다르다. 칸트는 람베르트[35] 의 경험적 인식의 기초를 연구하는 인식론으로서가 아닌 물 자체로 경험적 실재에 보다 주의하는 외부적 감성의 현상으로 규정하였고 헤겔은 그의 「정신 현상학」에서 정신의 가장 단순한 현상인 감각에서 출발하여 절대지(絶對知)에 이르기까지의 의식(意識)의 발전과정을 서술하였다.

그러나 오늘날 말하는 현상학은 '사실 그대로!'를 표방한 후설의 현상학을 말한다.

㉮ 후설(Edmund Husserl, 1859-1936)

● 현상학의 완성자
● 저서: 「순수현상학과 현상학적 철학의 고찰」 등

---

1) 생애

후설은 1859년 4월 8일, 당시 오스트리아 령 메렌 주의 프로스닛츠(현 체코 령)에서 유태인의 아들로 태어났다.

처음에는 바이에르시트라스와 크로네커에게서 수락을 배웠고, 1876년부터는 라이프치히와 베르린, 비인 대학에서 공부했고, 1882년 수학 논문을 제출하여 학위를 받았다.

1884년부터 2년간 비인 대학에서 연구 생활을 했는데 이때 후에 대통령이 된 친구 마사리크의 권유로 부렌타노(F. Brentano)의 강의를 듣고 크게 감동하여 철학으로 전향했다.

1887년(28세)에는 할레 대학에서 브렌타노의 제자인 시툼프흐 밑에서 교수 자격 논문을 제출하고 사강사가 되었다.

그리고 그 해에 유태교에서 개종하여 신교에 입교하였다.

---

35) 람베르트(Johann Heinrich Lambert, 1728-1777): 독일의 철학자, 천문학자, 물리학자, 수학자. 16세 때 혜성의 궤도에 관한 람베르트의 정리를 발견.

1891년「산술의 철학」을 출판한 후 1900년(41세)에 「논리 연구」 제 1권, 그 이듬해에 저 2권을 출판하여 학계의 주목을 받았고 조교수를 거쳐 5년 후인 1906년에는 괴팅겐 대학 정교수가 되었다.

1911년(52세)에 잡지 「로고스」에 「엄밀학으로서의 철학」을 기고하여 당시의 실증주의나 자연주의, 역사주의 철학을 현상학적 입장에서 비판하였다.

1913년 그의 주저인 「순수 현상학과 현상적인 철학의 고찰」을 간행하였는데 이 글로 그는 철학계의 확고한 지반을 구축하게 되었다.

괴팅겐 대학 시대에 후설의 주위에 많은 학생과 학자들이 모여 현상학의 기관지가 발행되고 현상학파가 형성되었다.

1961년(57세)에 프라이부르크 대학으로 전임하여 1928년 그가 사직할 때까지 12년 동안 정착하였고 이때 하이데거(Heidegger)을 가르쳤는데 후에 하이데거는 후설의 강좌를 물려받았다.

그는 은퇴 후에도 연구를 계속했으나 그의 책은 국내에서 출판되지 못하였고 국외에서 출판되거나 사후에야 출판되었다.

히틀러의 유대인 박해가 심해지자 그는 저서에 더욱 몰두하였고 미국에서의 초빙과 아들(키일 대학 법과 대학장)의 망명 권유에도 불응하고 프라이부르크를 떠나지 않았으며 비인과 프라하에서 초청 강연도 했다.

1938년 4월 27일, 79세로 프라이부르크 자택에서 운명했는데 5만여 장에 이르는 유고는 미망인 마르비네와 제자들에 의하여 벨기에 루벵 대학으로 옮겨져 후설 문고로 출판되었다.

후설의 현상학은 셀러와 하이데거 그리고 싸르트르 등에 커다란 영향을 미쳤으며 인문사회과학에도 큰 영향을 끼쳤다.

2) 사상

가) 현상학의 성격

현상학(現象學, Phanomenologie)[36]이라는 말은 후설 이전부터 사용된

---

36) '현상학'이라는 말이 처음 사용된 것은 독일 철학자 람 베르트(J.H. Lambert)가 1764

단어로서 사물의 나타남을 기술하는 학문을 의미하였다.

그러나 후설의 현상학은 사물의 본질을 직관할 수 있는 태도를 문제삼는 것이다.

그는 당시 성행했던 신 칸트 학파의 통일적 인생관 내지 세계관만 문제삼는 것을 비판하고 사물에 나타나 있는 본질을 있는 그대로 직시할 수 있는 엄밀한 태도를 문제삼았다. 그리하여 그는 신 칸트 학파를 비롯한 생의 철학과 실존 철학 등 비합리주의를 배척하고 철학은 수학과 같은 엄밀학이어야 한다고 주장했는데 그것은 그가 수학과 논리학을 거쳐서 철학으로 들어 왔기 때문인 듯하다.

그가 현상학을 수립하게 된 동기로서는 철학을 세계관적 전제나 개인적 성향 같은데서 해방하여 엄밀성과 보편성을 가진 순수학으로 정립하고 철학적 제 과학의 기초학으로서 선천적인 학을 건설하며 이 선천적인 것을 칸트와 같이 인식의 형식 속에서 찾는 것이 아니라 직접 직관에 주어지는 본질에서 찾고 실질적인 문화 내용과 유리된 당시의 신 칸트 학파의 철학에 반대하여 철학과 실질을 접근시키려는 것이었다.

나) 현상학의 대상

후설은 현상학의 대상을 현상(Phanomen) 또는 사상(事象.Sache)이라 하였다.

사상(事象)이란 경험적 사실 즉 어떤 일정한 시간과 공간 내에 소박하게 주어져 있는 실재적인 사실을 말하는 것이 아니고 이러한 사실이 지니고 있는 그 사실의 본질이 의식 앞에 나타난 것을 말한다.

사실이라는 것은 일정한 시간과 공간 내에서 변화하는 개별적이고 우연적이며 관념적인 것을 말하고 본질을 사실로 하여금 그런 사실이 되게 하는 것이다.

사상(事象)은 본질이 나타남(현상학)에 있어서만 있을 수 있고 본질은 현상에 의하여 사상으로 나타난다. 즉 사상이란 본질의 현상이다.

년에 「신기관」이라는 저서 속에서 처음 사용했고, 그 후 칸트, 헤겔 등에 의하여 사 용되었다.

그는 '사상 자체로'란 표어 밑에서 사상을 가리키는 것과 사상을 밝히는 것을 현상학의 임무라고 하였다.

다) 현상학의 방법

후설은 현상학적 환원(還元)에 의하여 우리의 이성은 사상자체 즉 본질을 직관할 수 있다고 하였다.

우선 사물을 순수하게 직관하는 데 방해가 되는 역사적 요소들(종래의 철학이나 과학·이론·기타 선입견 등)을 배제해야 하고 다음으로 모든 실재적인 실존 판단들도 배제해야 한다. 현상학에서는 감성적이고 실재적인 존재를 문제삼는 것이 아니고 본질적인 존재가 문제이기 때문이다. 이 역사적인 것과 실재적인 것을 배제하는 결과로 성취되는 것이 이른바 형상적 환원 또는 본질적 환원이다. 그려진 사실적 원에서 기하학적 정의대로의 원을 보는 일 빨간 꽃에서 빨강 그 자체를 보는 것과 같은 그것이다.

이와 같이 사실을 대상으로 하는 자연 과학이나 정신 과학 등의 사실학을 배제하고 본질학으로 옮겨가기 때문에 현상학을 본질학으로도 부르게 되는 것이다.

다음으로 이 본질화된 사상 즉 소박한 의식 속에 주어져 있는 본질로부터 순수 의식 속에 있는 선험적 주체성에로 환원하는 과정이 선험적 환원, 즉 협의의 현상학적 환원이다. 이것은 의식되어 있다는 것 이외에 일체의 것을 배제하여 본질화된 사상을 순수 의식 속에 의식하는 것이다.

이상의 두 과정에 의하여 우리의 이성이 사상 자체 즉 본질을 직관할 수 있다는 것이다.

라) 현상학의 내용

눈앞에 있는 사상이 본질화되고 본질화된 사상이 의식화되면 남아 있는 것은 순수 의식뿐이다. 그리고 그 의식의 본질적 특질은 지향성(志向性)에 있다.

의식은 반드시 어떤 대상에 관한 의식이며 어떤 대상을 지향한다. 의식은 그 무엇에 관한 의식이기 때문이다.

우리의 의식은 의식하는 작용과 의식되는 대상과의 관계 즉 주관과 객관과의 상관 관계로서 성립하는데 이러한 주관으로서의 대상을 하나로 연결하는 지향성의 원리가 그의 현상학의 기본 원리이다.

그런데 의식의 내면에서도 작용적인 요소와 대상적인 요소가 구별되는데 전자를 노에시스(Noesis)라 하고 후자를 노에마(Noema)라고 한다.

노에시스란 지각하는 것을 가리키고 노에마란 지각된 것을 가리킨다. 노에시스는 의미를 부여하는 것, 의미를 형성하는 것이요 노에마란 의미체이다.

요컨대 노에시스는 의식의 작용적 측면이고 노에마는 의식의 대상적 측면이다. 따라서 의식의 지향성이 노에시스와 노에마의 구조를 가지고 있다는 후설의 주장은 순수 의식 속에도 의식의 작용과 의식의 대상면이 있다는 뜻이다.

10. 현대 철학

가. 실존주의(Existentalism)

1) 개설

실존이라는 말은 라틴어의 exsistere로서 밖에(ex) 나타난다는 (sistere)는 뜻에서 유래한 것으로서 관념적 본질 규정 혹은 합리주의적 체계 밖으로 나온 구체적 개별적 존재를 의미하는 동시에 자기 자신에서 밖으로 초월하는 존재임을 의미한다.

그리하여 실존철학은 주체적 존재로서의 실존의 본질과 구조를 밝히려는 철학이며 비합리적이고 반주지주의적 철학이며 체계와 기능주의에서 상실해버린 인간 자신을 되찾으려는 주체성의 철학이다.

실존주의는 19세기의 합리주의적 관념론과 실증주의에 대한 비판이며 도전으로서 시작되어 분석 철학과 함께 현대 철학의 주류를 이루고 있는 키에르케고르, 야스퍼스, 마르셀의 유신론적 실존주의(크리스트교적 실존주의자)와 하이데거, 사르트르, 니체 등의 무신론적 실존주의(반크리스트교인이거나 무신론자)로 구별된다.

키에르케르고는 신(하나님)앞에 서 있는 단독자를 역설하고 종교적 실존을 강조하여 불안과 절망에서 비약하고 신에 대한 절대적 귀의와 신앙에 사는 종교적 실존에서 실존의 최고 단계를 찾으려 하고 야스퍼스는 초월자에 대한 신앙을 역설하나 동시에 역사성을 중시하고 다른 실존과의 진정한 실존적 교통을 중시한다. 마르셀은 신과의 신앙을 통한 성실한 대화 속에서 종교적이고 인격적인 실존을 주장하고 니체는 '신은 죽었다' 고 선언하고 대지(大地 ;現實)에 충실한 현실적 생을 긍정하며 운명애와 권력 의지를 원리로 하는 초인을 주장한다. 하이데거는 신보다 인간의 양심의 소리에 응답함으로써 본래의 자기 모습을 되찾으려는 존재론적 실존을 주장하고, 사르트르는 자유로운 선택과 결단에 의해서 자기 운명에 스스로 책임을 지면서 살아가는 행동적 실존을, 그리고 인류와 해방과 책임의식을 북돋우는 사회적 실존을 주장하였다.

㉮ 키에르케고르(Soren Kierkegaard, 1813-1855)

● 실존 철학의 창시자
● 유신론적 실존주의자
  1) 고독한 단독자
  2) 주체적 진리
  3) 실존의 3단계
  4) 실존 변증법

1) 생애

키에르케고르는 1813년 5월 5일, 덴마크의 수도 코펜하겐에서 사업가 미카엘 키에르케고르의 8남매 중 막내로 태어났다. 당시 그의 아버지는 57세, 어머니 안네는 45세였다.

그의 아버지는 결혼한 지 2년만에 아내가 병으로 죽자 그의 집 하녀였던 안네를 강제로 범하여 임신케 하였고 이듬해에(아버지 40세, 어머니 28세)당시 교회의 교리에 금지된 재혼을 하였다. 그리하여 결혼한 지 5개월도 못 되어 첫아기를 낳았고 양심적이며 독실한 신자였던 아버지는 이 사실을 두고두고 괴로워하였다.

키에르케고르는 자신의 어린 시절 회상에서 "아버지는 엄격하였으나 풍부한 상상력을 가지고 있었다. 아들이 외출하기를 원하면 곧 허락하여 아들의 손을 잡고 방안을 산책하였다. 아들이 가고 싶은 곳을 말하면 문을 나와 바닷가로 가거나 거리를 거닌다. 손을 잡고 방안을 거닐면서 아버지는 거리나 바닷가에서 보고들을 수 있는 것을 실제로 보고 듣는 것처럼 이야기해 준다. 아는 사람을 만나면 인사를 한다. 마차가 소리를 내면서 통과한다. 이렇게 하여 반시간 정도 방안을 거닐면 마치 하루종일 외출하여 거닌 것처럼 피곤해진다." 고 하였다. 이 방안의 산책이 어린 그에게 풍부한 상상력을 길러 주었다.

1821년(8세)에 엄격한 기독교 교육을 시키는 학교에 들어갔다. 그는 과묵하여 친구를 별로 사귀지 않았다.

1830년(17세)에는 아버지의 소망대로 그의 형처럼 코펜하겐 대학 신학과에 입학하였다가 곧바로 친위대에 입대하였다. 그러나 신체허약으로 곧 제대하여 다시 복학해서 신학을 청강했으나 점차 문학과 철학으로 기울어졌다.

1835년 가을, 젊은 키에르케고르는 그의 운명을 결정하게 되는 무서운 변혁을 체험했는데 그 스스로 이것을 '대지진'이라고 표현하였다. 그것은 그의 아버지 미카엘이 하나님께 지은 두 가지 죄를 알게 된 때문이었는데 하나는 아버지가 소년 시절 유틀란드 광야에서 양을 칠 때 심한 추위와 굶주림에 못 견디어 언덕에 올라 하나님을 저주하였다는 것이고 또 하나는 어머니와 정식 결혼도 하지 않고 강간하여 임신하게 되었다는 것이다.

그의 아버지가 두 사람의 처와 다섯 명의 자식을 잃게 된 것도 그 죄에 대한 벌이며 살아 있는 형과 자신도 허약하여 곧 죽게 될 것이라는 생각이 들었는데 그것 역시 그 죄의 보복이라고 여겨졌던 것이다.

이러한 죽음의 의식은 34세의 생일까지 살 수 없을 것이라는 확신을 갖게 되었는데 그 날이 되어도 죽지 않자 자기 생일이 잘못 기록된 것이 아닌가 하여 교회에 조사하러 갔었다.

그는 절망적인 기분에 빠져 파멸의 길을 걷기 시작해서 자주 술집을 출입하고 아버지를 원망했는데, 23세 무렵에는 창녀에게 순결을 잃고 회한에 못 견디어 자살을 기도하였다.

1838년 5월 19일, 일종의 회심을 체험하고 마침내 크리스트교로 돌아왔다. 그 해 8월 9일, 82세로 아버지가 돌아가시자 그 유산을 상속받아 죽을 때까지 생활비로 쓸 수 있었다.

그는 24세 때, 14세인 레기나 울젠을 만나 사랑에 빠지게 되었는데 레기나는 그녀의 가정교사이며 키에르케고르의 친구인 슐레겔을 좋아하고 있었다. 키에르케고르는 온갖 수단을 다하여 레기나를 끌어들여서 3년 후에 구혼하여 승낙을 받았으나 그 다음날로 후회하였고 약혼한 지 1년 만에 레기나와 그녀의 아버지의 애원에도 불구하고 '한 사람의 소녀를 행복하게 할 수 없었던 이 남자를 용서해 주십시오.'라고 편지를 써서 보내고 일방적으로 약혼을 파기해 버렸다.

참회자였던 우울한 성격의 그가 명랑한 성격을 가진 레기나와 원만한 결혼 생활을 할 수 없었을 것이라고 생각해서 파혼을 선언한 것은 그의 고뇌의 일단을 보여주는 것이지만 2년 후에 레기나가 슐레겔과 약혼하자 분노하고 낙망하였으며 그녀가 결혼한 후에도 레기나를 잊지 못하여 자신의 모든 저작품을 그녀에게 바치고 자기 전 유산이 그녀에게 귀속되도록 유서를 남긴 것은 연인에 대한 그의 한 모습을 보여준다.

그 후 그는 시골의 소박한 교회의 목사가 되려고 했는데 뜻밖에 코사르라는 풍자 신문의 어느 기자가 자기를 비열하게 공격하자 치열한 논쟁에 말려들었고 결국 사회 대중의 인정을 못 받고 "대중은 허위이다."라고 대중을 조소하게 되었다.

1848년(25세) 부활절 직전에 두 번째 회심을 체험하고 신앙의 길은 진리의 길이요 진리의 길은 수난의 길이란 신념에서「죽음에 이르는 병」과 그 속편인「크리스트교의 수련」을 썼다. 이 두 저서는 크리스트교의 기만성을 폭로하고 국가 교회에 공격을 가한 것이어서 망설이다가 가명으로 출판했다.

그 후 그는 은사인 마르텐젠을 비롯한 국가 교회 세력과 반년 이상이나 논쟁을 했고 그는「순간」이라는 소책자를 발간하여 논쟁을 계속하였다.

1855년 10월 20일, 노상에서 의식을 잃고 쓰러졌는데 척추병이었다 한다. 1개월 후인 1855년 11월 11일, 세인의 오해와 조소 속에서 고독한 단독자의 생애를 마쳤다.

그는 국가 관리인 목사들의 인도를 거부했는데 단독으로 하나님 앞에 서려는 것이었다. 그는 숨을 거두면서 "폭탄은 터져서 주위에 불을 지른다."고 말했다 한다.

그의 저작은 사후 50년 후에야 관심을 끌어 실존 철학의 발단이 되었다.

2) 사상

가) 고독한 단독자

키에르케고르는 아버지의 과오와 그 과오로 자신이 태어났다는 것에 대해 항상 죄의식을 가지고 살았다.

그는 자기를 문장 끝에 무의미하게 찍힌 감탄사에 비유하기도 하였고, 거꾸로 인쇄된 활자에 비유하거나 외로운 노송(老松)에 비유하기도 하였다.

그는 고독한 예외자로서 시대와 대중의 대열에 끼지 못하고 고독과 우수와 고뇌 속에서 시대를 비판하고 그의 실존 철학을 전개하였다.

그의 실존주의사상은 헤겔의 관념론에 대한 불만에서 시작되었는데, 헤겔의 관념론에서 개인의 현실적 존재는 이념의 보편 속에서 해소되어 버리기 때문에 개인의 구체적인 존재 의의가 없어진다고 생각한 것이다.

그리하여 그는 헤겔에 반대하고 개인의 주체성 즉 실존을 주장하여 인간은 하나의 실존으로서 다른 물건이나 다른 사람과 바꿀 수 없는 유일한 단독자이며 그것이 현실적 존재 즉 실존의 본질이라고 하였다.

나) 인간의 주체성

키에르케고르는 헤겔의 객관적 진리 체계를 부정하고 "주체성이 진리다."고 주장하였다. 그리하여 "무엇을 인식하느냐가 문제가 아니고 나는 무엇을 해야 하느냐가 문제이다."라고 주장하여 내가 생사를 걸 수 있는 것을 찾는 것이 중요하다고 하였다.

나는 객관적 진리나 철학의 체계 속에서 살고 있지 않으며 그것을 인식하기 위해서 사는 것도 아니다. 완전한 인간적인 생활을 위하여 살아야 하고 그것을 통해서 내가 신적인 것에 접하고 있는 것, 즉 만약 온 세계가 무너진다 해도 내가 거기에 매달리고 의존할 수 있는 것을 탐구하는 것이 중요하다고 주장하였다.

그가 찾으려 했던 진리는 객관적 진리가 아닌 인간의 생명과 영혼의 구원의 빛이 될 수 있는 파토스(pathos)적 진리였다.

그것은 주체적 진리요 실존적 진리이다. 자기 앞에 있는 대상적 인식이 중요한 문제가 아니고 나는 무엇을 해야 하며 어떻게 살아야 하는가 하는 주체적 자각과 행동이 근본 문제이다.

그래서 그의 실존주의는 주관적 철학이고 행동과 실천의 철학이라고 할 수 있다.

다) 실존의 3단계

키에르케고르는 실존을 세 단계로 구분한다.

제 1단계는 미적실존(美的實存)의 단계인데 실존의 가장 직접적인 단계로서 얽매임 없이 향락 속에서 살아가는 실존이다. 이는 자유로운 생활 같으나 외면적 쾌락의 노예가 된 생활이며 쾌락 속에 본래의 자기를 상실한 실존이다. 거기에는 불안과 권태와 우수가 있으며 결국 자기 부정에 빠지게 되고 참된 자기를 되찾으려는 자각과 노력이 생기는데 그것이 양심의 입장에서는 윤리적 실존이다.

제 2단계로서의 윤리적 실존은 자기 의무를 다하고 사회적 시민적 자기로 살아가는 실존이다. 그것은 양심을 가진 성실하고 건전한 생활 태도이며 미적 실존이 낭만적인 연애의 단계라면 윤리적 실존은 결혼의 단계라고 할 수 있다.

이 단계는 미적 실존보다 높은 실존이지만 인간은 자력으로 완전에 도달할 수 없기 때문에 양심적으로 되려고 애쓸수록 자기 부족과 무력감과 유한성을 느낀다. 이때는 절망할 수밖에 없는데 유한한 자기를 버리고 절대자에 귀의하게 된다. 그것이 세 번째 단계인 종교적 실존이다. 따라서 절망이 신앙의 계기가 된다고 볼 수 있다. 그리하여 그는 "절망은 죽음에 이르는 병이면서 죽을병이 아니다."라고 역설적인 말을 했다.

따라서 신앙을 가지고 산다는 것은 결국 역설을 그대로 받아들이는 것이라는 주장이다. 인간의 도덕적 노력이 절망과 좌절 끝에 종교의 세계로 비약하는 것, 그것이 키에르케고르의 좌절에 의한 비약인데 바로 그의 역설 변증법이요 실존 변증법이다.

라) 이것이냐 저것이냐

키에르케고르에 의하면 실존의 3단계인 미적 실존, 윤리적 실존, 종교적 실존 사이에는 심연이 가로 놓여 있다. 그래서 보다 높은 단계로 가기 위해서는 비약할 수밖에 없다.

하나님 앞에 외로이 서 있는 단독자로서의 고독한 실존은(종교적 실존) 몰락이냐 구원이냐에 대한 결단, 즉 이것이냐 저것이냐의 양자 택일을 할 수밖에 없다. 여기에서 새로운 비약이 이루어져 구원이 가능하다(좌절에 의한 비약). 그것은 영원한 자기, 본래적 자기를 선택함이며 그는 이것을 되돌아오기(회환,回還)라 하였는데 이리하여 키에르케고르의 역설 변증법은 연속적으로 발전하는 헤겔의 변증법과 다르다.

📖 야스퍼스(karl Jaspers, 1883-1969)

● 실존주의 철학자
● 유신론적 실존주의자
● 사상
   1) 신뢰의 상실
   2) 철학적 세계 정위
   3) 실존적 조명
   4) 암호 해독과 초월자

---

1) 생애

야스퍼스는 1883년 2월 23일, 지금의 니다작센 주의 소도시인 올덴부르크에서 태어났다.

동명인 아버지는 법률가로서 지사, 은행장 등을 역임하였는데 사냥을 즐기며 그림도 그리는 교양인이었다. 어머니 헬리엣데는 농촌 출신으로 인자하고 성실한 신교도였다. 양친 모두 자유를 존중하고 이성과 신뢰를 중시하였는데 야스퍼스에게 많은 영향을 끼쳤다.

1829년(9세)에 올덴부르크 김지나움에 들어갔는데 당시 학교에서 황제에 대한 복종 정신을 강요하며 교련을 받도록 했었다. 그는 그걸 거부했고 학부형들의 직업과 신분에 따라 구분된 3개 학생 단체 중 어느 하나에 가입하도록 한 방침에도 따르지 않아 교장의 미움을 받았고 학우들로부터도 고립되었다.

그는 집에서 독서하기를 좋아했는데 고독한 철학자 스피노자를 읽고 큰 감명을 받았다.

졸업을 앞둔 사은회에서 교장이 답사를 라틴어로 말하라고 했을 때 그는 '우리가 라틴어로 말할 수 있을 만큼 배우지 못했을 뿐만 아니라 식장에 참석한 사람들도 잘 알아듣지 못 할 것이므로 이것은 결국 사람들을 기만하는 것에 불과하다'고 거부했다.

그는 수학을 잘했으나 어학은 고전했고 성적은 20명중 3등 정도였다. 1901년(18세), 김지나움을 졸업하고 건강이 나빠 반년간 휴양을 했으며 그 해 가을에 변호사가 되기 위하여 하이델베르크 대학 법과에 들어갔으나 그만 두고 베를린 대학 의학과에 등록하여 괴팅겐 대학과 하이델베르크 대학에서 5년 동안 정신 분석학, 심리학 등을 공부했고 자신이 병약한 것에 대한 열등감과 무력감에 번뇌하여 자신을 쓸모 없는 존재로 단정하고 삶의 회의에 빠지기도 하였다.

1907년(24세), 같은 의학도인 에룬스트 마이어와 알게 되어 친하게 되었는데 그의 누이 케르트루트 마이어와 사랑하게 되었고 3년 후에 그녀와 결혼했는데 그녀를 사랑하면서부터 그의 고독한 성격은 크게 변하였다. 그리고 그는 병약했지만 규칙적인 생활을 해 86세의 장수를 누릴 수 있었다.

1908년(25세)에 의사 국가 고시에 합격하였고 다음에는 「향수의 범죄」를 써서 의학 박사 학위를 받았다.

그러나 그는 키에르케고르를 읽고 영향을 받아 철학으로 전환할 것을 결심했는데 의학과 정교수의 초빙도 거절하고 철학과 사강사가 되어 심리학 강의를 맡았다. 1932년, 당시 철학과 주임이었던 리케르트가 은퇴하자 그 자리를 물려받고 최초의 체계적인 철학 저술인 「철학」을 공동 간행하여 명성을 떨치게 되었다.

1933년(50세), 나치스가 집권하자 유태인 아내를 가졌다는 이유로 박해가 시작되어 학교 행정에 관한 모든 권한이 박탈되었다. 그 반면 나치당원으로 가입한 하이데거는 프라이부르크 대학 총장에 취임하였고 이를 계기로 독일 철학계의 양대 거두는 서로 반목하게 되었다. 비당원이고 자유 사상가였던 야스퍼스를 못마땅하게 생각한 당국은 유대인인 부인과 이혼하든지 교단에서 물러날 것을 강요하여 결국 교수직을 포기했는데 대학이 그리워 매일 대학 주변을 배회하였다. 이때 그의 부인은 남편을 위하여 자살하려고까지 하였다.

온갖 박해와 방해로 고난을 당하던 그는 양친이 모두 돌아가시고 물자 배급정지와 주택몰수, 생명의 위협 속에서 한때 자살을 기도했으나 저술에 한 가닥 희망을 걸었다. 특히 어떤 인물이 두려운 것에 저항한 참으로 위대한 자였는가를 밝히려고 인물중심의 철학사를 써나갔다.

그는 나치스의 위협에 저항하지 못하고 침묵을 지켰는데 후일 깊은 죄책감을 느끼면서 살았다고 한다.

2차대전 말기인 1945년 4월, 미군이 진주하자 13인 위원회를 결성하여 폐쇄되었던 하이델베르크 대학 재건의 중심 인물로 활약하여 총장이 되었다. 1948년, 스위스 바젤 대학으로 옮긴 후 저술에 전념하다가 1969년 2월 26일 폐렴으로 사망하였다.

2) 사상

가) 신뢰의 상실

야스퍼스는 분업화되고 산업화된 현대 자본주의를 실존(참된 자기)을 상실한 위기의 시대라고 하였다.

인간이 기계와 대중 속에 묻혀 개성과 인격을 상실하고 기계의 부분품처럼 되었으며 수평화 되었다. 인간의 정신은 무력화, 수단화되어 독자적인 의미와 가치를 상실하고 결단성이 없는 타협을 일삼거나 대중과 폭력에 휩쓸리고 만다. 이때 인간은 목적이 아니라 단순한 도구이다. 이러한 불안과 공허를 메워 보려고 스포츠·오락·모험·에로틱한 것을 추구한다. 그러나 그러한 것들은 일시적 흥분과 만족을 줄지 모르나 그 해결책이 되지는 못한다. 현대인은 불만과 짜증과 불신에 빠져 남은 물론 자신까지도 불신한다. 그래서 야스퍼스는 현대를 신뢰를 상실한 위기의 시대라고 진단하였다.

나) 철학적 세계정위(世界定位)

신뢰를 상실한 위기에서 그 위기를 극복하고 실존하는 길이 무엇인가를 밝히기 위하여 야스퍼스의 실존 체계는 객관적 존재인 세계와 자아 존재인 실존, 그리고 자체 존재인 초월자의 세 가지를 문제삼았다.

세계는 현상에 불과하며 의식이 대상이 되는 객관적 존재로서 물질·생명·마음·정신 등의 영역이다. 이들은 물리학·생물학·심리학·자연과학의 대상이 되는데 이러한 객관 존재의 총괄이 세계이다.

그런데 이 세계는 무한히 변화 발전하는 과정에 있는데 그 방향을 아는 것 즉 방향을 바로 정하는 것이 정위이다. 그러나 과학적 연구로는 세계정위를 할 수 없다. 왜냐하면 과학은 발전을 거듭하는 것이며 그 결과는 항상 좌절·파탄·와해·몰락이기 때문이다.

다) 실존적 조명(照明)

사유(思惟)에 의한 실존의 확인이 실존 조명이다. 그것은 참된 자기 존재를 파악하는 것을 말한다.

세계는 인식되어지는 것이지만 실존을 밝혀지는 것이다. 야스퍼스는 실존의 세 가지 특성을 다음과 같이 들었다.

첫째로, 실존은 가능적 실존이다. 실존은 존재와 대치되어 있는 심령이며 존재라기보다는 존재 가능성이고 끊임없이 결단을 요구받는 존재이다. 따라서 실존은 본래의 자기를 회복할 수 있는 가능성과 자유를 가진 존재이다.

둘째로, 실존은 서로 교제하는 실존이다. 아무도 혼자서 축복 받을 수 없으며 실존이란 타자의 자아와 실존적 유대를 통해서만 실현될 수 있다.

셋째로, 실존은 역사적 실존이다. 나는 나라는 독특한 상황 속에 존재하고 여기에 지금 태어나서 한번밖에 없는 생을 살고 있다. 따라서 사람은 어떤 상황을 결코 피해갈 수 없는 역사적 존재이다.

그러면 실존의 조명은 어느 때 이루어지는가? 그것은 실존이 한계 상황

에 부딪힐 때이다. 싸움(전쟁), 죄, 고뇌, 죽음과 같이 자유로울 수 없는
것이 한계상황이다. 이러한 한계상황에 접하면 좌절을 경험하게 되고 본
래의 자기, 즉 실존이 무엇인가를 스스로 알게 된다.

라) 암호 해독과 초월자

실존은 한계 상황에 부딪쳐 막히고 좌절될 때 비로소 초월자(超越藉)와
만나게 된다. 초월자는 상징적인 암호로 나타나는데 이 암호는 초월자가
아니고 초월자의 말이다. 그리고 그 암호는 실존과 초월자 사이의 매개자
이다. 실존은 이 암호를 읽음으로써 홀로 초월자에 향해진다. 이것이 암호
해독이다. 그것이 곧 계시이고 야스퍼스의 철학적 신앙이다. 이 철학적 신
앙은 사물에 관한 과학적 인식처럼 증명할 수는 없으나 확신이다.

마 마르셀(Gabriel Marcel, 1899-1973)

● 실존주의 철학자
● 유신론적 실존주의자
● 사상
  1) 부서진 세계
  2) 인격적 교제
  3) 영적 교제

---

1) 생애

마르셀은 1889년 12월 7일, 파리에서 당시 스웨덴 주재 대사의 외아들
로 태어났다. 그의 아버지는 카톨릭 신앙을 포기하고 신을 믿지 않았으며
예술적 소양을 지닌 사람이었다. 그의 어머니는 그가 4살 때 돌아가시고
이모가 새어머니가 되었다. 새어머니는 친어머니 이상으로 그를 따뜻하게
대해주었으나 그는 돌아가신 어머니를 오랫동안 못 잊어서 혼자 어머니와
이야기를 나누면서 피아노를 치곤 했다.
또 한 분, 그에게 큰 영향을 준 사람은 그의 할머니였는데 할머니는 신
교도로서 이지적이고 도덕적인 인격을 갖춘 사람이었고 자상하게 보살펴

주면서도 엄격하였다. 마르셀은 아버지, 새어머니, 할머니의 사랑을 독차지하며 자랐기 때문에 고집이 세고 고독감에 젖곤 하였다. 형제가 없었기에 더욱 그랬다.

그의 학교 성적은 우수했으나 비인간적이고 성적 위주의 형식적인 학교 교육에 불만을 느끼고 혐오하여 '사막과 같은 세계에 세워진 가치 세계'라고 하였다. 그리고 그의 즐거움은 방학 때의 여행이었다.

1903년(14세), 소르본느 대학에 입학하여 철학을 공부하고 1907년에 졸업했다. 이 무렵 데카르트, 칸트, 셸링, 헤겔, 브레들리, 로이스 등 관념론자들을 좋아했고 영향도 많이 받았다.

후에 베르그송의 강의에 깊은 감명을 받았고 1914년(25세), 꽁도르세 리세 교사로 취임하였다.

1차 세계대전 중에는 건강이 나빠져서 입대할 수가 없게 되자 적십자의 일원으로 봉사했는데 이때 인간의 비참상을 생생하게 목격하였다.

1929년에 소설가 모리악으로부터 카톨릭 입교의 권유를 받고 '아득히 높은 곳으로부터 하나님의 부르심을 깨닫고 이를 피할 수 없어' 3월 24일 카톨릭에 입교했다.

1939년(50세), 소르본느를 시작으로 대학 강의를 시작하였다.

마르셀은 야스퍼스, 하이데거의 영향을 많이 받았으나 같은 프랑스 실존철학자인 사르트르와는 적대적이었다. 사르트르의 저서에는 증오와 시기가 소용돌이치고 있기 때문이라고 하였다. 그리하여 그와 구별하기 위해 자기는 그런 의미에 있어서는 실존주의자가 아니며 신소크라테스주의 또는 크리스트교적 소크라테스주의라고 불렀다.

그는 이성과 주체적 자유를 존중하는 소크라테스를 비롯한 그리스 철학을 항상 높이 평가하였다.

그는 많은 논문과 저술을 내고 상도 받았으나 한쪽 눈과 다리를 못쓰는 반신불수가 되어 파리 대학 부근의 라틴 지구라는 가장 오래 된 빈민구에서 사색을 계속하다가 1973년 10월 8일, 심장마비로 사망하였다.

2) 사상

가) 부서진 세계

마르셀은 20세기를 병든 세계, 부서진 시계처럼 부서진 세계라 규정하고 그것은 현대의 기계화, 기술화, 대중화에 따른 비인간화의 현상 때문이라 하였다. 그러한 세계에서 인간은 기계와 마찬가지로 능률을 올리는 한 단위에 불과한 것이 된다. 기계화된 인간은 능률과 효율화라는 견지에서 동화되고 동질화된 인간은 능률과 효용에 의해서 우량품과 폐품으로 나뉘고, 폐품이 된 자는 결국 폐기된다. 이와 같이 기술문명에 의해서 인간성이 박탈된 것이 현대의 위기이다. 그것은 소유물과 소유자가 역전된 소유의 역전 현상, 주객전도의 세계이다.

이러한 소유의 비극에서 벗어나는 길은 상실한 자아와 주체성을 다시 회복하는 것이다. 너와 나의 인격적 교제, 그리고 신과의 영적 교제가 필요하다.

나) 인격적 교제

실존하는 인간은 심신의 동일자이다. 분리되어서 어느 한편을 버릴 수도, 물건처럼 이용될 수도 없다. 신체의 움직임은 마음의 상징이며 인격의 반영이고 그 표현이다.

우리의 신체는 개성적 인격적 신체이다. 인간은 소유의 대상이 될 수 없는 주체성을 가진 인격적 존재로서 공존한다. 여기에 실존과 실존의 인격적 교제 즉 너와 나의 사랑이 필요하다.

사랑이란 너와 나의 대립 관계나 소유관계를 벗어나 세계내적 존재로서 일치하고 서로 참여하는 것을 의미한다. 소유 관계에 있어서는 욕망은 있을 수 있으나 사상은 있을 수 없다.

다) 영적 교제

마르셀은 인간의 사고 방법을 제1차적 반성과 제2차적 반성으로 나누었다. 제1차적 반성은 존재를 객체로 다루어 분석하고 종합하여 개념적 지식에 환원한다. 과학이나 기술의 지식이 여기에 속한다. 이것은 존재를 소유의 차원에서 보는 것이다.

제2차적 반성은 존재 그 자체에 참여하여 존재를 공감한다. 이것은 존재를 신비 또는 비의(秘儀, mystere)차원에서 보는 것이다. 진정한 철학은 객체를 객관적으로 다루는 과학의 분석적 사고 방식을 지양하고 존재에의 비의 즉 존재의 신비를 향하는 2차적 반성이 있어야 한다.

그리하여 그는 물체를 다루는 것이 과학이고 비의를 다루는 것이 철학이라 하였다. 존재는 신비요 비의이기 때문에 객관적으로 파악할 수 없고 오직 인격적 사색을 통해서 비로소 파악될 수 있다.

비인간적 비실존적인 상태에서 벗어나서 존재의 비의에 이르는 길 곧 실존을 되찾는 길은 성실과 사랑과 신앙이다. 성실은 인내와 겸손의 덕에 의해서 존속되는 것이고 성실의 덕에 의해서 영원성을 인식하는 자는 신과의 인격적인 사랑의 관계에 서게 되며 신과의 사랑 즉 영적 교제를 통해서 인간은 자기의 참된 존재를 회복할 수가 있는 것이다.

㉣ 사르트르(Jean Paul Sartre, 1905-1980)

● 실존주의 철학자
● 무신론적 실존주의자
● 사상
   1) 존재와 무
   2) 행동적 실존
   3) 실존은 본질에 앞선다.
   4) 실존은 주체성이다.
   5) 실존주의는 휴머니즘이다.

---

1) 생애

사르트르는 1905년 6월 21일, 파리에서 해군 기술 장교였던 장 바티스트 사르트르의 장남으로 태어났다.

어머니 안느 마리 시바이처는 노벨 평화상 수상자인 시바이처의 사촌이다. 그의 아버지는 그가 태어난 지 1년 후에 30세의 젊은 나이로 죽었다. 그래서 샤르트르는 아버지를 모르고 자랐는데 후에 그는 아버지가 일찍 세상을 떠난 것이 다행이라고 말했다. 그는 "좋은 아버지란 이 세상에 존재하지 않는다……. 만일 나의 아버지가 오래 살았다면 그는 나의 머리 위에 군림하여 나를 억압하고 있었으리라……. 나는 내 위에 어떤 존재도 인정하지 않는다."고 말하였다.

아버지 사망 후 그는 외가를 따라 무든으로, 다시 6세 때에는 독일어 교사였던 외할아버지의 큰 서재에서 어린 시절을 보냈다.

9세 때에는 세느 강변의 헌 책방을 뒤져서 모험 소설을 비롯한 문학 서적을 500여권이나 구입하여 읽었다.

학교를 다니는 동안 그는 재혼한 어머니를 따라갔는데 그때 어머니는 그가 떠들며 장난치는 것을 타일러 "애야, 조용히 해라. 여기는 우리 집이 아니다." "그것은 만지지 말아라. 우리 것이 아니니까." 하고 말했는데 사르트르는 그것을 억압이라고 생각하였다. 그의 자유를 주제로 한 작품이 많은 것은 그때의 억압 때문이었다고 한다.

1924년(19세) 6월에 수재 학교인 파리의 고등 사범 학교에 입학하였다. 한때 그는 교수들을 멸시하고 강의를 잘 듣지 않았으며 단벌 옷에 슬리퍼를 끌고 다니고 주정뱅이로 보일 만큼 많은 술을 마셨다. 그는 문학을 지망했는데 철학을 좋아하게 된 것은 리포트 작성(숙제로)을 하기 위해 베르그송을 읽은 것과 후설을 소개받은 때문이었다.

1928년(23세) 그는 수석으로 졸업하였으나 교사 자격 시험에는 실패했다. 그래서 1년간 더 공부하여 다음 해에는 수석으로 합격하였는데 이때 보부아르와 알게 되었고 두 사람은 곧 인간적으로나 문학적으로 서로 통하게 되었다. 1929년 어느 날, 함께 영화를 구경한 후 사르트르가 2년간의 계약 결혼을 제안하자 보부아르는 즉시 이에 찬성하였다.

1929년 10월부터 1931년 1월까지 군 항공대 기상반에 배속되어 복무했는데 이때도 독서를 많이 했다. 주로 무협소설·탐정소설·연애소설 등이었다. 1931년(26세)에 제대한 후 삶의 수단으로(그의 말에 의하면 지긋지긋한)교사를 지망하였다. 곧 르 아브르 리세의 철학 교사로 발령을 받아 처음에는 열심히 가르쳤는데 교장이나 동료 그리고 학부형들과 접촉하는 것을 아주 싫어했다. 같은 해에 보부아르는 마르세이유 리세로 부임하게 되어 서로 헤어지게 되었는데 이 때 사르트르가 정식 결혼하자고 제의했으나 보부아르가 거절하였다. 그러나 두 사람은 방학만 되면 함께 유럽 여러 나라를 여행하였다.

1933년(28세) 베를린의 프랑스 학원 연구생으로 1년간 독일에 유학하여 후설과 하이데거의 강의를 들었다.

2차 대전 중에 그는 이등병으로 징집되어 독일군의 포로가 되었으나 1년만에 그가 사시(斜視)인 것을 이용하여 억류된 민간인들 속으로 끼어 들어 그들과 함께 석방되었다. 그리고 나치스하에서 복직했으나 지하 저항 운동을 하였다.

1942년(37세)에 희곡 「파리떼」를, 이듬해에는 철학적 주저인 「존재와 무」를 출판하여 출판 면에서도 13년 만에 46판이라는 대기록을 세웠지만, 그는 이 책 한 권으로 일개 중학교 교사에서 가장 혁명적인 철학자로서의 지위를 차지하게 되었다. 이리하여 까뮈 등 유능한 문학자, 철학자들과 알게 되었다.

1945년(40세)에 교직을 떠나 멜로퐁티, 레이몽 아롱, 장 포란 등과 「현대」지를 창간하여 실존주의 사상을 전개하면서 소설, 희곡, 평론 등을 다수 발표하였고, '실존주의는 휴머니즘이다'라는 강연을 하고 이를 책으로 간행하였다.

1951년(49세)에는 소련을 방문했고, 1956년에는 보부아르와 함께 소련과 중국을 방문하였다. 그 해 가을에 헝가리 반공 의거가 일어나자 그것을 지지하고 소련의 개입을 비판하였다. 그러나 소련에서 스탈린 격하 운동이 일어나자 공산당과 대화를 회복하였다. 그러나 공산당에 입당하지 않았는데 그 이유를 "나는 두 가지 이유에서 공산당에 들어가지 않는다. 첫째는 내가 부르주아 출신이기 때문에, 둘째는 비판의 자유를 잃고 싶지 않아서이다. 공산주의는 비판을 허용하지 않기 때문이다."라고 하였다.

그리고 그는 드골 정권의 성립이후 그 독재적 성격에 반대하여 반정부 입장을 고수하였고 1958년(53세) 프랑스 보호령인 알제리 독립전쟁이 일어났을 때 이를 지지하는 투쟁에 가담하였는데 이에 가담한 사람은 모두 체포됐으나 드골은 사르트르는 체포하지 않았다 한다.

1964년(59세)에 자전적 소설 「말」을 썼는데 이 작품으로 그는 노벨상을 받았다. 그러나 그는 5만 달러의 상금이 포함된 노벨상을 거부했는데 상이 서구 작가들에 치우쳐 그 공정성을 상실했다는 것이 그 이유였다.

1975년(70세) 왼쪽 눈마저 시력이 약해져(오른쪽 시력은 3세 때 상실) 독서나 집필을 못 하게 되었고, 1980년(75세) 4월 15일, 5년 전부터 앓아 온 폐기종으로 사망하였다.

그는 전통적인 결혼 제도를 반대하여 계약결혼을 하였으며 두 사람만의 자유를 위하여 자식을 갖기를 거부했고 사유재산 제도를 반대하여 호텔에서 잠자고 카페에서 일하고 식당에서 식사했다. 그런데 1946년 집을 사서 62년까지 살았는데 그는 '아무것도 소유하지 않는다.'는 신조 때문에 큰 고통을 느꼈다고 한다.

2차 세계대전 후에 실존 철학이 세계적으로 파급되어 20세기 최대의 철학 사조가 된 것은 프랑스 철학자들과 작가들 때문이었고 그 중심 인물이 바로 사르트르였다.

2) 사상

가) 존재(存在)와 무(無)

사르트르는 의식과 대상의 두 영역을 인정하고 대상 즉 객관적 존재는 나의 의식을 떠나서는 생각할 수 없고 나의 의식도 내가 의식하는 대상 없이는 생각할 수 없다고 하였다.

그는 의식으로서 존재를 즉자존재(卽自存在), 의식 대상으로서의 존재를 대자존재(對自存在)라고 하였다. 즉자존재란 그냥 있는 것, 충만된 것, 안정된 것, 즉 대상으로서의 모든 사물을 가리킨다. 사람도 대상화되면 즉자존재이다. 대자존재란 무엇인가를 욕망하는 것, 공허한 것, 불안정한 상태에 있는 것이다. 이것은 곧 의식을 가진 인간을 말하며 그는 이와 같은 존재인 인간을 다른 사물과 구별해서 실존이라 하였다. 즉자존재는 대자존재에 대하여 아무런 실재적인 활동을 할 수 없으며 단지 "있다"는 데 지나지 않는다. 그것을 즉자존재로 문제삼는 것은 대자존재로서의 인간의 의식이 하는 일이다.

그런데 그는 대자존재, 즉 인간의 의식에서 본시 무(無)가 있는데 '무가 있다' 하면 주어가 부정한 것을 술어가 긍정하고 있어 문법적으로 모순이기 때문에 '무는 있게 된다.'고 수동의 형식을 써서 말했다. 이러한 사고의 어려움은 서양적 사고의 난점이며 동양적 사고에는 문제가 되지 않는다. 무가 있다는 말은 별 무리가 없는 말이다. 무의 상태, 무의 양태, 무의 존재성이 있다는 말로 이해하면 된다. 계속 들리던 소리가 끊어졌을 때 그 소리 없는 상태가 있는 것이며, 다시 소리가 들리면 소리 없었던 상태가 있었다는 말은 의문의 여지가 없는 것이다.

그러나 사르트르는 '무는 있지 않고 있어진다.'고 말하고 이 무의 작용 때문에 대자존재는 부정하고, 항거하고, 자유로울 수 있는 것이라고 하였다.

나) 행동과 실존

사르트르는 대자존재가 무화(無化)하고 부정하고 항거하고 자유로울 수 있는 것은 그것이 의식에 파고 든 무의 탓으로서 공허하고 동요하며 불안전한 상태에 있기 때문이라고 하였다.

이처럼 대자존재인 인간은 본래 공허한 것, 동요하는 것, 불안정한 상태에 있는 것이므로 즉자존재(그냥 있는 것, 충만된 것, 안정된 것)가 되려고 무한히 애쓴다. 그러나 모두 헛수고다, 마치 수레를 끄는 당나귀 코앞에 당근을 매달아 두면 당나귀는 그 당근을 먹으려고 달리지만 아무리 달려도 당근을 먹을 수 없는 것과 같다.

그래서 그는 "인간이란 자기를 따라 갈 수 없는 존재이다." "인간이란 무익한 수고이다."라고 하였다. 그리고 그는 신(神)이 존재한다면 그것은 즉자존재이거나 대자존재이어야 하는데, 만일 즉자존재라면 신은 존재의 충만성 이나 완전성은 소유하게 될 것이지만 그의 의식이 박탈되어 모든 합리적인 행동이 불가능하게 되고, 만일 의식적이며 인격적인 존재라면 인간과 다름 없는 하나의 대자존재가 되어 그 존재의 공허를 메꾸려고 허망하고 불가능하며 부질없는 욕구에 사로잡혀 애만 쓸 것인데 그것은 신답지 않다는 것이다. 그래서 신은 없다, 신은 있을 수 없다는 결론을 내렸다.

여기서 그는 그의 사고의 협소성과 단순 논리에 의존하는 철학자답지 않은 모습을 보여 준다. 즉자존재를 완전한 것, 충만된 것, 스스로 있는 것으로 본 것은 자연과학을 도외시한 때문이며, 모든 존재성을 양분하고 (그것은 인간의식, 인간의식의 한계내이다)그 중의 어느 하나에 신(하나님)을 넣어보아 그 실재성을 논증하려 한 것도 잘못이다. 그의 인식대로라면 철학은 하찮은 것, 메마른 인간 의식, 좁은 공간으로서 독선적일 수 있다.

다) 실존은 본질에 앞선다

인간은 인간의 마음 밖에는 아무 것도 없기 때문에 선택해야 하는 상황에서 불안하고 자유를 행사하나 자신이 그 책임을 진다. 이것이 실존이다.

실존의 성격에 있어서 사르트르는 실존은 본질에 앞서며 실존은 주체성이다. 사물은 그것을 구성하고 만든 사람의 의도에 따른다. 책상은 책상을 만든 자에 따르며 그의 머리 속에 이미 존재하므로 사실상 본질이 그 사물의 실재(實在)보다 앞서 존재한다. 그러나 인간은 어느 누구도 인간의 본질이 무엇이라고 규정할 수 없고 그가 행한 행위에 따라 그의 본질을 말할 뿐이다. 인간은 우선 먼저 실존하고 본질은 그 후에 존재한다. 그러므로 인간의 경우 실존은 본질에 앞선다.

이런 이유로 신은 존재하지 않는다. 만약 신이 존재하고 신이 인간을 자기 형상대로 만들었다면 인간은 신의 의도를 따를 것인데 그렇지 않고 인간은 순간 순간의 행동을 자신이 창조해 나가고 있다는 것이다. 그리하여 인간은 존재하지 않을 수 있다는 자유만을 제외하고는 무엇이나 자유 아님이 없다는 것이다.

그러나 사르트르는 일상적인 데서 신(하나님)을 찾아 증명하려 한 것 같다. 인간의 한계 외적 차원에서 신이라는 개념이 성립된다는 사실에서 신을 일상적 인간의 행동 또는 그 의지 안에서 찾으려 한다면 신은 보이지 않을 수밖에 없다.

라) 실존은 주체성이다

사르트르는 주체성의 성격에 대해서, 주체성은 행동의 주체 선택의 주체이고 자기가 선택한 데 대해서 책임을 지는 주체라고 하였다.

인간은 본질에 선행하여 스스로 만들어 가는 존재이다. 그러나 인간의 자유 행동은 전적인 책임을 수반한다. 그 행동이 다른 사람에게 영향을 주기 때문이다. 그러나 책임을 질 능력이 없기 때문에 불안을 느낀다. 만일 신이 있어서 그 명령이나 소리를 듣고 따라가는 자에게는 이런 불안이 없다. 그러나 자유의 주체요 행동의 주체인 실존은 불안 때문에 절망하게 된다.

이러한 사르트르의 실존 이해와 그 설명은 아버지가 일찍 돌아가신 것이 다행이라는 그 자신의 말을 되풀이하는 것 같다. 부모를 거부하고 스스로 행동하고 책임진다고 집을 나간 어린이가 스스로 감당할 수 없는 현실에 직면하여 불안해하는 것과 흡사하기 때문이다. 이렇게 볼 때 사르트르는 그의 뛰어난 지능과 독서로 얻은 주관적이고 단편적인 지식을 체계화하려 한 학자적인 인상을 주며 철학의 근저를 이루어온 깊은 성찰과 사색과 심중하고 충실한 삶이 결여되어 있다. 그는 역시 철학을 연구하는 철학자이지 동시에 철인이 될 수는 없었다. 근대 이후의 서양 철학자들은 어떤 의미에서 철학사가이고 철학 연구가이지 철인은 아니라는 평가를 더욱 뒷받침해주고 있다.

마) 실존주의는 휴머니즘이다

사르트르는 "인간의 세계, 인간은 주체성의 세계를 떠나서 딴 세계는 없으며 인간 외에 인간의 입법자는 없다. 인간의 운명은 인간의 손에 달려 있다. 이것을 주장하고 자각 시켜야한다. 그러한 의미의 실존주의는 휴머니즘이다."라고 하였다.

이러한 입장에서 그는 "유물론은 실증주의를 가장한 하나의 형이상학이고 변증법은 인간의 자유를 부정하는 윤리요 유물변증법은 혁명적 신에 불과하다. 자유의 존재요 실천의 주체인 인간은 이 사회 속에 던져진 우연적인 존재이면서 자기의 자유로운 행동과 노력으로써 이 사회를 초극하고 변혁 할 수 있는 것이다."고 하여 마르크스주의를 비판하였다.

한편 그는 이 위기의 시대에 있어서 각자의 책임은 인간 해방 운동에 참여해야 하며 이 세계 속에 살고 있기 때문에 이 세계가 유일한 기회이고 나는 이 세계를 위해서 있으므로 자기가 있는 시대와 사회에 대한 책임에서 피할 수 없다고 하였다.

나. 실용주의(Pragmatism)

1) 개설

실용주의는 미국의 철학자 퍼스와 제임스 등이 사용하기 시작한 19세기 후반 미국을 중심으로 일어난 사상이다.

원래 실용주의라고 부르는 말은 그리스어 프라그마타(pragmata)에서 유래한 것인데 그 말은 실행·실험·행동·사무 등을 의미한다.

실용주의는 경험론·공리주의·실증주의의 미국적 전개이며 세계를 결정적이 아닌 미완성으로 보고 보다 낳은 것으로 발전시키려는 개선주의적 세계관을 보여주고 있다. 그들에게 있어서 진리는 실제적 유용성이며 생활 본위의 현실주의이고 상대주의적 철학이다. 따라서 모든 진리는 하나의 효용이고 도구이며(도구주의) 종교조차도 정신적 만족을 주는 유용성에서 파악하려고 하였다. 그리고 특히 실용주의는 교육에 많은 영향을 끼쳐 진보주의 교육사조를 대표하였다.

실용주의의 대표적 사상가는 퍼스, 제임스, 듀이로 이어진다.

㉮ 퍼스(Charles Sander Peirce, 1839-1914)

- 실용주의 창시자
- Pragmatism이라는 말과 사상을 처음으로 주장
- 미국의 과학자, 수학자, 논리학자

---

1) 생애

퍼스는 1839년 9월 10일, 미국 메사추세츠 주의 케임브리지에서 하버

드대학교의 수학 교수 벤자민 퍼스의 둘째 아들로 태어났다.

그의 어머니는 상원의원의 딸이었고 아버지는 당시 미국에서 가장 권위 있는 수학자요 또한 영문학자였기 때문에 그의 집에는 롱펠로우, 에머슨 등의 저명한 학자들이 자주 찾아왔고 그는 이런 학문적 분위기 속에서 아버지로부터 수학과 철학에 관한 조심스러운 훈련을 받았다.

한편 화학 공부를 하기 위하여 8세 때에는 자기 실험실을 가지고 화학 공부에 열중하여 12세 때에는 「화학사」를 쓰기도 한 퍼스는 유년 시절에 정식교육을 받지 못하였다.

1851년(12세)에 케임브리지 중학교에 입학한 후 1855년에는 하버드 대학에 입학하였다. 그는 14살 때부터 논리학 서적들을 읽기 시작했는데 대학에 들어가서도 논리학과 철학 강의를 열심히 들었다. 얼마 후 칸트에 깊은 관심을 갖게 되어 3년간 매일 두 시간씩 「순수 이성 비판」을 읽고 공부하여 거의 암기할 정도였다.

1862년(23세), 하버드 역사상 처음으로 화학 석사 학위를 받은 후 미국 해안 역학 측량소에 취직하여 약 30년간 사업에 종사하였다.

1862년, 3세 연상인 메루시나 페이와 결혼했으나 불행하여 1876년에 아내는 그를 버리고 집을 나갔다. 그래서 1884년 프랑스계의 줄리에트 프라시와 재혼했는데 그녀는 퍼스를 극진히 내조하였다.

1869년(30세)부터 1875년까지 하버드 대학 부속 천문대의 조수로 일하면서 동 대학에서 「영국 논리학자들」이라는 제목으로 9회 걸쳐 강연하였다. 그리고 1870년 초에 형이상학 클럽의 철학연구 모임에 참가하여 제임스 등과 만났다.

그가 존스홉킨스 대학 시간 강사로 있을 때 5년간 대학원에서 강의를 했는데 이때 듀이도 청강했었다 한다.

그의 강의는 훌륭해서 퍼스의 제자들은 다른 학생들이 따라오지 못할 만큼 독창적인 수준에 도달했다 한다.

그러나 그의 대학교수 진출은 여러 잡다한 사건들로 인해 좌절되고 측량소도 사직한 뒤 펜실베니아주의 벽지 밀포드로 은퇴 한 후 어렵고 고달픈 생활을 했다. 그는 다락방에서 줄사다리를 달아 놓고 채권자들이 오면 사다리를 끌어 올려 감추고 없는 척하였다. 그럴 수도 없는 어려운 사람들이 찾아와 졸라대면 종이에 낙서만 하고 있었다고 한다.

1909년(70세) 무렵부터 진행성 암에 걸려 고통을 진정시키기 위해 아편을 조금씩 복용하였고, 1914년 그 곳 밀포드에서 75세로 세상을 떠났다. 아내 혼자서 돈이 없어 옹색한 장례를 치렀다. 그러나 그는 제임스, 듀이에게 커다란 철학적 유산을 남겨주었다.

2) 사상

가) 실험적 실증주의

실용주의(pragmatism)란 말은 원래 독일어 프라크마티쉬(Pragmatisch)에서 온 것이다. 퍼스가 칸트를 연구하다가 발견한 것인데 칸트는 실천적(prakish)인 것을 중시하고 실용적(pragmatish)인 것을 경시하였다. 그러나 퍼스는 실용적인 것을 중요시하여 그의 철학적 핵심으로 삼았다.

또한 퍼스는 실험의 절차를 밟은 개념만이 명석한 개념이라고 하여 실험을 중시하였다. 그는 실험이야말로 가장 확실한 인식의 방법이라고 하였는데 인간의 인식 방법이 고집의 방법, 권위의 방법, 선험적 방법, 과학의 방법 네 가지가 있고 그중 과학적 방법이 가장 확실한 인식 방법이라 하였다.

또 퍼스는 새로운 철학은 관념을 명석하게 하는데 있다고 하여 머리 속에 있는 방법은 참다운 관념이 아니고 행동을 규정하며 나타내는 동시에 그 결과에 따라서 실증되는 것을 참다운 관념이라고 하였다. 따라서 행동으로서 나타나지 않는 관념은 무의미한 것이라고 하였다. 그래서 그는 철학을 일반적인 경험에서 추론할 수 있는 범위 내에서 진리를 발견하는 실증적 학문이라고 하였다.

나) 우연주의, 연속주의, 자애주의

퍼스는 하나 하나의 물리적 현상을 현사태(現事態,event)라 하고 그 사태는 어떤 자발성을 가지고 있다고 함으로써 현사태에 있어서 새로운 사태 돌발 가능성을 인정하였다.

　모든 운동은 돌발 가능성 즉 어떤 기회에 새로운 형태로 변할 수 있으며 현사태는 새로운 사태로, 그것은 다시 또 새로운 사태로 변하는 새 법칙을 요구한다. 여기에 절대적인 법칙은 없으며 영원 불변한 것도 없다. 이러한 진화의 방향이 우주 진화의 방향이다. 그는 이것을 우연주의(tychism)라 하였다.

　한편 현사태의 연속성은 개별적인 것이 점차 보편적이며 전체적인 법칙에까지 이를 수 있다고 하였다. 그것은 물질계에 있어서나 정신계, 즉 사람의 의식에 있어서 현저하며 인간의 관념의 유사성 또는 합리성도 여기에서 가능하다고 하였다. 이것이 그의 연속주의(synechism)이론이다.

　그는 또 연속적이면서 조화를 가진 우주에 대한 원리로서 창조적 사랑(evolutionary love; agape)을 들었다. 이것이 그의 자애주의(agapism)이다.

다) 과학과 종교

　퍼스는 우주의 진화는 창조적인 사랑에 의해서 이루어진다고 하였는데 그의 창조적인 사랑이란 크리스트교에서의 하나님을 의미한다. 이것은 "관념이란 그것을 예시하는 경험이 검증될 수 있는 것이라야 의미가 있다."고한 그의 반 형이상학적 태도에 배치된다. 즉 그가 검증할 수 없는 관념인 신을 인정함으로써 종교를 긍정하고 있는 것은 자가 당착이라 할 수 있다.

　그러나 그는 과학의 성과, 즉 과학적 지식은 검증 가능한 것이기 때문에 진리이며 종교의 성과, 즉 종교적 지식은 유용한 것이기 때문에 진리라고 하여 이 모순을 해결하였다. 그는 진리의 기준을 검증 가능성과 유용성에 두고 있는 것이다. 그래서 그의 사상은 경험론과 공리주의, 실증주의의 영향을 깊게 받은 미국적 사상이라고 할 수 있다.

🔟 제임스(William James, 1812-1910)

● 실용주의 철학자
● 미국의 심리학자, 철학자

● 진리 기준을 유용성에 둠.
● 상대주의
● 개선주의적 세계관

---

1) 생애

제임스는 1842년 1월 11일, 뉴욕에서 목사인 헨리 제임스의 장남으로 태어났다. 그의 가족은 할아버지 때에 아일랜드에서 이민해 왔는데 그의 할아버지는 북아메리카 5대호의 하나인 에어리 운하 개발 사업 등에 현명하게 투자하여 약 300만 달러에 해당하는 큰 돈을 벌어서 당시 미국에서 손꼽히는 갑부가 되었다.

그의 할아버지가 사망한 후 그의 아버지는 그 유산으로 호화스러운 생활을 하였다. 그의 아버지는 어렸을 때 화상을 입어 한쪽 다리를 절단했는데 프린스턴 대학의 신학 대학에서 2년을 수료하고 목사로 생활하면서 사색과 저술, 지적 교제를 즐겼다. 그의 어머니는 경건하고 정숙한 부인이었는데 자녀 교육에 열중하였다.

제임스는 후에 영국으로 귀화하여 소설가가 된 그의 큰 동생 헨리 제임스(아버지와 동명)와 쌍둥이 같이 자랐다.(한 살 차이임)

1852년(10세)부터 3년간 뉴욕에서 초등학교에 다녔는데 그 후 동생과 함께 프랑스의 사립학교에 보내졌다. 이때 정신병리학자들을 접촉한 것이 계기가 되어 심리학을 전공하게 되었다. 그 후 런던, 제네바, 베를린 등 유럽과 뉴욕을 왕래하면서 정규학교 교육은 받지 않고 개인 교수를 통하여 혹은 특수 학교를 다니면서 교육을 받았다.

1960년(18세), 화가가 되기 위하여 그림 공부를 했으나 오래 계속하지 못했고, 하버드 대학 과학부에 입학하였다.

1864년에는 생물학 교수 아가시즈의 탐험대에 가입하여 브라질의 아마존강까지 원정하였고, 1867년, 68년에는 척추병과 우울증으로 유럽에 가서 휴양을 했는데 이때 많은 독서를 하여 저술가로서의 소질을 길렀다.

1968년(26세)에 귀국하여 복학해서 의학 공부를 계속하여 졸업하고 의사 자격을 얻었다. 그러나 건강이 좋지 못해서 직업을 갖지 못하고 고통스럽게 생활했다. 그를 괴롭힌 것은 신체적인 병보다도 정신적인 우울증이었다. 이때 그는 자기 생애에 대해 깊이 생각했지만 결단을 내리지 못하고 망설였는데 1870년 프랑스 철학자 르누비에의「합리적 심리학」을 읽고 우울증을 극복하였다.

1872년 은사였던 하버드 대학 총장 엘리엇으로부터 초빙을 받아 4월부터 강의를 시작했고, 그 해 8월에는 생물학 조교수로 임명되어 비교 해부학 및 생물학 강좌를 담당했다.

1876년에는 심리학 강의를 시작하여 심리학 교수가 되었으며, 1877년에는 심리학 강좌가 생물학과에서 철학과로 옮겨지자 철학과 소속이 되었다.

1878년(36세)에 아리스 기벤스와 결혼하여 하버드 대학 근처에 살았고, 이듬해에는 철학 강의를 시작하여 철학과 조교수가 되었다.

그 후 휴양과 강의를 계속하여 힘든 생활을 계속하다가 1907년(65세) 말에 사색과 저술에 여생을 바치기 위해 교수직을 사임하였다.

1910년(68세) 3월에 유럽으로 건너가 심장병을 치료했으나 회복하지 못하고, 8월에 귀국하여 8월 23일, 68세로 뉴 햄프셔주의 초코루아 산장에서 세상을 떠났다.

2) 사상

가) 도구주의 · 개선주의 세계관

제임스는 추상적 개념이나 불충분한 것은 배격했는데 그의 실용주의는 특수적인 것에 중점을 두는 점에 있어서는 유명론(唯名論)에 일치하고 실제적인 면을 강조하는 점에 있어서는 공리주의와 일치되며 언어의 유희와 형이상학적 추상을 무시하는 점에 있어서는 실증주의와 일치된다.

또 실용주의는 어떤 정신이나 주의를 가지고 있는 것이 아니고 모든 것으로 통하는 하나의 방법이라고 주장하였다.

그에 의하면 이론(진리)은 수단이고 관념은 행동의 계획이다. 그래서 진리는 하나의 효용이며 행동을 위한 귀중한 도구이다.

한편 그는 세계가 미완성이며 인간은 이 우주를 더 좋은 것으로 만들

책임이 있다고 하여 개선주의적 세계관을 폈는데 그것은 미래지향주의적이고 낙관주의적이다. 그것은 역학 법칙에서 연유한 결정론적 세계관의 부정이며 과학 기술 발달의 역기능에 대해 인간의 주체성 회복, 인간성 회복을 시도한 실존주의와 달리 과학 기술의 발달의 현재를 긍정적으로 받아들이고 그 문제점을 개선하려 하여 세계를 미완성으로 보는 한편 인간의 노력을 긍정적으로 본 사상이다.

다. 논리실증주의(Logcal Positivism)

1) 개설

논리실증주의는 빈 대학 교수 슐릭크를 중심으로 결성되어 1929년에 공식적으로 철학 운동으로 발전을 보았다. 그들은 사변에 의한 해결의 철학 체계(특히 자연철학)에 반발하여" 철학은 지적 활동이다. 철학의 임무는 본질적으로 명석화하는 데 있다. 철학의 성과는 일련의 철학적 명제가 아니라 명제의 의미가 명료해진다는 데 있다."고 하는 비트켄슈타인 철학관에 공감하고 일상적 지식 및 철학, 자연과학에 있어서의 명제나 이론을 분석하였다.

그들은 언어에서 비경험적 형이상학적 언어 요소를 제거해야 한다고 주장하였으며 경험적인 검증 가능성을 의미 유무의 기준으로 삼고자 하였다. 분석 철학, 과학 철학, 기호 논리학 등도 이와 같은 입장을 갖는 이름이며 대표적 인물로는 슐릭크 외에 러셀, 비트켄슈타인 등이 있다.

㉮ 비트켄슈타인(Ludwig Joseph Johann, Wittgenstein, 1889-1951)

● 분석 철학의 형성에 결정적인 영향을 끼침.
● 철학의 임무를 언어 비판 및 명제의 의미를 명확하게 하는 것에 한정시킴.

---

1) 생애

비트켄슈타인은 1889년 4월 26일, 오스트리아 수도 빈에서 유대인의

5남 3녀 중 막내아들로 태어났다.

그의 아버지는 철강회사 사장으로 오스트리아에서 처음 철강 산업의 카르텔을 조직했던 칼 비트켄슈타인 이었으며 어머니는 은행가의 딸로서 음악적 재질이 풍부한 로마 카톨릭 신도였다.

그의 가족들은 음악적인 분위기 속에서 살았으며 비트켄슈타인이 일생 동안 음악을 좋아한 동기가 되기도 하였다. 실제로 그의 형제 중에 유명한 피아니스트도 있었다.(폴 비트켄슈타인)

그는 다른 부잣집 어린이와 마찬가지로 14세 까지 학교에 가지 않고 집에서 가정 교사를 두고 교육을 받았다.

그 후 학교에 가서 과학, 건축학을 공부했고, 1908년(18세)에는 영국 만체스터 대학 기계 공학과에 연구생으로 등록하여 3년간 항공학을 공부했다. 여기에서 차츰 수학에 관심을 기울였는데 러셀의「수학 원리」를 읽고 큰 감명을 받았다. 그래서 1911년 가을에 러셀이 있는 케임브리지 대학으로 옮겨 1913년까지 5학기 동안 수학했는데 러셀, 무어, 화이트헤드 등의 영향을 받았다.

첫 학기가 끝났을 때 그는 러셀을 찾아가 자기가 천치인가 아닌가를 말해 달라고 하였다. 만일 자기가 천치라면 비행사가 되고 그렇지 않다면 철학자가 되겠다는 것이었다. 러셀은 방학 동안에 철학에 관한 논문을 써오라고 하였는데, 다음 학기초에 써온 논문의 첫 장만보고 러셀은 "자네는 비행사가 되어서는 안 되겠어!"라고 하였다. 이때부터 비트켄슈타인은 철학을 공부하기 시작했다.

러셀은 그를 다루기 힘든 사나이라고 표현했는데 때로는 죽은 듯 침묵을 지키다가 배회하고 곧잘 자살하겠다고도 하였다 한다.

1차 대전이 일어나자 그는 오스트리아 군에 지원하여 포병장교로 동부 전선에 배치되어 싸웠는데 수 차례 훈장도 받았다. 그러나 1981년 11월 휴전이 성립된 지 2일 후에 이탈리아 군의 포로가 되었다.

그는 전쟁 중 떠오르는 생각을 그때그때 메모해 두었다가 포로 수용소에 있는 동안에 이를 정리하여 러셀에게 보냈다. 그런데 이것은 매우 난해하여 처음에는 러셀 이외에 아무도 그 내용을 이해하지 못했다. 이것이 러셀의 주선으로 출판되었는데 2만 단어로서 이「논리·철학론고」는 논리실증주의, 분석 철학에 결정적인 영향을 미친 20세기 철학의 최대 고전에 속한다.

이 책의 핵심은 언어에 대한 그림 이론인데 그는 이것을 1914년 가을 어느 전선에서 어떤 잡지에 실린 교통사고의 재판 기사를 읽고 작성했다고 한다.

아버지가 돌아가시자 그는 거액의 상속을 받았으나 대부분 오스트리아의 가난한 시인과 예술가들을 위해 희사하고 나머지는 두 여동생에게 나누어주었다. 시인 라이너마리아릴케도 도움을 받았다.

그는 1919년(30세)부터 20년까지 초등학교 교사가 되려고 양성소에 들어가 교육을 받아 1926년까지 7년간 빈 근교의 시골 초등학교에서 교편을 잡았다. 그러나 점차 실증을 느껴 사임하고 말았다.

1929(40세)에 철학에 등진 지 10년만에 철학 공부를 하기 위해 케임브리지 대학에 등록하였는데 그것은 브로우버의 수학 강의를 들은 것이 계기가 되었다고 한다. 대학은 1921년의 「철학논고」를 심사하여 1929년 6월에 철학 박사학위를 수여하였다.(학위 논문 심사위원은 러셀과 무어였다.)그리고 그 이듬해 동 대학의 철학과 강사가 되었는데 그의 강의는 학생들에게 깊은 감명을 주었다.

1938년(49세)에 영국에 귀화했는데 제2차 세계 대전이 일어나자 영국군에 지원하였고(간호 보조원), 전쟁이 끝나자 케임브리지 대학에 복귀하였다.

1947년 12월, 연구에만 전념하고자 학교를 그만두고 아일랜드 서해안 갈웨이의 한 오두막집으로 가서 사색과 저술에 전념하였다. 그리하여 1949년에 「철학적 탐구」를 완성하였다.

1949년 미국 방문을 마치고 귀국한 후, 자신이 전립선암에 걸려 있음을 알았다. 그러나 그는 태연하게 고향 빈을 방문하여 친척들을 만나고 노르웨이를 여행하였으며 연구에도 열심을 기울였다.

1951년 4월 29일, 62세인 비트켄슈타인은 케임브리지에서 세상을 떠났다. 그는 죽기 이틀 전에 산책하고 돌아와 그 날 밤에 몹시 앓았는데 의

사로부터 이제 며칠밖에 살지 못할 것이라는 말을 듣고 "좋습니다. 나는 멋진 삶을 살았다고 전해 주십시오." 하고 말했다.

그는 평생 독신으로 검소하고 간소한 생활을 했으며 모자를 쓰거나 넥타이를 매거나 하는 형식적인 옷차림은 거의 하지 않았다.

그는 말주변이 없었고 연회석에 참석하지 않았으며 쇼펜하우어를 좋아하여 그의 저서를 애독하였다.

그의 사상은 난해하여 처음에는 이해하는 사람이 적었는데 차차 그 내용이 이해되기 시작하여 20세기 최대의 철학사조인 분석 철학에 결정적인 영향을 미쳤다.

2) 사상

가) 명제론

비트켄슈타인은 "나의 모든 과제는 명제의 본성을 해명하는데 있다"고 하였다. 그리고 그가 「논고」에서 해결하고자 시도했던 문제들은 '명제들은 세계와 어떻게 관련되어 있는가'와 '명제들 사이에는 서로 어떤 관련이 있는가' 였다.

「논고」에 의하면 언어는 사실의 그림이요 명제는 그것이 주장하는 그림이다. 그가 말하는 언어는 명제이다. 따라서 책상, 강, 산 같은 명사가 아니라 책상이 크다, 강이 깊다 같은 문장을 가리킨다.

그는 명제는 '명제는 무엇인가'란 사실의 구조를 반영했을 때만 의미를 가지며 이것이 원자적 명제, 혹은 논리적 원자(logical atom)로서 세계를 구성하는 근본적 존재라 하였다. 그러므로 '원자적 명제가 참인가 거짓인가'는 '명제와 사실이 부합되느냐 안 되느냐'에 달려 있다. 명제는 사실의 그림이기 때문에 사실과 합치되지 않는 명제는 참다운 명제가 못 되고 무의미한 것에 불과하다는 것이다. 그래서 날개 달린 말, 둥근 사각형 등은 그 언어가 가리키는 대상이 없고 사실과 달라 실증할 길이 없으므로 무의미하다는 것이다.

나) 용도 의미론(用度意味論)

비트켄슈타인은 많은 철학적 문제가 생기는 이유는 언어와 기능과 존재(사실)와의 관계를 확실히 인식하지 못하고 언어를 잘못 적용한 데서 생긴다고 생각하여 철학적 기능은 그가 믿고 있는 언어의 획일적인 기능에 따라 혼동되어 사용되는 일상 언어의 잘못된 용도를 지적하고 고쳐 주는 데 있다고 하였다(치료적 분석). 그리하여 철학의 기능은 혼란한 일상언어에 대치되는 일종의 이상 언어(理想言語)를 고안해 내는 것이라고 하였다.

그러나 그는 곧 이상 언어는 인위적으로 만들어낸 것에 불과하지 구체적으로 사용되는 언어의 본질과는 동떨어진, 실제로 존재하는 언어를 왜곡시킨 상상적 이론에 불과하다는 것을 깨달았다.

그리하여 그는 "철학자는 한 언어가 어떻게 사용되어야 하는가를 가르쳐서 그것을 사용하도록 강요하는 언어의 이상주의적 입법자가 아니라, 일상 언어가 구체적인 생활 속에서 혼동된 대로 사용되는 것을 있는 그대로 서술하고 이해하는 데 그쳐야만 한다"고 했고, 또 "철학은 아무 것도 변화시키지 않고 모든 것을 있는 그대로 정확히 이해 하고자 하는 작업에 불과하다."고 하였다.

그래서 언어의 의미를 이해하는 것이 문제인데 언어의 의미를 안다는 것은 한 언어가 어떻게 쓰이는가를 안다는 것을 의미한다. 바둑을 안다는 것은 바둑을 어떻게 두는지 안다는 것과 마찬가지라 하여 그의 용도 의미론이 나온다.

명제에는 종합명제와 분석명제가 있는데 종합적 명제는 경험적 명제로서 참·거짓이 검증되는 것이고, 분석적 명제는 그것이 지시하는 대상과의 관계에 의해서가 아니라 명제의 내부 구조, 즉 논리적 형식에 의해서 결정되는 것이다. 그러므로 명료한 언어, 즉 유의미한 명제는 그 대상이 경험적으로 검증되어야 하고 논리적 법칙에 따라야 한다. 과거의 철학체계가 무의미했던 것은 이러한 것의 결함이었다고 그는 주장했다.

그러나 그의 주장 자체가 그가 지적한 문제점 및 오류를 그대로 범하고 있음을 모르고 있다는 것이 신기할 정도로 납득되지 않는다. 그는 분석적 입장에서 철학을 파악하려 했는데 부분 분석이 전체 이해를 위한 한 방법일 수는 있지만 전체를 구성하고 있는 전 부분이 검토되어야 하고 그것의

합, 그리고 그 합으로 하나된 전체(철학)가 갖는 독자성도 함께 연구되어
야 할 것이다.

따라서 어느 한 부분의 분석은 그 차체로서는 명쾌한 듯하나 전체를 충
분히 설명할 수 없으며 그런 의미에서 모든 주장이 다 철학일 수도 없다.
근대 이후, 서양 철학의 주류를 이루었던 인물들의 철학적 견해가 갖는 공
통된 결함이 비트켄슈타인까지 계속되고 있음을 보여준다.

Ⅱ.
동 양 편

노자

석가

공자

㉓ 공자(孔子)의 생애와 사상

1) 시대적 배경

가) 주(周)의 건국과 발전

중국의 역사는 반고(盤古)를 시작으로 하는 고황(古皇)과 삼황오제(三皇五帝)의 전설로부터 시작된다. 그런데 「서경(書經)」의 기록은 요(堯), 순(舜)에 관한 기록부터 시작되고 있기 때문에 유가(儒家)에서는 실제적인 고대의 이상정치(理想政治)가 행해졌던 시대를 요·순 시대부터 잡는다. 순임금에 이어 우(禹)가 하(夏)나라를 세웠는데, 이것이 중국 최초의 세습 왕조이지만 역시 전설 시대에 속하고 마지막 임금인 걸왕(桀王)이 포악한 정치를 하자 탕(湯)이 하 나라를 없애고 상(商)나라를 세웠다.

상 나라 17대 반경(盤庚)임금이 도읍을 은(殷)으로 옮겨 나라 이름도 은으로 불렀다. 이 은의 옛 도읍지 등에서 갑골문자(甲骨文字)가 발견되어 중국의 유사시대는 탕 임금의 상 나라로부터 시작된다. 은 나라의 마지막 임금 주왕(紂王)이 포악한 정치를 하자 주(周) 무왕(武王)이 이를 부수고 호경(鎬京)에 주(周) 나라를 세웠다.

무왕이 재위 7년 만에 죽고 그의 어린 아들 성왕(成王)이 이었는데 이때 성왕을 도와 여러 문물 제도를 마련하는 등정치를 한 주공(周公)이라는 탁월한 정치가가 있었다. 무왕의 동생이기도 한 주공은 주 나라의 봉건 제도와 종법 제도(宗法 制度) 및 관제를 정하고 예의와 음악도 제정하였는데 공자는 이 주공을 자기의 이상적인 스승상으로서 높이 받들었다. 공자는 한 때 늘 주공을 꿈에서 만났다고 한다.

이 주 나라도 유왕(幽王, B.C.781-771 재위)이 견융(犬戎)의 침입으로 죽은 후, 견융의 세력에 밀려 동쪽의 낙읍(洛邑)으로 옮겼는데(B.C. 770), 이 때를 기준으로 이전을 서주(西周), 그 이후를 동주(東周)라 부르게 되었다. 이 동주는 난왕(赧王) 때 진(秦) 나라에 땅을 바치고 항복할 때까지 864년(서주 350년, 동주 514년)의 역사를 이어왔다.

나) 공자가 살았던 시대

공자가 살았던 시대는 동주(東周)의 전반부인 춘추시대(B.C. 770 ~ B.C. 403)에 해당한다. 서주(西周) 시대에는 천자가 권위를 가지고 세상을 다스렸지만 도읍을 낙읍으로 옮긴 동주 시대에는 제후들의 힘이 강해지고 천자의 힘은 약화되어 제후들을 통제하지 못해서 제후들끼리 서로 전쟁을 일삼는 약육강식이 심화되고 봉건질서는 혼란을 거듭했다. 심지어 제후들 밑의 계급인 대부(大夫)들의 세력이 커져 제후들조차 실권을 잃고 명색만 유지하는 상태였다. 따라서 일반 백성들의 혼란과 사회적 문란은 더욱 극심하였다.

역사를 돌이켜 보면 영웅은 전쟁 중에, 성인(聖人)은 사회적 혼란기에 나타나고 있는데 그렇게 보면 시대적 상황이 영웅과 성인을 만든다고 말할 수 있다.

공자가 태어난 노(魯)나라는 지금의 산동 지방에 있던 나라로 주(周) 무왕(武王)이 넷째 아우 주공(周公)을 노공(魯公)에 봉한 데서 비롯된 중간급 나라였는데, 공자가 살던 시대에는 하류 급 나라로 약해 있었다. 게다가 공자가 살았던 춘추시대에 와서 노나라는 삼환씨(三桓氏)라고 부르는 계손씨(季孫氏), 숙손씨(叔孫氏), 맹손씨(孟孫氏)의 세 대부 집안 세력이 나라 정치를 마음대로 주물렀고, 특히 계손씨는 가장 강해서 왕을 내쫓아 국외에서 객사하도록 만든 일이 있을 정도였다.

그러나 노나라는 주나라 왕실(天子)과는 가장 가까운 나라의 하나여서 예악에 관한 문물이 뛰어났었다.

2) 공자의 생애

공자는 B.C. 551년(周 영왕 21년. 魯 양공 22년) 음력 8월 27일(양력 9월 28일)[37] 노나라 창평향 추읍(창평향 노원촌)에서 태어났다. 추읍 근처에는

---

37) 공자의 가장 자세한 전기인 사마천의 「사기(史記)」- 공자세가(孔子世家)에는 공자의 출생이 노 양공 22년으로 기록되어 있고 「춘추(春秋)」-공양전(公羊傳)에는 노 양공 21년 10월 경자일(21일)로 기록되어 있다. 1952년 중화민국 교육부에서 전국의 저명한 학자를 총 동원하여 고증케 한 결과 공자의 탄일을 B.C.551년 음력 8월 27일(양력 9 월 28일)로 의견을 모았다.

사수(泗水)와 그 지류인 수수(洙水)가 흐르고, 니구(泥丘)라는 산이 있어서
수사(洙泗)와 니구(尼丘)는 공자의 대칭으로 쓰이기도 하였다.

공자의 선조는 원래 송(松)나라 공족(公族)으로서 은(殷)조 삼인(三仁)
가운데의 한 사람이며 송나라의 정치 싸움에서 실패하여 집안이 망했다.
그로 인해 자손들은 노나라로 도망쳤으며 노나라 추읍에 거주하였다.

공자의 부친 숙량흘(叔梁紇) 때에 와서야 역사의 기록에서 겨우 찾아볼
수 있게 되었다. 숙량은 자(字)이며 흘(紇)이 이름인데 옛 사람들은 사람
을 부를 때 자를 앞에 놓고 뒤에 이름을 부르는 것으로 존경을 표시했다.
숙량흘은 신체가 건강하고 용맹하며 꾀가 있어서 당시 작은 고을에 이름
이 알려진 무사였다. 그는 전쟁에서 공을 세워 추읍 대부로 승급하였으므
로 추인 흘(取人 紇)이라고 불렀다.

공자는 그 숙량흘38)이라는 노인과 10대의 안징재(顔徵在)39) 사이의
야합(野合)40)의 소생이었다. 숙량흘은 원래 노나라의 시씨(施氏) 집안에
장가들어 딸 아홉을 낳고, 아들이 없어서 첩을 얻어 맹피(孟皮, 자는 伯居)
라는 아들을 낳았는데, 아들이 발 장애에다 신통치 않아 그는 70세가 넘
은 나이에 어린 안징재(16세 정도)와 결합하여 공자를 낳았다. 이것은 정상
으로 볼 수가 없었다. 당시 안징재는 가난한 안씨 집안의 셋째 딸이었다.
권세도 있고 부유했던 숙량흘이 징재의 아버지한테

"아들 하나 있는 것이 변변치 못하여 아들 하나 낳아야 겠으니 자네 딸
중에 하나 주게."

---

38) 「좌전(左傳)」에 공자의 아버지에 관한 기록이 두 군데 있는데, 양공(襄公) 10년에는
   추인흘(郰人紇), 양공 17년에는 추숙흘(郰叔紇)로 되어 있다. 청(淸)대의 고증 학자
   최술(崔述)은 「수사고신록(洙泗考信錄)」에서 '추는 노 나라 고을 이름이고 숙은 그 의
   자이며 흘이 그의 이름이라고 하였으나 「사기(史記)」의 호칭인 숙량흘이 더 일 반화되
   어 있다.
39) 「사기(史記)」의 공자세가에서는 공자의 어머니를 안씨라고만 쓰고 있고 징재(徵在)라
   는 이름은 「공자 가어」 본성해(本姓解)에 있다.
40) 야합(野合)에 대한 해석이 「史記」의 주석에 두 군데 있는데, 하나는 '예에 맞지 않았
   다.'는 뜻이다. 남자는 30세 이전, 여자는 20세 이전에 결혼해야 했는데 이에 맞지 않
   아 '예에 어긋난' 결합이라는 뜻이다. 다른 하나는 남자는 64세에 양도가 끊기고 여자
   는 49세에 음도가 끊기어 자손을 낳지 못하는데 숙량흘은 64세가 넘었으므로 '야합'이
   라 했다는 것이다. 그러나 야합이라는 글 뜻으로 보아 불륜(不倫)의 결합이었을 가능
   성도 많다.

라고 말했을 때 징재의 아버지는 거절할 처지가 못되었다. 그래서 징재의 아버지는 세 딸을 불러놓고

"숙량흘은 늙었지만 집안이 좋고 부자며 건강하고 힘이 세다. 누가 그에게 가겠느냐?"

고 물었다.

첫째, 둘째는 다 늙어버린 할아버지한테 가지 않겠다고 했다. 아버지 안씨는 마지막으로 어린 셋째(큰딸이 20미만이었을 테니 셋째는 14~16세에 지나지 않았을 것이다.)에게 사정하는 마음으로 달래며 물었다. 다행히 징재는 아버지의 말대로 따르겠다고 대답했다.

힘없고 가난한 아버지의 사정도 그렇고 자기가 숙량흘에게 가면 늙으신 아버지와 언니들을 비롯한 가족들에게 다소나마 도움이 될 것으로 생각해서였다. 그러나 다 늙어버린 숙량흘과 징재 사이에 아기가 생기지 않아 징재는 가까운 니구산(尼丘山)에 가서 백일 기도를 드렸다.

그러던 어느 날 흑룡의 정기를 받아 임신하여 공자를 낳았다. 그런데 공자는 태어나면서 특히 두상이 유별났다. 머리 정상 부분이 움푹 들어가 마치 언덕처럼 생겼었다. 공자의 이름이 구(丘:언덕)이고 자(字)가 중니(仲尼)인 것은 이 때문이다.

보통 공자(孔子)라 부르는 것은 '자(子), 부자(夫子)'가 '선생님'과 같은 존칭어로서 '공자'는 '공씨가의 선생님'이라는 의미이다. 영어로 공자를 'Confucius'라고 부르는 것은 '공부자(孔夫子)'라는 말의 중국 음을 음역한 것이다.

공자의 탄생에 관한 이야기는 몇 가지 더 있는데 대체로 비슷한 내용들이다. 몇 가지 소개하면 이렇다.

- 숙량흘이 안징재와 니구산에 기도를 드렸는데 흑룡이 정기를 느끼게 하여 중니 (仲尼, 공자)를 낳았다.-

- 공자의 어머니 안징재가 대택(大澤)의 언덕에 갔었다. 그곳에서 꿈을 꾸었는데 흑제(黑帝)의 사신이 그녀에게 가자고 해서 따라가 흑제를 뵈니 흑제가 '네 젖은 반드시 공상(空桑) 가운데 있을 것이다.'고 말하였다. 꿈에서 깨어나자 감응이 있는 듯하더니 곧 구(丘, 공자)를 공상 가운데서 낳았다. 머리가 니구산 같이 생겨

이름을 구(丘), 자(字)를 중니(仲尼)라고 지었다.-

- 공자가 난 날 밤에 창용(蒼龍)들이 하늘에서 내려오고, 여신들이 공중에서 향그러운 안개를 손으로 받들어 가지고 그것으로 안징재의 머리를 감겨 주었다. 이에 앞서 다섯 명의 노인이 뜰에 늘어서 있었는데 이들은 동, 서, 남, 북, 중앙의 다섯 별의 정령이었다. 기린이 궐리(공자의 마을)에서 글을 토해냈는데 그 글에는 '만물의 정령의 아들이 은 나라와 주 나라를 이어 소왕(素王)으로 나왔다.'고 쓰여 있었다. 소왕이란 실제 임금은 아니지만 왕으로서의 덕을 갖추고 왕자(王者)로서의 일을 행하는 사람을 뜻한다. 후세의 유가(儒家)들이 공자를 흔히 소왕이라 불렀고, 혹제(黑帝)나 창룡(蒼龍)은 오행설에 의하여 공자가 태어나면서부터 덕을 갖추었음을 나타내려 했던데 기인한다.

그러나 공자의 탄생 과정의 실제는 행복하지도, 축복의 탄생도 아니었고 오히려 불우한 것이었다.

공자는 건장하여 키가 9척 6촌이어서 주위 사람들이 키다리라 부르고 이상해 할 정도였으며 머리 위가 움푹 들어갔고, 눈두덩이 평평하고 꼬리가 긴 눈에 이마는 툭 불거졌다 한다.

한대(漢代)의 공부(孔鮒)가 지었다는 「공총자(孔叢者)」에는 주 나라에 온 공자를 본 장홍이란 사람이 공자의 인상을 "눈두덩이 평평하고 꼬리가 긴 눈과 툭 불거진 이마는 황제(黃帝; 중국 최초의 임금)의 모습이요, 긴 팔에 거북이 같은 등을 하고 9척 6촌의 키를 지니고 있는 것은 탕(湯) 임금 용모이다."라고 묘사하였다. 그 외에도

"공자는 소 입술에 혀 무늬가 일곱 겹 있었다."

"앉으면 트림한 용 같고, 서면 끌려가는 소 같고, 큰 입, 소 입술, 호랑이 손바닥, 거북이 등, 두 겹진 목, 두 줄진 이빨을 지녔고, 얼굴은 방상씨 가면(곰 가죽으로 만든 가면)을 뒤집어 쓴 것 같다."

등등 표현이 있는데 모두 비슷한 내용들이다. 대부분 공자를 특이하고 성인다운 모습으로 묘사하려 하였으나 그런 표현들을 모두 합성하면 과연 사람 같기나 할 지, 하여튼 괴상한 모습일 것이다. 어쨌든 공자의 신체나 용모는 특이했던 것 같다.

공자의 아버지 숙량홀은 공자가 세 살 때 사망했는데 공자의 어머니는 곡부 동쪽에 있는 방(防) 땅에 장사지내 놓고 공자에게는 가르쳐주지 않았

다. 그 이유는 알 수 없으나 공자가 성장한 후에도 안 가르쳐준 것으로 보아 가난해서 제대로 장사도 지내지 못했고, 무덤을 돌볼 수 없었기 때문이었을 것으로 추측하기도 한다.

그러나 공자가 야합의 소생이었고 그런 이유로 공씨 가문에서 인정받지 못했을 가능성도 있다. 만일 당시 공씨 가문이 번성했더라면 공자는 더욱 천대받았을 것이고 공자의 부모, 특히 아버지를 포함한 부계의 기록은 전해지지 않았을 수도 있다. 야합의 소생인 공자가 후에 자기 어머니와 아버지를 합장한 것이 사실이라면 당시 공씨 가문은 몰락했던 것이 틀림없었던 것 같다.

공자가 24세 때 어머니(안징재)도 사망했는데 공자는 오부지구(五父之衢)에 장사지냈다가 뒤에 상여를 메었던 사람의 어머니가 공자의 아버지 숙량흘의 무덤을 가르쳐주어 방(防) 땅에 부모님을 합장했다. 이 일은 예(禮)를 중시했던 공자나 유가를 보면 옳은 일이 아니다.

공자의 어머니는 숙량흘의 정부인도 아니고 첩도 아니었으며 야합으로 맺어진 만큼 합장한 것은 예에 어긋난 일이다. 그러나 공자의 어머니(안징재)가 숙량흘이 사망했을 때 장사지냈고, 공자의 자기 생모에 대한 효심을 고려할 수는 있을 것이다. 그렇지만 어떤 종교 의식이나 신행(信行)을 절대화할 필요는 없다는 반증의 자료가 된다. 그리고 종교 창시자나 성현들의 말은 상황에 따른 강조와 과장이 있는 것이어서 말 그대로를 문자적으로 받아들이고 행하도록 강요해서는 안 된다는 것도 알 수 있다.

공자가 태어났을 때 그의 집은 징재의 아버지가 딸들에게 말했던 것과는 달리 부자가 아니었고 신분도 사(士) 계급이었다.41) 사 계급은 벼슬을 할 수 있는 계급 중 가장 낮은 것으로 운이 좋으면 위 계급으로 올라갈 수도 있고 서민 계급으로 떨어져 버릴 수도 있는 계급이었다. 더구나 첩의

---

41) 일본인 중국 고전 문학자 시라가와 시즈까(白川靜)는 공자는 부모의 이름도 알려져 있지 않은 고아였고 그의 어머니(징재)는 무녀(巫女)였을 것이라고 하였다. 그는 그 근거로 숙량흘이 공자의 아버지라는 근거가 없고, 공자의 얼굴이 병 액막이나 치상(장례) 때 쓰는 가면과 같다는 「순자(荀子)」의 기록 및 공자의 어머니가 니구산에 빌어 공자를 낳았다는 이야기와, 공자의 아버지와 어머니의 결합이 야합이었다는 것, 그리고 후에 어머니 묘를 개장했다는 기록 등을 들고 있다.

아들이고 공자의 이복형인 맹피(발 장애자이었다)마저 일찍 죽어 후에 공자
는 맹피의 아들인 공멸(孔篾)까지 돌보아야 했다.

공자는 15세 때 서(序)라는 학교에 들어갔다. 서는 향당에 설치된 청소
년 교육 기관이었다. 아마 공자는 야합에 의한 아들이어서 공씨 집안에서
는 받아들여지지 않았겠지만 그의 아버지의 인정을 받아 사 계급을 인정
받은 듯하다. 그렇지 않고서는 서라는 학교에 들어갈 수 없었을 것이다.
공자의 향학열은 대단했다. 그는 스스로

"나는 나면서부터 알았던 사람이 아니며, 옛것을 좋아하여 부지런히 그
것을 배운 사람이다."42)

라고 말했는데 이 말은 그가

"나면서부터 아는 사람은 상급이고, 배워서 아는 사람은 그 다음이고,
곤경에 빠져 배우는 사람은 또 그 다음이다."43)

라고 말한 것에 비교하면 중급에 속한다는 말이다. 배워서 아는 것은
주로 지식에 관한 것이지만 그렇다고 지식만 중시한 것은 아니다.

"배우면서 생각하지 않으면 망령되게 되고, 생각하면서 배우지 않으면
위태로워진다."44)

는 말이 이를 말해주고 있다. 또 공자는 박식했었는데 그것은 모든 것
을 다 배워서 아는 것이 아니라 궁극적인 이치를 깨달으면 알 수 있다고
했다. 자공(子貢)에게 자신은 많이 배워서 아는 것이 아니라 하나로 관통
해서(一以貫之) 안다고 말한 것이 그 대답이다. 한편 공자의 공부 중심은
예의제도였고 그것은 역사 공부를 통하여 이루어졌다.

'옛 것을 익히어 새로운 것을 안다.(溫故而知新)'45)라는 유명한 교훈이
바로 그것이다. 그는 자기 평생의 발전 과정을 '나는 열 다섯에 배움에 뜻
을 두었고, 서른 살에는 자립하였으며, 마흔 살에는 미혹되지 않았고, 쉰
살에는 천명을 알았고, 예순 살에는 귀로 듣는 대로 순조로이 이해하게 되

---

42) 「논어(論語)」술이(述而) 편
43) 「論語」季氏편
44) 「論語」爲政 편.(學而不思則罔,思而不學則殆)
45) 「論語」爲政 편

었으며 일흔 살에는 마음이 하고자 하는 대로 해도 법도에 어긋나지 않았다.'46)라고 말하였다. 그리고 '배움에 있어 싫증내지 아니하고 사람들을 가르침에 게으름피지 아니한다.'47)는 말은 공자 자신의 생활 태도를 나타내주는 한편 가르치는 사람들의 생활 자세를 제시해 주고 있다.

이러한 방면에서의 공자의 가르침은 곳곳에 나타나 있다.

"인(仁)을 좋아하되 배우기를 좋아하지 않으면 그 폐단은 어리석게 되고, 지혜를 좋아하되 배우기를 좋아하지 않으면 그 폐단은 방탕하게 되고 믿음을 좋아하되 배우기를 좋아하지 않으면 남을 해치게 되고 곧음을 좋아하되 배우기를 좋아하지 않으면 각박하게 되고, 용감함을 좋아하되 배우기를 좋아하지 않으면 난폭하게 되고, 굳센 것을 좋아하되 배우기를 좋아하지 않으면 광적으로 된다."48)

그리고 「論語」 첫 머리의 '배우고 때때로 그것을 익히면 기쁘지 아니한가?(學而時習之, 不亦說乎)'와 '세 사람이 같이 길을 가면 그 중에는 반드시 나의 스승이 있다. 그들에게서 좋은 점은 가려서 따르고, 좋지 못한 점은 거울삼아 고치기 때문이다(三人行, 必有我師焉, 擇其善者而從之, 其不善者而 改之.).'49)

"어진 이를 보면 그와 같이 되기를 생각하고, 어질지 못한 자를 보면 마음 속으로 스스로를 반성한다.(見賢思齊而內自省也)."50) 등은 모두 공자의 배움을 중시한 생활 신조를 말해주고 있으며 후세인들에게 많은 모범과 깨달음을 주기도 한다.

공자가 노자(老子)를 만나(공자 35세?, 노자 70여세?) 예에 관해 물었던 이야기는 도가와 유가의 견해가 다소 다르지만 순전히 꾸며낸 이야기는 아니다. 「史記」의 노장신한열전(老莊申韓列傳)의 기록에 의하면 공자가 주 나라로 가서 노자에게 예에 관하여 질문하려 하자 노자는

---

46) 「論語」爲政 篇(十有五而志于學. 三十而立. 四十而不惑. 五十而知天命. 六十而耳順. 七十而從心所欲, 不踰矩.)
47) 「論語」述而편 (學而不厭, 誨人不倦)
48) 「論語」, 양화(陽貨)편
49) 「論語」述而편
50) 「論語」里仁편

"당신이 말하는 것은 그 사람과 뼈는 이미 모두 썩어 버리고 오직 말만 남은 것과 같소. 또 군자란 때를 만나면 수레를 몰고 다니지만, 때를 만나지 못하면 바람에 굴러다니는 쑥대처럼 되는 대로 굴러다닌다 했소. 내가 듣건대 훌륭한 장사꾼은 재물을 깊이 두어 텅 빈 듯이 하고 군자는 큰 덕을 쌓되 그 용모는 어리석은 자와 같다 하였소. 당신은 교만한 기와 많은 욕심과 뽐내는 자태와 욕심 많은 뜻을 버려야만 할 것이니, 그런 것은 모두가 당신의 몸에 이로울 게 없을 것이요."

하고 말했다. 공자는 제자들에게 노자는 마치 용과 같다고 했다. 이 이야기는 현실 정치에 관심이 많았고 그래서 자신의 뜻을 한번 펼쳐보려 했던 공자에겐 불명예스럽게도 보인다. 그때 그의 나이를 40대로 보면 불혹(不惑)의 공자가 노자의 세계를 이해하지 못했다는 해석도 가능한 말이기 때문이다. 그러나 누구에게나 배우려 했던 공자를 생각하면 노자를 좋은 쪽으로 평한 것으로 생각할 수도 있다.

공자는 박학다식했는데 특히 예(禮)와 음악이 특출했다. 그는 육례(六禮: 禮, 樂, 射, 御, 書, 數) 중에서도 예와 악을 중시했다. 「논어(論語)」의 "사람으로서 어질지 못하면 예는 무엇할 것이며, 사람으로서 어질지 못하면 음악은 무엇하겠느냐?"51) "예로써 행동 규범을 삼아 자립하고, 음악으로써 성정을 닦아 학문을 완성시킨다."52)와 「예기(禮記)」의 "위대한 음악은 천지와 같은 조화를 이루며, 위대한 예는 천지와 같은 절조를 이룬다."53) "음악이란 천지의 조화이며, 예란 천지의 질서이다."54) 등이 그것이다. 공자는 예와 악의 전문가였으며 아주 중시했고 즐겼던 것이다. 뿐만 아니라 그는 예와 음악으로 그의 정치 이상을 실현하려 하였다.「효경」의 "풍습을 순화하고 습속을 개량하는데 있어서는 음악보다 더 좋은 게 없다."는 말에는 그의 생각이 잘 나타나 있다.

공자는 19세(B.C 533)때 노나라의 위리(委吏)라는 벼슬을 했고, 같은

---

51)「論語」八佾편
52)「論語」泰伯편
53)「禮記」樂記편
54)「禮記」樂記편

해 송나라 계관씨 집안 딸과 결혼하여 이듬해에 아들을 낳았다.

노나라 소공(昭公)이 이를 축하하여 잉어(鯉)를 보내 주었는데, 공자는 매우 기뻐하여 아들이름을 리(鯉) 자(字)를 백어(伯魚)라 했다. '잉어 한 마리가 공자를 그토록 기쁘고 영광스럽게 했을까?' 하는 생각을 해 보는 것은 사실이 그렇다면 공자의 인물됨에 조금은 실망이 되기 때문이다. 당시 별로 힘이 없는 군주였던 소공이 성인 공자에게는 어울리지 않기 때문이다.

그리고 "공자 스스로 '나는 젊어서 미천했다'고 했는데 공자가 아들을 낳은 날 임금인 소공이 어떻게 알고 미천한 공자에게 즉시 잉어를 보내 축하할 수 있을까?" 하는 의문도 든다. 그러나 한편 당시의 시대로 거슬러 올라가면 이해할 수 도 있다. '미천한' 공자가 첫 아들을 낳아 그렇지 않아도 기쁜데 임금이 잉어를 선물로 보냈으니 공자로서는 영광스러운 일일 수 있기 때문이다.

2년 후에는(B.C 531,21세) 승전리(承田吏)가 되었다. 승전리는 나라의 가축을 기르는 낮은 관직이다. 그가 위리를 맡으면서 저울이 공평했고, 승전리를 맡자 가축들이 크게 번식하고 잘 자랐다. 이런 이야기는 꼭 따라다니는 이야기지만 사실 그 정도는 충분히 가능했을 것이다. 어쨌든 공자는 20세가 넘어서까지 낮고 천한 관직을 마다하지 않고 했다.

공자가 24세 때 어머니 안징재(顔徵在)가 사망하자 오부지구(五父之丘)에 임시로 장사지냈다가 후에 아버지 무덤을 찾게 되어 방(防)이란 곳에 합장했다. 공자가 30세에 이르렀을 때 그는 이미 학문이 대성했다. 그래서 승전리와 같은 낮은 벼슬을 않고 유(儒)로서의 본업만 해도 생활에 지장이 없었다. 유(儒)라는 직업은 예에 관한 일을 돌보아 주는 상례(相禮)와, 제자들을 가르치는 교육을 뜻한다. 그래서 그의 직업이 무당이었다는 견해가 있게 된 것이다.

공자는 노나라가 삼환씨에 의해 좌지우지되고 그들의 세력다툼에 따라 혼란이 거듭되자 노나라에서는 자기의 뜻을 실현할 수 없다고 보고 35세 때에 제(齊)나라를 찾아갔다.

그러나 제나라에서 자기의 뜻을 펴려던 생각은 실패하고 1년 조금 지난 후(37세 때, B.C.515) 제나라를 떠나 노나라로 돌아왔다. 공자는 51세 때 중도재(中都宰)가 된 후 , 53세 때 사공(국토를 다스리는 일)이라는 벼슬을 하고 54세 때는 사구(司寇; 형을 다스리는 일, 요즈음 대법원장 겸 법무장관)라는 직위에 올랐고 55세 때는 대사구로 재상의 일을 겸하여 맡았으나 그만두고 은퇴하여 교육과 공부에 힘썼다.

 벼슬을 그만두고 교육에 전념하는 동안 공자의 생활은 별 어려움이 없었다. 부자는 아니었지만 수레를 타고 체면치레는 할 수 있을 정도였고 먹는 것, 입는 것도 무난했다. (공자는 먹는 것, 입는 것이 매우 까다로웠다.) 그러나 아들이 죽고, 가장 아끼고 기대했던 안연이 죽으면서 공자의 만년은 불행이 시작되었다. 자기 자식이 죽었을 때 공자는 무척 슬펐다. 그러나 제자 안연이 죽었을 때 그는 더욱 슬퍼하여

 "아아! 하늘이 나를 망치는구나! 하늘이 나를 망치는구나!"55)

 하고 부르짖으며 스승으로서의 체면도 아랑곳없이 통곡을 그칠 줄 몰랐다. 기린이 나왔을 때는 세상에서 자기를 알아주지 못하는 것에 탄식하기도 하고 자로가 죽었을 때는

 "아아, 하늘이 나를 끊어 버리는구나!"56)

 하고 절망했다. 공자는 오랫동안 주공을 꿈에서 못 본 것을 생각하고 자신이 곧 죽을 것을 알았다. 병도 이미 깊었다. 「예기」, 단궁(檀弓) 상편에는 죽음을 앞둔 공자의 모습에 대하여 다음과 같이 기록하고 있다.

-- 어느 날 공자께서는 아침 일찍이 일어나셔서, 뒷짐을 짊고 지팡이를 끌면서 문 앞을 거닐며 노래를 하셨다. '태산이 무너지려는도다! 들보가 부러지려는도다! 철인(哲人)이 시들으려는도다!' 노래를 마치고는 들어가 문 앞에 앉아 계셨다. 자공이 그 노래를 듣고는 '태산이 무너지면 우리는 앞으로 무엇을 우러르며, 들보가 부러지고 철인이 시들어 버린다면 우리는 장차 무엇을 의지해야 한다는 건가? 선생님께선 아마도 병이 더하시기 때문인가 보다.' 하고 말하고는 종종걸음으로 방으로 들어갔다. 공자께서 말씀하셨다. '사(賜, 자공의 이름)야! 네 오는 게 어찌 그리 더디냐? 옛날 하(夏)나라 사람들은 동쪽 섬돌 위에 빈소(殯所)를 차렸는데, 마치(죽은 이가) 손님을 대하는 주인 노릇을 하듯 하게 하려는 것이었다. 은(殷)나라 사람들은 양편 기둥 사이에 빈소를 만들었으니, 손님과 주인 사이에 있도록 하게 하려

---

55) 「論語」, 先進 편.
56) 「공양전(公羊傳)」

는 것이었다. 주(周)나라 사람들은 서쪽 섬돌 위에 빈소를 만들었으니, 마치 (죽은 이가) 손님으로써 있듯이 하려는 것이었다.[57] 그런데 나는 은나라 사람인데, 지난 밤에 두 기둥 사이에 앉아서 상(床)을 받는 꿈을 꾸었다. 명철한 임금이 나오지 않으니, 천하에 그 누가 나를 존중해 주겠느냐? 나는 아마도 죽으려나 보다.' 그리고 칠일 동안 앓아 누워 계시다가 돌아가셨다.[58] 때는 B.C. 479년(魯 哀公 16년, 73세 때) 4월 기축(己丑)날이었다. --

공자는 노성(魯城)의 북쪽 사수(泗水) 가에 묻혔는데, 제자들은 모두 상복만은 입지 않았으나 부모에게나 마찬가지로 삼년 동안 상을 치르었다. 공자에게는 자식도 없었고 손자는 어렸기 때문에 모든 상사(喪事)를 제자들이 맡아 처리하였다.

제자들은 삼 년이 지나자 모두 통곡을 하고는 헤어져 돌아갔지만, 자공만은 무덤 곁에 움막을 짓고 3년 동안 더 상을 치렀다고 한다. 그러나 뒤에는 제자들 중의 몇 사람과 많은 사람들이 공자의 덕을 흠모하고 무덤 곁으로 이사와 사는 사람들이 100여 호에 이르게 되었으므로 그곳을 공리(孔里)라 부르게 되었다 한다.[59]

공자의 죽음에 대한 이야기는 평범하고 인간적이다. '승천했다.' '신이 되었다.' '용이 되어 하늘로 올라갔다.'는 등의 신화적 꾸밈이 없다. 그러나 죽을 때까지 훌륭한 임금을 못 만나, 자기 뜻을 펴지 못한 것을 몹시 아쉬워했다.

그가 사구, 대사구까지 했으며, 그때 커다란 업적도 없었는데도 그토록 아쉬워한 것은 지나친 감이 있다. 그가 주공을 이상으로 했는데 주공은 왕이 믿고 의지한 숙부였고, 자기는 미천한(공자 자신이 한 말대로) 사(士)계급 출신이었는데, 자신의 그러한 처지나 주공과의 차이를 잊었던 것이 아닌가 하는 생각이 든다.

어쨌든 공자는 죽는 순간까지 자기 뜻을 다 펼쳐보지 못한 것을 아쉬워했으며 있을 법한 새로운 깨달음은 없었다.

---

57) 옛날 중국의 집 안채(궁전 등)는 섬돌 양편에 계단이 있었는데, 손님이 오면 주인은 동쪽 계단, 손님은 서쪽 계단으로 올라가 각각 동 서쪽 섬돌 위에 서서 첫 인사를 하였다. 따라서 동쪽 계단은 주인, 서쪽 계단은 손님의 위치를 뜻한다.(「禮記」, 「儀禮」)
58) 「史記」,孔子世家에도 비슷한 기록이 있다.
59) 「史記」, 孔子世家.

3) 공자의 사상

가) 정치사상

① 덕치주의(德治主義)

덕으로 세상을 다스린다는 개념은 이미 「시경(詩經)」,「서경(書經)」에도 밝혀져 있는, 공자 이전부터 있어 온 중국의 전통적인 정치 사상이다.[60] 이러한 전통적인 덕치의 방법은 「대학(大學)」에 가장 구체적으로 나타나 있는데, 주희(朱熹,朱子)가 말한 3강목 8조목이 그것이다.

3강목은 밝은 덕을 천하에 밝히는 것(明明德)과 백성을 새롭게 하는 것(親民), 그리고 지극한 선에 머무르는 것(在止於至善)의 세 가지이고, 8조목은 사물의 이치를 추구하는 것(격물, 格物), 앎을 이룩하고(치지, 致知), 뜻을 정성되게 하고(성의, 誠意), 마음을 바르게 하는 것(정심, 正心), 개인의 수양(수신, 修身), 집안을 화목하게 하는 것(제가, 齊家), 나라를 다스림(치국, 治國), 세계평화를 이룩하는 것(明明德於天下 ; 平天下라고 함)의 8가지이다.

공자는 덕치(德治)를 많이 강조하였는데, "덕으로써 정치를 하는 것은 마치 북극성은 일정한 자리에 있으되 여러 별들이 모두 돌며 떠받드는 것과 같이 되는 것이다"[61], "정치로써 인도하고 형벌로 다스리면 백성들은 형벌이나 면하려 들지 수치는 모르게 된다. 덕으로써 인도하고 예로써 다스린다면 수치를 알고 마음이 바르게 될 것이다."는 그의 말속에 잘 나타나 있다.

그런데 덕치는 윗사람이 먼저 올바르게 행동하여 아랫사람의 모범이 되어야만 한다. 그래서 공자는 "위정자 자신이 올바르면 명령을 내리지 않아도 제대로 되고, 위정자 자신이 올바르지 못하면 명령을 내려도 백성들이

---

60) 「書經」의 요전(堯典) 첫 머리에는 요(堯)임금의 정치 업적을 이렇게 쓰고 있다. '자신의 위대한 덕을 잘 밝히시어 온 집안을 친화케 하셨고, 온 집안을 화목케 하심으로써 백성들을 모두 다스리셨고, 백성들을 밝게 다스림으로써 온 세상을 평화롭게 하셨다. 백성들은 이러한 감화로 화평을 누리게 되었던 것이다.'

61) 「論語」,爲政편

따르지 아니한다."62)고 말한다.

노나라의 권신 계강자가 정치에 대해 물었을 때 공자는 "정(政)이란 정(正)의 뜻이니, 선생께서 솔선하여 바르게 행동한다면 그 누가 감히 부정할 수가 있겠습니까?"63)라고 말하는데 그것 역시 덕치란 치자(治者)의 수신(修身)이 바탕이 됨을 말해주고 있다.

한편 공자는 정치에 있어서 주공의 치적이나 위치를 자기 이상으로 하였는데, 무왕의 친동생인 주공(周公) 단(旦)은 주나라 건국 공신이며 문물제도의 창제자였다. 공자는 언제나 이 주공을 꿈에서 만나며 주공이 제정한 문물제도를 그 시대에 새로이 회복시키려 하였다. 또한 주공은 어린 성왕(成王)을 도와 정치를 잘한 인물로서 공자의 이상형이었으므로 공자 자신도 주공처럼 하고 싶었고 그렇게 되고 싶었다.

그가 만년에(72세) 주공을 꿈에서 보지 못한다고 말하면서 자기는 이제 죽을 것 같다고 말한 앞서의 이야기가 이를 잘 반영한다. 그리고 유가 사상이 예(禮)뿐만 아니라 모든 면에서 보수적이고 복고적인 경향을 보이게 된 것도 이런 원인 때문이다.

② 예치주의(禮治主義)

공자의 덕치는 곧 예치를 말한다고 볼 수 있다. "덕으로써 인도하고 예로서 다스린다"(道之以德, 齊之以禮)는 것이 그의 주장이다. 예는 덕치의 방법인데 그것은 질서이기도 하고 문화이기도 하다. 예절이다. 따라서 이 예는 개인적 양심에서 시작해서 사회 질서 내지 사회 윤리이며 인간 윤리로서 넓은 의미의 문화이다. 공자가 선대의 예에 대해 많은 연구를 했고 그 자신이 어렸을 때부터 예에 정진했던 점이 그가 예를 덕치의 가장 좋은 수단으로 믿었던 이유를 잘 반영해 준다.64) 그래서 치자가 예를 어기면 잘 다스릴 수가 없다고 했다. 백성을 잘 다스리는 것이 정치인데 그 예를 스스로 범하면서 백성을 잘 다스릴 수는 없다는 것이다.

---

62) 「論語」, 子路편
63) 「論語」, 顔淵 편
64) 「사기(史記)」에 "공자는 어릴 때에 놀 때는 여러 가지 제사 도구를 벌려놓고 제사지내는 예의 동작을 배우곤 했다."는 기록이 이를 증언해 준다.

"예와 사양심을 가지고 나라를 다스린다면 무슨 문제가 있겠는가? 예와 사양심으로 나라를 다스리지 못한다면 예는 있어 무엇하겠는가?"

라고 말하는 공자는 예가 정치의 수단인 동시에 충분 조건임을 말하고 있다. 한편 예는 각종 제도를 의미하기도 한다. 공자가

"주나라는 하(夏)와 은(殷) 두 나라를 본 땄으므로 문물 제도가 빛난다. 나는 주나라를 따르겠다."

고 말한 것이 그것이다. 그래서 공자는 당시의 세도가(勢道家) 뿐 아니라 이적(夷狄)을 물리친 관중을 크게 떠받들면서도 예의 법도에 어긋난 행동에 대해서는 가차없이 비판을 가했다. 노나라 계씨가 묘정(廟庭)에서 팔일무(八佾舞)를 추었을 때, 삼환씨들이 천자의 노래인 옹(雍)을 노래하며 제기를 치웠을 때 등, 아무리 권신이라도 예에 어긋난 행동을 했을 때 공자는 분노했다.65)

공자의 예는 언제나 음악과 표리를 이루고 있다. "예로써 서고 악으로써 완성한다(立於禮, 成於樂.)"66)는 말이나 "위대한 음악은 천지와 같은 조화를 이루며, 위대한 예는 천지와 같은 절조를 이룬다.(大樂與天地同和, 大禮與天地同節)"67) "예와 악을 모두 터득한 것을 덕이 있다고 말하는 것이다.(禮樂皆得, 謂之有德)"68)는 말에서 잘 알 수 있고, 실제로 공자는 음악에 대하여 열심히 공부하고 매우 좋아하여 전문가였다. 공자는 음악에 심취했고 정통했던 것이다. 그래서 공자는 음악을 듣고 감상뿐만 아니라 정확한 이해를 통해 그 평가까지 했다. 그는 직접 노래를 즐겨 불렀고, 현악기를 연주하기도 했다.

「사기(史記)」의 공자세가에 의하면 공자는 「시경(詩經)」을 편찬하고 305편 모두를 직접 현악기를 연주하며 노래함으로써 소(簫), 무(武), 아(雅), 송(頌)의 음악에 합치시키려 하였다 한다. 그렇다고 공자가 아무 음악이나 좋아한 것은 아니다. 음란한 음악은 반대했고 (鄭聲淫)69), 곱고 단

---

65) 「論語」 八佾篇
66) 「論語」, 泰白 편
67) 「禮記」, 樂記 편
68) 「禮記」, 樂記 편
69) "정나라의 노래는 음란하다"며 반대한 「論語」, 衛靈公 편

정한 음악만 존중했다. 공자가 음악을 좋아한 것은 개인의 수양을 위해서 뿐만 아니라 사회 교화를 이루어 나라를 바로 세우기 위함이었다. 공자는 예로써 사람들의 겉모양과 행동을 다스리고, 음악으로써 사람들의 마음과 감정을 다스리려 했던 것이다. 그의 이러한 음악관은 고대 그리스의 자연 철학자인 피타고라스70)의 견해와 일치한다. "음악은 안으로부터 나오고, 예는 밖에서 이루어지는 것이다. 음악은 안으로부터 나오기 때문에 고요 하며, 예는 밖에서 이루어지기 때문에 문채(文彩)를 이룬다. 위대한 음악 은 반드시 평이하고, 위대한 예는 반드시 간이하다. 음악이 주효(奏效)하 면 원망이 없게 되고, 예가 주효하면 다투지 않게 된다. 서로 절하며 양보 하면서 천하를 다스린다는 것은 예와 악의 효과를 두고 말한 것이다. …… (중략)…… 왕자는 공업(功業)을 이룩하면 음악을 작곡하고, 다스림이 안 정되면 예를 제정한다."71)는 말이 이를 잘 말해준다.

예와 음악을 통한 다스림은 그의 정치 이상이었다. 풍습을 순화하고 습 속을 개량하는데 있어서는 음악보다 더 좋은 것이 없다고 확신했던 것이 다.72)

③ 정명주의(正名主義)

정명(正名)이란 '명분을 올바르게 한다.' 또는 '명칭(이름)을 바로잡는다.' 는 뜻으로, 모두가 제각기 주어진 이름에 들어맞는 모양과 행동을 하도록 한다는 것이다. 이것은 예치주의와도 밀접한 관계가 있다. 모든 사물이 자 기에게 주어진 명칭이나 명분과 꼭 맞는 상태에 있다는 것은 질서의 극치 를 의미하기 때문이다. 임금이 임금이란 명칭에 딱 들어맞는 행동을 하고, 대신이 대신이란 명칭에 딱 들어맞는 행동을 하며, 그밖에 장군·관리· 경제인·어른·아이·남편·아내·아버지·어머니·자식·선생님·학

---

70) 피타고라스(Pythagoras, B.C. 580~500) : 고대 그리스의 자연철학자로 만물은 수 (數)로 되어 있다고 주장하였고 평방수, 피타고라스 정리, 선의 황금 분할, 홀수, 짝 수, 소수(素數) 등 수에 관한 연구가 많다. 음악의 8도 음정(옥타브), 5도 음정, 4도 음정 사이의 수적 비율 등도 발견했고 신비적 종교가이기도 했다. 그는 사람을 정화(淨 化)시키는데 있어서 음악으로 영혼을 맑게 할 수 있다고 믿었고, 육체의 정화를 위해서 위 세척을 연구했다 한다.
71) 「禮記」樂記 편.
72) 「孝經」

생·농민·상업인·공업인·법조인·의사 그리고 모든 조직·기관들이
그 이름에 딱 들어맞게 운영되고 시행되고 실천한다면 정치는 저절로 될
것이고 또 가장 바람직한 정치라고 할 수 있을 것이다. 그래서 공자는 제
나라 경공이 정치에 대해 물었을 때 "임금은 임금다워야 하고, 신하는 신
하다워야 하며, 아버지는 아버지다워야 하고, 자식은 자식다워야 한다."
고 대답한 것이다.[73]

　이와는 좀 다른 이야기이지만 사람이 각각 자기 이름의 의미를 새겨보
아 그 이름 값만 하면 훌륭한 삶을 살 수 있다는 이야기가 있는데 그것도
하나의 정명주의에 입각한 생각이라고 할 수 있다. 그것은 모든 사람들
(임금·신하·아버지·자식 등)이 자기의 본분과 의무와 권리를 다하고 자기
에게 알맞은 몸가짐을 하는 것을 뜻한다. 이렇게 확대해 가면 정명(正名)
이란 그 적용 범위가 넓어서 여기에서 예외 될 수 있는 것이 없을 정도이
다.

　공자의 정치사상에 있어서 그의 계급적 성격은 양면성이 있다. 공자의
예치주의나 정명주의 정치사상은 세상 질서를 천자(天子)를 정점으로 하
는 것으로 전제군주(專制君主)들의 봉건체제의 사상적 근거가 되었다. 공
자가 생각했던 질서는 서민은 관리들에게 복종하고 관리는 대부나 제후들
에게 복종하고 제후들은 천자에 무조건 복종하되, 예로서 다스리는 것이
다. "백성들은 쫓아 따라오게 할 것이지 알게 해서는 안 된다."[74]는 말에
잘 나타나 있다. 맹자에 의하면 공자가 「춘추(春秋)」라는 그 시대의 역사
를 쓴 것도 그의 정명주의에서 나온 것이라 한다.[75] 공자는 어려운 시대
의 사회를 「春秋」를 통해서 명분을 바로잡으려 했던 것이다.

　한편 공자의 다른 한 면인 백성을 중히 여기고 그들의 이익에 관심을
보이고 있는 면은 확실히 진보적이긴 하지만 그것은 결국 나라를 안정시
키고 튼튼하게 하려는 목적 하에서 이루어지고 있기 때문에 아직 백성이
나라의 주인이라는 민본사상이라고 하기까지에는 이르지 못한다고 볼 수

---

73) 「論語」, 顔淵 편(君君·臣臣·父父·子子)
74) 「論語」, 顔淵 편(民可使由之, 不可使知之)
75) 「孟子」, 등문공 하편

있다. 공자 자신이 관리와 백성의 사이 계급인 사(士)였으므로 그가 관직에 있을 때는 상류 귀족 계급의 이익을 옹호하는 보수성을 띄고, 관직에서 물러나면 백성들과 가깝기 때문에 백성들(서민)의 어려운 생활에 관심이 기우는 진보적 성격을 갖는 것이다. 그렇더라고 그가 백성을 중히 여기는 말은 많다.

자공(子貢)이 정치에 대해 먹을 것, 군비, 백성 중에서 한 가지를 버린다면 무엇을 버려야 되는가 라고 물었을 때 군비, 먹을 것을 들고 백성의 믿음을 버리면 정치(국가)가 설 수 없다.[76]고 한 대답이 잘 말해주고 있다. 맹자(孟子)의 "백성이 가장 귀하고, 조정은 그 다음이며, 임금은 가벼운 것이다" 라는 민본주의사상은 공자의 이런 면에 그 근거를 두고 있다고 볼 수 있다. 그리고 한가지 더 지적할 것은 공자는 철저히 중국 중심이고 주변의 나라나 사람들은 모두 오랑캐로 인식했다는 점이다.

그가 말하는 오랑캐는 야만적이고, 도(道)나 덕(德), 기타 선(忠·孝·仁·禮·樂 등)을 논할 수 없는 존재다. "오랑캐들에게 임금이 있다 해도 중국에 임금이 없는 것만도 못하다."[77]는 말이 그것이고 그 외에도 「論語」 자로 편, 위령공 편 등에도 여러 번 언급되어 있다.

공자가 보기에 오랑캐들은 짐승보다는 조금 낮은 존재일 뿐 덕이나 인(仁)·의(義)·예(禮)·지(智) 같은 것은 중화민족에게나 적용될 수 있는 것으로 생각했다. 그러므로 오랑캐들은 무력으로 굴복시켜야 할 대상이고 덕치(德治)·예치(禮治)·정명주의(正名主義)·백성을 위하는 정치 등은 한 족만이 해당된다. 물론 그 시대의 공자를 생각하면 충분히 납득이 가는 것이지만 시공을 초월하여 성인으로 숭배하는 사람들이 있다는 측면에서 보면 미흡함을 보여 주고 있는 부분이다.

나) 주유열국(周遊列國)

공자는 55세 때 노나라의 사구(司寇)라는 벼슬을 그만두고, 56세 때 (B.C. 496년) 자기의 이상을 실현할 나라와 임금을 찾아 국외 여행길에 올

---

76) 「論語」, 顔淵 편
77) 「論語」, 八佾 편

라 68세(B.C 484)에 노나라로 다시 돌아오기까지 13년 동안 여러 나라를 돌아 다녔는데 이때의 기록은 책에 따라 서로 다른 기록들이 보인다.

「사기(史記)」에는 공자가 "왕도(王道)"를 밝히려고 70여 나라의 임금들을 유세(遊說)했다"[78]고 하였고 「회남자(淮南子)」에서도 "공자는 왕도를 실행하고자 하여 동서남북으로 다니며 70여명의 임금을 유세하였으나 아무도 그를 알아주지 않았다.[79]고 하였으나 공자가 여러 나라를 다녔고 여러 사람을 만났으나 70여 나라를 찾아가 70여명의 임금을 만났다는 것은 과장일 것이다.

확실한 것은 주(周)·제(齊)·위(衛)·진(陳)·섭(葉) 세 나라이고 그가 다닌 곳은 지금의 산동, 하남의 두 성과 하북 남쪽 일부 정도의 범위였다. 송(宋)·조(曹)·정(鄭)나라는 지나가기만 했다.

제일 먼저 찾아간 나라는 위나라였다.(56세, B.C 496) 공자가 위나라를 제일먼저 찾아간 것은 노나라와 지리적으로 가깝고 옛 문화의 중심지였으며 당시 위나라 임금인 영공(靈公)이 그 자신의 능력은 시원찮으면서도 많은 현명한 신하들을 등용하고 있었기 때문이었다.[80]공자는 이미 번성하고 있는 위나라에 가서 백성들을 부하고 도덕적인 사람들로 만들려는 포부에 차 있었다.

공자가 위나라에 도착하자 위나라 세도가들은 공자를 자기편에 끌어들이려고 했다. 위나라를 다스리던 영공을 만나 공자가 노나라에서 받은 만큼의 녹(祿)을 받았지만 크게 중용되지는 못했다. 오히려 참소하는 자들도 있어서 공자는 영공의 감시까지 받게 되었다. 이에 공자는 10개월만에 위나라를 떠나 진(陳)나라를 향해 가고 있었다. 도중에 광(匡)이라는 고장에서 공자와 공자를 따르던 무리들은 닷새 동안이나 포위된 채 생명의 위험까지 느끼는 고초를 당했다. 공자 스스로도 거기에서 죽는 줄로 생각할 정도였다.

광명의 포위에서 풀려나가 공자는 포(浦) 땅을 거쳐 한달 만에 위나라로

---

78) 「史記」, 십이 제후 년표
79) 「회남자(淮南子)」, 태족훈(泰族訓)
80) 「論語」, 憲問 편, 衛靈公 편, 子路 편 등

돌아왔다. 위 영공은 공자를 마중까지 했으나 위나라는 영공의 아내인 남자(南子)에 의해 문란해져 가고 있었다. 남자는 음탕한 여자이고 거만해서 공자는 남자로부터 모욕을 당하고 한달 남짓해서 위나라를 떠났다. 당시 공자는 남자라는 여인에 대해 몹시 불쾌하게 생각했었던 것 같다. 공자가 유독 "여자와 소인은 다루기 어렵다. 가까이 하면 공손치 않게 되고 멀리 하면 원망하게 된다."81)라고 말한 것은 아마 이때였을 것이다. 공자는 위나라를 떠나 진(陳)나라로 가는 중이었는데 조(曹)나라를 거쳐 송(宋)나라에 이르렀을 때 환퇴(송나라 장군)로부터 큰 위협을 받게 되었다. 공자는 광 땅의 위험에서 "…하늘이 이 문화를 없애버리려 하시지 않는다면 광 사람들이 나를 어찌할 수가 있겠는가?"82)라고 말했다.

　아마 공자는 자신이 유일한 중국문화의 계승자요 또 후대에 물려줄 하늘의 소명을 받은 것으로 자부했던 것 같다.그러나 공자가 정나라에 이르렀을 때에 송나라에서의 위협에 흩어졌던 자공(子貢)이 공자를 찾고 다녔는데 어떤 사람이 "상가집 개 같은 사람"이 동문 밖에 서 있었다고 했다는 이야기를 하자 공자는 자공으로부터 이 말을 듣고 "그럴 싸 하다"고 했다 한다.83)지금도 우리가 쓰는 '상가집 개 같다'는 말의 유래가 이에 근거한다. 공자는 생명의 위험을 무릅쓰고 진(陳)나라에 왔으나 거기서도 뜻을 펴지 못하고 3년 동안 있다가 위나라로 돌아가려고 떠났는데 도중 전에 수난을 겪었던 광 땅에 가까운 포 땅에서 또 수난을 당했다. 당시 공자는 포 땅 사람들에게 잡혀 위험했으나 그들의 요구대로 위나라에는 가지 않겠다는 맹세를 하고 풀려났다.

　그러나 공자는 자기의 맹세를 어기고 위나라로 갔다. "맹세를 어겨도되느냐."는 자공의 물음에 대해 공자는 "강요에 의한 맹세는 귀신도 알아주지 않는다."84)고 말했다. 유가에서는 공자가 포 땅에 가지 않았다고 주장한다. 그것은 아마 공자가 맹세를 어긴 것이 성인으로서 흠이 된다고 생각

---

81) 「論語」, 陽貨 편
82) 「論語」, 述而 편
83) 「史記」, 孔子世家
84) 「史記」, 孔子世家

해서였을 것이다.

공자가 위나라에 다시 왔지만 그에 대한 영공의 대우는 더욱 소홀하였다. 공자는 "진실로 나를 써주는 사람이 있다면 일년이면 그 나라를 바로 잡을 수가 있고 삼 년이면 완전한 정치의 성과를 올리련만!"[85] 하고 탄식하였다.

위대한 성인 중에 정치에 대해 그토록 집착을 가진 자는 드물다. 사실 공자는 농사짓는 일보다 벼슬하는 것을 좋은 일로 알았던 것 같다. "농사를 지으면 굶주림이 그 가운데 있고 공부를 하면 녹이 그 가운데 있다."는 「논어」위령공 편의 말에서도 알 수 있는 바다. 공자가 그토록 자신의 능력에 대해 자신을 갖고 있었으면 위정자는 권세가들이 자신을 인정하도록은 왜 못했을까? 하는 생각이 든다. 그러나 한편 시대는 항상 위대한 사람을 만들되 받아들이지는 못했음을 생각하면 다소 이해가 될 것이다.

어쨌든 공자는 위나라를 떠나 고향인 노나라로 가고 싶었지만 불러 주지를 않았다. 그는 진(晋)나라로 출발했지만 자기가 만나려 했던 조간자(趙簡子)가 어진 사람들을 죽였다는 소문을 듣고는 황하를 보며 탄식하고는 위나라로 돌아왔다.

그 후 얼마 못 가서 공자는 위나라를 떠나 진(陳)나라에 갔다(60세 때) 노나라 권신 계강자는 공자를 초빙하려다 주위의 충고에 따라 공자의 제자인 염구(冉求)를 초빙했다. 자공은 공자가 고향으로 돌아가고 싶어함을 알고 염구를 전송하면서 공자를 초청해 주도록 부탁했다. 후일 공자가 노나라로 돌아갈 수 있었던 것은 이 염구를 비롯한 제자들의 노력이 컸다.

공자는 61세 때 채(蔡)나라로 갔으나 채나라는 당시 매우 혼란스러운 상황이었다. 그래서 다시 채를 떠나 섭(葉)나라로 갔으나(62세 때) 거기서도 뜻을 이루지 못하고 채 나라로 돌아왔다.

다음 해(62세 때) 공자는 채나라를 떠나 마침 진(陳)나라 땅에 와 있는 초(楚)나라의 소왕을 찾아가려 했다. 초의 소왕은 현군으로 진나라와 오나라가 전쟁을 하게 되자 진나라를 돕기 위해 와 있었다. 그러나 진나라와

---

85) 「論語」, 子路 편

채나라의 방해로 위험에 빠져 제자들(특히 자로)의 불만까지 샀으나 자공을 초나라로 보내어 초나라의 소왕이 군사를 보내 위기를 면할 수 있었다. 공자는 초나라에서 소왕에 의하여 쓰임 받을 뻔했으나 초나라 재상인 자서(子西)의 반대로 또 실패하고 말았다.

공자는 위나라로 다시 돌아왔다. 공자가 위나라로 네 번째 왔을 때 위나라 임금은 전보다 훨씬 냉담했으나 그래도 위나라에는 공자의 제자들이 많이 벼슬하고 있었기 때문에 머물게 되었을 것이다. 그리고 공자는 왕위 문제로 자기 아버지와 대결한 위나라의 임금(出公)을 의롭지 못하다고 보았기 때문에 (위의 출공은 영공의 태자 괴외의 아들이었다.) 그 출공 앞에서 벼슬할 마음도 없었던 것 같다.

마침내 제자 염유의 활약과 추천에 힘입어 공자는 고국을 떠난 지 13년 만에 노나라로 돌아오게 되었다. 그러나 당시 실권자인 계강자에 대해 안 좋게 생각했던 공자는 벼슬길에 나가지 않았고, 계강자 역시 그를 등용하지 않았다. 그러나 공자의 제자들은 크게 활약하여 공자는 생활이 안정되고 교육과 경전을 쓰는 데 주력할 수 있었다.

한편 공자가 벼슬을 하고 싶어서 여러 나라를 찾아다니는 것에 대해 세간에는 비판하거나 비웃는 사람들이 있었다. 앞서 소개한 '상가집 개'라는 말도 그 한 예이다. 그리고 입신 출세에 대한 공자의 집착은 지나칠 정도로 강했고 끈질겼다. 내란으로 옳지 못한 정치가 행해지고 있는 진(晉)나라로 가려다가 자로가 반대했을 때 공자는 결국 가지는 않았지만 변명을 했으며86) 위나라에 있을 때 등용되지 않자 몹시 초조해 했다. 「사기」와 「논어」에 있는 일화 중에 다음과 같은 이야기가 있다.

— 어느 날 공자가 경(磬)을 연주하고 있었는데 어떤 사람이 삼태기를 지고 공자가 있는 집 문 앞을 지나다가 그 연주를 듣고 말했다."마음속에 딴 생각이 있구나. 저 경을 치는 품이! 천하다. 각박한 소리를 내니! 자기를 알아주지 않으면 그것으로 그만인 것을, 「시경」에 말했듯이 '깊으면 옷 벗어 들고 얕으면 옷 걷고 건너야만 하는 것을!'—

공자의 불안한 마음이 악기 연주에도 드러날 정도였다는 이야기이다.

---

86) 「論語」,陽貨 편

또 어느 날 장저(長沮)와 걸닉(桀溺)이라는 두 사람이 나란히 밭을 갈고 있었다. 공자는 그들 곁을 지나다가 자로를 시켜 그들에게 나루터가 있는 곳을 물어오도록 하였다. 자로가 가까이 가니 장저가 먼저 물었다.

"저 수레의 말고삐를 잡고 있는 사람은 누구요?"

"공구라는 분입니다."

"노나라의 공구 말이요?"

"그렇습니다."

"그는 나루터를 알고 있소."

하고 가르쳐주지 않았다. 그래서 걸닉에게 물었다. 걸닉은

"당신은 뉘시오?"

"중유(仲由)라는 사람입니다."

"그럼 당신은 노나라 공구의 제자지요?"

"그렇습니다."

그러자 걸닉은 말했다.

"지금 세상은 온통 물이 도도히 흐르는 것과 같은데, 그 누가 그 방향을 바꿀 수가 있겠소? 또한 당신도 피해 다니는 선비(자기들 같은)를 따르는 게 어떻소?"

하며 밭갈이를 멈추지 않았다. 이 이야기를 들은 공자는 언짢아하면서

"새나 짐승과 같이 어울려 살 수는 없는 일이다. 내 천하의 사람들과 어울려 살지 않고 그 누구와 더불어 살겠느냐? 천하에 도가 있다면 나는 그것을 개혁하려 하지는 않을 것이다."87)

라고 말했다. 공자가 노자를 만났을 때도 같은 류의 충고를 들었다.

다) 교육생활(敎育生活)

공자가 가르치기 시작한 때에 대하여 17세, 24세 등의 기록들이 있지만 아마 30세 전후일 것이다. 그가 "서른 살에는 자립했다."로 말한 그때일 것으로 생각된다.

또 공자의 제자는 3000명이었으며 육례에 통달한 사람들만도 72명이

---

87)「論語」, 미자(微子) 편

있었다88)고 하는데 그것은 공자로부터 직, 간접으로 가르침을 받은 자가 수천 명이었고 실제로 공자의 제자로서 만도 70여 명이었다는 말이다.89) 「논어」에는 공자의 제자라고 생각되는 인물이 36명인데 그중 언행이 뚜렷한 것은 27명이다.

그 중에서도 공자가 30세 되기 전에 배운 제자는 몇 명 안 되는 것으로 생각된다. 「논어」 선진(先進)편에 공자가 자기 제자들을 평하여 "덕행에는 안연, 민자건, 염백우, 중궁이 있고 언어에는 재아, 자공이 있고, 정사에는 염유, 계로가 있고 문학에는 자유, 자하가 있다."고 했는데 이 열 제자를 흔히 공문십철(孔門十哲)이라 부르고, 덕행·언어·정사·문학을 공문사과(孔門四科)라 부른다.90)

공자가 처음 교육을 시작한 것은 자기가 속해 있던 유(儒)라는 계급의 관례대로 일종의 생활 수단을 위한 것이었다. 차차 공자의 지식과 이상이 무르익어 가면서 교육은 그의 이상 실현의 방법으로서의 의미를 가지게 되었다. 또 봉건사회가 무너지는 시대에 살았던 그는 주(周)나라 주공(周公)이 이룩했던 봉건질서를 회복해야 된다고 생각했다. 그리고 이러한 봉건질서 회복은 지도자의 수신(修身)에서 출발해야 하며 그것은 「대학」의 세 강령인 "덕을 밝히고 백성을 새롭게 하고 지극한 선에 머무름"에 있다고 생각했다.

그러나 공자가 봉건질서 회복을 통하여 당시 혼란했던 정치현실을 극복하고 도덕적인 회복을 꾀하려 했던 만큼 그의 교육대상은 귀족들이었다. 그는 어리석은 백성들을 교육을 통하여 깨우쳐서 정치, 사회현실을 개선하려 한 것이 아니라, 지도자·통치자를 깨우쳐 그들로 하여금 정치를 잘하도록 하려 했던 것이다. 그렇다고 공자가 교육의 대상을 신분에 따라 구별한 것은 아니다. 오히려 그는 정치와는 달리 교육에 있어서는 계급을 무시했다. 평민들도 잘 배워서 능력을 갖추면 지배계급이 될 수 있다고 생각

---

88) 「史記」, 孔子世家
89) 「史記」, 중니제자열전에는 '공자의 가르침에 통달하고 특이한 재능을 가진 제자가 77명, 그밖에 육례에 통달했던 제자가 76명, 또는 83명이라 하였다.
90) 이 공문 십철에 증삼(曾參)이 들어 있지 않은 것은 증삼이 공자보다 나이가 46세나 적은 데다 늙도록 살았기 때문이라고 본다.

했다. 정치적으로는 지배자의 통치에 잘 따라야 하지만 능력 있는 자가 다스려야 한다고 믿었던 것이다.

그래서 공자는 빈부귀천을 가리지 않고 가르쳤고 개인의 과거조차 문제 삼지 않았다. 실제로 그의 제자 중에는 귀족출신도 있고(남궁경숙, 맹의자, 사마우) 천민출신(중궁)도 있었다.

"…사람이 자기 자신을 깨끗이 하고 나오면 그 깨끗함을 거들어 주되 그의 과거는 따질게 없는 것이다."91)

라는 말에 잘 나타나 있다.

공자는 인인(仁人)과 군자(君子)의 양성을 교육목표로 하였기 때문에 덕과 학문의 균형 있는 발전을 중시했다.「논어」양화(陽貨)편에서 공자는 자로에게 공부하는 사람에게 흔히 있는 육언육폐(六言六蔽)에 대하여

"인(仁)을 좋아하면서 배우기를 좋아하지 않으면 어리석게 되는 폐단이 있고 지혜를 좋아하면서 배우기를 좋아하지 않으면 그 폐단은 방탕하게 되고 신의를 좋아하면서도 배우기를 좋아하지 않으면 그 폐단은 남을 해치게 되는 것이며 곧음을 좋아하면서도 배움을 좋아하지 않으면 그 폐단은 각박하게 되는 것이며 용감함을 좋아하면서도 배우기를 좋아하지 않으면 그 폐단은 난폭하게 되는 것이며 굳센 것을 좋아하면서도 배우기를 좋아하지 않으면 그 폐단은 과격하게 되는 것이다."

라고 가르친 것도 덕(六言)도 배움이 뒷받침되지 않으면 폐가 될 수 있음을 깨우치기 위함이었다. 그리고 공자는 배우기를 좋아하는 사람에 대하여 설명하기를

"군자로서 배불리 먹기만을 추구하지 아니하고 편히 지내기만을 추구하지 않으며, 일에는 민첩하고 말은 신중히 하며 올바른 도를 지닌 이를 따라 바로 잡는다면 배우기를 좋아하는 사람이라 할 수 있다."92)

고 하였다. 공자는 배우는 사람은 잘 먹고 편한 것에 관심 두지 말고 올바른 도를 추구하면 되고 그렇게 되면 먹고사는 문제는 저절로 해결된다고 하였다. 그리고 공부는 꾸준히 해야 한다고 했다. "선비로서 도에 뜻

---

91)「論語」, 述而 편
92)「論語」, 학이 편

을 두고 나쁜 옷 나쁜 음식을 창피하게 여긴다면 의논할 상대도 되지 못한다."93) 는 말이 이를 잘 반영하고 있다.

한편 공자는 자유로운 대화를 통한 개성교육을 중시했다. 같은 질문에 대해서도 공자는 묻는 제자들의 개성에 맞는 대답을 하였고 단점을 깨우치게 하는 것도 그랬다.「논어」선진 편에 다음과 같은 그 좋은 보기가 있다.

-자로(子路)가 여쭈었다. '가르침을 들으면 곧 그것을 행해야 합니까?' 공자께서 대답하셨다. '부형이 계신데 어떻게 들은 것은 바로 행할 수 가 있겠느냐?' 염유(冉有)가 여쭈었다. '가르침을 들으면 곧 그것을 행해야 합니까?' 공자께서 대답하셨다. '들었으면 곧 그것을 행해야지!' 이에 공서화가 말하였다. '자로가 물었을 때는 부형이 계시다고 하시고 염유가 물었을 때는 들었으면 곧 그것을 행하라고 하시니 저는 어리둥절하여 그 까닭을 여쭙고자 합니다' 공자께서 대답하셨다. '염유는 소극적이라 그를 밀어준 것이고 자로는 남보다 두 몫은 적극적이므로 그를 물러서게 한 것이다.' 이와 같은 예는 그밖에 효(孝)나 예(禮) 등에도 나타나 있다. 공자는 각 개인에게 적절한 방법으로 적절한 내용을 깨우치고 단련하도록 지도한 것이다.

그리고 사람들의 학문 습득에 관해서 공자는 세 부류로 설명하였다. "나면서 아는 사람은 으뜸이고, 배워서 아는 사람은 그 다음이고, 막히자 그것을 배우는 것은 또 그 다음이다. 막혔는데도 배우지 않으면 사람들 중에서도 하치라 할 것이다."94)는 말이 그것이다. 이 글은 읽는 독자 자신이 어느 부류에 속하는지 한번 생각해 볼 만한 이야기이다.

공자가 가르친 내용에 대하여「논어」술이 편에 의하면 "공자께서는 네 가지를 가르치셨으니, 문(文)·행(行)·충(忠)·신(信)이라."고 하였다. 문은 문장을 가리키지만 그보다는 더 넓은 의미의 학문을 말하고, 행은 실천, 충은 성실, 신은 신의를 뜻한다. 행·충·신은 덕행에 해당되므로 공자가 가르친 교육내용은 학문과 덕행이라고 할 수 있다. 공자가 30세 이전에 처음 가르쳤을 때는 당시 사(士)계급의 일반적인 교과목이라 할 수 있는 육예(禮, 樂, 射, 御, 書, 數)였다.

그러나 여러 나라를 돌아다니고 나이가 들어 원숙해진 후에는 주로 예

---

93)「論語」, 이인 편
94)「論語」, 季氏 편

(禮)·악(樂)을 중시했다. 그것은 기능적인 면보다 인격적인 면을 중시하고 중점적으로 가르친 것이다. 「논어」 태백 편에 "시를 통하여 일어나고 예를 통해 자립하고 음악을 통하여 완성한다."95)가 바로 이를 말한다. 시를 배우지 않으면 남과 더불어 말할 수가 없고 예를 배우지 않으면 남 앞에 설 수가 없고 음악을 배우지 않으면 인격 완성을 할 수 없다고 했다.

라) 윤리 사상

① 공자의 도(道)와 덕(德)

공자는 "아침에 도를 알게 되면 저녁에 죽어도 좋다."96) 고 말했는데 그만큼 그는 도를 중요시하였다. 이러한 도는 정치를 하는데 있어서의 '올바른 도리'를 뜻한다. 나아가 도는 일반적이고 광범한 '올바른 도리'를 뜻하기도 한다. 그래서 공손(恭遜)·공경(恭敬)·은혜(恩惠)·의로움(義)·인(仁)·지(智)·용(勇)·충(忠)·서(恕) 등의 덕목들이 도에 포함되고 있다. 공자가 "도에 뜻을 두고, 덕에 의거하고, 인에 의지하고, 육예(六藝)에 노닐어야 한다."97)라고 말한 것을 보면 공자가 생각한 도는 사람의 모든 행동의 바탕이 되는 것이라고 할 수 있다. 「논어」에는 도에 관한 기록이 여러 군데 있다. 공자의 도에 대한 이해를 돕기 위해 몇 가지를 소개하면 다음과 같다. "이른바 대신이란 도로써 임금을 섬기다가 안 되면 물러나야 합니다."98) "나라에 도가 행해지고 있으면 녹을 먹지만, 나라에 도가 행해지지 않는데도 녹을 먹는 것은 수치스런 일이다."99) "나라에 도가 행해질 때에는 고답(高踏)한 말과 고답한 행동을 하지만, 나라에 도가 행해지지 않을 때에는 고답한 행동은 하되 말은 겸손하게 해야 한다."100) "군자가 도를 배우면 남을 사랑하게 되고, 소인이 도를 배우면 부리기 쉽게 된다."101) "도가 같지 않으면 함께 일을 꾀하지 않는다."102)

---

95) 興於詩, 立於禮, 成於樂
96) 「論語」, 里仁 편
97) 「論語」, 述而 편
98) 「論語」, 先進 편 "所謂大臣, 以道事君, 不可則止."
99) 「論語」, 憲問 편. "邦有道穀, 邦無道穀, 恥也"
100) 「論語」, 憲問 편. "邦有德, 危言危行, 邦無德, 危行言孫."

이에 대하여 덕(德)은 정치하는 사람이 갖추어야 할 훌륭한 성능이며 사람이 살아가는데 있어야 할 훌륭한 성능이다. 또 그것은 은덕(恩德)·은혜를 뜻하기도 한다. 그리고 덕은 선천적으로 타고나기도 하지만 사람의 노력에 의해 후천적으로 쌓은 덕성이기도 하다.

중용(中庸)·사양(辭讓)·충(忠)·신(信)·의(義) 같은 덕목들이 이에 속한다. 덕에 관한 공자의 말도 몇 가지 소개하면 다음과 같다. "훌륭한 말은 그 힘 때문에 일컬어지는 것이 아니고 그 덕 때문에 일컬어지는 것이다."103) "나는 덕을 좋아하기를 여색을 좋아하듯 하는 사람을 아직 보지 못했다."104) "유(由, 子路)야! 덕을 아는 사람은 드문 것이다."105) "태백106)은 지극한 덕을 지녔던 분이라 하겠다. 굳이 천하를 양보했었으나 백성들은 그를 칭송할 길이 없었다."107)

이상에서 공자가 말하는 도는 '올바른 도리', '올바른 원리'를 의미하고 덕은 그 도를 따르는 올바른 성능이라는 것을 알 수 있다. 따라서 도는 스스로 존재할 수 있지만 덕은 사람이 올바로 행해야 존재한다.

② 인(仁)

공자는 인을 윤리의 핵심으로 생각했다. 인은 모든 덕목의 기본이고 내적 바탕이다. 공자가 이상적인 인간상으로 생각한 군자(君子) 역시 인이 갖추어져야 한다. 인하지 못하면 군자일 수 없고 예도 음악도 인이 그 근본이어야 한다. 「논어」에서 "사람으로서 인하지 못한다면 예는 무엇할 것

---

101) 「論語」,陽貨 편. "君子學道則愛人, 小人學道則易使"
102) 「論語」, 衛靈公 편. "道不同, 不相爲謀"
103) 「論語」,憲問 편. "驥不稱其力,稱其德也"
104) 「論語」, 자한(子罕) 편. "吾未見好德, 如好色者也."
105) 「論語」,衛靈公 편. "由! 知德者鮮矣."
106) 태백(泰伯)은 주(周) 태왕의 세 아들 중 맏아들, 둘째는 중옹(仲雍), 셋째는 계력(季歷)이었다. 계력이 아들 창(昌, 뒤에 文王이 됨)을 낳았는데 성인의 덕을 타고났었다. 태왕은 어지러운 은나라를 없애기 위해서는 왕위가 창에게로 전해지도록 계력에게 임금자리를 물려주려는 뜻을 품었다. 태백은 아버지의 뜻을 알아차리고 동생 중옹과 함께 임금자리를 버리고 남만 땅으로 도망하였다. 그리하여 주나라 왕위는 계력을 거쳐 문왕에게로 계승되었고, 문왕의 아들 무왕(武王)에 이르러 은나라를 쳐부수고 천하를 새로이 통일하게 되었다.
107) 「論語」, 泰伯 편

이며, 사람으로 인하지 못하면 음악은 무엇할 것이냐?"108)고 말한 것에서도 잘 알 수 있다.

그러나 '인이 무엇이냐?'에 대한 정의는 간단하지 않다. 인에 대한 공자의 이야기도 대화의 상대에 따라 다르게 표현되고 있기 때문이다. 제자 번지(樊遲)가 인에 관하여 질문했을 때는 "사람을 사랑하는 것(愛人)"109)이라 말하고, "인이라는 것은 그의 말을 조심하는 것이다."110) "자신을 극복하고 예로 돌아가는 것이다."111) 이렇게 인(仁)을 여러 가지 뜻으로 말한 것은 본래 인이라는 개념이 복잡해서 간단히 정의(定義)를 내리기가 어려운 이유도 있을 것이다. 공자가 인에 대해 한 말을 몇 가지 소개하면 다음과 같다. "참으로 인에 뜻을 두었다면 악함이 없을 것이다."112) "지사(志士)와 인인(仁人)은 살기 위하여 인을 해치는 일은 없으며, 자신을 죽여 인을 이룩하기도 한다."113) "강직하고 꿋꿋하며 질박(質朴)하고 둔한 것은 인에 가까운 것이다."114) "인한 사람은 어려움에는 남의 앞에 서고, 이득은 남에 뒤져 얻으려 한다. 그러면 인하다 할 수 있다."115) "인이라는 것은 사람다움이니, 어버이를 친근이 모시는 것이 가장 큰 일이다."116)

「논어」에 나타나 있는 인의 정의를 살펴보면 인은 사람을 사랑하는 것이다. 그러므로 인은 개인의 내면적인 윤리인 동시에 사회윤리이기도 하다. "자신을 이기고 예로 돌아가는 것이 인이다.(克己復禮)"117)에서도 자기 자신을 이기는 것은 개인적인 윤리이지만 예로 돌아간다는 의미는 사회적인 윤리이다.

그런데 공자의 인은 무조건적이고 무차별적인 사랑은 아니다. 인은 사

---

108)「論語」, 八佾 편
109)「論語」, 顔淵 편.
110)「論語」, 顔淵 편. "仁者, 其言也訒."
111)「論語」, 顔淵 편. "克己復禮爲仁."
112)「論語」, 里仁 편. "苟志於仁矣, 無惡也."
113)「論語」, 衛靈公 편. "志士仁人, 無求生以害仁, 有殺身以成仁."
114)「論語」, 子路 편.
115)「論語」, 雍也 편
116)「중용(中庸)」
117)「論語」, 顔淵 편.

람다움이기 때문에 사람다운 사람을 사랑하는 것이 인(仁)인 것이다. 그래서 "인자(仁者)만이 사람을 사랑할 수도 미워할 수도 있다"118)고 했다.사람답지 않은 사람, 불인자(不仁者)는 사랑할 수 없다. 그래서 공자의 인을 차별적 사랑, 선별적 사랑, 또는 차등적 사랑이라고도 한다. 이점이 공자의 사랑(仁)의 독특성이다. 묵자(墨子)의 겸애(兼愛)와 다르고, 석가의 자비나 예수의 사랑과도 다르다.

한편 공자는 인의 근본이 효제(孝悌)라 했는데, 인이 부모님에 대한 효와 형제간의 우애를 근본으로 하여 어른 공경과 이웃사랑으로 확대되는 실천적인 덕을 바탕으로 한다고 하였다. 그래서 공자는 개인적으로 사람을 평할 때 '충성스럽다.' '청백하다.'는 칭찬을 아끼지 않지만 '인(仁)하다.'는 표현은 주저했다. 인은 개인적인 수양에 그쳐서는 부족하고, 그 충성스러움, 청백함이 남을 위하고 나라를 위하는 것이어야 한다고 생각한 것이다.119)

그러나 인을 실천하기가 어렵기는 하지만 한편 마음만 먹으면 간단히 할 수가 있는 것이라고 공자는 생각했다. 실제로 남을 위하려는 마음가짐을 갖는 것은 어떤 계기가 있어 생각을 바꾸면 쉽게 이룰 수도 있기 때문이다. 이에 대해 공자는 "인은 멀리 있는 것일까? 내가 인하게 되고자 하면 곧 인에 이르게 되는 것이다."120)라고 말했다. 인은 누구나 마음만 고쳐먹으면 곧 행할 수 있지만 그것을 꾸준히 실천하기가 어려운 것이다. 그래서 끊임없이 수양과 노력을 해야 한다. 그래서 공자는 "군자로서 인을 버리면 어찌 명성을 이룩하겠느냐? 군자는 밥 먹는 동안일지라도 인을 어기지 말고, 다급한 순간이라 할 지라도 반드시 인에 의거하고, 넘어지는 순간이라 할 지라도 반드시 인에 의지해야 한다."121)고 말한다.

그리고 공자는 인인(仁人)을 만나보지 못했다고 말했는데 그 말은 자기수양을 통해 남을 위하는 실천의 어려움을 잘 표현하고 있다. 그러나 공자

---

118) 「論語」, 里仁 편. "唯仁者, 能好人, 能惡人."
119) 「論語」, 公冶長 편.
120) 「論語」, 述而 편.
121) 「論語」, 里仁 편.

는 인의 성취를 아주 강조한다. "자신을 죽여서라도 인을 이룩하라(殺身以成仁)"고 까지 말하고 있는 것이다. 따라서 공자에 있어서 인인(仁人)이 바로 성인(聖人)이다.

마) 하늘에 대한 신앙

공자의 가르침을 유교(儒敎)라 부르기는 하지만 그것을 종교라고 부르기에는 적절치 않다는 주장도 있다. 왜냐하면 종교에 필수적인 내세의 구원문제에 대한 신앙이 없기 때문이다. 「논어」에서 자로가 귀신 섬기는 일에 대해 물었을 때 공자는 "사람도 제대로 섬기지 못하는데 어찌 귀신을 섬길 수 있겠느냐?"[122) 하고 대답했다. 죽음에 대해 물었을 때에도 "삶도 아직 모르는데 어찌 죽음을 알겠느냐?"[123) 하고 대답했다. 그래서 공자의 가르침을 인간 중심적이고 현실 중심적이라고 한다. 공자에게 있어서 기적이나 이사가 없는 것도 그러한 인간주의 및 현세주의적 특징을 잘 반영하고 있다. 또 공자는 하늘이나 하느님을 믿도록 가르치지도 않았다.

자공(子貢)이 "선생님의 학문과 의표(儀表)에 대해서는 들어서 배울 수가 있지만 선생님의 본성과 천도(天道)에 관한 말씀은 듣고 배울 수가 없다."[124) 고 말한 것이 이를 말해주고 있다. 따라서 공자는 현실을 중시했으며, 본성이나 천도 같은 형이상학을 논하거나 가르치지 않았다고 할 수 있다. 앞에서도 언급했지만 공자의 가르침을 유교라 부르지 않고 유학이라고 부르는 것은 바로 이러한 특징 때문이다.

그러나 공자 자신은 하늘 또는 하느님에 대한 믿음이 확고했다. 공자가 여러 나라를 돌아다니던 중 송나라 환퇴로부터 생명의 위협을 받았을 때 "하늘이 내게 덕을 부여해 주셨거늘 환퇴가 나를 어떻게 하겠는가?" 하고 불안과 공포에 떠는 제자들에게 말한 것이나, "하늘에 죄를 지으면 빌 곳도 없다."[125) 고 말한 것 등 하늘을 믿고 있는 그의 신앙을 표현한 말이 많다.

---

122) 「論語」, 子路 편.
123) 「論語」, 先進 편.
124) 「論語」, 公冶長 편
125) 「論語」, 八佾 편. "獲罪於天, 無所禱也."

물론 하늘에 대한 신앙은 공자 이전부터 있었다. 하늘에 빌고 천명(天命, 命이라고도 함)에 따르는 삶의 자세도 그런 이전부터의 믿음에 근거한 것이다. 소극적인 운명론자가 아니라 하늘의 뜻(天命)을 살피고 그에 어긋나지 않도록 살려고 노력했고 또 기원하며(빌며) 살았다. 물론 하늘(하느님)이 공자만을 편드는 공자의 신으로서 이해된 것은 아니다. 인간의 삶을 포함한 세상 모든 것의 하늘이다.

공자는 그 하늘(하느님)은 말은 없지만 사철을 운행시키고, 만물을 생성케 하고 있다고 믿고 있었다. 하늘이 말이 없다는 것은 하늘을 말로 설명하여 가르칠 수 없다는 의미도 포함된다. 사실 하늘(하느님)은 말로 표현하여 그 존재 증명을 할 수는 없다. '책이 있다.'의 '있다.'와 '하느님이 있다.'의 '있다.'는 그 존재 의미가 다르기 때문이다. 그래서 공자는 제자들이 스스로 만물과 자신 속에 작용(役事)하고 있는 '하늘(天)'의 존재와 그 역사를 깨닫게 되기를 바랐던 것이다. 이에 대한 이야기로 "공자께서 '나는 말하지 않고자 한다'고 하시자, 자공이 말했다. '선생님께서 말씀하시지 않으면 저희들은 무엇을 따르겠습니까?' 공자께서 말씀하셨다. '하늘이 무슨 말을 하더냐? 사철이 바뀌어지고 만물이 자라나고 하지만, 하늘이 무슨 말을 하더냐?'"한 이야기가 있는데 여기에 하늘에 대한 공자의 견해가 잘 나타나 있다.

이와 유사한 공자의 말은 곳곳에 있다. 그 중 몇 가지만 소개하면 다음과 같다. "내가 누구를 속이겠는가? 하늘을 속이겠는가?"[126] "아아! 하늘이 나를 망치는구나!"[127] "내게 잘못이 있다면 하늘이 버리실 것이다! 하늘이 버리실 것이다!"[128] "하늘을 원망하지도 말고 사람을 탓하지도 말아야 한다. 아래의 것을 배워 위의 것에까지 통달했으니, 나를 알아주는 것은 오직 하늘일 것이다."[129] 공자는 하늘의 뜻, 또는 하늘의 명령으로서

---

126) 「論語」, 子罕 편
127) 「論語」, 先進 편 ; 공자가 가장 사랑하던 제자 안연이 죽었을 때 탄식한 말
128) 「論語」, 雍也 편 ; 공자가 위나라 영공의 부인이며 음탕하기로 유명한 남자(南子)라는 여자를 만났는데 이를 제자 자로가 불평하자 자신의 결백함을 주장하기 위해 하늘을 두고 맹세한 말
129) 「論語」, 憲問 편.

의 천명(天命), 또는 명(命)에 대해, 그것은 사람의 힘으로는 어쩔 수 없는 것으로, 모든 개개인이 타고난 운명·숙명으로 받아들인다. 그래서 공자를 숙명론자라고 하는 사람도 있다. 특히 묵자(墨子)는 유가를 '하늘만 믿고 노력하지 않는 숙명론자들'이라고 공격했다.

그러나 전체적으로 볼 때 공자나 유가를 운명론자나 숙명론자들이라고 할 수는 없다. 단지 인간의 능력으로는 어쩔 수 없는 한계 밖의 보다 높고 크고, 절대적인 하늘을 믿고 있는 것이다. 공자 자신의 정치에 대한 집요한 시도나 공부하는 자세, 제자들의 활약 등이 이를 잘 설명해 주고 있다.

내 노자(老子)와 도가사상(道家思想)

1) 老子의 생애

老子는 B.C 500년경의 인물로 도가(道家)의 창시자이고 「道德經」의 저자로 알려져 있다.

老子의 생애나 시대, 그리고 저술에 관해서는 많은 논란이 있다. 특히 도교(道敎)로의 발전과정에서 老子는 여러 모습으로 윤색(潤色)되고 神仙시 되어 심지어 실존 인물임을 의심하는 견해까지 나올 만큼 다양하다. 老子의 생애에 관한 기록은 사마천130)의 「사기(史記)」 노장신한열전(老莊申韓列傳)131)에 가장 자세하게 기록돼 있다. 「사기」에 의하면 老子는 초(楚)나라 고현(苦縣) 여향(厲鄕) 곡인리(曲仁里) 사람으로 성은 이(李)씨이고, 이름은 이(耳)자는 백양(伯陽), 시호(諡號)를 담(聃)이라 하였으며 주(周) 왕실의 수장실(守藏室)132)의 史를 지냈다. 그밖에도 「史記」에 있는 老子에 관한 이야기를 소개하면 다음과 같다.

〈1〉 공자(孔子)가 주(周)나라로 가서 老子에게 예(禮)에 관하여 가르침을 청했는데 老子는 "당신이 말하고 있는 것은 그것을 제정한 사람의 뼈조차도 이미 다 썩어 빠진 것이요, 오직 그에 관한 말만이 남아 있지요. 또한 군자(君子)란 때

---

130) 司馬遷, B.C 145~86 ?
131) 老莊 申韓 列傳 : 노자, 장자(莊子), 신불해(申不害), 한비(韓非)의 전기
132) 수장실(守藏室) 주(周)나라 천자(天子)의 궁전 안에 있는 상서실, 史는 그곳을 관장하는 관리.

를 만나면 곧 수레를 타고 나가 일을 하고, 때를 만나지 못하면 곧 쑥대가 바람
에 불리듯 되는 대로 행동하는 법이오. 내가 듣건대 훌륭한 장사꾼은 상품을
깊이 저장해 두고 가게는 텅 빈 듯이 하며, 군자는 훌륭한 덕을 쌓고 있으면서
도 외모는 어리석은 듯이 한다고 하였소. 당신의 교만한 기와 많은 욕망, 그럴
싸한 겉모양과 지나친 뜻을 속히 버리시오. 그런 것들은 모두가 당신 자신에게
아무런 이익도 되지 않소. 내가 당신에게 얘기해 줄 수 있는 것은 오직 이것
뿐이오"라고 말했다.

노자와 헤어져 돌아온 공자는 제자들에게 "나는 새가 날아다닌 다는 것을 알고
있다. 물고기는 헤엄을 잘 친다는 것을 알고 있다. 짐승은 잘 달린다는 것을
알고 있다. 그러니 뛰어 다니는 놈은 그물로 잡고, 헤엄쳐 다니는 놈은 낚시로
잡고, 날아다니는 놈은 화살로 잡을 수가 있다. 그러나 용에 대해서는 나는 아
무 것도 모른다. 용은 바람과 구름을 타고 하늘을 날아다닌다고 한다. 나는 오
늘 노자를 만났는데 그는 마치 용과 같은 사람이었다."라고 말하였다고 한다.

〈2〉 노자는 도(道)와 덕(德)을 닦아 스스로 숨어서 이름이 들어 나지 않도록 힘썼
다. 주 나라에 오래 있다가 주나라가 쇠약해지자 그곳을 떠나 관(關)133)으로
갔다. 그 관을 지키던 윤회(尹喜)라는 사람이 노자에게 "선생님께서 숨으려 하
고 계시니 억지로라도 저를 위하여 책을 써주십시오." 하고 청했다. 이에 노자
는 상, 하 두 편으로 나누어지고 도(道)와 덕(德)을 논한 5,000언(言)의 책을
지어 놓고 그곳을 떠났다. 그가 어디로 가서 일생을 마쳤는지는 아무도 알지
못한다.

〈3〉 어떤 사람은 말하기를 노래자(老萊子)도 역시 초(楚)나라 사람이었는데, 15편
의 책을 지어 도가(道家)의 공용(功用)을 논하였고, 공자와 같은 시대였다고
한다.

〈4〉 노자는 160여세를 살았다고도 하고, 혹은 200여세를 살았다고도 하는데, 그
가 도를 닦아 수명을 보양(保養)하였었기 때문일 것이다.

〈5〉 공자가 죽은 뒤 129년 되던 해에 주(周)나라의 태사(太史) 담(儋)이란 사람이
진(秦)나라 헌공을 찾아뵙고, "처음에 진나라는 주나라에 합쳐져 있다가 떨어
지는데, 떨어졌다가 500년 뒤에는 다시 합쳐지며, 합쳐진지 70년이 지나면 패
왕(覇王)이 거기에서 나올 것입니다." 라고 말하였다고 사서(史書)에 기록되
어 있다. 어떤 사람은 이 담(儋)이 곧 노자라고도 하고, 어떤 사람은 그렇지
않다고 한다. 세상에서는 그 사실이 어떠한지는 아무도 알지 못하고 있다. 노
자는 숨어 산 군자였기 때문이다.

---

133) 관(關) : 지로의 섬서성 보계현 서남쪽에 있는 산관 아니면 하남성 영보현 동남쪽에
있는 함곡관일 것으로 추측.

〈6〉 노자의 아들은 이름이 종(宗)이었는데, 그는 위(魏)나라 장수가 되어 단간(段 干)이란 고을에 봉해졌었다. 종의 아들은 주(注)이고, 주의 아들은 궁(宮)이 며, 궁의 현손(玄孫)이 가(假)인데, 가는 한(漢)나라 문제(文帝)를 섬겼다. 다 시 가의 아들 해(解)는 교서왕 공(邛)의 태부가 되었기 때문에 제(齊)나라에 살게 되었다.

〈7〉 세상의 노자를 공부하는 사람들은 유학을 물리치고, 유자(儒子)들은 또 노자 를 내치고 있다. "도가 같지 않으면 함께 일을 꾀하지 않는다."는 말은 이걸 두 고 한 것일까?

〈8〉 이이(李耳)는 무위(無爲)함으로써 스스로 변화해 가고, 청정(淸淨)함으로써 스스로 올바르던 사람이었다.

이상이 「사기(史記)」에 나타난 노자의 전기인데 보다시피 그 내용이 다 양하고, 확실치 못한 것들이다. 이로 미루어 사기를 쓴 사마천도 노자에 대해 확실히 알고 있지는 못했던 것 같다. 물론 위의 여러 이야기는 하나 로 엮어 노자를 선명하게 그릴 수 없는 여러 상이점이 있고, 상호 일치 할 수 없는 내용도 있어서 학자들의 연구에서도 그런 문제점이 지적되고 있 다. 그러나 몇몇의 도가 인물이 노자 한 사람으로 표현되고 있다는 점이 있지만 노자를 실존했던 인물이 아니라고 생각하는 것은 옳지 않다. 특히 노자와 공자가 만났던 이야기가 도가나 유가에 모두 기록되어 있다는 것 이 그 이유다. 사마천의 「사기(史記)」의 중니제자열전(仲尼弟子列傳)에 "공 자가 엄히 섬겼던 분으로는 주(周)나라에 노자(老子), 초(楚)나라에 노래자 (老萊子)가 있었다."는 글은 항간의 노자와 노래자를 동일인으로 보는 견해 에 대한 반증 자료와 함께 노자의 실존성을 말해 주기도 한다. 한편 중국 에서는 전국시대 말엽부터 신선사당(神仙思想)이 유행하여 진(秦)·한(漢) 대에는 스스로 불로장생술(不老長生術)을 한다는 사람들이 많았는데 그런 사람들은 흔히 자기들의 근거(사상적 근거)를 노자에 두었기 때문에 후세로 갈수록 노자는 전설적이고 신비스런 인물로 변해 갔다. 후한(後漢)시대의 장릉(張陵)이 도교를 세우고 「老子」를 그들의 기본 경전으로 삼아 신도들 에게 외도록 함으로써 노자의 신선화는 더욱 심화되어 갔다.

진(晉)대의 갈홍(葛洪)이 지었다는 「신선전(神仙傳)」에는 '노자는 이름이 중이(重耳)이고 자는 백양(伯陽)이며 초(楚)나라 고현 곡인리 사람이다. 그의 어머니는 대유성(大流星)에게 느낌을 받고 임신을 했다 한다. 비록 천연(天然)의 기운을 받아 임신을 했지만 이(李)씨 집안에서 일어났던 일이기 때문에 그대로 이씨 성을 따랐다. 또 어떤 이는 말하기를 노자는 하늘과 땅 보다도 앞서 출생했다고도 한다. 어떤 이는 하늘의 정백(精魄)으로서 신령에 속하는 사람이었다고도 한다. 또 어떤 이는 그의 어머니가 임신한지 72년 만에 그가 출생했는데, 날 때 어머니 왼편 겨드랑이 밑을 째고 나왔고, 나면서부터 머리가 희었었기 때문에 그는 노자(老子)라 부르게 되었다고도 한다. 또 어떤 이는 어머니는 남편이 없었기 때문에 노자는 어머니 집안의 성을 따랐다고도 한다. 또 어떤 이는 노자의 어머니가 마침 오얏나무(李) 밑을 지나다가 노자를 낳았는데, 나면서부터 말을 할 줄 알았고, 그 오얏나무를 가리키면서 이 나무로 나의 성을 삼겠노라고 말했다고도 한다. 또 상삼황(上三皇)134) 시대에는 현중법사였고, 하삼황(下三皇)135) 시대에는 금궐제군이었고, 복희씨(伏義氏) 시대에는 울화자였고, 신농씨(神農氏) 시대에는 구령노자였고, 축융씨 시대에는 광수자이었고, 황제 시대에는 적정자이었고, 제곡 시대에는 녹도자이었고, 요임금 시대에는 무성자이었고, 순임금 시대에는 윤수자이었고, 하(夏)나라 우(禹)임금 시대에는 진행자이었고, 은(殷)나라 탕(湯)임금 시대에는 석칙자이었고, 문왕(文王)시대에는 문읍 선생이었다고도 하고 혹은 수장사(守藏史)이었다고도 한다. 제(濟)나라에서는 치리자로 행세했고, 오(吳)나라에서는 도주공이 되었다고도 한다….(생략)

노자는 황백색의 아름다운 눈썹, 넓은 이마·긴 귀·큰 눈·가지런한 이·네모난 입·두꺼운 입술을 가졌고, 이마에는 삼신(三辰) 오성(五星)의 무늬가 있었고, 양편에 해가 달렸고, 가운데에 달이 있었으며, 콧등이 한 쌍의 기둥으로 받쳐져 있고, 귀에는 세 개의 구멍이 뚫려 있었으며, 발걸음은 음양 오행에 들어맞았고, 손아귀에는 열 가지 무늬가 있었으며, 주나

---

134) 중국 고대 전선에 나오는 세 임금. 즉 천황씨(天皇氏), 지황씨(地皇氏), 인황씨(人皇氏)

135) 복희씨(伏羲氏), 신농씨(伸農氏), 수인씨(燧人氏)

라 문왕 때에는 수장사를 지냈고, 무왕 때에 이르러는 주하사(柱下史)가 되었었는데, 세상에서는 그가 오래 사는 것을 보고서 그를 노자라 부르게 되었던 것이라고 하였다….(하략)'

같은 갈홍의 「포박자(抱朴子)」 잡응(雜應)편에는 노자는 '신장이 구척이었고, 누런 얼굴에 새까만 입, 높은 코와 긴 눈썹을 가지고 있었다. 눈썹 길이는 다섯 치였고, 귀의 길이는 일곱 치였다. 이마에는 세 가지 무늬가 있었는데 위 아래로 연결되어 있었으며, 발에는 팔괘(八卦)가 새겨져 있고 신귀(神龜)를 걸상으로 삼았었다.' 이런 기묘한 전설 중에는 반 노자적인 내용도 있다. 후에 도교로 변하면서 생긴 이야기들이다.

한편 81장 5,000 언으로 되어 있는 「노자(老子)」라는 책의 저술가는 앞에 소개한 인물인가? 이에 대해 옛날부터 「사기」신한열전에 의해 이이(李耳) 또는 이담(李聃)이 지은 책으로 믿어 왔었다. 그러나 송대(宋代)에 섭적(葉適, 1150~1223)이 인물 노자와 책 「노자」의 저자는 다른 사람일 것[136] 이라는 의심을 제기한 이래 이를 의문시하는 학자가 있게 되었다. 이상에서 노자는 그의 생애가 확실하게 전해지고 있지는 않으나 그는 춘추시대의 인물로서 공자보다 20~30년 연장자이고 초기 도가 사상가의 한 사람이었음을 알 수 있다. 그리고 도가 사상이 노자 한 사람에 의해서 창시되고 형성된 것은 아니고 「노자」라는 저서도 노자가 쓴 개인 저작이라고는 볼 수 없다. 후대로 오면서 여러 사람의 글이 더해지고 윤색된 작품이다라고 해서 노자의 의미가 사라지거나 감소되는 것은 아니다.

2) 老子의 思想

노자의 「노자(老子)」는 도덕경(道德經)이라고도 하는데[137] 상 37장, 하 44장, 모두 81장으로 되어 있으며 도경(道經)에는 도가의 우주론(宇宙論), 또는 본체론(本體論)에 속하는 말이 많이 나오고 덕경(德經)에는 인생론 또

---

136) 김학주(金學主), 老子와 道家思想. 섭적의 「습학기언(習學記言)」에서
137) 「老子」는 여러 판본이 있으나 중요한 것으로는 한(漢)문제(B.C 129~157 제위) 때의 하 상공(河上公)이 주석한 「하상공본」과 위(魏)나라 왕필(A.D 226~249)이 주석한 「왕필본 」이 있는데, 왕필은 앞의 37장의 상편을 도경(道經), 뒤 44장의 하편을 덕경(德經)이라 불렀다.

는 정치론에 속하는 말들이 많이 나온다.

가) 도(道)

① 도와 덕(道와 德)

도란 유가에 있어서나 도가에 있어서나 그들이 생각하는 '가장기본이 되는 원리'를 뜻하고 덕이란 도를 따라 사람들이나 사물을 통하여 발휘되는 '훌륭한 성능'을 뜻한다. 그러나 공자가 생각한 도는 '사람으로서 마땅히 걸어가야만 할 길'이요, '인간의 당위 법칙'인데 반해 노자의 도는 인간의 존재 이전의 '우주의 본원(本源)이며 만물의 생성과 존재의 법칙이다.' 어떤 물건이 혼돈이 이루어져 있었는데, 그것은 하늘과 땅의 생성보다도 앞서 있었다. 아무 소리도 없고 아무 형체도 없지만 홀로 존재하며 바꾸어지지 않고, 모든 것에 두루 행하여지면서도 위태롭지 않으니, 천하의 모체로 할만한 것이다. 나는 그 이름을 알지 못하므로 그것을 도(道)라고 이름 지었고, 억지로 그것을 대(大)라 부르기도 하였다.'138)가 그것이다. 또한 공자의 덕은 사람을 통하여 발휘되는 올바르고 훌륭한 효능인데 반해 노자의 덕은 인간의 올바르다는 판단이나 훌륭하다고 생각되는 행위를 초월한 것이다. 노자(老子)의 도(道)는 공자(孔子)의 인간의 당위 법칙으로서의 범주를 넘어 우주의 생성보다는 앞선, 그리고 천하의 모체(母體)가 되는 그런 절대적이고 본질적이며 실체적인 것이다. 우주의 모든 존재는 이 도(道)를 바탕으로 하여 이루어졌고, 도로 말미암아 존재하고, 도에 따라 생(生)하고 성(盛)하고 쇠(衰)하고 멸(滅)하는 것이다. 따라서 그것은 인간의 지성이나 이성의 한계를 초월한 것으로 인간이 그것(道)을 정확히 파악하기도 어렵고 더구나 말로써 표현하는 것은 불가능하다. 단지 '가까이 다가가 볼 뿐'이다. 이러한 노자의 도(道)는 덕(德)에 있어서도 공자의 덕과는 그 성격이 아주 다르다. 노자의 도가 인간의 이성(理性)을 초월하는 절대적인 것이기 때문에, 그 도가 인간을 통하여 발현되어 덕(德)으로 드러날 때에도 사람들의 일반적인 판단이나 상식을 초월하는 것일 수밖에 없

---

138)「老子」:제 25장

다. 공자는 '사람을 통하여 발휘되는 올바르고 훌륭한 효능'이 덕이라고도 생각했는데, 노자의 덕은 그 인간의 올바르다는 판단이나 훌륭하다고 생각되는 행위를 초월한 것이다.

노자는 인간들의 올바르다. 그르다는 판단이나 모든 의식적(意識的)인 작위(作爲)자체가 도에 어긋나는 그릇된 것이라고 생각하였다. 그는 덕이란, 도가 우주를 생성하고 존재케 하고 있는 것과 같이(저절로), 자연스럽고 있는 그대로의 상태여야 하며 거기에는 어떤 인간의 작위도 가해지지 않아야 한다는 것이다. 이러한 노자의 도나 덕에 관한 논의는 앞으로 본문을 검토하는 과정에서 많이 언급되어야 할 것이므로 여기서는 이 정도로 그친다. 다만 노자 사상의 목표이자 내용이 되는 것은 도가 지니는 무위(無爲)하고 자연스런 덕을 터득함으로써, 우주의 한 구성요소로서의 인간 본연을 회복하자는 것이다. 물론 그것은 '자연스럽게'라는 전제가 선행되지만.

② 우주의 본원(本源)으로서의 도

노자가 말하고 있는 道가 절대적인 것이라는 언급을 앞에서 했는데 그 외에도 다양한 의미를 갖고 있다. 열거하면 길·법칙·본체·일(一)·무(無)·이(理)·태극(太極)·심(心)·기(氣)·인도(人道) 등이다.

우주의 본원으로서의 道에 대한 내용을 갖는 노자의 가르침은 '물(物)이 혼돈으로 이루어 졌는데, 그것은 하늘과 땅의 생성보다도 앞서 있었다. 아무소리도 없고 아무 형태도 없지만 홀로 존재하여 바꾸어지지 않고 모든 것에 두루 행하여지면서도 위태롭지도 않으니, 천하의 모체라 할만 할 것이다. 나는 그 이름을 알지 못하므로 그것을 도라 이름지었고, 억지로 그것을 대(大)라 부르기로 하였다139)···.'(이하 생략)

「한비자(韓非子)」해로(解老)편에는 '도란 만물이 그러하게 된 근거이며, 모든 이(理)가 머무르는 근원이다. 이(理)란, 만물이 이루어지는 조리(條理)이며, 도란 만물이 이룩되는 근거인 것이다.' 그러므로 '도란 만물을 이(理)를 따라 다스리는 것이다.'라고 말하는 것이다.140)라는 설명도 도를

---

139) 「老子. (道德經)」제 25장

우주의 본원으로 설명한 것이다. 그런데 그 도(道)는 아무런 형체나 모습이 없기 때문에 볼 수도들을 수도 만질 수도 없다. 다시 말해 감각하거나 지각할 수 있는 것이 아니다. 그렇지만 그것은 모든 구체적 사물을 주재한다. '그것은 보아도 보이지 않는다. 그것을 이(夷)라고 한다. 들어도 들리지 않는다. 그것을 희(希)라고 한다. 손으로 잡으려고 해도 잡히지 않는다. 그것을 미(微)라고 한다. 이 세 가지는 말로 구명(究明)할 수 없다. 까닭에 통틀어 하나(一)라고 한다……(이하 생략)'141)

③ 만물의 존재 원리로서의 도＝무위(無爲), 자연(自然)

도는 만물 생성의 본원일 뿐만 아니라 그것을 변화하게 하고 존재하게 하는 기본 원리이기도 하다. '큰도(大道)는 홍수처럼 넘쳐서 왼쪽이나 오른쪽 어디에나 있다. 만물은 그것을 믿고 살지만 그것을 내세워 말하지 않으며, 공을 이룩하고서도 이름을 내세우지 않는다. 만물을 입혀주고 길러주면서도 주인 노릇을 하지 않는다. 언제나 욕심이 없어 작다고 이름지을 수 있다. 만물이 그에게 돌아가도 주재하지 않으니 크다고 할 수 있다. 그렇듯 스스로 끝내 큰 체하지 않으므로 능히 그 위대함을 이룰 수 있는 것이다.'142) 이처럼 위대한 도(道)는 어디에나 있으면서 만물을 생성케 하고 존재하게 하지만, 스스로 그러한 능력이나 공로를 내세우는 일이 없기 때문에 사람들은 도의 존재조차도 소홀하기 쉽다. 도의 실체가 무(無)일 뿐만 아니라 그 작위(作爲)까지도 무인 것이다. 그래서 '도는 언제나 무위하지만 하지 않는 일이란 없는 것이다.'143)

이 무위에 대해 노자는 '하늘은 영원하고 땅은 구원하다. 그런 까닭은 그가 스스로 생존 하려들지 않기 때문이다. 그 때문에 오래 살수 있다. 그래서 성인은 그 자신을 뒤로 하지만 자신이 앞서게 되며, 자신을 밖에 두나 그 안에 있게 되는 것이다. 그것은 사사로움이 없기 때문이며 그 사사로움이 없기 때문에 그 사사로움이 이루어지는 것이다.'144) 모든 인간은

---

140) 成東鎬 譯 , 新譯 韓非子. 서울: 홍신문화사, 1997. P.128, 解老篇
141) 「老子」 제 14장
142) 「老子」 제 34장
143) 「老子」 제 37장

언젠가 죽게 되는 유한한 존재이다. 인간뿐만 아니라 하늘과 땅 사이에 존재하는 모든 존재는 다 유한하다. 그러나 그 하늘과 땅은 영원하다(당시에는 그렇게 생각했다). 그 하늘과 땅이 영원할 수 있는 것은 천지운행이 그 자신의 생을 위한 사사로움이 아니기 때문이다. 자신의 영원을 위해 억지로 추구하지 않고 자연에 맡긴다. 그런데 인간은 그렇지 못하다. 성인은 그런 자연의 질서를 본받는 사람이다. 사심 없이 항상 앞에 나서지 않고 물러나 있지만, 사람들은 그런 이유로 성인을 자신들의 지도자로 생각한다.

이런 사상은 「老子」 곳곳에 기록돼 있다. '사사로움을 줄이고 욕망을 적게 가져야 한다.'145) '우리에게 큰 환난이 있는 까닭은 우리가 자신(自身)이 있음을 의식하기 때문이다. 우리가 자신을 의식하지 않게 된다면 우리에게 어찌 환난이 있겠는가?'146) 등도 그런 내용이다.

老子의 무위(無爲)나 자연(自然)이라는 말은 많은 의미를 함축하면서도 초월하는 말이다. 왕필(王弼)147)은 무위를 '자연을 따르는 것(順自然)'148) 이라고 설명하고 또 '자연이란 일컬을 제 없는 것을 말하는 것이며, 궁극적인 것을 형용하는 것이다'149)라고 말했다. 글자 그대로 쉽게 말하면 무위(無爲)란 '인위적인 것이 전혀 없는 것',이고 자연(自然)은 억지로가 아닌 '저절로, 스스로(自) 그러한 것(然)'이라고 표현할 수 있다. 그래서 무위란 자연을 따르는 것이다.

④ 道의 성격(性格) - 반(反)·약(弱)

노자의 도(道)는 무(無)이고, 무위(無爲)이고, 자연(自然)이지만, 그 작용 내지 움직임은 반(反)이다. 반이란 "근본, 본래로 되돌아오는(歸根)"의

---

144) 「老子」 제 7장
145) 「老子」 제 19장
146) 「老子」제 13장
147) 왕필(226-249) 위나라 학자, 장자의 사상으로 노자 사상을 해석하여 「노자주」를 저술.
148) 「老子」 제 37장
149) 「老子」 제 25장

의미이다. '반(反)이라는 것은 도의 움직임이다.(反者 道之動)'150)의 반(反)의 의미가 그것인데, 단순하게 되돌아온다는 의미만이 아니라 그것은 연속적인 의미도 담고 있다. 변화는 본래에서 멀어져 점점 극도의 단계까지 이르면 다시 원래의 위치로 돌아오고 또 다시 변화하고 하는 그런 되돌아옴이다. '천지가 그 사이를 공허하게 하는 것이 극도에 이르고, 정적의 상태를 지키는 것이 돈독하면 만물은 일제히 일어나 생동하니 나는 다시 그 상태로 돌아가는 것을 본다. 그 무성한 나무의 꽃과 잎은 떨어져서 각각 그 뿌리로 돌아간다. 뿌리로 돌아가는 것(反)을 정(靜)이라고 하니 이것은 천명(天命)으로 돌아가는 것이다.'151)에 잘 나타나 있다. 이때의 반(反)은 복(復)의 의미다. 노자는 이 되돌아옴을 천명이라고 하였다. 짧게 보면 가는 것은 가는 것이다. 그러나 길게 멀리 보면 가는 것은 그저 앞으로 가기만 하는 것이 아니라 반복적이라는 것이다. 실제 운동적인 면에서나 의미로나. 한편 반(反)의 의미는 '반대'또는 '반작용', '반대의 가치', '반대의 효과'를 나타내기도 한다. 제 37장의 '도는 언제나 무위하지만 하지 않는 일이란 없다.'나 제 41장의 '도에 밝은 것은 어두운 듯이 보이고, 도에 나아가는 것은 물러나는 듯이 보이며, 평탄한 도는 울퉁불퉁한 듯이 보이고, 훌륭한 덕은 속된 듯이 보인다. 크게 결백한 것은 욕된 듯이 보이고, 광대한 덕은 부족한 듯이 보이며, 튼튼한 덕은 간사한 듯이 보인다. 바탕이 참된 것은 더럽혀진 듯이 보이고, 크게 모난 것은 모퉁이가 없는 듯이 보인다.' 에 잘 나타나 있다. 반대의 효과에 관한 내용으로는 제 40장의 '비뚤어진 것은 온전히 된다. 구부러진 것은 곧게 된다. 움푹한 곳은 가득 차게 된다. 낡은 것은 새롭게 된다. 적은 것은 더 보태어 진다.'는 말이 이를 분명하게 말하고 있다. 한편 도의 성격 중 약(弱)의 의미로는 제 40장의 '약이란 것은 도의 작용이다. (弱者 道之用)'이 그것이다. 이때의 약은 유약(柔弱)을 의미한다.

제 76장에 '사람이 살아 있을 때는 유약하지만 죽으면 견강(堅强)해 진다. 만물이나 초목도 살아 있을 적에는 부드럽고 여리지만, 죽으면 말라서

---

150) 『老子』 제 40장
151) 『老子』 제 16장

뻣뻣해진다. 그러므로 건강한 것은 죽음의 무리이고, 유약한 것은 삶의 무리인 것이다. 그래서 군대가 강하면 승리하지 못하고, 나무가 강하면 꺾어지는 것이다. 강대한 것이 아래쪽에 위치하고, 유약한 것이 위쪽에 위치한다.'의 내용이 그것이다. 이 밖에도 제 36장, 제 42장, 제 43장, 제 52장, 제 78장 등에 유약한 것이 오히려 튼튼하다는 주장이 제기되는데 이런 사상이 노자의 일관된 사상이기도 하다.

나) 덕(德)

① 상덕(上德)과 하덕(下德)

노자의 덕은 도의 공용(功用), 공능(功能)이기 때문에 도의 나타남이 덕이라고 할 수 있다. 제 21장에서 '큰 덕의 모양은 오직 도만을 따른다'고 말한 것이 이를 말해주고 있는데, '도를 따르고', '도를 지키는 것'이 덕인 것이다. 그런데 제 38장에서 노자는 덕을 상덕(上德)과 하덕(下德)으로 구분하여 말하고 있다. '상덕은 덕을 의식하지 않으니, 그래서 덕이 있다. 하덕은 덕을 잃지 않으려 하기 때문에 덕이 없다. 상덕은 무위(無爲)하기 때문에 인위가 없고 하덕은 하려고 하기 때문에 인위가 있다.' 덕이란 인간의 행위에 의하여 나타나는 것이기 때문에 그 인간에 따라 상. 하의 구별이 있다는 것인데, 그것의 구별은 그 덕이 무위의 덕이냐, 인위의 덕이냐에 의한다는 것이다. 상덕이든 하덕이든 덕 자체는 바람직한 행위이지만 그것이 어떤 결과나 효과를 의식하고, 인위적인 노력에 의해서 얻어진 것과 그런 의식이나 목적이 전혀 없이 저절로 자연스럽게(無爲自然) 이루어진 것은 다르고 거기에서 상덕과 하덕의 구별이 생기는 것이다. 노자에게 있어서 무위·자연이 대원칙이기 때문에 어떤 좋은 결과라도 이 원칙의 검증을 피할 수가 없다. 사실 인위적인 노력에 의해 얻은 결과는 그것이 크고 위대한 것일수록 더 많은 인위가 따르고 그에 따라 무리와 지나침과 상대적인 피해가 따르게 된다. 다른 사람에게 해가되는 덕, 반대편에서 보면 악이 되는 덕은 상덕이 될 수 없을 것이다.

그런데 노자에게 있어서 하덕은 진정한 덕일 수 없다. 그런 의미에서 하덕은 '조금 낮은 수준의 덕'이라기 보다는 '낮은 수준의 사람이 덕이라고 믿는 것'으로 이해하는 것이 보다 노자적이라고 볼 수 있다. 그리고 '인위적'이라는 말은 '의도적'이고 '조건적'이라는 의미로 보아야 한다. '의식적'이라는 말도 마찬가지이다. 사람이 하는 일인데, 그것을 무의식적으로 자기도 모르는 상태에서 한다는 의미라기 보다는 어떤 계산된 목적이나 저의, 조건이 없는 순수한 상태, 무리나 지나침이 없는 '자연스러운 상태'라는 뜻이다. 그런 의미에서 자신의 품위를 지키기 위해 애서 예(禮)를 익히고 인(仁)을 실천하여 수신(修身), 제가(齊家), 치국(治國)하려는 공자의 노력은 노자가 볼 때 모두 하덕으로 보일 것이다. 인(仁)이나 예(禮)는 그것이 행해질 때 자신의 처지나 인품에 절절하지 못하면 가식과 허위가 될 수 있고, 교만이 될 수도 있는 그런 덕이기 때문이다. 그리고 공자의 입장에서 보면 그런 덕을 '애써' 행해야 하기 때문에다. 그래서 노자는 제 38장(德을 논한 하 의 첫 장)에서 '그러므로 도를 잃은 뒤에 덕이 있고, 덕을 잃은 뒤에 인이 있고, 인을 잃은 뒤에 의가 있고, 의를 잃은 뒤에 예가 있다.'라고 말하고 있는 것이다. 한편 도와 덕의 관계에 대하여 노자는 제 51장에서 '도가 낳고 덕이 기른다.'라고 말한다. 도는 생(生)의 근본이고 덕을 기르는 것(育)이다. 그리고 그 관계는 오묘한 것(玄德)이다.

② 성인(聖人) – 老子의 理想的 人間

「노자(老子)」에서 말하는 성인(聖人)은 "온전한 도를 터득한 사람" 또는 "완전한 덕의 실현자"이다. 제 47장에 '문을 나서지 않고서도 천하의 인을 알고, 창 밖을 내다보지 않고서도 하늘의 도를 볼 수가 있다. 그가 밖으로 나가는 것이 멀수록 그가 아는 것은 더욱 적어지는 것이다. 그러므로 성인은 가지 않고서도 알며, 보지 않고서도 이름지을 수 있으며, 하지 않고도 이루게 되는 것이다.'는 말에 잘 나타나 있다. 곧 성인은 무위하면서도 모든 것을 알고, 모든 것을 올바로 판단하고, 모든 것을 이루게 하는 사람으로 노자의 이상적 인간상이다.

공자(孔子)도 성인에 대하여 말하였지만 공자의 성인은 옛 요(堯), 순(舜), 우(禹), 탕(湯), 문왕(文王), 무왕(武王), 주공(周公) 같은 사람을 가리키고 있다. 공자는 「論語」 술이 편에서 '나는 성인은 만나 보지 못했다.

군자라도 만날 수 있는 것이 다행이지'라고 한 말이나 '성인이나 인인(仁人)이야 내 어찌 감히 되겠느냐? 그렇지만 배우는데 싫증내지 않고, 남을 가르치는데 지치지 않는다고는 말할 수 있을 것이다.' 그리고 같은 책 계시 편에서 '군자는 세 가지 두려워할 것이 있다. 천명(天命)을 두려워하고 대인(大人)을 두려워하고, 성인의 말씀을 두려워하는 것이다. 소인(小人)은 천명을 알지 못하므로 두려워하지 않으며, 대인을 예사로 알고 지내며, 성인의 말씀을 업신여긴다.'에서 알 수 있듯이 공자는 성인이란 현실적으로 추구하기 어려운 이상적인 인간, 특히 옛 훌륭한 인간으로 생각했다. 그래서 이상적인 인간상으로 성인이 아닌 군자(君子)를 말했다.

그러나 노자의 이상적인 인간상은 군자가 아니라 군자보다 한 단계 높은 성인이었다. 무위(無爲)하며 공을 이루면서도 스스로를 들어내지 않는 자가 성인이다. 제 2장의 '그래서 성인은 무위하게 일을 처리하며, 불언(不言)의 가르침을 행하는 것이다. 만물을 짓지만 말하지 않고, 생육케 해도 소유하지 않는다. 공을 이루고도 머물지 않고 공을 내세우지 않기 때문에 공이 떠나지 않는다.'라고 한 말에 잘 나타나 있다. 다시 말해 성인은 모든 것을 무위, 자연에 의해 행하고, 사는 자이다. 어떤 목적이나 공로에 의한 행함이 아니라 그런 의식조차 없이 저절로 그러한 도에 맞는 삶을 사는 사람인 것이다.

③ 지식론(知識論)

노자의 사상은 "무위 자연"으로 충분하다. 그의 사상을 분석하여 세심한 고찰을 해 봐도 결국 그 결과는 "무위 자연"밖에 없다. 노자의 지식론도 이 사상에 모든 답이 다 있다. 노자가 지식을 부정하고 학문을 끊어버리라고 하는 것은 모두가 그런 부분들을 유위(有爲)로 보기 때문이다. 심지어 제 19장에는 성스러움조차 끊어버리면 백성들의 이익은 백 배나 된다 고도 말했다. 그리고 학문을 하고 지식을 쌓는 것은 유한으로 무한까지 가겠다는 어리석은 것으로 보기 때문에 제 48장에 「학문을 하면 날로 지식이 늘어나지만 도를 닦으면 날로 줄어든다. 줄고 또 줄어서 무위함에 이르게 되는데 무위하게 되면 하지 않는 일이 없다」도 같은 맥락이다. 이런 의미에서 노자의 사상은 반 문명, 반문화적이다. 그러나 노자의 사상을 이런 관점에서 본다면 「노자」 곳곳에서 서로 반대되거나 모순되는 혼란에 직면하게 된다. 인간에게 있어서 지혜가 필요하고 산다는 것 자체가 지혜의 활용이기 때문에 지식 자체를 부정하는 것은 문제가 있다. 만일 지식이나 문화 자체를 부정한다면 노자야말로 5,000 언을 써서는 안되고 쓸 수도 없었어야 한다. 이름조차 남아 있지 않아야 한다. 그러므로 노자는 지식인이 되기 위해 인위적으로 애쓰고, 남의 지식을 부러워하고 시기하고 욕심 내게 되며 그에 따르는 여러 부작용들이 생기는데 그것은 반 지식적이라고 생각했다. 도에 따라 살고 행하는 것이 덕이 되고 그런 수준이 상승의 경지가 되어서 해도 하는지 모르고, 안 해도 안 하는지 모르는 상태가 되는데 그것이 무위이고 자연의 상태라고 이해하는 것이 바람직하다. 억지로 지식을 추구하여 무리하게 얻으려 하고, 얻은 지식을 써먹으려 하는 것은 위태로운 일이며, 애써 어리석음을 쫓는 것이 보다 자연스러움으로 가까이 가는 길임을 가르치고 있는 것이다

🎴 석가(釋迦)의 생애와 사상

● 불교 창시자
● 인간의 무한한 가능성 몸소 체험
● 자각
● 실존적 인간(신이 아니라)
● 생명과 존재의 실상을 깨닫고 지혜(智慧)와 자비(慈悲)의 길을 열어 보인 구도자

---

1) 생애

가) 탄생

석가는 인도 북부지방 히말라야 남쪽 기슭에 자리한(현 네팔) 카필라라는 작은 나라의 왕 사캬족에서 태어났다. 아버지는 슛도다나 왕(淨飯王)152)이고 어머니는 마야 왕비153)였다.

카필라는 쌀을 주식으로 하는 농업국이었는데 이웃에 코살라라는 대국
이 있어서 항상 눈치를 보아야 하는 처지였다. 아버지 정반왕은 작은 나라
이지만 선정을 베풀어 백성들이 태평하게 잘 살고 있었다. 그러나 아직 대
를 이룰 왕자가 없어 걱정이었다. 그런데 어느 날 왕비는 기이한 꿈을 꾸
었다. 여섯 개의 이를 가진 눈이 부시도록 흰 코끼리가 왕비의 오른쪽 옆
구리로 들어오는 꿈이었다. 이때부터 왕비는 태기가 있었는데 그 꿈은 훌
륭한 아들을 낳을 태몽이라고 하여 모두들 기대에 부풀었다. 마침내 산월
이 가까워지자 마야 왕비는 그 나라의 풍습에 따라 해산을 하기 위해 친정
인 콜리성으로 길을 떠났다.

늦은 봄 화창한 날이었다. 왕비 일행이 카필라와 콜리의 경계쯤 이르렀
을 때 왕비는 가마 밖을 보았다. 저 멀리 히말라야의 봉우리들은 하얀 눈
을 머리에 이고 우뚝우뚝 장엄하게 서 있었고 근처 룸비니 동산에는 이름
모를 꽃들이 아름답게 피어 있었다. 수많은 새들도 왕비 일행을 환영하는
듯 즐겁게 지저귀며 이리저리 날고 있었다. 왕비는 그 평화롭고 아름다운
광경에 취해 잠시 내려서 쉬어 가자고 했다.

가마에서 내린 왕비는 대자연의 아름다운 축복을 느끼며 이리저리 둘러
보다가 무우수(無憂樹) 꽃이 활짝 피어 싱그러운 향기를 뿜고 있는 곳으로
다가가 그 꽃가지를 만지려고 오른손을 뻗쳤다. 그 순간 갑자기 산기를 느
꼈다. 일행들은 곧 나무 아래에 휘장을 쳐 산실을 마련하고 젊고 예쁜 시
녀들의 시중을 받으며 태어난 아기가 바로 석가이다. 때는 기원전 565년
경 음력 4월 8일이었다.

여기에 석가 탄생에 대한 이야기를 몇 가지 소개한다.

〈1〉 그때 카필라 성에는 가을 제사가 시작되어 백성들은 모두 제전(祭典)의 기분에
들떠 있었다. 마야 부인은 보름이 되기 7일 만에 아침 일찍 일어나 향수에 목
욕을 하고 40만 양의 금을 내놓아 큰 보시를 행한 뒤에 갖가지 장식으로 몸을
꾸미고 맛있는 음식을 먹되 여덟 가지 재계(齋戒) 즉 살생하지 않고, 도둑질하
지 않고, 술 마시지 않고, 거짓말하지 않고, 부정한 짓(남녀 동침)하지 않고,
성내지 않고, 욕하지 않고, 부정한 것(시체나 피 등 불결한 것)을 보지 않는

---

152) 정반(淨飯) : 슛도다나의 번역
153) 마야 : 마하마야의 줄인 말, 대환(大幻)이라는 뜻, 구리족(콜리족) 왕가의 딸

등의 여덟 가지를 지켰다. 그리고 잘 꾸며진 참전에 들어가 침대에 누워 꿈을
꾸었다.

사천왕(四天王)154)이 침대와 함께 왕비를 들고 설산 지방으로 운반하여 너비
60유순되는 열의석(悅意石)이라는 들판으로 가서 7유순되는 큰 사라 나무 밑
에 두고는 그들은 한쪽에 서 있었다. 그러자 그 천왕들의 왕비가 마야 왕비를
아노오다 연못으로 모시고 가서 인간의 때를 씻기 위해 목욕하기를 권했다. 그
리고는 하늘 사람의 옷을 입히고 향을 바른 뒤에 천상의 꽃으로 몸을 꾸미게
했다. 그 부근에 백은(白銀)으로 된 산이 있고, 그 산 가운데에 황금 궁전이
있는데 거기서 베개를 동쪽으로 향한 하늘 사람의 침대를 마련하고 마야 부인
을 그 위에 눕혔다.

그때에 보살(석가모니)은 흰 빛깔의 뛰어난 코끼리가 되어 황금산 위를 거닐고
있다가 내려와 백은산으로 올라가서는 다시 북쪽으로 내려왔다. 은빛깔의 코
로 흰 연꽃을 잡아들고 한 소리 외치고는 황금 궁전에 들어가 마야 부인이 누워
있는 침대 주위를 오른쪽으로 세 번 돈 뒤에 오른쪽 갈비뼈를 헤치고 그 태(胎)
안으로 들어갔다. 이리하여 보살(석가모니)은 가을 제전의 마지막 날 어머니
태 안에 드셨던 것이다.

이튿날 마야 부인은 왕에게 이상한 꿈 이야기를 들려주었고 왕은 예순 네 명의
유명한 바라문을 불러들여 융숭히 대접한 뒤에 왕비가 꾼 꿈 이야기를 들려주
고 나서 해몽을 부탁하였다. 이에 바라문들은 "대왕님 걱정하실 것 없습니다.
이것은 왕비께서 아이를 잉태한 것이오. 더구나 대왕님의 왕자가 태어나실 것
입니다. 만일 그 왕자가 집에 있어 가정생활을 하게 되면 전륜왕이 될 것이요,
집을 떠나 출가 생활을 하게 되면 세상의 번뇌를 없애는 부처님이 될 것입니
다."고 대답하였다. -〈본생경. 멀지 않은 인연이야기〉

〈2〉 카필라 성의 숫도다나 왕은 불행하게도 나이 마흔이 되도록 한 명의 왕자도
얻지 못하여 늘 근심에 차 있다가 마야 부인이 코끼리 꿈을 꾸고 잉태하여 과
연 태자를 낳게 되자 성안은 온통 기쁨에 들뜨게 되었다. 태자를 얻은 숫도다
나 왕은 먼저 나라 안에서 이름 높은 예언자 아시타 선인(仙人)을 불러 태자의
상(相)을 보이려고 하였다. 그런데 바로 이때 아시타 선인이 스스로 먼저 알고
찾아왔다. 왕궁을 둘러싼 서광(瑞光)을 보고 찾아왔다는 것이었다.155)

아시타 선인은 태자를 안고 그 골상을 자세히 살펴보더니 문득 눈물을 흘리기
시작했다. 불길한 생각에 가슴이 철렁 내려앉은 숫도다나 왕이 우는 까닭을 묻
었다. 그러자 아시타 선인이 눈물을 흘리며 대답했다. "대왕이시어, 이 왕자는

---

154) 사방을 지켜 불법에 귀의한 사람을 지키는 네 신: 동방의 지국천왕, 남방의 증장천왕,
　　서방의 광목천왕, 북방의 다문천왕.
155) 천신들이 "부처님이 세상에 출현했다"고 말하는 소리를 듣고 왔다는 이야기도 있다.

서른 두 가지 대장부의 용모와 여든 가지의 미묘한 모습을 갖추었습니다. 이 세속에 있으면 전륜성왕(轉輪聖王)이 되어 온 천하를 통치할 것이요, 세속을 떠나 도(道)를 닦으면 반드시 큰 도를 깨달아 부처가 되어 널리 중생을 건지오리다. 하온데 저는 이미 나이가 늙어[156] 부처님의 법을 듣지 못하게 될 것이라 그것이 슬퍼 우는 것이옵니다."[157]

전설에 의하면 석가는 태어나자마자 7보를 걷고, 한 손으로는 하늘을 가리키고 다른 한 손으로는 땅을 가리키면서, "천상천하 유아독존(天上天下 唯我獨尊)"[158] 이라고 외쳤다 한다.

이런 전설과 초인적 이야기는 종교의 창시자로 신앙의 대상이 된 모든 사람에게 공통적인 것이다. 후세의 이런 행위에 대해 아마 당사자들은 용납할 수 없을 것이다. 적어도 인류의 위대한 선각자요 지도자요 지혜로운 자, 깨달은 자라면—

오래 동안 자식이 없어 걱정하던 왕은 40세가 넘어야 아들을 낳았으므로 매우 기뻐하였다. 그러나 석가의 어머니 왕비는 아들을 낳은 지 7일만에 건강을 해쳐 사망하고 말았다. 이에 대해 위대한 부처인 석가가 태어난 태(자궁)를 다시 더럽히지 않게 하기 위함이었다는 이야기도 있다.

또 석가모니가 하늘에 머물다가 내려왔다는 이야기도 있다.[159] 이리하여 석가는 당시에 의하여 새 어머니가 된 이모 마하파자파티의 손에서 자랐다. 이모는 아들 아난다(阿難陀)와 딸 하나를 낳았으나 석가를 자기 친자식 이상으로 잘 보살펴 길렀다.

한편 그의 부왕은 아시타 선인이 한 예언을 염두에 두어 석가를 항상 즐겁고 풍족한 생활이 되도록 마음을 썼다. 혹시나 왕자인 석가가 출가 수도를 결심할 어떤 빌미를 주지 않으려 한 것이라. 같은 또래의 남녀 어린이들을 곱게 옷 입히고 단장시켜 함께 어울려 놀게 했다. 그러나 석가는

---

156) 당시 그는 백 살도 훨씬 넘은 노인이었다 한다. 그리고 그는 데리고온 어린 제자에게 "네가 커서 부처님이 출현하셨다는 소문을 듣거든 지체 말고 찾아가 그 분의 제자가 되어라"라고 당부했다 한다.
157) 「과거 현재 인과경」, 「우리말 팔만대장경」
158) 현장삼장(玄奘三臟)의 대당서역기와 의정삼장(義淨三臟)의 번역인 유부율(有部律)에 의함, 옛 한역. 불전에는 天上天下 唯我爲尊이라고 되어 있다.
159) 「쟈타카, 멀지 않은 인연 이야기」 이와 대동소이한 이야기는 여러 군데 있다.

어릴 때부터 남달라서 자주 혼자 깊은 생각에 빠지곤 했다. 부왕은 태자의 관심을 다른 데로 쏠리게 하기 위해 나라에서 가장 학식이 뛰어난 비슈바이트라는 학자를 모셔다 석가의 스승으로 삼았다. 그러나 태자의 스승은 태자의 총명에 놀랐으며 가장 오래된 고전인 베다 성전을 줄줄 외울 정도로 기억력도 뛰어나 얼마 가지 않아 더 이상 가르칠게 없어 떠나야 했다. 부왕은 크샨티데바라는 군사학의 대가를 모셔다가 무예와 병법도 가르쳤으나 결과는 마찬가지였다. 그런데 태자가 12세 되던 해 봄 부왕은 많은 신하들을 데리고 들에 나가 농민의 날 행사에 참여했는데 태자 석가도 참관하게 되었다. 태자는 농부들이 땀을 흘리며 뜨거운 햇볕 아래서 고된 일을 하는 것을 보고는 마음이 어두워 졌다. 또 쟁기로 논을 가는 것을 구경하던 태자는 쟁기 끝에 파해 쳐진 흙 속에서 벌레가 꿈틀거리고 있는 것을 보았고 바로 이때 난데없이 새 한 마리가 날아들더니 그 벌레를 쪼아 물고 공중으로 날아갔다. 이런 고달프고, 먹고 먹히는 광경을 본 어린 싯다르타는 마음에 심한 충격을 받아 그곳에 더 이상 머물러 있을 수가 없었다. 싯다르타는 말없이 그 곳을 떠나 숲 속으로 들어가 큰 나무 아래 앉았다. 어린 싯다르타의 가슴에는 형언할 수 없는 많은 여러 문제가 한꺼번에 떠올랐다.

"왜 살아 있는 모든 존재는 고통스런 삶을 살아야 하고 또 서로 먹고 먹혀야 하는가?", "산다는 것 자체가 결국 고통에 연속이란 말인가?" 하는 생각에 빠져 들어갔다. 행사가 끝나 왕을 모시고 궁중으로 돌아가려던 신하들은 그 제서야 어린 왕자의 모습이 보이지 않는 것을 알고 놀라 사방으로 흩어져 찾았다.

마침내 큰 나무 아래에 앉아 깊은 망상에 잠겨 있는 왕자를 찾았다. 그런데 그 모습에 너무나 거룩하고 평화스러워 왕은 당장 불러일으킬 수 가 없었다. 이 일이 있은 후로 부왕은 전에 아시타 선인의 예언이 떠올라 불안하고 답답하기 만했다.

그러나 어린 왕자는 홀로 사색에 잠기는 일이 더 많아졌다. 부왕이 그를 즐겁게 하기 위해 더욱 애썼으나 별 소용이 없었다. 그러다가 어느 날 싯다르타는 성밖을 나가보고 싶었다. 부왕은 기꺼이 허락했다 화려한 수레를 마련하고, 향을 뿌리고 아름다운 꽃으로 장식도 하여 왕자를 즐겁게 해주려고 했다.

수레가 동쪽 성문을 막 나섰을 때, 머리는 마른 풀처럼 아무렇게나 흩어졌고, 얼굴은 장마 뒤 갈라진 흙 언덕의 패인 골처럼 주름지고 쭈글쭈글하여 몸은 그가 짚은 지팡이처럼 깡마른 눈이 푹 꺼진 노인이 숨을 헐떡이며 걸어오고 있었다. 화려한 궁중에서 자라 그런 노인을 처음 본 왕자는 옆의 시종에게 물었다.

"저건 뭐냐?" 시종이

"아, 저 사람은 늙은 노인입니다." 그러자 왕자는

"아니 왜 저 사람은 저토록 흉하고, 더럽고, 추하고 비참한 모양이냐?"고 물었다. 시종은 신이 나서

"예, 사람이 늙으면 다 저렇게 됩니다요. 기운이 빠지고 숨이 차고 눈이 어두워 앞을 잘 못 보고, 귀도 어두워 잘 듣지 못하고 이가 다 빠져 질긴 것을 먹지도 못 합니다요."

이런 시종의 대답에 왕자는 큰 충격을 받았다.

"모든 사람은 예외 없이 늙게 되고, 늙으면 모두 저렇게 된단 말이지? 그럼 나도 늙어서 저렇게 되겠구나?"

"예, 이 세상에 태어난 사람은 왕자이건 시종이건 선분의 높고 낮음은 가릴 것 없이 누구나 저런 노인의 모습을 벗어날 수 없습니다."

그러자 왕자는

"수레를 돌려라, 돌아가자!"고 했다.

소풍 길에 나갔다가 도중에 돌아온 왕자는 더욱 어두워졌다. 얼마 후 남쪽 문으로 나가다가 병에 걸려 다 죽어 가는 사람을 보고 서문에서는 죽은 시체를 앞에 두고 슬피 울며 지나가는 행렬과 마주쳤고 북쪽문 밖에서는 출가 사문을 만났다. 출가 사문과의 만남은 좀 전의 그것과는 그 감정이 달랐다. 싯다르타는 직접 사문에게 물었다.

"출가한 사문에게는 무슨 이익이 있습니까?" 그러자 사문은

"나는 일찍이 세상에서 늙음과 질병과 죽음의 고통을 보았고 그래서 모든 것이 덧없다는 것을 알았소. 그래서 부모와 형제를 이별하고 집을 떠나

고요한 곳에서 이 고통으로부터 벗어나기 위해 수도를 했소. 내가 가는 길은 세속에 물들지 않는 평안의 길이요. 나는 이제 그 길에 이르러 영원한 평안을 얻었소!"라고 대답했다.

싯다르타는 그 동안 답답했던 가슴에 시원한 강물이 흐르는 듯했고, 눈에서는 감격의 눈물이 솟았다. 그리고 무엇인가 굳은 결심이 생겼다. 그리고 그가 배운 학문은 왜 사람이 태어나는지, 늙고, 병들고 죽는지에 대해서는 아무 대답도 해주지 못한다는 것을 알았다. 따라서 싯다르타는 인간의 생로병사에 관한 의문에 더욱 깊이 빠져들어 혼자 병상에 잠기는 시간이 많아졌다.

슛도다나왕은 마음이 불안해서 견딜 수 없었다. 궁리한 끝에 싯다르타를 결혼시킬 생각을 하게 됐다. 아름다운 여자가 아내가 되어 싯다르타가 부부의 연을 맺으면 출사하여 사문(沙門)이 되지는 않을 것이라고 생각한 것이다. 드디어 19세의 싯다르타는 샤카족 대신의 딸 야쇼다라와 결혼을 했다. 부왕의 간곡한 권유를 거절할 수가 없어 내키지는 않았지만 결혼을 하게 된 것이다.

아내 야쇼다라는 지혜롭고 아름답고 아주 착한 여성이었다. 아름다운 아내와 가정을 꾸민 뒤에도 싯다르타는 이따금 명상에 빠졌다. 아내 야쇼다라는 왕의 부탁도 있고 해서 싯다르타가 우울해 하거나 명상에 빠지지 않도록 온갖 정성을 다했다. 그러나 출가 사문이 되려는 싯다르타의 생각은 없어지지 않았다. 그런 중에 아내가 아들을 낳았다. 아들을 보자 싯다르타는 "오, 라훌라!"라고 말했는데 그래서 그 아들 이름이 라훌라이다. 그런데 라훌라라는 말뜻은 '방애자'라는 뜻이다. 결혼 후 10년 만에 난 아들이 자신이 가려는 사문의 길에 방애가 되었다는 뜻이다.

석가는 후에도 '처옥자쇄(妻獄子鎖)'라는 말을 했는데 그 말은 "처(아내)는 감옥과 갖고 자식은 그 문을 잠근 자물쇠와 같다."는 뜻이다. 그러니까 석가는 가능한 결혼을 안 하는 것이 좋다고 생각한 것이다. 이것은 소크라테스가 "현처를 얻으면 행복해서 좋고 악처를 얻으면(자기처럼)철학자가 될 테니, 결혼은 할 일이다."라는 견해와 상반되고 있다.

나) 출가

어느 날 밤 싯다르타는 왕궁을 떠나기로 결심하였다. 그 날 밤도 태자를 위한 연회가 있었다. 싯다르타는 아내 야쇼다라와 함께 화려한 의자에 앉아 무희들의 춤과 노래를 들었다. 이 속세에서의 마지막 밤을 그는 조용히 보내고 싶었다. 이윽고 밤이 깊어 모두들 잠에 빠졌다. 잠시 잠을 청했던 태자는 자리에서 일어났다. 웃고 노래하고 춤추며 법석을 떨던 궁중이 마치 무덤처럼 적막했다. 궁녀들은 여기 저기 쓰러져 자고 있었는데 어떤 궁녀는 이를 갈면서 자고, 또 어떤 궁녀는 코를 골고, 어떤 종은 침을 질질 흘리며 자고, 혹은 옷이 벗겨져서 젖가슴과 허벅지를 내놓고 자는 궁녀도 있었다. 무슨 잠꼬대를 하며 자는 궁녀, 서로 부둥켜안고 자는 궁녀들도 있었다. 그 광경은 마치 죽은 시체들이 아무렇게나 널브러져 있는 모양이었다.

"세상은 이런 것으로 근심 걱정을 잊으려 하나 결국 파멸에 이르고 마는 것, 참으로 어리석은 것이다."

라고 혼잣말을 하고 태자는 아내와 아들이 자고 있는 방으로 갔다. 아름다운 아내 야쇼다라는 귀여운 아기를 살며시 안은 채 깊은 잠에 빠져 있었다. 그 모습을 너무나 아름답고 사랑스러웠지만 한편으로는 측은 감이 치솟았다.

"가자. 이제 출가할 시가가 되었다."

싯다르타는 마음을 다시 다짐하며 충적한 시종 찬다카를 불렀다. 그리고 태자의 아내인 백마 건척을 타고 왕성을 빠져 나왔다. 그리고 '내가 생사의 문제를 해결하기 전에는 다시 이문으로 들어오지 않으리라'고 굳게 결심했다. 아를 라훌라가 태어난 지 7일 만이었다. 그리고 싯다르타가 29세 되던 7월 1일이었다.160) 태자는 하루 밤을 달려서 어느 강가에 이르렀다. 태자가 강 언덕에 서서 찬다카에게 물었다.

"이 강의 이름이 무엇이냐."

"숭고하다는 뜻입니다.(Anoma)"

---

160) 19세 때라고도 하고, 날짜도 2월 8일 설이 있다.

"나의 출가가 숭고한 일인데 내가 출가하여 숭고한 강가로 왔구나."

하고 태자는 기뻐하였다. 그리고 아누피야 고을을 흐르는 그 아노마 강을 건너자 먼동이 트기 시작했다. 맑고 시원한 강바람이 상쾌하게 불었다. 싯다르타는 말에서 내려 시종 찬다카의 손을 잡으며 부드럽게 말했다.

"찬다카, 그동안 수고 많았다."

태자의 명령에 충실했을 뿐인 시종 찬다카는 이 길이 태자의 출가임을 알아차리자 흐느껴 울었다.

싯다르타는 강물에 얼굴을 씻고 허리에서 칼을 뽑고 치렁치렁한 비단옷이 맞지 않는다 하여 훌떡 벗어서 지나가는 바라문교 승려의 낡은 가사 (袈裟)와 바꿔 입었다. 시종 찬타카는 눈물을 흘리며 말렸지만 싯다르타는 몸에 지녔던 패물을 모두 떼어 찬다카에게 주며 부탁의 말을 했다.

"이 목걸이를 부왕께 전하여라. 나는 내 뜻이 이루어지기 전에는 죽는 한이 있어도 돌아가지 않을 것이다. 나는 왕위 같은 세속의 욕망은 전혀 없다. 다만 생로병사의 괴로움에서 벗어나기 위해 이 길을 간다고 말씀드려라. 그리고 이 패물들은 이모님과 아내 야쇼다라에게 전하여라. 내가 출가 사문이 된 것은 세속을 떠나기 위해서가 아니라 지혜와 자비의 길을 찾기 위해서라고 말해다오."

머리를 자르고 헌 누더기 옷으로 갈아입은 태자의 모습은 이제 도를 구하는 사문의 모습으로 바뀌어 있었다.

"찬다카, 그럼 우리는 여기서 헤어지자. 만나면 헤어지는 것이 이 세상 인연이 아니냐. 너무 슬퍼하지 말고 잘 가거라."

태자의 말을 듣자 찬다카는

"태자 님을 이곳에 두고 어찌 저 혼자 왕궁으로 돌아갈 수 가 있겠습니까. 저도 태자 님을 따라서 출가하겠습니다."

하고 애원했으나 태자는 허락하지 않고 달래며 떠나라고 했다. 자기 애원이 아무 소용도 없음을 알아차리자 찬다카는 그 자리에 털썩 주저앉아 통곡을 했다. 싯다르타는 마지막으로 타고 온 백마 건척을 쓰다듬으며

"그 동안 너는 나를 위해 수고가 많았다. 너도 잘 가거라."

말하자 백마도 이별을 슬퍼하여 눈물을 흘리며 울었다.161)

다) 구도의 길

구도의 길로 들어선 싯다르타는 가까운 숲 속으로 들어갔다. 거기서 그는 심한 갈증과 굶주림, 짐승들의 포효 등의 공포를 집중된 정신력으로 이겨냈다. 어떤 밤에는 비에 젖어 추위에 심히 떨기도 하고 그럴 때면 지난 날 왕궁의 따뜻한 음식, 침실 등이 떠올랐지만 부질없는 생각이라고 자신을 다짐하며 떨쳐버렸다.

이렇게 7일이 지났지만 아무 깨달음도 얻지 못했다. 혼자서 진리를 구하는 것보다 수행이 뛰어난 사람에게 가르침을 받아야겠다고 생각하여 8일 만에 숲 속에서 나왔다. 그곳에서 가까운 남쪽의 마가다국 수도 라자가하로 가서 자이나교의 박가바 선인이 수행하고 있는 숲을 찾아갔다.

그 곳 수행자들은 남이 흉내낼 수 없는 어려운 고행을 하고 있었다. 어떤 사람은 가시에 몸을 찔려 피가 흐르고, 흐른 피가 검붉게 굳어 있는데도 참고 누워 있었다. 몸무게 때문에 가시는 살 속으로 파고들어 계속 상처 밖으로 피가 흘러나왔다. 또 어떤 고행자들은 더러운 오물 더미 속에 누워 있기도 했고, 타오르는 불꽃에 몸을 벌겋게 달구고 있는 자도 있었다. 한쪽 발로 딛고 서 있는 사람, 물 속에 들어가 숨을 죽이고 하루에 한 끼만 먹는 사람, 이틀에 한 끼만 먹는 사람, 사흘에 한 끼만 먹는 사람도 있었다. 그리고 그 수행자들은 혹독한 고행을 하는 사람일수록 존경을 받았다. 그들의 수행은 고행이었다. 고행이 수행 방법인 것이다.

싯다르타가 보기에 그 참을성에는 감탄했지만, 그 고행이 목적이 된다는 부분은 이해할 수 없었다. 그리고 고행자의 표정은 모두 어두웠고 처참했다. 싯다르타는 그 수행자(고행자)들을 이끌고 있는 박가바에게 물었다.

"무엇 때문에 이 같은 고행을 하는가요?"

선인은 이런 고행이 당연하다는 표정으로

"천도(천상)에 태어나기 위함이요."

그 대답을 듣고 싯다르타는 너무나 어이가 없었다. 실망도 컸다. '즐거

---

161) 백마 건척은 이별을 너무 슬퍼한 나머지 심장이 터져 즉사하고 말았고, 시종 찬다카는 자기가 모시던 태자와는 생이별을, 항상 태자로 태워 모시며 돌보던 건척과는 사별을 했다고도 전한다.

움을 얻기 위해 고통을 참는다? 설사 천상(天道)에 태어난다 하더라도 천상의 즐거움이 다하면 다시 인간 세계(人道)에서 같은 고통을 겪어야 하지 않겠는가? 더구나 고행을 참으면 천상에 태어난다고 어떻게 보장받을 수 있단 말인가?' 이런 싯다르타의 표정을 보고 박가바 선인은

"처음 고생은 참으로 괴롭고 어렵지만 차차 수행을 쌓으면 보기보다는 참아내기가 어렵지 않게 되오."

하고 말했다. 아마 싯다르타가 심한 고행에 두렵고 놀라는 것으로 안 모양이었다. 싯다르타는 조용히 말했다.

"참을 수 없는 고행을 잘 참는 데에는 존경심이 갑니다. 그러나 그것이 어떤 보상을 바라고 한다면 괴로움은 영원히 떠나지 않을 것입니다. 영원히 되풀이될 고와 락을 어떻게 하겠습니까?"

이에 선인은 아무 대답도 할 수 없었다.

하룻밤을 머문 다음 싯다르타는 그곳을 떠났다. 좀더 남쪽으로 내려가면 요가파 학자인 아라라 칼라마라는 훌륭한 선인이 있다는 말을 박가바의 제자들로부터 들은 싯다르타는 곧 그를 찾아갔다.

아라라 칼라마의 덕망은 싯다르타도 전부터 듣고 있었다. 그가 있는 곳까지는 길이 멀었다. 몇 개의 강을 건너고 산을 넘고 강가강을 건너 라자가하(왕사성, 王舍城)에 들르게 되었다. 라자가하는 마가다국의 수도로 인구도 많고 집들도 카필라보다 훨씬 호화로웠다. 마가다는 빔비사라왕이 다스리고 있는 나라였다.

싯다르타가 라자가하에서 걸식을 하자 사람들은 그 빼어난 모습과 기품 있는 행동을 보고 그가 카필라 왕국의 태자임을 첫눈에 알아보았다. 순식간에 소문이 퍼졌다. 그러나 그런 사실을 알 리 없는 싯다르타는 판다바산(飯茶山)의 수풀 그늘에 들어가 동쪽을 향하여 앉아 탁발한 음식을 먹었는데 그때 궁중에서 먹던 산해 진미가 눈에 어른거렸다. 싯다르타는 그런 자신을 꾸짖고 격려하였다. 그때 빔비사라왕이 싯다르타를 찾아와

"태자가 출가하였다는 소문을 듣고 놀랐소. 태자의 부왕께서는 얼마나 가슴 아파 하시겠소. 태자처럼 젊고 기품 있는 사람이 사문(沙門)이 되어 고생한다는 것은 참으로 아까운 일이오. 나와 함께 우리나라에서 사는 것

이 어떻소? 마음에 드는 땅을 드리고 편히 살 수 있도록 해 드리겠소."

라고 권했다. 싯다르타는

"친절하신 말씀은 고맙습니다. 그러나 저는 이미 세상의 모든 욕망을 버리고 출가한 몸입니다."

하고 싯다르타가 대답했다.

"그것을 이룰 수가 있겠소?"

하고 빔비사라왕이 묻자

"되고 안 되고는 해보지 않고는 모릅니다. 저는 그것을 알기까지 죽어도 물러서지 않을 각오입니다."

라고 대답했다. 빔비사라왕은 싯다르타의 높은 뜻과 굳은 결심을 보고 크게 감동하여

"태자의 굳은 결심이 반드시 이루어지기를 빌겠소. 만약 그러한 도를 얻으면 나에게도 그 법을 가르쳐 주기 바라오."

라고 마음에 감동을 받아 부탁까지 하였다. 이처럼 싯다르타를 만나는 사람은 누구나 그 인품과 정신력에 감동하지 않을 수 없었다. 싯다르타는 라자가하를 떠나 아라라 칼라마가 있는 곳에 이르렀다. 아라라는 나이가 많았으나 아직 건장했다. 그는 싯다르타를 기꺼이 맞이했다. 아라라 칼라마는 차근차근 이야기를 들려주었다. 싯다르타는 그의 이야기를 듣고 아쉬움을 느꼈으나 얻을 것도 많다는 것을 알고 기뻐하며 그 곳에 머무르며 그의 가르침에 따랐다.

그의 수행은 마음의 작용이 정지된 무념무상(無念無想)162)의 상태에 이르는 것이었다. 그는 밤잠을 자지 않고 열심히 수행하여 아라라의 수행 제자는 수 백 명이 있었지만 싯다르타의 열심과 정진 태도는 뛰어났기 때문에 곧 스승의 경지에 이르렀다. 스승은 깜짝 놀라

"자네 같은 천재를 만나 기쁠 따름이네. 자네는 이미 내가 얻은 경지에 도달하였네. 이제는 나와 함께 우리 교단을 이끌어 나가세."

하고 권했다. 그러나 싯다르타는 그것으로 만족하지 않고 보다 높은 어

______

162) 기억도 생각도 없음

떤 경지가 있다고 확신했다. 그 무렵 카필라에서 부왕이 보낸 사신들163)
로부터 태자가 떠난 후 카필라가 온통 슬픔에 잠겼고 특히 부왕과 아내
야쇼다라의 비탄은 곁에서 차마 볼 수 없을 정도임을 말하고 다시 올 것을
간곡히 당부하는 부왕의 말을 전했으나 싯다르타는

"어떤 일이 있더라도 돌아갈 수는 없다. 내 본래의 뜻이 이루어지기 전
에는 죽어도 돌아가지 않을 것이다. 인간은 이별과 죽음을 피할 수 없는
것, 생사를 두려워하고 있는 사람들은 불행에서 벗어날 수 없다. 나의 이
수행은 내 자신만이 아니라 부왕과 이모와 아내와 그밖에 모든 사람들을
구하려는 뜻에서 시작된 것이다. 그러나 내 수행은 아직 끝나지 않았다.
내 수행을 방해하지 말고 어서 돌아들 가거라."

라고 말했다. 태자의 이 같은 굳은 결심을 알고 그들은 더 할말이 없어
그냥 돌아갈 수밖에 없었다.

싯다르타는 그곳을 떠나 웃다카 라마풋타164)라는 스승을 찾아가 그에
게서 가르침을 받았다. 웃다카는 칠백 명의 제자들을 거느리고 사유(思惟)
를 초월하고 순수한 사상만 남는 비상비비상처(非想非非想處)165)의 경지
에 이르는 길을 가르치고 있었다. 싯다르타는 얼마 안 되어 또 웃다카 스
승의 경지에 이르게 되자 웃다카는 젊은 수도승 싯다르타를 두려워하면서
그 이상의 높은 경지는 없다고 말했다.

마침내 싯다르타는 이 세상에서 완전 무결한 스승이란 있을 수 없다는
것을 깨달았다. 그리고 싯다르타는 지금까지의 수행에 의문을 갖게 되었
다. 그는 우두벨라 마을의 숲으로 들어갔다. 숲 가장자리 기슭에는 넓은
초원에 이어진 네란자라 강이 흐르고 있었다. 그는 극도로 굶주려 있었고
피곤에 지쳐 비틀거렸다. 정신마저 몽롱해진 상태로 어느 날 풀잎들이 바
람에 춤추는 초원을 비틀거리며 네란자라강으로 걸어갔다. 마침 개울에서
소녀 수자타가 우유를 갖고 있다가 굶주린 수행자가 다가오자 배고파 우
유를 마시고 싶어서 온 걸로 알고 우유166)한 사발을 싯다르타에게 주었

---

163) 교진어 등 5인
164) 웃다카 라마풋타(울타가 라마자)
165) 생각도 아니고 생각아닌 도 아닌 경지

다.167) 무심결에 받아 마신 싯다르타는 세상이 훤하게 보였다. 강물에 더러워진 몸을 깨끗이 씻자 더욱 새로운 기운이 솟는 듯했다. 싯다르타는 육체적 고행으로 가지가 목표로 하는 것을 깨달을 수 없음을 알게 됐다. 이때 깨달은 것이 중도(中道)다.

웃다카 스승 아래서 같이 수행하던 5인의 수행자가 초인적인 지혜와 인내로 모진 고행과 공부를 다 깨달아 가는 싯다르타는 성도할 것이다. 기대를 갖고 몰래 뒤를 밟아 따라 왔다가 싯다르타가 양젖을 받아 마시는 것을 보고 이제 모두 글렀다고 판단하여 떠나 버렸다.

싯다르타는 좀더 한적한 숲 속의 보리수(본래는 필바라수라 하였다.) 아래 정좌하고 '내가 이 자리에서 육신이 다 죽어 없어져도 우주와 생명의 진리를 깨닫기 전에는 결코 이 자리를 뜨지 않으리라!'고 결심하고 명상에 들어간 지 49일 만에 드디어 진리를 깨달았다.168) 기원전 521년 12월 8일 새벽 먼동이 터 오는 시각이었다. 그때 그의 나이는 35세로 싯다르타는 이제 성도(成道)하여 부처가 된 것이다.

라) 설법

부처님은 맨 먼저 누구에게 설법할 것인가를 생각했다. 자신이 스승으로 모시고 배웠던 당시 최고의 선인인 아라라와 웃다카가 떠올랐으나 그들은 아깝게도 이미 얼마 전에 이 세상을 떠나고 없었다. 그 다음으로 떠오른 사람이 자기와 함께 수행했고 몰래 뒤따르다가 싯다르타가 우유 마시는 것을 보고 실망하여 떠나버렸던 사문들이었다. 부처님은 그들이 고행하고 있는 녹야원으로 가서 처음 설법을 하였다. 부처님이 녹야원에 도착했을 때 다섯 사문들은 전과 같이 고행을 계속하고 있었다. 그들 가운데 하나가 가까이 걸어오고 있는 부처님을 알아보았다.

"저기 고오타마가 오는군"

---

166) 유미죽이라고도 한다. 그리고 싯다르타는 이 유미죽으로 49개의 밀크로 주석 과자를 만들어 49일 동안 지낼 준비를 했다고 한다.
167) 당시 풍습으로 우유를 짜는 사람은 고행자가 오면 우유 한 그릇을 주어야 했다.
168) 열반이었다고 한다. 7일째 되는 날 싯다르타는 문득 형언할 수 없는 기쁨이 넘치기 시작했고, 모든 이치가 드러났다. 태어나고 죽는 일도 환히 깨닫게 되었다. 그것은 환희였다. 드디어 싯다르타는 부처 즉 깨달은 자가 된 것이다.

"그럴 리가 있나. 그는 타락했는데"

다른 사람이 말했다.

"아니, 틀림없는 고오타마인데?"

"왜, 왔지?"

"아마 자신의 타락을 후회한 모양이야. 고행을 하다가 도중에 그만둔 사람이니까."

"우리는 고오타마가 가까이 오더라도 모른 척하세"

"그럼 그래야지. 타락한 사문에게 우리가 먼저 머리를 숙일 건 없어."

이렇게 자기들끼리 말을 주고받는데 부처님은 천천히 그들이 앉아 있는 곳까지 갔다. 부처님의 거룩한 모습이 그들 앞에 나타나자 그들은 이상한 힘에 끌려 자신들도 모르게 그만 그 자리에서 일어나 공손히 머리를 숙여 인사를 드렸다. 부처님은 그들을 보고 조용히 말했다.

"그대들은 내가 와도 일어서서 맞지 않기로 약속까지 했으면서 왜 일어나 인사를 하는가?"

그 말을 듣고 다섯 사문들을 서로 마주보며 놀랐다. 그리고 서둘러 부처님이 앉을 자리를 마련했다.

"고오타마, 멀리서 오시느라고 고단하시겠습니다."

그러자 부처님은 엄숙하게 말했다. "이제부터 나를 고오타마라고 부르지 말고 여래(如來)169)라고 불러라."170) 그리고 나서 다섯 사문들에게 최초의 설법을 시작했다. 그래서 이 때의 설법을 초전법륜(初傳法輪)이라고 한다.

"수행 사문들이여, 이 세상에는 두 가지 극단으로 치우치는 길이 있다. 하나는 육체의 요구대로 자신을 내 맡겨 버리는 쾌락의 길이고, 또 하나는 육체를 너무 지나치게 박대하는 고행의 길이다. 사문은 이 두 극단을 버리고 중도(中道)171)를 배워야 한다. 여래는 바로 이 중도의 이치를 깨달았다. 여래는 그 길을 깨달음으로써 열반에 도달한 것이다."

---

169) 여래(如來) : 진리의 세계에 도달한 사람. 진리의 세계에서 설법하러 온 사람.
170) "…여래. 세존(世尊), 불타(佛陀)라고 부르라."고 했다고도 전함.
171) 이때의 중도(中道)는 Aristoteles의 중용(中庸)의 의미와 상통한다.

이 중도의 깨달음은 부처님 스스로 수행 과정을 통하여 깨달은 것이라. 부처님은 계속하여 설법을 했다.

"사문들아, 그러면 중도란 무엇인가? 그것은 여덟 가지다. 바른 견해(正見), 바른 생각(正思), 바른 말(正語), 바른 행위(正命), 바른 직업(正業), 바른 노력(正精進), 바른 기억(正念), 바른 명상(正定)이라."172)

부처님의 부드러우면서도 차분하고, 정곡을 찌르는 설법을 듣고 다섯 사문들은 그 이치를 깨달을 수 있었다. 그들은 기뻐 부처님께 진심으로 감사의 예배를 드렸다. 그리하여 그들은 부처님의 최초의 제자가 되었다. 또한 부처(佛)가 설한 진리(法)와 그 진리를 받드는 제자(僧)의 3보(三寶)가 설립되었는데 이것이 불교의 시작이고 근본 교리이다.

그 후 부잣집 아들 야사가 생에 환멸을 느끼고 괴로워하다가 부처님의 가르침을 듣고 깨달아 머리를 깎고 출가하여 부처님을 따르는 제자가 되었고 그의 아버지는 부처님의 설법을 듣고 첫 재가(在家)신도가 되었다. 이 말을 듣고 바라나시의 야사의 친구 54명이 출가하여 석가의 제자가 되어 제자가 모두 60명이 되었는데, 이들은 친히 석가의 설법을 듣고 도를 깨쳐 아라한(阿羅漢)이 되었다.

그 해 우기가 끝나자 석가는 네란자라 강가에서 바라문 교도인 마하카샤파와 그의 두 아우 및 그들의 제자 1천인을 교화시켰고 전에 부탁을 받은 빔비사라왕도 교화시켰다. 빔비사라왕은 라자가하성 밖의 큰 대나무 밭을 헌납하였는데 그 후 한 부자가 찾아와 설법을 들은 다음 이곳에 집을 지어주겠다고 자청하여 그곳에 가람(枷藍)을 세웠는데 이것이 죽림정사(竹林精舍)이다.

그 후 석가는 고향으로 돌아가다가 라자가하의 교외 나라카 촌에서 바라문 교도인 사리 풋타와 목칼라나 그리고 그들의 제자 250여 명을 교화시켰다.

석가가 가족 곁으로 돌아간 것은 12년만이었는데 석가 대신 태자가 되었던 아난다와 석가의 아들 라훌라는 물론 50명의 귀족 청년들이 출가하

---

172) 이것은 8정도(八正道)라고 한다.

였다. 그 후 코살라 사밧티성의 대부호인 수달타의 헌납으로 대가람 기원정사(祇園精舍)를 지었다. 16대원 60방을 갖춘 큰 절인데 석가는 이곳에서 오랫동안 머물렀고 프리세나것왕도 귀의시켰다.

부왕이 세상을 떠나자 왕비(마하파사파제)와 아내(야쇼다라)의 간청으로 8계를173) 주어 허락했는데 이들이 최초의 비구니(比丘尼)이다. 그런데 이들을 따라 500여 명의 여인들이 출가하였다. 이리하여 출가한 비구와 비구니 그리고 재가신도(在家信徒)인 우파새(남자) 와 우파니(여자)의 소위 4부 꿈을 이루게 되었다.

석가의 아버지 정반왕은 줄곧 석가가 훌륭한 성군이 되기를 바랐기 때문에 왕 주변의 신하들이나 친척들이 출가하는 것을 환영하거나 권장하지는 않았다. 그러나 석가를 데리려 보낸 신하들이 돌아오지 않고 석가에 귀의하고 주변 신하들이나 친척들, 아들, 손자마저 출가한데 대해 노하거나 강하게 금지하지 않았다. 미성년자가 출가 귀의할 때는 부모의 허락을 받도록 요청하였고, 석가가 이를 받아들여 시행한 한 예에서 두 사람이 심한 충돌이나 무리가 없는 관계임을 알 수 있고 서로가 적절히 인내하고 이해하고 협조했음도 알 수 있다.

만년에 이르러 석가의 주위에 비극적인 일들이 일어났다. 친척 데바닷타174)의 석가 지위 승계를 노린 배신, 아끼던 제자 사리풋다와 목칼라나의 죽음, 코살라의 침공으로 인한 샤카족의 패멸 등은 그를 슬프게 하였다.

석가가 80세가 되던 어느 날 파바라 시가에 탁발하러 나갔다가 대장장이 춘다의 간곡한 청에 의해 공양을 들던 중 버섯국을 먹고 식중독에 걸려 일주일을 설사와 복통에 시달리다가 기원전 485년 2월 18일 쿠시나가라의 성 밖 사라수(沙羅樹) 밑에 누운 채 열반했다. 석가는 숨을 거두기 전 슬퍼하는 제자들을 보고는

"울지 마라. 가까운 사람과 언젠가는 헤어지게 되는 것이 이 세상의 인

---

173) 8계(8관재계) : 불살생, 불투로, 불사음, 불앙어, 불음주, 부좌고광대상, 불착화만영락, 불습가무회악
174) 사촌동생, 이복동생이라는 설도 있고 태자비 야쇼다라의 남동생이라는 설도 있다.

연이다. 그러니 너희들은 저마다 자기 자신을 등불로 삼고 자기를 의지하여라. 진리를 등불로 삼고 의지하여라. 모든 것은 헛되고 헛되다. 게으르지 말고 부지런히 정진하여라."

라고 이생 최후의 말을 남겼다.

2) 사상

● 연기설
● 4성제
● 3법인(4법인)
● 8정도
● 5온 화합설

가) 사성제(四聖諦)

4성제는 4가지 성스러운 진리라는 뜻이다. 그것은 고성제(苦聖諦), 집성제(集聖諦), 멸성제(滅聖諦), 도성제(道聖諦)의 4가지이다. 고성제는 이 세상 모든 것이 고통이라는 뜻이다. 인생이라는 것도 그 자체가 고통이고 괴로움인 것이다. 그 원인이 무엇이냐 그것은 집착, 욕망 때문이다. 그 집착이 집성제이다. 그러면 고통뿐인 이 굴레에서 벗어나는 길은 무엇인가? 그것은 욕망을 없애는 길밖에 없는데 그 방도가 무엇이냐? 그것이 바로 도성제로 모두 8가지가 있다. 이 8정도를 수행 실천하면 모든 욕망을 멸할 수 있고 그리되면 욕망(집착)이 없어져 고통에서 벗어날 수 있다는 것이다. 그리고 인생의 고통은 생고(生苦, 태어나는 고통), 노고(老姑, 늙는 고통), 병고(病苦, 병든 고통), 사고(死苦, 죽는 고통)의 4고(四苦)이고 여기에 애별리고(愛別離苦), 원증회고(怨憎會苦), 구부득고(求不得苦), 오음성고(五陰盛苦)를 더하여 팔고(八苦)가 된다. 애별리고는 사랑하는 사람과 헤어지는 고통이고, 원증회고는 미워하고 증오하는 사람과 함께 살아야 하는 고통이다. 구부득고는 얻으려 해도 얻지 못하는 고통이고 오음성고는 인간의 5관175)에서 일어나는 모든 고통이다.

---

175) 오관 : 眼耳鼻舌身의 5기관(눈, 귀, 코, 혀, 몸)

그리고 그런 인간의 고(苦)는 과거의 행업(業)에 의해 초래된 결과이며 그것은 탐욕(貪慾), 분노(忿怒), 어리석음(우치, 愚癡)라는 삼독(三毒)에 빠져 저지른 그릇된 행업의 결과다. 이런 그릇된 행업은 모두 헛된 욕망(執着) 때문인데 그것은 또 무지(無知) 때문에 일어난다. 그래서 깨달음이 중요하다. 깨달음이 있어야 올바른 수행이(8정도 같은) 가능하기 때문이다. 그래서 이 깨달음이 불교의 한 특징이랄 수 있다. 그리고 그것이 바로 성도(成道)이고 부처가 되는 길이다.

나) 8정도(八正道)

앞에서 이 모든 집착과 욕망을 없애고 고통에서 벗어나는 방법으로서의 8정도를 말했다. 8정도는 중도를 그 기본으로 하고 있다. 그것은 정견(定見: 바른 견해), 정사(正思: 바른 사유), 정어(正語, 바른말), 정업(正業, 바른 행실), 정명(正命, 바른 생활), 정정진(正精進, 바른 노력), 정념(正念, 바른뜻, 기억), 정정(正定, 바른 명상)의 8가지로 정견과 정사는 불교에 입문하기 위한 태도라고 볼 수 있고 그것은 혜를 나타내고 정어, 정업, 정명, 정정진은 생활 태도로서 계(戒)를 나타내고 정정은 종교적 체험에 이르는 것으로 정(定)을 나타낸다. 이 혜, 계, 정을 불교에서는 삼학(三學)이라 부른다.

다) 4법인(四法印)

제행무상(諸行無常), 제법무아(諸法無我), 일체개고(一切皆苦)를 3법인(三法印)이라 하고 여기에 열반적정(涅槃寂靜)을 더해 4법인이라고 한다. 여기서 법(法)이란 진리를 말하는 것이고 인(印)이란 증표, 표적이라는 의미로 법인이란 증표가 확실한 진리라는 뜻이다.

제행무상은 모든 현상은 변한다.(무상 : 변한다. 한결 같지 않다.)는 뜻이고 제법무아란 고정된 실체(법)는 없다는 뜻이다. 그리고 일체개고는 모든 것이 고통이라는 말이다. 열반적정은 해탈의 경지에 이르는 말인데 열반이란 원래 '(욕망의)불을 끄다.'라는 의미의 니르바나(Nirvana)에서 온 말이다.

라) 연기설(緣起說)

석가는 모든 현상은 인(因)과 연(緣)에 의해 이루어지기도 하고 사라지기도 한다는 연기설을 주장했다. 인이란 하나의 대상, 재료이고 연은 그렇게 되는 까닭이고 방법이고 과정이다. 가령 어떤 목재가 있어 그 목재로 책상을 만들었을 때 책상은 목재라는 인(因)과 책상을 만든 과정, 수단으로서의 연(緣)에 의해 존재하게 되는 것이다.(이것은 아리스토텔레스의 형상과 진료의 개념이나 동양성리학의 이(理), 기(氣)의 설명과도 통하는 데가 있다.) 인간도 그 인과 연에 의해 존재한다.

그 인연은 12가지로 12연기설(十二緣起說)이라고 하는데 무명(無明), 행(行), 식(識), 명색(名色), 육처(육입,六入), 촉(觸), 수(受), 애(愛), 취(取), 유(有), 생(生), 노사(老死)로서 무명은 무지를 행은 의지, 식은 의식, 명색은 심신(心身), 육처(六入)은 眼(눈), 耳(귀), 鼻(코), 舌(혀), 身(몸) 意(의지)의 인체의 여섯 감각 기관을 말한다. 촉은 접촉, 수는 받아들인 감각, 애는 욕망, 취는 집착, 유는 존재, 생은 출생, 노사는 늙고 죽는 것을 말한다. 이 12연기는 앞의 것이 인연이 되어 뒤의 것이 일어나는 일종의 연속 반응적 성격을 갖는다. 예를 들면 수가 인연이 되어 애가, 애가 인연이 되어 취가 일어난다는 것이다.

한편 이해에 따라서는 이 12연기를 한 인간의 생사 과정을 말하는 것이 되기도 한다. 그러나 서구적 사고로서의 인과사상과는 조금 다르다. 서구적 개념에서의 인과론은 어느 한 대상을 원인과 결과로 분리해서 그 필연성을 설명하고 주장하지만 석가의 인과론으로서의 12연기설은 그 원인과 결과가 진행적으로 변화된다. 어떤 원인과 결과에서 결과는 다시 그 다음의 결과에 대한 원인이 되는 것이다.

🈺 장자(莊子, B.C 365? ~ 290?)

- ● 일원적 범신론
- ● 생사 일여의 범신론
- ● 신선 사상
- ● 심제 좌망
- ● 무용지용의 처세술

---

1) 생 애

장자는 기원전 365년 경에 송(宋) 나라 몽현(蒙縣 : 하남성 상구의 동북 쪽)에서 태어났다. 성은 장(莊), 이름은 주(周), 자는 자휴(子休), 후세에 남화진인(南華眞人)이라 칭하였다. 몽현은 호수와 숲이 많고 경치가 아름다우며 온화하였다.

장자는 처음에 공자의 제자인 전자방(田子方)에게서 배웠다고 하는데 확실하지 않다. 그는 남에게 배우기보다도 스스로 제자 백가의 글을 읽으며 자신의 독자적인 체계를 형성해 나갔다. 장자의 아내는 결혼한 지 얼마 안 되어 죽었는데, 친구인 혜시(惠施)가 조문을 갔는데 그때 장자는 다리를 뻗고 항아리를 두들기며 노래를 부르고 있었다. 혜시가 그것을 보고 "그대는 아내와 지금까지 해로하며 애정이 두터울 터인데 이것은 너무하지 않은가?" 하니, 장자는 "그런 것이 아니라, 나도 처음에는 놀라고 슬퍼서 어쩔 줄을 몰랐으나 그 근본을 생각해 보니 본래 생(生)이란 없는 것이오, 단지 큰 혼돈 속에 자연의 형세에 의해서 음양이 기가 되고, 다시 변하여 형체를 이루어 비로소 생이란 것이 되었소. 지금 생에서 사(死)로 돌아갔는데, 이것은 춘하추동의 사시가 갔다가 다시 오듯이 무한히 순환함과 다르지 않소! 내 아내는 지금 바로 천지라는 큰집에서 안식하고 있소! 그런데 만약 소리를 치고 통곡을 한다면 천절(天節)에 얼마나 어두운 사람이 되겠소?" 하였다.

그는 젊어서 몽현의 칠원(漆園)에서 잠시 하급 관리 노릇을 하였으나 그의 아내가 죽은 뒤 곧 그만두고 여러 곳으로 유랑하였다. 그의 성격이나 사상으로 보아 그는 관리 생활에 오래 매달려 있을 사람이 아니었다. 그는 권세나 부귀를 우습게 여겼다.

한번은 복수란 곳에서 낚시질을 하고 있었는데, 초나라의 위왕이 장자의 명성을 듣고 그를 재상으로 등용하려고 천금(千金)의 선물과 함께 대부(大夫) 두 사람을 보내 그를 초빙해 오도록 하였다. 대부들은 석 달 동안을 헤맨 끝에 장자를 찾았다. 그러나 장자는 낚싯대를 잡은 채 돌아보지도 않고 "천금이라면 대단한 돈이며 또 재상이라면 고관 중의 고관이지요. 듣자

니 초나라 조정에는 죽어서 3천년이나 지난 성스런 거북이가 있어 왕은 그것을 비단에 싸서 종묘에 두고 있다는데, 그대들 생각에는 그 거북이처럼 죽어서 귀함을 받겠소? 아니면 흙탕물 속에서나마 자유롭게 꼬리를 치며 살기를 바라겠소?" 하고 물었다. 이에 대부가 말하기를 "그야 이를 말입니까? 흙탕물 속에서 자유롭게 꼬리를 치며 사는 편이 좋겠지요!" 하였다. 이 말이 떨어지기가 무섭게 장자는 "그럼 어서 돌아가시오. 나도 살아서 흙탕물에 꼬리를 치고 싶은 사람이오!" 하고 초나라 재상 자리도 거절해 버렸다.

장자는 친구인 혜시가 양나라의 재상이 되자 그를 만나러 양나라로 갔다. 그런데 어떤 사람이 혜시에게 "당신보다 재주가 훨씬 뛰어난 장자가 왔소! 아마 당신의 재상 자리도 보전하기 어려울 것이오!" 라고 말했다. 이 말을 들은 혜시는 당황하여 부하들을 풀어서 장자를 찾아오도록 하였다. 꼬박 3일간을 수색하고 있었는데, 장자가 찾아와 이런 말을 하였다. "남방에 원주조라는 새가 있는데 그대는 그것을 모를 것이오! 이 새는 남해에서 북해까지 그 먼 길을 날아가면서도 오동나무가 아니면 내려서 쉬지를 않고, 염천(醴泉)이 아니면 마시질 않소! 그런데 솔개가 썩은 쥐를 물고 지나가다 원주조가 날아가는 것을 보고 자기 쥐를 빼앗길까봐 '윽!' 하고 소리를 질렀소. 지금 그대는 재상 자리를 빼앗길까봐 '윽!' 하고 소리치는 게 아니오?"

이에 혜시는 안심하고 장자를 왕과 만나게 하였다. 거친 베로 만든 누더기를 걸치고 다 떨어진 신을 노끈으로 묶어서 신고 있는 장자의 초라한 몰골을 본 혜왕은 놀라서,

"선생은 어찌하여 그렇게 고달파 보입니까?" 하고 묻자 장자는 "사람이 도덕을 갖고도 행하지 못해야 고달픈 것이지, 옷이 낡고 신이 떨어졌다고 해서 고달픈 것이 아닙니다. 때를 잘못 만나서 임금이나 재상이 다 어리석은 사람이니 가난을 어떻게 하겠습니까?"

혜왕은 화가 나서 얼굴이 창백해졌으나 할 말이 없었다.

송나라에 가난한 선비 조상이란 사람이 있었다. 왕명을 받고 진나라에가 진시황제의 환심을 사서 마차 100대를 얻어왔다. 그는 장자를 찾아가

"나는 본래 가난해서 누추한 집에서 살며 얼굴이 누렇고 목뼈가 앙상하게 드러났다. 그러나 이제 만승 군주의 마음을 일깨워 준 덕에 100대의 마차를 얻어서 나도 영화를 누릴 수 있게 되었다."고 자랑하였다. 이에 장자는

"진나라 왕이 종기가 났을 때 의원을 불러 종기를 치료해 주면 마차 한 대를 주고, 왕의 치질을 빨아주는 사람에게는 다섯 대, 또 빤 곳이 많이 가라앉으면 댓 수를 늘려 준다는 말을 들었는데, 당신이 그토록 많이 얻어온 것으로 봐서 진나라 왕의 치질 자리를 많이 빨아준 모양이구려. 어서 가시오! 나까지 더러워지기 전에."라고 했다 한다.

장자는 세인들과 논쟁을 하지 않았으나 혜시를 만나면 통쾌한 논전을 벌였었다. 그런데 혜시는 일찍 죽어버리고 말았다. 장자가 옛정을 못 잊어 제자들과 머물러 혜시 이야기를 하였다.

"초나라에 사는 어떤 사람이 자기 코에 파리 날개처럼 얇게 횟가루를 묻혀 그것을 석쟁이에게 정으로 쳐서 떨어내라고 하였다. 석쟁이는 정을 코에 대고 망치로 쳐서 횟가루를 죄다 떨어냈으나 코는 전혀 다치지 않았다. 송나라 왕이 그 말을 듣고 석쟁이를 불러다가 자신의 코에 횟가루를 묻혀 그것을 떨어내도록 하였다. 그러나 석쟁이는 전에는 그렇게 할 수 있었으나 지금은 자신의 재주를 펴 볼 수 있는 상대자가 이미 죽어버렸으므로 할 수 없다고 하였다."

그 석쟁이의 상대자가 바로 혜시라고 하였다.

장자는 기원전 290년 경에 죽었다 하는데, 임종시에 제자들이 장례 계획을 세우면서 의론이 분분하였던 모양이다. 이에 장자는 "염려하지 말아라! 나는 천지를 관(棺)으로 생각하며, 해와 달은 상여 앞에 장식한 한 쌍의 구슬로, 별들은 수놓은 장식으로, 만물은 조문객으로 생각한다. 내 장구는 그것이면 족하지 않겠는가? 이 이상 더 무엇이 필요하겠는가?"고 하였다. 그러나 제자들이 말하기를 "분상이 소홀하면 까마귀와 솔개의 밥이 될 우려가 있습니다."라고 하였다. 이에 그는 말하기를 "땅 위에 있으면 까마귀와 솔개의 밥이 되고 땅 속에 있으면 땅벌레와 개미 밥이 된다. 밥이 되기는 마찬가지인데, 까마귀와 솔개의 밥을 빼앗아 땅벌레와 개미를 먹

인다는 것은 공평할 수 없다."고 하였다.

공자가 그의 사상을 보급시킴에 있어서 맹자의 힘을 입었다고 하면 노자는 장자에게 훨씬 더 많은 힘을 입었다고 할 수 있다. 유가를 공맹 철학이라 하는데 반하여 도가를 노장철학(老莊哲學)이라고 한 것만 봐도 이 사실을 잘 알 수 있다. 그의 저서인 「장자(南華眞經이라고도 함)」는 노자와 더불어 도가의 근본 경전으로 되어 있으며 인간의 슬픔과 두려움을 초극하는 구제의 서(書)로서 중국 지식인 사회에 널리 애독되어 왔다.

2) 사 상

가) 일원적 범신론(一元的汎神論)

① 무(無)·도(道)·태(太)·일(一)

장자에 의하면 우주의 본체는 원래 어떤 명칭으로도 형용할 수 없는 것이니 이름을 붙여 이를 무(無)라 하고, 도(道)라 하며, 태(太)라 하고, 일(一)이라고도 한다는 것이다. 이 본체는 볼 수도 들을 수도 만질 수도 없는 것이요, 그러면서도 도가 없는 곳은 없다고 한다.

동곽자란 사람이 도(道)가 어디에 있느냐고 물으니, 장자는 어디든지 없는 곳이 없다고 대답하였다. 동곽자는 그 대답은 막연하니 어디에 있는지 그 곳을 명시하여 달라고 하였다. 장자는 도(道)는 개미에도 있다고 대답하였다. 동곽자는 도(道)가 그렇게 보잘것없는 동물에게 있겠느냐고 반문했다. 이에 장자는 도는 기와와 벽돌에도 있다고 하였다. 동곽자는 그것은 너무 심한 표현이라 하니 장자는 도(道)는 오줌과 똥에도 있다고 하였다.

그에 의하면 도(道)는 우주 만물의 시원이니 소위 만물은 여기서 발생하는 것이다. 즉 무(無)에서 유(有)가 되니 물(物)이 생기는 것이다. 이미 물(物)이 되면 각각 고유한 속성을 갖추어 우리가 인식할 수 잇는 것이니, 여기서 물과 물의 구별이 서게 된다. 즉 우리의 눈앞에 있는 모든 삼라 만상은 다 도의 현상이다.

② 만물 일체관(萬物一體觀)

그에 의하면 만물의 생성 변화 사멸은 무한한 과거로부터 무한한 미래로 흘러가는 대자연의 파도와 같은 것으로서 몽환적 현상에 불과하다. 생과 사, 낮과 밤의 구분도 대자연 위에서 보면 별로 변함이 없다.

현상계의 만물은 본체의 무한한 분화 과정으로 사람이 되고 혹은 물(物)이 되는데 이것은 전혀 우연한 현상이다. 인간이든, 쥐의 간이든, 벌레의 다리든 모두 같은 것이니, 이것을 구별하는 것은 미망(迷妄)에 불과하다. 오직 조물주가 하는 대로 즉 모든 것을 자연에 맡겨 주면 그만이다. 여기에 그의 철저한 숙명론을 엿볼 수 있다.

나) 생사 일여(生死一如)의 인생관

그의 인생관은 염세관(厭世觀)으로부터 출발하여 생사일여의 초인적 경지에 이르렀다. 그에 의하면 사람은 누구나 죽음에 대하여 공포를 느끼는데 그것은 마치 유년 시에 고향을 떠난 사람과 같다. 유년 시절에 고향을 떠나서 타향에 유랑하게 되면 현재에 있는 타향을 고향으로 알고 원래의 고향으로 되돌아가기를 싫어한다. 옛날에 희라는 미모의 변방 관원의 딸이 있었는데 진(晉)나라 임금 헌공이 그녀를 데려갈 때에는 슬퍼서 크게 울었다. 그러나 궁정에 들어가서 헌공의 왕비가 되어 왕의 사랑을 받고, 산해 진미를 배불리 먹고, 왕궁을 차지하며 살다 보니, 자기가 고향을 떠날 때 슬피 울었던 것을 후회하게 되었다는 것이다.

사람의 생사는 낮과 밤, 춘하추동과 같은 자연의 현상이므로 살았다고 기뻐하거나 죽었다고 슬퍼할 것이 못 된다고 하였다. 그리하여 인간 생활을 일장춘몽이라고 하였다. 즉 그는 꿈에 나비가 되어 유쾌하게 펄펄 날아다녔으나 자신이 장주인 줄 알지 못하였다고 하였다. 이것을 물화(物化)라 한다. 사람이 죽는 것은 꿈을 꾸는 자가 깨는 것과 같으며, 죽는 것은 없어지는 것이 아니고 화(化)하는 것이라고 한다.

요컨대 생이나 사는 대자연의 운행상 일어나는 일시적 현상의 하나에 불과하므로, 생사를 초월하여 천지 자연의 대도(大道)와 일체가 되어 영원한 자유 세계에 들어가는 것이 장자의 궁극적 이상이다.

다) 신선사상(神仙思想)

그에 의하면 인간에는 소지(小智)와 진지(眞智)의 두 가지 지혜가 있는데, 속인은 여러 가지 조건에 속박된 소지에 사로잡혀 다투고 있다. 이러한 속인의 소지를 버리고 진지 즉 우주의 본체가 무엇인지를 알고 이에 따르는 무위자연으로 돌아가지 않으면 안 된다. 다시 말하면 소지로 인한 육체적인 속박〔己·功·名〕에서 벗어나 진지로서 영혼의 자유를 얻는 것이 그의 이상이다. 그는 이러한 이상적 인물을 일컬어 진인(眞人)이라 하였다. 이를 또 지인(至人), 신인(神人), 천인(天人), 성인(聖人)이라고도 하였다.

"지인은 자기(己)를 모르고, 신인은 공적(功)을 모르고, 성인은 명예(名)를 모른다. 그리고 진인은 이 세상 밖의 허무의 세계와 끝없이 넓은 광야의 세계에서 노는 자이다."

"만물의 근원을 떠나지 않는 사람을 천인이라 하고, 도(道)의 정신을 지키고 있는 사람을 신인이라 하고, 진실을 체득한 사람을 진인이라 하고, 하늘을 종(宗)으로 삼고 덕을 근본으로 삼으며 도(道)로써 문을 삼아 모든 변화를 예견하는 사람을 성인이라 한다."

"지인은 불에도 타지 않고, 물 속에서도 질식하지 않으며, 뇌성 벽력이 산을 헐고 바다에 폭풍이 불어 파도를 일으켜도 심상히 여긴다. 신인은 오곡을 먹지 않고 바람을 마시며, 이슬을 먹고, 용을 타고 공중을 날며, 해와 달을 타고 사해(四海) 밖에 놀 수가 있다. 또 진인은 잠을 자도 꿈을 꾸지 않고, 깨어도 근심이 없고, 무엇을 먹어도 맛을 모르며, 그 호흡은 깊고 가라앉아 있다. 보통 사람의 호흡은 목구멍에 들락거리거나, 진인의 호흡은 발뒤꿈치에 닿도록 깊었다."

이들은 모두 이상적 인물의 소요무애(逍遙無碍)의 정신적 생활 상태를 형용한 것이다.

라) 심제 좌망(心齊坐忘)

그에 의하면 속인은 대체로 소지를 가지고 이욕을 좇아 다투고 승부를 겨루며 희로애락에 굴러 돌아갈 바를 모르게 된다. 시비라든가 피차라는 것은 서로 처지가 다르고 보는 각도가 다른 데서 일어나는 것으로서, 상대적 관계를 초월한 절대의 처지에서 보면 어느 편이 정말 시(是)도 아니고 어느 편이 정말 비(非)도 아니다. 결국 시비를 모두 용납함이 공평하다는 것이다. 인간과 미꾸라지는 그가 먹는 것도 다르고 거처도 다르다. 그러나 누구의 식물(食物)이 바르고 거처가 바른가는 말할 수 없다. 절대자의 입장에서 보면 그 사이에 시도 비도 없다.

따라서 도(道)를 구하려면 소지에 빠지지 않고, 시비나 명리(名利)를 버림과 동시에 또 심제라는 내적 수양이 필요하다. 만약 가슴속에 한 조각의 욕심이라도 들어 있다면 비록 위엄을 내고 있어도 정신은 벌써 밖으로 달려 안정되지 못한다. 이런 것을 좌치(坐馳)라 한다. 좌치는 수양하는 데 누(累)가 된다. 그러므로 소지를 버리고 소위 망아(忘我)의 경지에 들어가야 한다. 심제의 결과로 이러한 경지에 도달하는 것을 좌망(坐忘)이라 한다.

요컨대 그는 소지에서 벗어나서 시비나 명리를 버리고 심제 좌망의 경지에 이르면, 유한한 상대의 세계를 벗어나 무한한 절대의 세계에 들어갈 수 있다고 하였다.

마) 무용지용(無用之用)의 처세술

장자는 난세의 처세법으로 무용지용의 덕을 강조하였다. 사회에 유용한 것은 그 몸을 상하는 원인이 되므로 무용한 것이 좋다는 것이다. 그는 소(疏)라는 꼽추가 있었는데 나라에서 징벌할 때는 두 팔을 휘두르면서 병신임을 자랑하였고, 나라에서 부역을 명할 때는 병신이라서 면제를 받았을 뿐만 아니라, 나라에서 병자를 구호할 때는 3종(三鐘)의 쌀과 열 단의 나무를 받았다는 것이다.

세상 사람은 모두가 쓸데가 있기 때문에 천성을 상한다는 것이다. 유용한 재사(才士)는 세상 사람의 눈에 띄어 부림을 받기에, 마음을 괴롭히고 정력을 소모하여, 자연의 참다움을 온전히 할 수 없다고 하였다.

그는 또 난세의 처세법으로 겸허의 덕을 강조하고 있다. 오(吳)나라 왕이 사냥을 나갔다가 교만한 원숭이를 쏘아 죽였다는 이야기, 교만한 미녀인 본부인보다 추녀이기는 하지만 겸손한 첩이 남편의 사랑을 받았다는 이야기, 쓸데없는 나무가 오래도록 수명을 보존한다는 이야기 등을 하고 있다.

바) 무위 자연의 법칙

사람의 본성에 따르지 않고 무리하게 여러 가지 제도를 만들어서 다스리려는 것은, 소의 코를 뚫어 굴레를 씌우는 것과 같은 부자연한 행위이므로, 고통을 초래하는 결과밖에 되지 않는다. 오리 다리가 짧다 하여 더 붙여주거나 학의 다리가 길다 하여 절단한다면 얼마나 괴로워할 것인가? 인공(人工)의 목적은 절장(切長)보단(補短)하여 자연을 개조하는 데 있으나 그 순간에 자연으로부터 오는 행복을 상실하게 된다.

정치 및 사회 제도는 사람에게 고통을 주는 것이다. 그저 자연의 순리에 따르고 제대로 방임하면 서로 다른 가운데 스스로 잘되어 나간다.

"옛날에 노공(魯公)은 성 밖에 내려온 해조(海鳥)를 종묘에 맞아들여 술을 주고 음악을 연주하여 즐겁게 하고, 소나 양고기의 요리를 만들어 주었으나, 그 새는 보는 척도 하지 않고 슬픔에 잠겼다가 3일만에 죽었다. 이것은 새를 먹이는 데 있어 사람을 대접하는 방법을 썼기 때문이다. 물고기는 물 속에 있으면 살되 인간은 물에 빠지면 죽는다. 이와 같이 만물은 그 좋아하고 싫어함을 달리함으로 옛 성인은 그들의 능력을 일정한 것으로 보지 않고 그 하는 일도 균일하게 하려고 하지 않았다. 오직 명(名)과 실(實)이 일치하는 데 그치고, 의(義)는 실행할 수 있는 한도로 하였다. 이것이 조리에 맞고 행복을 가져오는 방법이다.

㈒ 맹자(孟子, 372/382 ~289 B.C.)

● 유가의 완성자
● 저서 :「맹자(孟子)」
● 성선설(性善說)
● 민본주의와 혁명사상(仁義를 강조)
● 왕도 정치론(王道政治論)

---

1) 생 애

맹자가 살았던 시대는 춘추 전국 시대에서도 전국 시대에 속한다. 당시 주(周)나라 왕실이 극도로 미약하여 그 존재 여부조차 모를 정도이었기 때문에 각 제후들은 서로 약육강식의 전쟁을 일삼아 혼란이 거듭되고 있었다. 윤리 도덕은 땅에 떨어지고 폭력과 사설(邪說)이 세상에 횡행하여 백성들은 이중 삼중의 고통 속에서 헤어나지 못했다. 이러한 역사의 시점에서 맹자(孟子)는 기원전 372년 4월 27일, 노(魯)의 추현(鄒縣: 지금의 山東省 남쪽)에서 노나라 귀족 맹손(孟孫)씨의 후예인 격(激, 일설에는 류)과 어머니 이씨(또는 장씨)의 아들로 태어났다. 이름은 가(軻), 자는 자여(子輿) 또는 자거(子車)이다. 아내 전(田)씨 사이에서 아들 역(睪)을 낳았다.

아버지는 맹자가 네 살 때 사망하고 유명한 현모인 어머니 이씨(또는 장계;仉啓)의 현명하고 결단성 있고 적극적인 교육을 받으면서 자랐다. 맹자는 노(魯) 환공(桓公)의 13대 손이고 증조부 경자(敬子)는 증자(曾子)에게서 배웠다 한다. 맹자도 자사(子思)의 문하에서 공부했다.

맹자는 서양의 아리스토텔레스와 비교될 만큼 공부에 열중했는데(그들이 산 시대도 비슷하다) 그것은 어머니의 영향이 컸다. 맹모삼천지교(孟母三遷之教)와 단기지교(斷機之教)가 그 대표적인 이야기인데 그 내용은 다음과 같다.

맹자가 어렸을 때 집이 공동 묘지 근처에 있었는데 맹자는 다른 애들과 묘를 만들거나 상여놀이, 장례식놀이만 하였다. 이것을 지켜본 어머니는 이곳은 아이들을 기를 만한 곳이 되지 못한다고 생각하여 이사를 했는데 시장 근처였다. 그런데 이번에는 물건을 매매하는 장사꾼 흉내만 내는지라 이곳 역시 자식을 기를 만한 곳이 못 된다고 판단되어 다시 집을 학교 근처로 이사하였는데 여기서 살게 되자 어린 맹자는 서생과 선생님들을 본따서 공부를 했다고 한다. 이런 맹자의 행동을 보고 어머니는 비로소 마음을 놓고 "이곳이야말로 자식을 기를 만한 곳이구나!" 하고 오래 오래 살았다고 한다. 이것을 맹자의 교육을 위해 어머니가 세 번 이사를 한 교훈이라 해서 맹모삼천지교(孟母三遷之教)라고 한다. 이것은 생활 환경이 자녀 교육에 큰 영향을 미친다는 것을 시사하는 이야기이기도 하다. 맹자는 곧 학교에 나가 공부를 열심히 하였다. 몇 년 후 선생님이 그를 불러서 "너는 내게서 배울 것을 다 배웠으니 이제부터 여기에 나올 필요가 없다. 어머니께 여쭈어 다른 곳의 훌륭한 선생을 찾아 육례(六藝: 詩·書·御·射·數·

禮)를 배우도록 하라"고 했다. 이리하여 맹자는 노나라 서울인 곡부로 가서 공자의 손자인 자사의 문하에 들어가서 육례를 배우기 시작하였다. 맹자는 공자가 태어난 곳에서 6리밖에 안 되는 가까운 곳에 있었기 때문에 일찍이 공자를 사숙하고 공자와 같은 성인이 되는 것을 그의 목표로 삼았다고 한다.

얼마 후 맹자는 어(御: 말타기)를 배우다가 넘어져 팔을 다쳤는데, 어머니와 헤어진 지도 오래고 하여 고향으로 갔다. 그때 그의 어머니는 베를 짜다 말고 집에 돌아온 아들을 보고 "배울 것을 다 배웠느냐?"고 물었다. 이에 맹자는 "일평생 배워야 할 것을 어찌 그 동안에 다 배웠겠습니까?" 하고 대답하였다. 이 말을 들은 그의 어머니는 짜고 있던 베를 칼로 끊으며 말하기를 "네가 공부를 하다가 중단하는 것은 마치 내가 여태껏 애써서 짜던 이 베를 끊은 것과 같다."고 하니 맹자는 크게 깨닫고 그 길로 다시 되돌아가서 부지런히 공부하였다고 한다. 이 이야기 역시 어머니가 자식을 사랑하는 마음이야 극진하지만 자녀 교육을 위해 결단성 있고 현명한 행동으로 경종과 함께 깨달음을 준 대표적인 이야기이다. 당시 맹자의 어머니가 베를 짠 것은 생계와 관계 있는 일이고 몇 칠일 동안 밤잠도 못 자고 쉬지도 못하면서 힘들여 짜던 베를 칼로 자른다는 것은 매우 어려운 일이었을 것이다. 이리하여 훌륭한 사람 뒤에는 반드시 훌륭한 어머니가 있다고 하는 것이다. 이를 단기 교훈(斷機敎訓), 또는 단기지교(斷機之敎)라 한다. 한번은 돼지 잡는 것을 보고 맹자가 어머니에게 "무엇하려고 돼지를 잡지요?"하고 물었는데 어머니는 무심코 "네가 먹게 하려고 잡는단다."하고 대답했는데 맹자가 어머니의 말을 그대로 믿고 좋아하자 어머니는 함부로 어린 아들에게 말한 것을 후회하고 곧바로 돼지고기를 사다가 먹게 하기도 했다.

이것은 맹자의 어린 시절에 있었던 일이었지만 맹자가 이미 성인이 되어 결혼한 후에도 어머니의 엄격한 교훈은 여전하여 옛날과 변함이 없었다. 맹자의 처가 어느 날 혼자서 걸터앉아 있을 때의 일이다. 맹자가 문을 열고 들어오다가 그 모습을 보았다. 곧 어머니에게로 가서, "아내가 무례하니 버려야 하겠습니다." 하고 청하였다. 이 말을 들은 어머니는 "이유가 무엇이냐?"고 물었다. 이에 맹자는 "아내가 무례하게 다리를 쭉 펴고 걸터앉았습니다."고 대답하자 어머니는 "네가 그것을 보았느냐?"고 물었다. 맹자는 "네, 제가 직접 그것을 보았습니다."고 대답하였다. 그러자 어머니는 "그것은 네가 무례한 것이지 너의 아내가 무례한 것이 아니다. 예(禮: 五禮)에 이르기를 대문을 들어설 때에는 누가 있는가를 묻고, 당상에 올라갈 때에는 반드시 기침소리를 내는 법이며, 또 방안에 들어갈 때에는 반드시 앞만 아래로 본다고 하지 않았느냐? 그런데 네가 방에 갑자기 들어가면서 사람의 기척도 내지 않았기 때문에 네 처가 걸터앉은 것을 보이게 되었으니, 이것은 네가 무례할 뿐이다. 그런데 너에게 예를 잘 가르치지 못한 죄는 이 어미에게 있으니 그 벌은 내가 받아야 한다." 고 말하며 스스로 자신의 종아리를 피가 나도록 때렸다고 한다. 이에 맹자는 무안해서 크게 자책하고 결심하여 학문과 수양에 정진했다고 한다. 공자를 지성(至聖)이라 하고 맹자를 아성(亞聖)176)이라고 하는데 이처럼 맹자가 훌륭한 인물이 된 것은 그의 어머니의 훌륭한 교육 덕분이었다. 그리고 맹자는 선천적으로 타고난 인물이라기보다는 여러 단점이 있음에도 불구하고 계속 노력해서 성공한 인물이다.

맹자는 자신의 문하에서 경서를 모두 통달한 후 고향으로 돌아와서 제자들을 모아서 가르쳤다. 얼마 후 전쟁과 흉년 등으로 천하가 혼란하고 양자(楊子)의 자애설(自愛說, 爲我主義), 묵자(墨子)의 겸애설(兼愛說) 등 사설과 사교 등이 유행하여 세상이 어지럽게 되자, 맹자는 인(仁)·의(義)로서 세상을 바로잡아 보려고 유세에 나섰다(기원전 333년 경).177)

맹자의 일생은 공자와 비슷한 데가 많았다. 40세 이전까지는 공부에 힘썼고 그 이후에는 여러 나라를 돌아다녔으며 70세 이후에는 고향에 돌아

---

176) 동한(東漢)의 조기(趙岐)가 이미 맹자를 일컬어 '금세아성지대재(今世亞聖之大才)'라 하였고 삼국시대의 서간(徐幹)이 쓴 「중론(中論)」의 서문에 '맹가(孟軻; 맹자)와 순경(荀卿; 순자)은 아성의 대재(大才)를 품었으며 일가(一家)의 법을 나타냈다.'고 한데서 아성이라는 존칭이 유래하였다. 張其昀, 「中國思想의 根源」, 숙명여자대학교 중국문화연구소 역, (서울: 문조사, 1984), p.102

177) 사마천(司馬遷)의 「사기(史記)」에 의하면, 양혜왕 35년 을유(乙酉)에 비로소 양나라에 이르렀다고 기록되어 있으므로 맹자의 유세는 양나라로부터 시작되었다고 볼 수 있는데, 제나라에서부터 시작되었다는 주장도 있다.

와 노년을 보낸 것 등이 그가 존경한 학문과 인격의 스승이었던 공자와 유사하다.

그가 제후를 처음 만난 것은 기원전 332년(40세) 경 추(鄒)나라의 객경(客卿)이 되어 목공(穆公)을 만난 것이고, 기원전 328년에는 제(齊)나라의 빈사(賓師)가 되어 2년 동안 머물렀다. 제나라에서 위왕(威王)과 선왕(宣王)을 만났고 양(梁)나라에서는 혜왕(惠王), 양왕(襄王), 대부 등문공(滕文公)을 만났으며 노나라 평공(平公)은 맹자를 만나보고 싶었으나 장창(臧倉)의 방해로 만나지 못했다. 그런데 추나라와 등나라는 작은 나라여서 뜻을 펼쳐볼 수 없었고 제나라는 큰 나라이고 선왕도 가능성이 있어서 맹자는 제나라에 오래 동안 머물렀고, 선왕 역시 잘 대해 주었지만 맹자의 말을 들을 때는 매우 기뻐하고서도 곧 잊고 실행에 옮기지 않았다. 그리고 맹자가 등용되지도 않았다. 제나라 위왕은 맹자를 경(卿)으로 추대했는데 마침 어머니가 돌아가시어 추나라로 돌아와 장례를 치르고 다시 제나라로 돌아가기도 했었다. 어머니 장례는 추나라에 귀장(歸葬)하고 거상(居喪)하였는데 맹자 어머니의 묘는 추현 북쪽 10 km 마안산(馬鞍山)에 있다.178)

맹자가 다시 제나라로 갔으나 왕이 정사에 태만하니 뜻을 얻지 못한 맹자는 사퇴하고, 송왕이 어진 정치(仁政)를 행하고자 한다는 말을 듣고 송(宋)나라로 갔으나 송왕을 만나지는 않았다. 서로 별로 만나고 싶지 않아서였다. 맹자는 다시 추나라로 돌아왔다. 그때 노나라 평공(平公)이 악정자(樂正子)에게 국정을 맡기려 한다는 말을 듣고 맹자는 기뻐서 잠도 이루지 못했는데 그것은 악정자가 자기 제자였기 때문이었다. 서둘러 맹자는 노나라로 갔다. 그런데 앞서 언급한대로 평공이 장창의 참소하는 말을 듣고 맹자를 만나지 않으니 맹자는 "내가 노후(魯侯)를 만나지 못하는 것은 천운이구나!"라고 탄식했다 한다.

등(滕)나라 문공은 당시 맹자를 가장 높이 대접했는데 맹자를 상궁(上宮)에 머물게 하고 동생 등경(滕更)을 가르치게 하였다. 그러나 등나라는 작은 약소국이었고 강대국인 제나라와 초나라 사이에 끼어 있어 큰 뜻을

---

178) 맹자의 묘는 추현 북동쪽 15km에 있는 사기산(四基山) 남쪽에 있다.

펼칠 수 없어 맹자는 문공에게 어진 정치와 성품에 대해 가르쳤을 뿐이다. 맹자가 양(梁)나라의 혜왕(惠王)을 만난 것은 기원전 319년(53세)이었다. 혜왕은 자기 나라가 점차 약화되는 것을 염려하여 사방에서 현인들을 초빙하였다. 이에 맹자가 혜왕을 찾아가니 왕은 매우 기뻐하여, "선생께서 천리 길을 멀다 하지 않고 찾아오셨으니 장차 우리나라에 이로움이 있지 않겠습니까?"하고 묻자 맹자는 "왕께서는 어찌 그런 말씀을 하십니까? 옳은 정사에는 오직 인(仁)과 의(義)가 있을 뿐입니다. 만일 왕께서 어떻게 하면 내 나라가 이로울 것인가를 생각하시면 대부들은 어떻게 하면 내 집안을 이롭게 할 수 있을 것인가? 하게 되고 선비나 일반 평민들은 어떻게 하면 내 한 몸을 이롭게 할 수 있을까? 하여 위 사람이나 아래 사람이 서로 이만을 취하게 된다면 나라는 위태로워질 것입니다. 만승의 나라에서 그 임금을 죽이는 자는 반드시 천승의 집안이며, 천승의 나라에서 그 임금을 죽이는 자는 반드시 백승의 집안입니다. 만 가운데서 천을 차지했으며, 천 가운데서 백을 차지했다면 많지 않은 것이 아니건만 진실로 의를 뒤로 미루고 이익만을 추구한다면 마저 다 빼앗지 않고는 만족할 수가 없는 것입니다. 어진 사람으로서 그 어버이를 버리는 이는 없으며 의로운 사람으로서 그 임금을 뒤로하는 자는 없습니다. 왕께서는 오직 인과 의를 말씀하시는 것이 옳은데 어찌 그리 말씀하십니까?"179) 하고 말했다. 그리고 맹자가 양혜왕을 경계하여 "가령 사람을 죽이는데 몽둥이로 죽이는 것과 칼로 죽이는 것이 다를 것이 있습니까?" 하고 묻자 왕은, "다를 것이 없습니다." 하고 대답하였다. "칼로 죽이는 것과 정치로 죽이는 것에 다를 것이 있습니까?" 하고 물으니 "다를 것이 없습니다."라고 대답하였다. 이에 맹자는 다음과 같이 말하였다.

"왕을 위하여 요리를 만드는 푸주간에는 살찐 고기가 있고 마구간에는 살찐 말이 있는데, 백성들의 얼굴에는 주린 빛이 있으며 들에는 굶어 죽은 시체가 있다면 이것은 짐승을 몰아다가 사람을 먹게 하는 것입니다. 짐승끼리 서로 잡아먹는 것조차도 사람이 미워하거늘 백성의 부모가 되어서

---

179) 양혜왕 편

정치를 행하는 것이 짐승을 몰아서 사람을 먹게 하는 것을 면치 못한다면 그 백성의 부모된 보람이 어디에 있겠습니까? 중니(仲尼)께서 '맨 처음으로 나무 사람을 만든 자는 그 뒤(자손)가 없을 것이다'라고 말씀하셨는데, 그것은 사람의 모양을 본떠 만들어서 쓴 때문입니다. 그런데 어떻게 백성으로 하여금 굶어 죽게 할 수가 있겠습니까?"180) 그리고 인정을 베풀어서 백성의 부담을 줄이고, 농업에 힘써서 의식을 넉넉하게 하고, 교화를 잘하면 백성들은 언제나 나라를 위해서 열심히 일할 것이며, 천하의 인심은 모두 귀국으로 돌아올 것이라고 말했다.

이와 같이 맹자는 혜왕에게 인의의 도를 말하고 설득했으나 혜왕은 말할 때는 잘 듣는 체했으나 별로 달가워하지 않았다. 그러다가 혜왕은 그는 일찍 죽고 말았다. 그 뒤 양왕(襄王)이 왕위에 올랐으나 도저히 왕도를 펼 수 없음을 깨닫고 양나라를 떠났다. 마침 제선왕(齊宣王)이 인재를 구하므로 맹자는 두 번째로 제나라로 갔다.

맹자가 64세 때이다. 제나라의 선왕은 비교적 유능한 군주로서 맹자를 영접하였다. 선왕이 "제의 환공과 진의 문공의 패업에 관해서 알고 싶습니다." 라고 하자 맹자는 "중니의 문도들 가운데서는 환공이나 문공의 일에 관해서는 말을 한 사람이 없습니다. 그래서 후세에 전해지지 않아 신도 듣지를 못했습니다. 그러나 무슨 이야기든지 듣고 싶으시면 왕도에 대해서 말씀드리겠습니다." 하고 왕을 설득하려고 노력하였다. 당시 5패181)의 으뜸인 제나라 환공이나 진나라의 문공은 제후들 사이에는 부러운 대상이었다. 제선왕도 그 같은 입장에서 환공과 문공의 이야기를 물었던 것이다. 그러나 맹자는 패도를 반대하고 왕도를 주장하는 입장이었기 때문에 모른다고 대답한 것이다. 또 제선왕이 탕(湯)이 걸(桀)을 내쫓고 무왕이 주(紂)를 벌한 것에 대해 물으니 맹자는 백성은 혁명의 권리가 있으며 신하가 임금을 내쫓고 벌한 것이 아니라 단지 필부를 죽인 것이라고 대답하였다.

선왕이 비록 맹자를 기용하지는 않았으나 잘 예우하여 대부와 같이 하

---

180) 양혜왕 편
181) 5패(五霸): 춘추 시대의 다섯 패자(霸者), 즉 제(齊)의 환공(桓公), 진(晉)의 문공(文公), 진(秦)의 목공(穆公), 송(宋)의 양공(襄公), 초(楚)의 장왕(莊王) ; 또는, 목공, 양공 대신 에 오(吳)의 부차(夫差), 월(越)의 구천(句踐)을 넣기도 한다.

였다. 이에 대해 맹자는 "관수(官守)는 있어도 언책(言責)은 없구나!" 하고 탄식하였다. 몇 년 후 제나라와 연(燕)나라 사이에 전쟁이 있었는데 이에 대해 맹자는 제선왕과 의견이 맞지 않아 떠나려 하였다. 그때 맹자가 제나라를 떠나려 하는 것을 알아차린 연나라에서 맹자를 초청하였다. 그러나 맹자는 가지 않았다. 어떤 사람이 "왜 가지 않느냐?"고 물으니 맹자는 " 제왕이 나를 알아주기 때문에 가지 않는다. 그리고 연왕은 패재(覇才)이기는 하지만 천하의 왕도를 펼만한 임금은 되지 못한다."고 말했다. 그리하여 맹자는 추나라로 돌아와 노년을 마쳤다.

맹자는 제, 위 등등 여러 나라를 25년 동안이나 돌아다녔는데 이름은 높이 알려졌지만 정치적으로 성공하지는 못했다. 실제 정치 능력을 발휘해 볼 수 있는 기회는 오히려 공자보다도 못했다. 그러나 그의 생활은 넉넉했다. 그가 움직일 때마다 수십 대의 수레가 따랐고 수행자도 수백 명이었다 한다.

맹자는 기원전 307년(65세)에 귀향하여 제자들을 모아 가르치며 여생을 보냈는데, 그는 "군자에게는 세 가지 즐거움이 있으니 부모가 함께 살아 계시고 형제가 무고한 것이 첫째 즐거움이고, 우러러서 하늘에 부끄럽지 않고 굽어보아서 세상에 부끄럽지 않은 것이 둘째 즐거움이며, 천하의 영재를 얻어서 교육하는 것이 그 셋째 즐거움이다"고 하였다.182) 그가 세상을 떠난 것은 기원전 289년 1월 15일, 그의 나이 83세였다.

추나라로 돌아와 만년을 보낼 때 그는 제자들 가르치는데 마음을 기울였고, 제자 만장(萬章), 공손축(公孫丑) 등이 기록한 것을 모아 시서 및 공자의 뜻을 보충하여 맹자(孟子) 7편을 지었다. 맹자의 주장은 백성을 임금보다 귀하게 여기는 것이었고, 역성 혁명의 정당성을 내세워 당시 위정자에게는 환영받지 못했다. 그러나 진(秦), 한(漢)시대 이후 그의 주장은 현실적인 공감을 얻었고 공자의 충서인의(忠恕仁義)의 대도가 중국 정통 문화 사상의 주류가 될 수 있도록 하였다. 맹자는 공자가 일으킨 유가 사상을 체계화하고 더욱 발전시켰다. 맹자는 도의 연원을 요순(堯舜)으로부터

---

182) 진심 편

시작하여 우(禹), 탕(湯), 문무(文武: 文王과 武王), 주공(周公), 공자를 거쳐서 자신에 이르기까지 도의 정통을 세움으로써 유교의 체계를 확립시켰다. 유교를 공맹철학(孔孟哲學)이라고 하는 것만 보아도 그런 맹자의 역할과 위치를 잘 반영하고 있다.

2) 사 상

가) 양주(楊朱)와 묵적(墨翟) 배격

맹자가 가장 힘써 공격한 대상은 양주(양자)와 묵적(묵자)이었다. 공도자(公都子)가 "외인(外人)들이 모두 선생님께서 변론하기를 좋아하신다고 하는데 어째서 그러는지 감히 묻겠습니다." 하니 맹자는 "내가 어찌 변론하기를 좋아하겠는가.――(생략)――성왕은 나오지 않고 제후는 방자하고 처사(處士)는 마구 의논을 내세우자 양주와 묵적의 말이 천하에 가득 차게 되어 천하의 언론은 양주에게 돌아가지 않으면 묵적에게로 돌아갔다. 양씨는 위아(爲我)를 말하였으니 그것은 임금이 없는 것이요, 묵씨는 겸애(兼愛)를 말하였으니 그것은 아비가 없는 것이다. 아비가 없고 임금이 없다면 그것은 금수다.――(생략)――양주와 묵적의 도가 사라지지 않으면 공자의 도가 드러나지 않을 것이니, 그것은 사설(邪說)이 백성들을 속여 인의(仁義)를 꽉 막아버리는 것이다. 인의가 꽉 막혀버리면 짐승을 몰아 사람을 잡아먹게 될 것이다. 나는 이것을 두려워하여 돌아가신 성인의 도를 지키고, 양주와 묵적을 막으며 방자스런 말을 몰아내어 사설이 일어나지 못하게 하려는 것이다. 사설이 그 마음에 작용하면 하는 일을 해롭게 하고 그 일에 작용하면 정치에 해가 된다. 그러므로 옛 성인이 다시 나타난다 하더라도 나의 이 말은 고치지 않을 것이다.――(생략)――어찌 변론하기를 좋아하리요. 나는 어쩔 수가 없어서 그러는 것이다. 언론으로 양주와 묵적을 막아낼 수 있는 사람은 성인의 무리인 것이다."183)

이와 같은 맹자의 적극적인 입장으로 인해 그 후 양주와 묵적의 세력은 점점 사라져 갔다. 그러나 맹자가 양주와 묵적뿐만 아니라 도가(道家)까지

---

183) 등문공 편

반대하고 변론한 것으로 보아 맹자는 공자의 유가 입장을 적극적으로 방어하고 타 주장은 반대한 것에 지나지 않다고 할 수도 있다. 그리고 양주의 위아주의(爲我主義)를 무군(無君)으로, 묵적의 겸애사상을 무부(無父)라고 주장한 것에 대해 전자는 너무 과하고 후자는 너무 부족하다는 것이고 이에 대해 유가는 중용을 숭상하는 것이라고 주장하기도 한다. 그러나 그런 주장이 너무 지나치면 그 중용의 주장은 모순이 되어 설득력이 약화된다. 지나친 주장은 중용의 자세가 아니기 때문이다.

양주는 노나라 사람으로 송나라에서 대부 벼슬을 지냈다. 그는 인간을 자연에 속한 존재로 보았다. 그래서 자기 능력에 따라 행복을 추구하는 것을 자연적인 행위로 보았다. 그런 양주의 주장은 이기적인 것이다. 맹자는 그의 이기적인 주장은 군신과 상하를 부정하는 것이며 따라서 사회 질서를 위협하는 극단적인 개인주의 사상에 지나지 않는다고 비판한 것이다. 또 묵적(묵자)은 무차별적 사랑을 제창했고(겸애) 생활에 있어서도 검약(儉約)을 주장하여 당시 권력층에 의해 독점된 이익을 일반 백성에게도 나누어야 한다는 것인데 이러한 묵적에 대해 맹자는 그런 주장은 부자간의 관계를 부정하는 것이라고 비판했다. 이러한 양주와 묵적의 주장은 하나의 주장으로서 충분한 의미를 가진다. 그러나 당시의 정세가 극도로 혼란한 전국시대 중반기라는 특수한 상황이어서 여기저기서 일어나는 난리로 인해 백성들의 마음이 흔들리고 시달리는 어지러운 때에 양주와 묵적의 주장은 오히려 사회를 더욱 혼란에 빠뜨릴 수 있는 위험한 사상이라고 보았던 것이다.

나) 성선설(性善說)

윤리 사상을 논함에 있어 인간의 선악 문제는 항상 관심의 대상이지만 특히 맹자 시대에 인성의 선악 문제가 사상의 중요한 주제가 되었었다. 물론 인성이란 사람의 본래 타고난 품질 즉 성품을 말한다.

맹자는 성선설을 주장했다. 맹자는 "사람의 성은 선한 것이다. 그것은 마치 물이 얕은 곳으로 흐르는 것과 같다. 사람이 불선(不善)해지는 것은 그 본성이 불선 해서가 아니라 자기에게 고유한 재질인 인(仁) · 의(義) · 예

(禮)·지(智)의 본성을 충분히 다하지 못한 까닭이다."184)라고 하였다.

그런데 이러한 맹자의 성선설은 인간의 도덕성에 대하여 말한 것이요, 인간의 생리적 본능을 말한 것은 아니다. 그렇게 때문에 고자(告子)가 "생긴 그대로를 성이라 한다(生之謂性). 식욕과 성욕은 인간의 본성이다(食色性也)."185)라고 하였을 때, 맹자는 "그렇다면 개의 성은 소와 같고 소의 성은 사람과 같은가?"186)라고 반문하였던 것이다. 고자가 말하는 "생긴 그대로를 성이라 한다."는 것은 사람의 생리적 본능을 말한 것으로(고자는 식(食)과 색(色)을 성(性)으로 규정하였다.) 그래서 성은 "선도 없고 불선도 없다."고 한 것이다. 그러므로 잘못이라고 말할 수는 없다. 그러나 맹자가 말하는 성은 사람의 생리적 본능을 말한 것이 아니라, 사람으로서 가지는 특성, 즉 사람이 사람된 까닭을 가리켜 말하는 것이다. 그래서 맹자의 성선설이나 순자의 성악설, 고자의 성무선악설(性無善惡說)의 논란은 인간의 본성에서 그 '본성(本性)'을 무엇으로 보느냐의 관점의 차이에서 비롯된다고 말할 수 있다.

맹자는 사람은 누구나 인·의·예·지의 4덕을 가지고 있는데 이것은 모두 다 선(善)이므로 이 4단을 선의 단서(端緖)라고 하였다. 그리고 이 4단은 밖에서부터 나에게 들어온 것이 아니라 내가 본래부터 가지고 있는 것이며 선한 사람과 불선한 사람의 차이는 이 선한 4단을 잘 키우고 못 키우는데 달렸다고 하였다.

"사람은 누구나 남의 고통을 차마 그냥 보지 못하는 마음을 가지고 있다.187) 사람은 누구나 어린이가 우물에 빠지려는 것을 보고 측은한 마음을 갖지 않겠는가? 이것으로 보아서 측은한 마음은 누구나 똑같이 갖고 있는 것이라고 하지 않을 수 없다. 이같이 측은해 하는 마음, 부끄러워하는 마음, 사양해 하는 마음, 시비를 가리는 마음은 어떤 사람이나 다 가지고 있다. 측은해 하는 마음은 인(仁)의 단서요, 부끄러워하는 마음은 의

---

184) 고자 편
185) 고자 편
186) 고자 편
187) 공손추 편 (不忍人之心)

(義)의 단서요, 사양하는 마음은 예(禮)의 단서요, 시비를 가리는 마음은 지(智)의 단서다.188) 인간이 이 4단을 가진 것은 마치 4지(四肢)를 가진 것과 같다. 인간이 자기에게 4단이 있다는 것을 알고 4단을 확충해 나가면 이것은 마치 불이 타서 번져나가고 샘물이 솟아서 흘러나오는 것과 같다. 인간이 이것을 잘 확충만 하면 천하를 보존할 수 있을 것이요, 만약 이것을 확충시키지 못한다면 부모도 제대로 섬기지 못할 것이다."는 주장이 그것이다.

인간의 성은 선한 것이기 때문에 나타난 그대로 성장 발달시키면 물론 선하게 되겠지만, 생활하는 동안 주위 환경의 자극을 받아 물욕이 발동하여 본심을 가려서 악하게 된다는 것이다. 이것이 곧 방심(放心)이다. 이와 같은 방심을 막기 위해서는 본성을 보존하고 확충하지 않으면 안 된다고 하였다. 이것을 그는 존심(存心)이라 하였다. 그는 이 같은 존심을 기르는 것을 수신(修身)의 근본으로 삼았다.

맹자는 대인(大人)을 그의 이상적 인간상으로 삼았는데 대인이란 그가 어릴 때의 그 본연의 마음을 잃지 않고 간직한 사람 즉 본연의 성품을 그대로 보존·확충하여 마음이 동요치 않는 사람이라 하였다.

다) 수양 방법:존의, 호형지기(存養, 浩然之氣)

이러한 인간에 도달하는 방법으로서 소극적인 면에서 과욕(寡欲)과 존야기(存夜氣)를, 적극적인 면에서 확충과 양기(養氣)를 들었다. 과욕이란 욕심을 적게 한다는 것이다. 욕심이 많아지면 본성이 흐려지기 때문이다. 보존의 수양으로서 존야기란 야기(夜氣)를 보존한다는 뜻이다.189) 사방이 고요한 밤이 되면 몸과 마음이 평온해지고 맑아진다. 확충은 4단을 적극적으로 넓히는 것을 말하며, 양기는 호연의 기(浩然之氣)를 기르는 것을 말한다. 맹자는 이 호연지기에 대하여 이렇게 말하였다. "그 기(氣)는 지극히 크고 지극히 굳센 것이니 길러서 해치지 않으면 천지간에 가득 차게 된다. 그것은 정의(正義)와 정도(正道)에 배합되는 것으로 그것이 없으면

---

188) 고자 편
189) 진심 장구

허탈해진다. 이것은 마음속의 의(義)를 모아서 길러지는 것이다."190)

　여기서 '지극히 크고 지극히 굳센 것이니 천지간에 가득 차게 된다' 는 것은 호연지기를 길러서 최고의 경지에 도달한 정신 상태를 묘사한 말이다. 이런 상태에 이르면 사람은 인간과의 관계에 있어서만 아니라 우주와의 관계에 있어서도 두려움이 없다는 것이다.

　그러나 이러한 경지에 도달하려면 즉 호연지기를 기르려면 '곧은 마음을 길러서 해치지 않고 내심의 의(義)를 모아서 길러지는 것'이다. 의를 모아서(集義)란 의미는 의로운 일을 자꾸 실천해야 한다는 것으로 우연히 한 번 의를 행했다고 해서 호연지기가 이루어지는 것이 아니라는 뜻이다. 사람은 누구나 자기를 반성하여 잘못이 있으면 양심의 가책을 느끼게 되는데 그때는 저절로 기(氣)가 쭈그러든다. 그와 반대로 자기의 하는 일이 이(理)와 의(義)에 합당하다고 생각할 때는 흡족한 마음을 갖게 되고 그 기가 커진다. 증자가 "스스로 반성하여 옳지 못하면 비록 천한 사람이라도 그를 두렵게 하지 못할 것이요, 만약 스스로 반성해서 옳다고 생각되면 천만인이 있는 곳이라도 나는 당당할 것이다."191) 고 한 것이 곧 이 뜻이다.

라) 맹자의 정치론(王道政治論)

① 왕도정치(王道政治)

　맹자의 이상정치는 왕도정치를 실현하는 것인데 이에 도달하는 방법은 어진 정치(仁政)를 하는 것이다. 맹자는 "삼대(三代)에 있어 천하를 얻음은 인으로써요, 천하를 잃음은 불인(不仁)했기 때문이다. 나라의 흥패존망(興敗存亡)이 그러하다."192) 고 하여 군주가 정치를 함에 있어서 인(仁)의 마음을 발휘하여 모든 정치 경제의 시책을 추진하는 것이 당연한 의무라고 생각하였다. 그는 말하기를 "사람은 누구나 다 남에게 잔인하게 굴지 못하는 불인지심(不忍之心)이 있는데, 이 불인지심의 정치를 한다면 천하를 다스리는 일은 이것을 손바닥 위에서 움직이는 것처럼 쉬울 것이다."라고 하

190) 공손추 편
191) 공손추 편
192) 이루편

였다. 불인지심이란 곧 인심(仁心)이요, 불인지정(不忍之政)이란 인정(仁政)이고 덕치(德治)이다. 이 인정을 그는 왕도(王道)라 하였다. 그는 제선왕, 양혜왕, 등문공에게 모두 인정을 베풀어 왕도를 이룰 것을 권했다. 그는 양혜왕에게 "이전의 왕들이 왕도를 이루지 못한 것은 하지 않아서이지 할 수가 없어서 그런 것은 아니다"193)고 말했다. 또 등문공에게도 "진실로 인정을 행한다면 사해 안의 사람들이 우러러보아 임금으로 섬기고자 할 것이니 비록 제와 초가 대국이지만 무슨 두려움이 있겠는가"라고 했다.

왕도의 반대되는 것이 패도(覇道)이다. 패도는 인정을 가장하여 무력으로 나라 일을 강행하는 것이다. 패도의 정치는 무력·권력·금력 등의 힘으로 백성을 강제로 통치하기 때문에 백성들은 할 수 없이 군주에 따른다. 맹자는 "힘으로 사람을 따르게 한 것은 마음으로 따르게 한 것이 아니라 힘이 모자라기 때문에 따른 것일 뿐이다. 덕으로 사람을 따르게 한 것은 마음으로 기꺼이 따른 것이다. 이는 마치 70 제자가 공자를 따른 것과 같은 것이다."194)라고 하였다. 왕도의 정치는 인(仁)·의(義)에 의거한 덕의 정치이기 때문에 백성들은 마음으로부터 공명하여 그 정치에 따른다. 패자들은 무제한한 탐욕을 가지기 때문에 항상 대국을 꿈꾸고 약소 국가들을 정복한다. 그러나 그것은 마음으로부터 따른 것이 아니기 때문에 배반의 가능성이 많다.

② 민본주의(民本主義)

맹자는 "불인 하고서 한 나라를 얻은 자는 있었으나, 불인 하고서 천하를 얻은 자는 이때까지 없었다."195)고 말하여 정치의 최고 책임자인 천자(天子)는 반드시 백성의 신망을 받는 유덕하고 유능한 사람이야 한다고 주장하였다. "백성이 가장 귀중하고, 사직이 그 다음이며, 임금이 가장 가벼운 것이다. 백성들의 신임을 얻으면 천자가 되고, 천자에게 신임을 얻으면 제후가 되고, 제후에게 신임을 얻으면 대부(大夫)가 된다."196) 하였고, 또

---

193) 양혜왕 편
194) 공손추 편
195) 진심 편
196) 진심 편

"천하에 정도가 행하여지면 덕이 작은 사람은 덕이 큰 사람한테 부림을 받고, 덜 현명한 사람은 현명한 사람한테 부림을 받는다. 천하에 정도가 행하여지지 않으면 작은 나라가 큰 나라한테 부림을 받고, 약한 나라가 강한 나라한테 부림을 받는다. 이 두 가지는 하늘의 뜻(天命)이니 하늘의 뜻에 따르는 나라는 존속하고, 하늘의 뜻을 거슬리는 나라는 멸망하는 것이다."고 하였다. 이것을 천명사상이라 한다.

맹자는 백성이 임금보다도 더 귀하기 때문에 임금이 백성의 신임을 얻지 못하면 갈아치워야 한다고 생각했다. 그것은 역성 혁명이다. 역성 혁명(易姓革命)이란 집권자의 성이 바뀐다는 뜻이므로 왕조의 교체를 의미한다. 덕이 없는 집권자는 민심을 잃게 되어 민심을 얻은 유덕한 사람에게로 왕위를 넘기게 된다는 것이다. 그에 의하면 원래 제왕의 권위는 백성이 준 것인 만큼 백성의 신임을 잃은 사람을 제왕의 자리에 남겨둘 수 없다는 것이다. 그리하여 "대를 이어서 천하를 차지하는 이는 그 덕이 반드시 순(舜)·우(禹) 같아야 한다. 그렇지 않을 때는 백성을 위하여 방벌(放伐)하는 것은 당연한 것이다."고 하였다.

맹자의 이와 같은 정치 사상은 후일 역대 군주의 역성 혁명의 이론적 근거를 마련해 주었으며 따라서 제왕들이 「맹자」를 멀리하는 이유가 되기도 하였다.

밴 묵자(墨子, 470?~390? B.C.)

● 저서 : 「묵자」
● 3표법(三表法)
● 천지(天志)
● 명귀(明鬼)
● 겸애설(兼愛說)
● 비전론(非戰論)
● 절용절장(節用節葬)

---

1) 생 애

묵자(墨子)는 노나라 사람으로 성이 묵(墨)이고 이름은 적(翟)이며 대략 주원왕(周元王) 6년에 태어나(공자가 사망한지 10년 쯤 후) 주안왕(周安王) 12년에 향년 80세로 생을 마쳤는데(맹자가 태어난 지 20년 정도)[197] 그리스의 철인 소크라테스와 거의 같은 해에 태어난 동시대 인물이다. 그의 행적은 거의 남아 있는 것이 없고 그의 선조는 은(殷)의 유민이었으며 그 자신은 천인(賤人)이었다. 묵이라는 성은 형을 받은(고대 중국에서는 죄인의 얼굴에 먹물로 문신을 만들었다고 한다.) 죄인을 표시한다는 설[198]이 있으나 확실치 않다. (묵은 종파를 지칭한 것이며 성이 아니라는 설도 있다. 한편 허신(許愼)의「설문해자(說文 解字)」에 의하면 보통 묵은 서묵(書墨) 즉 글씨를 쓰는 묵을 뜻하는데 묵가의 묵은 목수나 공장 기술자들이 먹줄을 긋는데 쓰는 묵이라는 주장도 있다.) 그는 주(周)나라의 귀족이며 의례에 통달한 사각(史角)이란 학자의 후예로부터 글을 배웠다고 하며 성년이 되자 그는 남방의 초(楚)나라와 송(宋)나라·추(鄒)나라 등을 왕래하면서 유세하였다. 혜자가 그를 일컬어 솜씨가 대단한 사람이라고 했다는데 그는 기계를 만드는데 뛰어난 재주가 있었다.

한서(漢書)「예문지(藝文志)」에 의하면 묵자의 저술이「묵가(墨家)」로서 6서에 이름이 있지만 현재는 그 중에서「묵자」 71편밖에 남아 있지 않다고 했는데 그나마 편 명 뿐으로 본문이 없는 것 8편, 편 명과 본문이 같이 없는 10편을 제외하면 남아 있는 것은 53 편뿐이다. 묵학(墨學)은 유학과 더불어 주말(周末) 사상계의 양대 산맥으로서 한 시대를 주도한 사상이었으나 맹자(孟子)에 의해서 '무부(無父)의 사설(邪說)'이라고 배척되었다. 그러나 그것은 지나친 처사였고, 그 근거로 내세운 '겸애론(兼愛論)'은 예수의 사랑이나 서구의 공리주의와 일맥 상통하는 바가 있어 당시로서는 앞서가는 탁월한 윤리설이라고 볼 수 있다.

묵자는 전설적 인물인 하나라의 우왕(禹王)을 존경하였다. 왜냐하면 우왕은 치수를 할 때 세 번이나 집 앞을 지나가면서도 일에 몰두하여 집에

---

197) 張其昀,「中國思想의 根源」, 淑明女子大學校 中國文化研究所 譯(서울:文潮社, 1984), p.224.
198) 전목(錢穆)은 "묵자(墨者)는 옛 형 이름이다. 5형이 있는데 그 중 묵자는 이마에 검은 문신을 찍던 형이다." "옛 사람들은 여자는 성(姓), 남자는 씨(氏)로 칭했는데 씨는 귀천을 구분하였다. 따라서 천민은 씨가 없었다."고 했다. 같은 책, p.225.

들어가지 않았고 그는 홍수를 막고 강과 하천을 정비하여 중국 전체가 서로 통하게 만들었는데 그가 정비한 큰 하천이 삼백 이고 작은 하천은 삼천이나 되며 작은 개울은 셀 수 없이 많았다 한다. 우왕은 손수 흙 담는 그릇이나 물 담는 그릇을 들고 일해 그의 거친 정갱이에는 털이 자라날 겨를도 없었으며, 빗물로 목욕하고, 바람으로 머리를 빗으면서, 나라를 다스려 백성을 편안하게 하였다고 전해지고 있다. 그런 일은 자신은 수고스럽더라도 여러 사람을 위하는 일이다. 우왕이 한 일이 여러 백성을 위하는 일이었으므로 묵자는 그를 존경하게 된 것이다.

묵자는 미천한 가문에서 태어나서 일생 동안 죄인처럼 머리를 빡빡 깎은 채 관을 쓰지 않고 금욕주의 생활을 하였다. 그가 사는 집의 높이는 석 자 남짓하였고 거친 잡곡밥과 명아 죽과 콩잎 국을 먹었으며 여름에는 칡 베옷, 겨울에는 사슴 가죽옷을 입었다 한다. 그는 공자와 마찬가지로 이상 사회의 실현을 위하여 그의 사회겸애(社會兼愛) 사상을 보급하려고 평생의 대부분을 방랑인으로 보냈다.

노나라 사람 공수반(公輸般)이 초나라에 기용되어 그가 고안한 신무기 운제(雲梯: 수레 위에 사다리를 세운 기구)를 가지고 송나라를 공격한다는 소식을 듣고 묵자는 제자(경주자)가 쪄 준 옥수수 만두와 소금에 절인 명아주 등 말린 것을 식량으로 하고 녹슨 구리칼을 허리에 차고는 열흘 밤낮을 걸어서 초나라로 달려갔다. 먼저 공수반을 만나 예를 마치자 공수반이 말했다. "선생님은 무언가 명할 것이 있어서 이렇게 먼길을 오셨습니까?" 이에 묵자는 "북쪽에 나를 얕보는 자가 있어서 그대의 힘을 빌려 그를 죽이고 싶소"하고 답했다. 그 말을 들은 공수반은 불쾌해 했다. 그러자 묵자는 "청컨대 천금을 바치고자 합니다." 이에 공수반은 "저의 의로움은 본래부터 사람을 죽이지 않습니다"고 대답했다. 묵자는 일어나 두 번 절을 하면서 "나는 북쪽에서 그대가 신무기 운제를 만들어 송나라를 공격하려 한다는 말을 들었는데 송나라에 무슨 죄가 있다는 것입니까? 초나라는 넉넉한 땅을 가지고 있어 오히려 백성이 모자라는 형편입니다. 부족한 인명을 희생시켜 가면서 땅만 더 넓히려고 전쟁을 한다는 것은 지혜로운 일이라 할 수 없습니다. 그리고 죄 없는 송나라를 공격하는 것은 어질다고 할 수 없으며 알면서도 간하지 않는 것은 충성되다고 할 수 없고 간하여 뜻을 이루지 못하면 강하다고 할 수 없습니다." 고 하였다. 공수반은 묵자의 주장이 옳다는 것을 인정했다. 그러나 그는 이미 왕이 윤허한 일이기 때문에 안 된다고 하였다. 묵자는 왕을 만날 수 있게 해달라고 청했다. 마침내 묵자에 의해 설복당한 공수반의 안내로 왕을 만나자 묵자는 "지금 여기 한 사람이 있습니다. 그는 자기에게 아름다운 수를 놓은 좋은 수레가 있는데도 이웃에 있는 다 낡은 수레를 훔치려 듭니다. 자기의 수놓은 비단옷을 버리고서 이웃의 헤어진 짧은 옷을 도둑질하고자 합니다. 자기의 좋은 쌀과 고기를 버리고서 이웃에 있는 겨와 지게미를 도둑질하고자 원합니다. 이런 사람은 대체 어떤 사람일까요?" 하고 물었다. 이에 왕은 그런 놈은 반드시 도둑질하는 버릇이 있는 도둑놈이라고 하였다.

그러자 묵자는 "초나라는 넓기가 사방 5천리, 송나라는 사방 5백 리이니 이것은 마치 아름다운 수를 놓은 좋은 수레와 보잘것없는 낡아빠진 수레 같습니다. 초나라가 송나라를 공격하려는 것은 비유컨대 왕께서 말씀하신 도둑놈의 심보나 다를 바가 없습니다."199) 하고 전쟁을 만류하였다.

그러나 왕은 공수반이 이미 나를 위하여 신무기를 만들었으니 송나라를 공격하지 않을 수 없다고 하였다.

묵자는 공수반을 설득할 수밖에 없었다. 그는 허리띠를 풀어서 성곽 모양을 만들고 나뭇가지로 무기를 삼았다. 공수반은 신무기를 가지고 아홉 번이나 공격하였다. 묵자는 아홉 번 다 그것을 막아내었다. 드디어 공수반은 더 이상 공격할 방법이 없게 되었다. 그러나 묵자는 아직도 여유 만만하였다. 그래도 공수반은 굴복하려 하지 않고 묵자를 공격할 방법을 알고 있으나 말하지 않겠다고 하였다. 그러나 묵자는 "나 역시 선생이 알고 있다는 것이 무엇인지 알고 있지만 말하지 않겠다."고 하였다.

옆에서 듣고 있던 왕이 궁금하여 그것을 말하라고 사정하였다. 이에 묵자는 "공수반의 뜻은 신을 죽이는 것뿐입니다. 신을 죽임으로써 송나라는 방어할 수 없어 공격은 쉽다는 것입니다. 그러나 신의 제자 300여 명이

---

199) 제 50 공수편(公輸編)

이미 신이 만든 방어 기구를 가지고 송나라의 성루에서 초나라의 군사가 오기를 기다리고 있습니다. 비록 신을 죽일 수는 있으나 저들을 없앨 수는 없을 것입니다." 라고 말하자 왕은 드디어 송을 치지 않기로 하였다.

이밖에도 제(齊)나라가 노나라를 공격하려 했을 때에도 제나라에 가서 왕을 설복시켰고, 노나라가 정(鄭)나라를 공격하려 했을 때에도 노나라에 가서 왕을 설득하여 전쟁을 막았다 한다. 또 위나라에 가서 대신 공량환자(公良桓子)를 설복시켰다 한다.

그는 만년에 학원을 만들어 죽을 때까지 이를 이끌어 나갔는데, 여기에는 송나라, 정나라, 제나라 등 여러 곳으로부터 수백 명의 제자들이 모여들었고, 그중 180명은 출중하고 충실하였다.

2) 사 상

가) 3표법(三表法)

묵자는 「묵자(墨子)」비명편(非命篇)에서 3표법(三表法)을 제시하여 시비, 진위를 판단하는 객관적인 표준을 세웠다. 이것은 중국 고대사에 보기 드문 것인데 말에는 반드시 의(義)가 있어야 옳은지 그른지 이로운지 해로운지를 알 수 있는데 그것의 표준이 3표이다. 세 가지 논증법 즉 3표법은 ① 말의 근본을 정하는 것(本之者), ② 말의 근거(근원)를 찾는 것(原之者), ③ 말의 쓰임(효용)을 살피는 것(用之者)이다. 말의 근본은 옛 성왕의 일을 표본으로 삼아야 하고, 말의 근거는 아래로는 백성들이 직접 보고, 듣고, 안 사실에서 찾아야 한다. 그 효용은 국가와 백성의 이익에 맞는지의 여부를 살펴보아야 한다. 이것이 삼표법(三表法)이다."200)

이상의 삼표 중에서 묵자는 셋째의 효용을 중요시하였다. 그래서 묵자는 "어진 사람이 하는 일은 반드시 천하의 이로움을 일으키고…(중략)… 그렇게 함으로써 천하의 법도로 삼아서 사람들에게 이익이 되면 행하고 이익이 되지 않으면 곧 그만 두는 것이다."201) 국가와 백성의 이익에 맞

---

200) 제 35 비명 상편(非命上篇)
201) 제 32 비악 상편(非樂上篇)

는 것이 바로 모든 가치 평가의 기준이 되어야 한다는 것이다. 그것은 묵자의 실용주의적인 특징이다.

이 삼표설은 중국 논리학의 근원이라는 점에 의의가 있고 후에 명가라고 하는 궤변학파를 일어나게 하였다.

나) 천지(天志)

묵자의 종교관념은 제자백가 중에서 가장 확실하다. 천지(天志)라는 이론은 그가 정립했다. 보통 천의(天意)라고 하나 묵자는 천지(天志)라는 말을 만들어 자주 쓰고 있다. 그는 무슨 일이든지 표준이 있어야 하는데 그 최상의 근본적 표준이 바로 천지(天志), 또는 천의(天意)라고 하였다. 천하를 다스리는 사람의 표준으로 부모나 스승 군주는 인(仁)한 자가 적어 부족하고 오직 하늘(天)만이 가능하다고 주장하였다.202) 하늘은 지(志)와 의(意)를 품고 있으며 그 하늘의 의와 지는 바로 겸애이고 서로 이(利)되게 함이며 의(義)의 발원지라고 하였다. 천(天)은 천하의 사람은 겸애하고 하늘의 뜻에 순응하는 사람은 서로 사랑하고 서로 이롭게 하며 반드시 상을 받게 된다는 것이다. 물론 사람을 미워하고 도적질하는 자도 있지만 그런 사람은 화를 당하게 된다. 그리고 하늘의 뜻은 작은 나라를 침공하는 것을 바라지 않고 의를 좋아하고 불의를 싫어한다. 하늘은 귀하고 지혜로우며 천자에서 서민에 이르기까지 하늘이 관장한다. 사람이 하늘이 원하는 바대로 행하면 하늘도 사람이 원하는 대로 행하고, 사람이 싫어하는 대로 행하면 하늘도 사람이 싫어하는 것을 행한다.

묵자가 말하는 천(天)은 인류 만물을 주재하며 지고무상(至高無上)할 뿐만 아니라 지위와 품격을 지니고 이지적이며 의지가 있어 도덕과 사랑이 있는 전지전능한 인격신(人格神)이라고 볼 수 있다.

다) 명귀(明鬼)

명귀라는 말은 귀신이 있음을 밝힌다는 뜻이다. 묵자는 귀신을 인정했을 뿐만 아니라 적극적으로 설명하고 주장했다. 귀신은 최상위에 천신(천

---

202) 법의편(法儀篇)

신)이 있고 그다음엔 산수(산수)귀신 즉 지신(지신)이 있으며 세 번째로는 사람이 죽어서 되는 인귀(인귀)가 있다고 하였다. 그리고 묵자는 귀신이 사람에게 능히 화복을 내려줄 수 있으며 사람이 귀신이 있음을 믿고 경외하면 사회는 안정되고 천하는 잘 다스려질 수 있다고 하였다. 그런데 천지(천지)는 신분 고하에 차별이 없고 모두 똑같이 공평하게 적용되고 천귀(天鬼)와 지귀(地鬼)와 인귀(人鬼)의 세 가지 귀신도 하늘과 마찬가지로 무한의 힘을 가지고 인류를 상벌하는 것이므로 이러한 귀신도 공경하고 두려워하지 않으면 안 된다고 하였다. 그는 귀신이 실제한다는 것을 입증하기 위해서 그의 논증법인 3표법을 사용하였는데 즉 옛날의 성왕들이 모두 귀신을 믿었으며, 선인의 책에 귀신을 말하지 않는 것이 거의 없으며, 귀신이 실재한다고 하면 백성은 모두 두려워서 법을 지키고 그릇된 것을 하지 않을 것이라고 하여 귀신이 있음을 밝혔다.203)

라) 겸애설(兼愛說)

겸애란 나만 사랑하거나 내 가족 등 나 위주의 사랑이 아니라 나와 마찬가지로 남도 함께 사랑해야 한다는 의미로서 현재로 보면 사랑의 의미를 바로 이해하고 있었음을 알 수 있다. 그러나 당시에 특히 유가에 의하여 무부무군(無父無君)의 해괴하고 사악한 도라고 집중적인 비난과 비판을 받았다. 그러나 묵자는 유가의 도는 천하를 망쳐놓고도 남는다고 비판하였다.

"아무리 오래 살아도 그들의 학문을 다 배울 수 없으며, 아무리 힘이 넘치는 장년이라도 그 예(禮)를 다 행할 수 없으며, 아무리 많은 재산을 모았다 하더라도 그 낙을 즐길 수 없다. 그들은 사술을 꾸며서 군주를 현혹시키며, 음악을 성하게 하여 어리석은 백성들을 음란케 한다."

그러나 묵자는 공자의 중심 사상인 인(仁)과 의(義)는 비판하지 않았다. 이것은 묵자의 겸애설과 상통한 점이 있기 때문이다. 오히려 겸애 하편(兼愛下篇)에서 "겸(兼)은 인(仁)하고 의(義)한 것이다. 이는 해와 달이 세상을 고루 비추는데 사사로움이 없는 것이나 같다"고 하였다

---

203) 명귀 하편(明鬼 下篇)

묵자는 양자의 이기적 자애설(自愛說, 爲我主義)도 반대하였다. 그리하여 자기를 사랑하는 것과 똑같이 남을 사랑하며, 자기의 어버이를 사랑하는 것과 똑같이 다른 사람의 어버이를 사랑하라고 하였다.

"살펴보건대 혼란이 일어나는 것은 서로 사랑하지 않는 데서 일어난다. 자식이나 신하가 어버이나 임금에게 도리에 어긋나는 짓을 하지 않는 것이 혼란이다. 자기 자신은 사랑하면서도 형을 사랑하지 않고, 그래서 형을 해치면서 자신을 이롭게 하거나 신하가 자신은 사랑하면서도 임금을 사랑하지 않고, 그래서 임금을 해치면서 자신을 이롭게 한다면 이것이 이른바 혼란인 것이다. 도둑은 자기 집만 생각하고 남의 집을 생각하지 않기 때문이니 남의 것으로 자기를 이롭게 하려는 생각 때문에 도둑질을 하게 되는 것이다. 귀족이나 고관들이 평민의 재산을 수탈하는 것도 역시 제 잘 살 일만을 생각하고 남이 살아가는 일을 생각하지 않기 때문이다. 한 나라가 다른 나라를 공격하는 것도 자기 나라의 입장만 생각하고 남의 나라의 잘 살고 못 사는 것은 돌보지 않기 때문이다. 남의 몸도 내 몸과 같이, 남의 집도 내집과 같이, 각기 자기를 사랑하듯 겸해서 남도 사랑할 줄 안다면 그때는 평화스런 사회가 이루어질 것이다."

이러한 묵자의 겸애주의 사상은 공자의 대동 사회(大同社會)의 사상과 큰 차이가 없지만, 그 이상을 실현하고 달성해 가는 과정에는 그 차이가 있다.

마) 비전론(非戰論)

묵자는 전쟁의 참화를 강조하고 평화를 역설하였다. 그리하여 비전론 또는 비공론(非攻論)을 주장하고 이를 실제로 실천하였다.

그는 "남의 복숭아와 배를 훔치고 남의 개·돼지·닭 등을 훔치며 남의 소와 말을 가져가고 죄 없는 사람을 죽이는 일 등은 천하의 모든 군주들이 잘못인 것을 알아 행하지 않고 이를 불의라고 한다. 위에서 정치하는 사람들은 그를 체포하여 처벌할 것이다. 그것은 남을 해치면서 자신을 이롭게 하였기 때문이다. 그리고 남의 개나 돼지를 훔친 사람은 그 옳지 못한 것이 남의 과수원에 들어가 복숭아나 자두를 훔친 것보다 더욱 심하니 더 큰 처벌을 받을 것이다. 그 까닭은 남을 해친 것이 더욱 많기 때문이다. 남을 해친 것이 많으면 많을수록 그 죄도 커지는 것이다. 죄 없는 사람을 죽이고 그의 옷을 벗기고 그의 창이나 칼을 훔친 자에 이르러서는 그 남을 해친 것이 남의 말이나 소를 훔친 것보다 더욱 심하다. 따라서 그 죄도 더욱 커지는 것이다. 이와 같은 천하의 지식인들은 모두 알고 있고, 그것을 비난하여 옳지 못하다고 한다. 그런데 오늘날 남의 나라를 공격하는 일에 이르러서는, 이를 비난할 줄도 모르거니와 도리어 이를 비호하고 칭송하면서 정의라고 말하니, 이것을 가지고도 정의와 불의를 안다고 말할 수 있겠는가?"라고 말한다.

그에 의하면 전쟁이란 인류 최대의 죄악이다. 비록 자기 나라를 위하여 싸운다 하더라도 또 저쪽 나라 사람들도 자기 나라를 위하여 싸운다고 한다. 이렇게 서로 싸우다가는 결국 너도나도 죽게 되어 인류는 다 멸망하게 될 것이다. 이와 같이 그는 전쟁이라면 어떠한 전쟁이든 무조건 반대하였다.

바) 절용절장(節用節葬)

묵자는 당시 왕후나 귀족·고관들이 백성의 고혈을 빨아서 호사한 생활을 하는 폐품을 바로 잡기 위하여 검약론(儉約論)을 주장하였다. 그가 검약을 숭상하고 주장한 것은 특이하기도 하여 당시 공격을 받기도 하였다. 그리고 그는 절용으로 주거·의복·음식·교통·재산비축 등 다섯 가지를 내세웠다.

"옛날의 성인은 한나라를 다스리면 한 나라를 두 배나 부유하게 할 수 있었고, 천하를 다스리면 천하를 두 배나 부유하게 할 수 있었다. 두 배나 부유하게 할 수 있었다 함은 밖으로 남의 나라의 토지를 빼앗는다는 것이 아니라 자기 나라의 쓸데없는 비용을 제거함으로써 두 배나 잘 살게 할 수 있다는 뜻이다."

그리고 묵자는 검약 생활에 대해 "옷을 만드는 데는, 겨울에는 몸을 따뜻하게 하고 여름에는 몸을 서늘하게 할 정도로 한정할 것이요, 그 이상의 것은 제거해야 한다. 집을 짓는데는, 겨울에 바람과 여름에 비를 막을 정도로 한정할 것이요, 그 이상의 것은 제거해야 한다. 군사 무기를 만드는 데는, 약한 것을 견고하게 할 정도로 한정할 것이요, 그 이상의 것은 제거 해야 한다. 이같이 위정자가 재화를 낭비하지 않으면 백성의 생활이 궁핍 하지 않을 것이다."라고 하였다.

이 밖에 묵자는 유가에서 죽은 사람의 장례식을 화려하게 지내는 폐풍 을 반대하여 절장론(節葬論)을, 또 예(禮)와 악(樂)을 숭상하는 폐풍을 반 대하는 비악론(非樂論)을 주장하였다.

㈐ 순자(荀子, 321?~234? B.C.)

● 유가 사상가
● 저서 : 「순자(荀子) 」
● 천론(天論)
● 성악설(性惡說)
● 중례주의(重禮主義)

1) 생 애

순자(荀子)의 생존 연대는 불확실하며 대략 기원전 321년경에[204] 조 (趙)나라(지금의 山西省 남부)에서 태어났다. 본명은 황(況)이고, 존경하여 순경(荀卿), 또는 손경(孫卿)이라고도 불렀는데 경(卿)이란 전국 시대에 존 귀하다는 의미로 쓰던 경칭이다. 순(荀)이라는 성은 원래 주(周)나라 문왕 의 열 일곱째 아들 순후(郇侯)의 순(郇)자를 딴 것인데 그러니까 순(荀, 원 래는 郇이었다)나라 이름을 그대로 성씨로 쓴 것이다.

그는 어려서 향리에서 공부하다가 제나라의 직하(稷下)에 유학하였다. 여기서 제가(諸家)의 학설을 널리 공부하였다. 그 당시 직하는 위(威)왕과 선(宣)왕 2대의 문화 진흥 정책으로 인하여 당시 학술과 문화의 중심지가

---

204)　張其昀,「中國思想의根源」,숙명여자대학교　중국문화연구소역,　(서울:문조사,1984),
　　　P.160 에 의해 B.C 321 ~ B.C 234 로 기록했으나 순자의 생존 연대는 불분명하여
　　　그 외에도 B.C 339년 설(錢穆), B.C 313년이거나 312년이라는 설(羅根澤), B.C 315?
　　　~ 236? 설(학원사, 철학대사전), B.C 315? ~ 230? 설(문공사, 세계인명대사전),
　　　B.C　298 ~ 289 설(김길환, 동양윤리사상) 등이 있다.

되었다. 그러나 선왕이 죽고 그의 아들 민(湣)왕(B.C 300~284 재위)이 들어서자 남방 초나라의 회북(淮北) 지방을 침공하고 송나라를 멸망시키는 등 국세를 키워나갔다. 이에 다른 나라의 제후들은 신하의 예를 취해야 했다. 그러자 진(秦), 연(燕), 한(韓), 위(魏), 조(趙) 나라가 힘을 합쳐 제나라를 공격하여 다음 해에 수도 임치(臨淄)가 함락되자 왕은 여(莒)로 도망가고, 직하의 학자들도 사방으로 흩어지고 말았다. 그는 초나라로 갔다가 그후 민왕이 죽고 양(襄)왕이 뒤를 이어 문화 진흥책을 쓰자 다시 학자들이 모여들었다. 순자도 다시 직하로 갔다. 이때 순자는 노사(老師)로써 높은 대우를 받았으며, 제주(祭酒)라는 벼슬을 10년 동안에 세 번이나 지냈다고 한다. 기원전 266년에 응후(應候)가 새로 진(秦)나라의 재상이 되자, 진나라로 가서 소왕(昭王)과 만나고 응후와도 문답을 나누었다. 이 때 순자는 권모술수를 앞세우는 사람은 멸망한다고 했는데 후에 진나라는 권모술수 때문에 망했고, 남의 나라를 병합한다는 것은 쉬운 일이지만 병합한 영토를 안정시키는 것이 어려운 일이라고 했는데 진나라는 중국은 통일한 후 2대 15년 만에 망했다. 기원전 266년경에는 순자가 조나라 효성왕 앞에서 임무군(臨武君)과 군사에 관한 토론을 하였다. 직업 군인인 임무군에게 용병의 근본은 백성을 따르게 함에 있음을 주장하면서 옛날의 군사 제도를 설명했으나 받아들이지 않았다. 기원전 255년에 초나라 춘신군(春申君)이 초나라의 재상이 되어 순자를 난릉(蘭陵)의 수령으로 삼는다. 그러나 어떤 사람이 춘신군에게 순자를 모함하자 춘신군은 순자를 파면하였다. 순자는 진나라로 가려고 했는데 그의 제자였던 이사(李斯)가 방해하였다고 한다. 한편 초나라에서는 어떤 사람이 춘신군에게 "관중이 노나라를 떠나 제나라로 가자 제나라는 강해지고 노나라는 약해졌습니다. 이처럼 현명한 사람이 있으면 임금은 더욱 존귀해지고 나라는 편안해집니다. 지금 순자는 천하의 현인이니 그가 버리고 간 나라는 편치 못할 것입니다." 고 간하였다. 이에 춘신군은 사람을 보내서 순자를 다시 모셔다가 난릉의 수령으로 삼았다. 그러나 기원전 춘신군이 암살당하자 순자는 난릉의 수령 자리를 내놓았다.

그 후 그곳에서 살면서 난군(亂君)이 연이어 나와 대도(大道)를 따르지 않고 미신이나 숭상하고, 장자 등 도가의 무리들은 궤변으로 인심을 어지럽히고, 소유(小儒)들은 작은 이익이나 탐냄을 보고, 이를 바로 잡기 위해서 글을 썼다. 이것이 「순자(荀子)」이다.

그리고 기원전 234년 무렵에 죽은 것으로 추측된다. 순자의 제자 중에서 가장 뛰어난 인물은 한비자와 이사였는데, 한비자는 법가의 대표적인 인물로서 진시황의 정치적·사상적 통일을 위한 이론적 바탕을 마련해 주었고, 이사는 진시황제의 재상이 되어 중국을 통일하는데 커다란 역량을 발휘하였다. 그러나 이사가 스승의 가르침을 어기고 가혹한 정치를 하자 순자는 그런 말을 듣고 매우 불쾌하게 생각했다 한다.

순자의 학문은 자하(子夏)에서 나왔는데 자하에서 증신(曾申)으로 증신은 이극(李克)에게 이극은 맹중자(孟仲子)에게 맹중자는 근모자(根牟子)에게 전했고 근모자가 순자에게 전했다. 그리하여 순자는 공문(孔門)의 자하의 학통을 계승하여 맹자와 더불어 유가의 쌍벽이 되었는데 순자는 맹자의 성선설과 반대되는 성악설을 주장했기 때문에 정통파(맹자 측)로부터 배척을 받았다.

2) 사 상

가) 천론(天論)

순자의 천론은 순자철학의 가장 힘차고 독자적인 주장으로 그는 여기에서 인간의 운명론에 정면으로 도전하고 자연을 극복하려는 인간정신이 잘 나타나 있어 근대 자연과학 정신과도 일치한다. 순자는 천(天: 하늘)은 의식도 없고 지각도 없으며 의지도 없는 것으로 일정불변의 자연법칙에 따라 생성(生成)하고 소장(消長)하는 것이라고 생각했다. 하늘이 의식적으로 사람에게 화(禍)나 복(福)을 내릴 수 없으며 화나 복이나 하는 것은 사람이 하늘을 잘 이용하느냐 못하느냐에 달려 있을 뿐이다. 그래서 화나 복이 하늘의 뜻에서 나오는 것이 아니라 인간 즉 인위(人爲)에서 나온다는 것이다. 그래서 우(禹)임금 때나 걸(桀)왕 때나 자연 활동은 똑같은데 우임금 때는 잘 다스려지고 걸왕 때 잘못 다스려지는 것은 그 사람에 달려 있다는 것이다. 순자는 이것을 천인지분(天人之分)이라 하였다. 한 걸음 더 나아가 순자는 사람의 힘으로 제천(制天, 즉 자연정복)하고 하늘을 이용하자고 주장한다. 만물의 주재자 또는 도덕 원리의 최고 근원이라고 보는 당시의 상식적인 생각이나 유가의 천의 관념과는 달리 그는 모든 항성들이 변함없이 운행하고 햇빛이 비추어 4계절이 차례로 바뀌고 음양이 조화를 이루는 가운데서 만물이 저절로 생성하는 것이 하늘의 법칙이다. 이러한 순자의 하늘은 단순한 자연의 하늘을 말하는 것이므로 거기에는 전연 상을 주고 벌을 내리는 의지 작용이 있을 리 없다. 선악이나 화복은 인간에 속하는 일이요, 하늘에 속하는 일은 아니다. 길흉 화복은 오직 인간 자신의 노력 여하에 달려 있는 것이다. 그래서 순자는 하늘이 하는 일과 인간이 하는 일을 구분하였는데 그것이 천인지분(天人之分)이다. 재물이 저절로 불어나기를 기다리는 것보다 사람이 노력을 다하여 늘려나가는 것이 더 나으며, 재물이 생기기를 하늘에 기원하는 것보다 재물이 생기는 이법(理法)을 알아 그것을 얻기 위하여 노력하는 것이 더 낫다고 하였다. 그러므로 "군자는 자기에게 있는 것(재능) 즉 자기가 할 수 있는 일에 힘쓰고 하늘에 있는 것을 바라지 않는다. 그러나 소인은 자기에 있는 것을 버리고 하늘에 있는 것을 바란다. 군자는 하늘에 있는 것을 바라지 않고 자기에게 있는 것을 힘쓰기 때문에 날로 진보하고, 소인은 자기에게 있는 것을 버리고 하늘에 있는 것을 바라기 때문에 날로 퇴보한다." 고 하였다. 이런 주장은 하늘(天)에 대한 가치적 부정을 의미하는 것이 아니라 하늘과 사람의 관계를 주술적으로 보는데서 벗어나 하늘에 대한 기본적이고 이론적인 이해에 접근하고자 한 것이다.205) 그러나 당시 중원은 그의 이와 같은 자연 정복 내지 이용하자는 순자의 사상을 수용하지 않았다. 그것이 중국을 비롯한 아시아 자연과학 발전에도 커다란 영향을 주었다고 볼 수 있다

나) 성악설(性惡說)

순자는 인간의 본성이 악하다는 성악설을 주장했는데 인간의 본성이 악하기 때문에 윤리가 필요하지 인간의 본성이 선하다면 윤리는 필요치 않

---

205) 鄭長澈 譯解, 「筍子」, (서울:惠園出版社, 1999), p.36

다는 것이다. 그런데 유의해야 할 것은 맹자가 성선설에서 말하는 성(性)과 순자가 성악설에서 말하는 성의 개념이 서로 다르다는 것이다. 맹자의 성은 인간의 이성(理性)과 성정(性情), 즉 성품(性稟)을 가리키고 순자가 말하는 성은 인간의 본능과 욕망을 가리킨다. 맹자와 순자가 인간의 본성을 이성적 성정으로 보느냐 본능적 욕망으로 보느냐의 차이점 때문에 맹자는 성선을 순자는 성악을 말하고 있는 것이다.

순자는 인간의 본능과 욕망은 절제되어야하고 교육에 의하여 교화되어야 한다. 이것이 화성기위(化性起爲)이다. 인간의 본능과 욕망은 악을 지향하는 충동이고 의지이기 때문이다.

인간의 본성은 원래 악한 것이니 선이란 인위적으로 된 것이다. 사람은 나면서부터 이익을 추구하기 때문에 그대로 내버려두면 서로 싸우고 빼앗고 하여 양보란 있을 수 없을 것이요, 또 나면서부터 남을 미워하고 시기하게 마련이므로, 그대로 두면 남을 해치고 상하게 할 줄만 알 뿐 신의나 성실성은 없다. 그래서 그 이기심으로 인해 쟁탈이 일어나고 사양하는 마음이 없어진다고 그 시기심, 증오심으로 잔인하여 선한 마음이 없어진다. 나면서부터 귀와 눈(耳目)은 아름다운 것을 추구하는 욕망이 있어서 음란이 생기어 예의가 없어진다. 그리하여 사람의 본성대로 하면 분수를 모르게 되고 의리를 어지럽게 하여 난폭하게 된다. 그러므로 반드시 예의와 법도로서 감화를 시켜야 사양하는 마음이 생기고 도리를 지켜서 질서를 유지하게 된다. 이것으로 보면 사람의 본성이 악한 것이 분명하고 그것이 선한 것은 인위적이라는 것을 알 수 있다는 것이다. 그래서 도덕은 결코 인간의 본성으로부터 나온 것이 아니고 그 본성에 반하여 만들어진 것이므로 이것을 위(僞)라 한다. 사람의 본성은 굶주리면 배 부르려 하고 추면 따듯하게 하고 싶어하고 피곤하면 휴식하려 한다. 사람이 굶주릴지라도 어른들에게 양보하는 것은 예라는 위(僞) 때문이다. 아들이 아버지의 노고를 대신하고, 동생이 형에게 양보하는 것은 다 자연의 성에 반하여 위(僞)를 행하기 때문이라 한다.

인간 사회에서 여러 가지 악이 생기는 것은 '이(利)를 좋아하고, 악을 좋아하고, 성색을 좋아하는' 사람의 본성을 그대로 방임해 둔 까닭이요, 그와 반대로 '사양하는 마음이 나오고 사리에 맞게 행동하는 것'은 본성 그대로 따르지 않고 예의와 음악으로써 교화시킨 까닭이다. 즉 어떤 꾸부러진 나무라도 도지개(트집난 활을 바로 잡는 틀)로 교정하면 곧게 될 수 있고, 어떤 쇠붙이라도 잘 단련만 하면 예리하게 될 수 있는 것 같이 사람의 본성은 비록 악할지라도 예의로써 수양하면 즉 학습의 노력을 쌓으면 훌륭한 사람이 될 수 있다는 것이다. 이 학습의 노력을 쌓는 것을 그는 적위(積僞)라고 하여 다음과 같이 말하였다.

"거리의 백성이라도 선을 쌓아서 다하면 성인이라고 한다. 그러므로 성인이란 사람이 쌓아서 된 것이다."

그러나 구부러진 나무가 도지개로 펴지려면 그 나무에 펴질 성질이 있어야만 될 것이다.

다) 중례주의(重禮主義)

공자가 인(仁)과 예(禮)를 중시했으나 인을 더 중시했다고 볼 수 있고 맹자는 인(仁)과 의(義)를 중시했으나 의를 더 중시했다고 볼 수 있다. 이에 비해 순자는 예(禮)를 더 중시했다. 그래서 그를 중례주의자(重禮主義者)나 예학대사(禮學大師)라고도 부르는 것이다. 그래서 교육에 있어서도 맹자는 '인(仁)에 거하여 의(義)로 비롯된다'는 거인유의(居仁由義)를 말하는 반면 순자는 '예(禮)를 존중하며 의를 귀히 여겨야 한다.' 융례귀의(隆禮貴義)를 말한다.

그는 예론편(禮論篇)에서 말하기를 "예는 무엇 때문에 생긴 것인가? 사람에게는 나면서부터 욕망이 있는데, 욕망을 채우지 못하면 이것을 추구하지 않을 수 없고, 추구하는데 절제와 한계가 없으니 다투지 않을 수 없게 된다. 다투면 어지러워지고 어지러워지면 궁해진다. 선왕(先王)들은 그 어지러워짐을 싫어하여 예의(禮義)를 제정함으로써, 이를 분별하게 하였고 사람들의 욕망을 길들였으며 사람들이 구하는 바를 공급해 주었다. 욕심을 내되 재물에 궁하지 않도록 하고 재물이 욕망으로 인해 바닥나지 않게 하여서 이 양자를 서로 조화 있게 견지하도록 조장하였으니, 이것이 예가 생긴 소이(所以)이다."라고 하였다. 인간의 욕망은 끝이 없고 나누어 가질 재화는 한계가 있으니 그것들의 정당한 분배를 위한 질서가 있어야 하고 이를 위해 선왕이 예를 만들었다는 것이다. 물론 그 정당한 분배는 각자의 분별에 의하여 귀천에 따라 등급이 있고 어른과 아이에 따라 차별이 있다고 하였다. 제사의 경우로 보면 "천하를 소유한 천자는 7세(七世)까지 제사지내고, 한 나라를 소유한 제후는 5세까지, 3승(三乘)의 땅을 가진 사(士)는 2세조(二世祖)까지 섬기며, 손을 움직여 생활을 영위하는 농·공·상인들은 사당을 세울 수가 없다. 이것은 공적의 많고 적음을 분별하기 위함이니 '공적이 많으면 그 혜택이 넓게 흐르고 공적이 적으면 그 혜택이 좁게 흐르는 것이다."라고 말한다.

그리고 예의 근본으로 세 가지를 들었는데 천지(天地), 선조(先祖), 임금과 스승을 들었다. 천지는 생의 근본이요, 선조는 인류의 근본이며 임금과 스승은 치도(治道)의 근본이다. 천지가 없다면 생명이 있을 수 없고, 선조가 없다면 나의 일족이 존재할 수 없으며 임금과 스승이 없다면 다스려질 수 없다는 것이다. 그러므로 예란 위로 하늘을 섬기고 아래로는 땅을 섬기며, 선조를 존경함으로써 임금과 스승을 존중하니 이 세 가지가 예의 근본이라고 하였다. 그리고 예란 인도(人道)의 극치라고 하였다.

예는 질서이므로 법으로 이어진다. 법가사상의 집대성자인 한비자(韓非子)가 순자의 제자였음도 우연이 아니다.

애 주자(朱子, 1130~1200)

● 이기이원론(理氣二元論)
● '성즉이'설(性卽理說)
● 심성론(심성론) : 인심도심설(人心道心說)

---

1) 생 애

주자(朱子)는 1130년(宋나라 高宗 建炎 4년) 9월 15일 출생하였다. 이름은 희(熹), 자는 원회(元晦), 혹은 중회(仲晦), 호는 회암(晦庵), 회옹(晦翁) 또는 고정(考亭), 자양(紫陽), 둔옹(屯翁), 우계(尤溪)이다.

그의 아버지 송(松)은 휘주(徽州) 사람으로 관계에 있었는데, 당시 송나라는 영토의 절반 가량을 금나라에 빼앗겼고 이에 조정에서는 금나라와 화평 하자는 의견과 항전하자는 의견이 대립되어 있었다. 이때 그의 아버지는 화평을 주장하는 재상 진회(秦檜)에 반대하여 사직하고 복건성(福建省)의 방계성(尨溪城) 밖 육수봉 아래의 정(鄭)씨 초당에 우거하였는데, 이곳에서 주자가 태어났다.

주자는 어려서부터 자질이 비범하고 매우 총명하였다고 한다. 겨우 말을 배우기 시작하였을 때 아버지가 손가락으로 가리키면서 "저것이 하늘이다." 하니, "하늘 위에 무엇이 있습니까?" 하고 반문하였다고 한다. 다른 어린이들과 함께 놀 때 그는 모래사장에 혼자 정좌(靜坐)하여 손으로 팔괘도형(八卦圖形)을 그리기도 하였다 한다. 다섯 살 때에 효경을 읽었는데 한번 읽고 그 뜻을 알았고 책머리에 "이렇게 하지 못한다면 사람이 아니다(不若是 非人也)"라고 써 놓았다 한다. 10세 때에는 맹자를 읽고 "성인도 우리와 같은 사람이다."라는 말에 감동을 받고 분발하여 학문에 몰두하였다.

14세 때(1143년)에는 아버지가 돌아가셨는데, 아버지의 유언에 따라서 그 해부터 적계의 호헌(胡憲; 原中)과 백수(白水)의 유면지(劉勉之; 致中) 그리고 병산의 유자휘(劉子翬; 彦中)의 세 선생에게 배우게 된다. 그 중에도 호헌에게서는 오랫동안 가르침을 받았다. 이 세 스승은 모두 이정(二程; 程顥, 程頤)의 대 제자들인데 유면지는 역학에 뛰어났으며 자기 딸을 주자와 결혼시켰다.

1148년(19세)에는 진사에 급제하고, 1151년에는 천주(泉州) 동안현(同安縣)의 주부(主簿: 세금 장부 취급 관리)가 되었다. 그는 직무에 충실하였으며 백성들에 이로운 일이라면 어떤 수고도 꺼리지 않았다 한다.

1153년(24세)에는 정문(程門) 출신의 이연평(李延平: 본명은 侗) 선생에게서 정자의 학을 배움으로써 이제까지 그가 도취했던 도가와 불가가 헛된 것임을 깨닫고 드디어 그의 문인이 되었다. 이 때를 그는 "내가 연평선생을 만난 후에 비로소 학문이 현실적 감각을 가지게 되었는데 이전에 연구한 불가와 도가의 학설이 모두 잘못된 것임을 알았다."고 하였다. 1155년(26세)에는 4년간의 임기를 마치고 관직을 떠나 고향에 돌아가서 학문에 전념하였고 1158년에는 봉사직(奉祠職: 道館과 祠堂을 관리하는 직책)을 청원하여 담주(潭州)의 남악묘(南嶽廟)를 맡게 되었다. 그 다음해에는 조정으로 나오라는 명을 받았으나 방해하는 사람이 있어서 건강을 이유로 사양하였다.

1162년(33세)에는 봉사직이 만기가 되자 다시 신청하였다. 효종이 즉위한 후 다시 그 직책을 맡게 되었다. 때마침 직언(直言)을 구하는 조서가 내렸으므로 그도 봉사(封事)를 올렸다. 여기서 그는 문학과 도가와 불가를 배척하고 이학(理學)으로 주상을 바르게 보필해야 한다고 주장했으나 받아들여지지 않았다.

1163년(33세)에 다시 천자의 소명을 받았다. 사양하였으나 허락되지 않았으므로 즉시 조정에 나갔다. 그러나 그때 조정은 금나라의 압력을 받고 있었는데, 그는 금에 대한 주전론을 폈다가 탕사원(湯思遠)의 무리들의 반대를 받아 스스로 관직에서 물러났다. 1165년 이후 수차 관직을 맡으라는 명을 받았으나 모친상(1169년) 등을 이유로 봉사직만 제외하고는 사절하였다.

1168년부터 1174년 사이에 정씨유서(程氏遺書) 25편을 편집하고, 논어·맹자 정의(論語孟子精義), 자치 통감 강목(資治通鑑綱目), 송조 명신 언행록(宋朝名臣言行錄), 서명 해의(西名解義)를 썼다. 그리고 고금 제례(古今祭禮)를 편집하였다.

1175년(46세)에는 여동래(呂東萊)와 근사록(近思錄) 14권을 지었고, 1177년에는 시집전(詩集傳)과 주역 본의(周易本義)를 완성하였다.

1178년(49세)에 남강군(南康軍: 江西省) 지사(知事)에 임명되었다. 네 차례나 사절하였으나 허락되지 않아서 임지로 갔다. 그곳에서 가뭄과 기근을 구제하는 등 행정관으로서 공적을 쌓았다. 또 주염계(周廉溪)의 사당을 건립하였고, 도연명 등의 5현당(五賢堂)을 세웠으며, 백록동서원의 유지(遺址)를 수리하여 제자를 모아 가르쳤다. 그리고 당시 사방의 유명한 학자들에게 와서 강의해 주기를 요청하였다. 이 무렵 육상산(陸象山: 九淵)과 만나서 토론한 일도 있었다.

1180년(51세)에 「경자응소봉서(庚子應詔封書)」를 올린 것을 비롯하여 계속 시정(時政)을 비판하였기 때문에 재상인 왕회(王淮) 등과 멀어지고, 그로 인하여 1183년에는 그의 학문 즉 도학(道學) 금지령까지 내리게 하였다.

그는 관에서 물러나 있다가 1186년에는 「역학 계몽(易學啓蒙)」, 「효경 간오(孝經刊誤)」를 썼고, 1187년에는 「소학(小學)」편집하였다.

그는 그 동안에 여러 관직에 임명되었으나 봉사직만 제외하고는 모두 사퇴하였다. 그러나 1189년에 장주(漳州) 지사에 임명되어 사양했음에도 허락되지 않아 배명하였다. 1191년에 장남이 죽자 봉사직을 청원하여 허락 았다.

1194년(65세)에는 영종(寧宗)이 주자를 시강(侍講)으로 임명하였다. 사퇴하려 했으나 허락되지 않아 대학을 강의하였다. 1195년에는 조정에서 공적을 조사하여 조봉대부(朝奉大夫)로 특진시켜 주었다.

그런데 주자는 세도를 부리고 있는 한탁주(韓侂冑)를 공격하고 그의 시정을 상소하였기 때문에 그의 미움을 받아오다가 1196년에는 모든 직명은 물론 봉사직까지 몰수당하게 되었다.

주자는 물러나서 제자를 모아 가르치며 연구에 몰두하였다. 조정에서는 주자의 학설마저 위학(僞學)이라 하여 금압하였다. 그런데도 불구하고 태연 자약하게 줄곧 죽림 정사(竹林精舍: 1194년에 세웠음)에서 가르치기를 계속하였다. 이것을 말리는 사람이 있었지만 그는 "화복은 명에 있는 것이다." 하며 굽히지 않았다.

1197년(68세)이후 「한문고이(韓文考異)」, 「집서전(集書傳)」 등을 썼다. 1200년 3월 9일 지켜보고 있던 문인들에게 "뜻을 굳게 가져라!"는 최후의 말을 남기고 71세를 일기로 숨을 거두었다.

그는 그의 스승인 백수(白水) 유면지의 딸과 혼인하여 3남 5녀를 얻었다. 부인 유씨는 1176년에 죽었고, 장남 숙(塾)은 아버지보다 먼저 1190년에 죽었다. 차남 야(埜)와 3남 재(在)는 하급관리로 있었다.

그의 저서는 700여 권에 이르렀는데 「근사록」 외에 「자치 통감 강목」 59권, 「사서 십주」 19권(1200), 「주자 문집 100권」, 「주자 어류」 140권(1210)등이 유명하다.

가정(嘉定) 원년(元年: 1208년)에는 문(文)이라는 시호를 내렸고, 자손들에게도 은상(恩賞)을 내렸다. 그리고 청(淸)나라 강희(康熙) 연간(年間)에는 중국 10철의 하나로 받들게 되었다.

그는 충성을 다하여 군주를 섬겼지만 자기의 믿는 바 도(道)를 더럽혀서까지 군주에 아첨하지 않았으며, 만년에는 무서운 탄압을 받았지만 화를 무릅쓰고 회피하려고 하지 않았다. 그는 해뜨기 전에 일어나서 가묘에 가서 조상들과 성현에 예하고 하루의 일과를 시작하였다. 그리고 그의 안색은 언제나 장중하였고, 그의 말씨는 엄격하였으며, 행동거지는 유연하였으며, 앉은 자세는 단정하고 곧았다.

친척들에게는 그 정의를 다하였고, 마을 사람들에게는 그 지위와 신분이 아무리 보잘것이 없더라도 공손히 접대하였다. 그러나 자신은 검소한 옷에 그리고 간소한 음식으로 만족하였고, 거처는 풍우를 막을 정도로 지냈다. 언제나 청빈하여 손님들이 찾아오면 콩밥에 아욱국을 끓여 먹으면서 도를 즐겼다.

그의 철학 체계는 당시에는 큰 빛을 보지 못했으나, 1313년 원(元)나라 인종(仁宗)이 사서(四書)를 과거 시험으로 채택하고, 사서의 공식적인 주석은 주자의 사서집주를 따르도록 한 뒤로부터는, 완전히 학계를 지배하고 관학(官學)으로 그 지위가 확고해졌다. 우리나라에도 주자학은 고려 말엽에 들어와서 조선의 정치와 사상계를 완전히 지배하였다.

2) 사　상

가) 이기 이원론(理氣二元論)

원래 태극이라는 말은 「주역(周易)」 계사전에 나오는 말로 태극을 우주의 본체로 보고 태극이 양의(兩儀 :음, 양)를 낳고, 양의는 사상(四象)을 낳고, 사상은 팔괘(八卦) 낳고, 팔괘에서 만물이 생긴다고 하였고 여기에 오행설(五行說)을 더하여 주염계의 태극도설이 성립되었다. 원래 이(理)니 기(氣)니 하는 말은 이미 원시 경전에도 있었는데 송나라 때의 정이(程頤)가 특히 강조하였다, 그 이전에는 이(理)를 한 사물의 사리(事理), 조리(條

理)의 뜻으로 사용하였으나 송대에는 그 의미가 확대되어 전체개념으로 사용되었다.

주자는 주염계의 태극도설(太極圖說)과 정이천(程伊川)의 이기설(理氣說)을 종합하여 그의 철학 체계를 수립하였는데 태극(太極) 위에 무극(無極)이 있다는 설은 주염계의 무극이태극(無極而太極)에 근거한 것이다. 그리고 태극 안에 이(理)와 기(氣)가 있다는 주장은 정이천의 학설에 의한 것이다. 그러나 주자는 주염계와 정이천의 이론을 발전적으로 전개하였다.

주자는 태극을 이(理)라고 하여 "모든 사물은 다 하나의 극을 가지고 있는데 천지 만물의 극(極 ; 理)을 총괄하는 것은 바로 태극(太極)이다." 라고 말하였다. 그리고 그는 음(陰)·양(陽)을 기(氣)라 하였다. 즉 움직이는 기(氣)를 양(陽)이라 하고, 정지해 있는 기(氣)를 음(陰)이라 하여 다음과 같이 말하였다.

"양(陽)은 동(動)하고, 음(陰)은 정(靜)하지만 태극이 동하고 정하는 것은 아니다. 단지 이(理)에는 동·정이 있을 뿐 보이지 않는다. 우리는 음과 양으로 인하여 이(理)를 알게 되는데, 이(理)는 마치 사람이 말을 타는 것과 같이 음·양 위에 타고 있다."

그리고 이(理)·기(氣)의 관계에 관하여 다음과 같이 설명하고 있다.

"형이상자(形而上者)는 모습도 없고 그림자도 없다. 이것이 이(理)이다. 형이하자(形而下者)는 실상'도 있고 모양도 있다. 이것이 기(氣)이다. 기는 스스로 응결(凝結)하여 사물을 만들 수 있는데 반하여, 이(理)는 감정이나 의지나 지각이 없으며 조작(造作)하는 일도 없다. 그러나 기(氣)가 엉기어 모인 곳(事物)에 이(理)는 들어 있다."

"우주에는 이도 있고 기도 있다. 이(理)는 형이상의 도(道)로서 만물을 생성하는 근본(本)이요, 기(氣)는 형이하의 기(器)로서 만물을 생성하는 재료(具)다. 그러므로 인간과 사물은 생성될 때에 반드시 이 이(理)를 받은 연후에야 본성을 가지며, 기(氣)를 받은 연후에야 형태를 갖게 된다. 본성과 형태가 비록 한 몸 속에 있다고 하여도 그 도(道)와 기(器)는 명백히 다르므로 혼동해서는 안 된다."

이와 같이 주자는 이(理)를 천지 만물의 본체(體)로 기(氣)를 그 본체를 구체화하는 작용(用)으로 보아 이·기의 개념을 명확히 구별하였다. 물체 위에서 보면 둘이 혼돈 되어 있으며 떼어 나눌 수 없으나 둘이라 하였다.

그리고 그는 이(理)·기(氣)의 선후(先後)에 관하여 말할 수 없으나, 만약 본원(本源)을 논할 것 같으면, 이가 있은 뒤에 기가 있고(理先氣後), 만약 현상(現象)을 논할 것 같으면 기가 있은 뒤에 이가 따른다(氣先理後)고 하였다. 즉 이와 기는 서로 간격 없이 혼돈되어 떼어 나눌 수 없다고 한다.

나) '성 즉 리(性卽理)' 설

성즉리는 간단하게 말한다면 성(性) 즉 인성(人性)은 이(理) 즉 천리(天理)와 같다는 의미로 이해할 수 있는데 이것은 맹자의 성선설(性善說)을 전제로 하고 있다고 볼 수 있다. 천리를 논한 자는 정호(程顥; 호는 明道)인데 주자는 정이천(程伊川, 이름은 頤)의 '성즉리(性卽理)' 설을 계승하여, 인성(人性)을 본연(本然)의 성과 기질(氣質)의 성으로 나누었다. 본연의 성은 적연부동(寂然不動)의 미발(未發)의 상태로서 순수한 선(善)이며 모든 만물의 한 가지라 할 수 있고, 기질은 성의 이발(已發)의 상태로서 기의 정(正)·편(偏), 청(淸)·탁(濁)을 함유한다. 따라서 차별이 있다. 본연의 성은 만물이 동일하나, 기질의 성은 차별이 있다. 그 정(正)한 것이 사람이 되고 편(偏)한 것이 만물이 된다. 사람 가운데서도 성인의 그것은 청(淸)하고 범인의 그것은 탁(濁)하다. 본연의 성과 기질의 성은 각각 독립하여 존재하는 것이 아니고 서로 의존하고 서로 대립하여 존재한다. 본연의 성은 물과 같고 기질의 성은 물을 담은 그릇(器)과 같다. 그릇이 없으면 물을 담지 못하는 것 같이 기질이 없으면 본연의 성은 의존할 데가 없다.

각인의 기질의 성이 다르므로 그 기질도 각각 다르다. 성인의 기질은 맑으므로 본연의 성이 더욱 빛나서 수양이 필요 없으나, 범인의 기질은 탁하므로 본연의 성이 전연 표현되지 못하므로 수양을 쌓아 그 기질을 맑게 해야 한다.

그는 천지간에는 만물을 생성하게 하는 근본인 이가 보이지 않는 형이상(形而上)으로 존재하고 만물을 생성하게 하는 도구로서의 기가 경험적 대상인 형이하(形而下)로서 존재한다고 보았다. 이는 만물을 생성하는 음양을 작용하게 하는 이치(理致)이고 기는 만물을 생성하는 질료적인 것이다. 이러한 개념은 완전히 일치한다고는 볼 수 없지만 플라톤의 이데아와 현상, 아리스토텔레스의 형상과 질료의 그것과 대응된다고 할 수 있다.

다) 심성론(心性論) : 인심 도심설(人心道心說)

그는 성(性)과 심(心)을 구별하는데, 심을 도심(道心)과 인심(人心)으로 나누어, 본연의 성을 받은 것을 도심이라 하고 기질의 성을 받은 것을 인심이라고 하였다.

그에 의하면 사람은 누구나 인심을 가지고 있는 동시에 도심도 아울러 지니고 있다. 성인도 인심이 있는가 하면 범인도 도심을 지니고 있다. 도심은 천(天) 즉 이(理)로부터 받은 것으로서 절대적 선(善)이다. 인심은 인욕(人欲)에 의하여 가리기 쉬운 것으로서 상대적 선이다.

그리고 그는 천리(天理)와 인욕의 경계는 기미지간(幾微之間)에 있다고 하였다. 즉 "음식을 먹는 것은 천리이고, 맛있는 음식을 먹는 취하는 것은 인욕이다." 고 하였다. 사람은 음식을 먹음으로써 살아야 하니 음식을 취하는 것은 사람으로서 의당 해야 할 천리이지만, 자기 구미에 맞는 좋은 음식을 취하는 것은 인욕이라는 것이다. 그리하여 그는 "물욕에 의하여 혼탁하게 되지 아니하면 혼연이 천리이다." 라고 하였다. 또 "배우는 자는 모름지기 인욕을 없애므로써 천리를 회복해야 하니 이것이 바로 배움이다." 고 하여 천리를 보존하고 인욕을 버릴 것을 역설하였다. 그렇게 하면 범인도 성인이 될 수 있고 악인도 선인이 될 수 있다고 한다.

재 왕양명(王陽明, 1472~1528)

● 심즉리설(心卽理說)
● 치양지설(致良知說)
● 지행 합일설(知行合一說)

---

1) 생 애

양명학은 왕학(王學)이라고도 한다. 일본이나 서구에서는 양명학에 대한 열띤 관심과 논의는 끊이지 않고 있어 왔다. 그러나 중국에서는 오히려 냉대를 받아 왔다. 그러나 양명학은 중국 후기 봉건 사회 이후의 이데올로기와 근대 사상에 깊은 영향을 끼쳤다. 양명학은 당시 부패한 관료 사회를 바로잡고, 이윤 추구를 위주로 하는 상업주의의 폐해를 시정하려는 현실적인 요구에서 생겨났다고 볼 수 있다. 그러나 주자가 주로 국가의 공무를 담당하게 될 선비(士)를 대상으로 멸사봉공할 것을 주장했다면 양명은 새로 일어난 상공인들에 대한 관심에서 나왔다. 따라서 양명학은 천리를 해치지 않으면서도 자율적으로 판단하여 합리적으로 이윤을 추구하는 상인의 정신을 반영하였다. 그러니까 주자학이 선비(士)와 관리(仕)의 의식을 대표하는 사상이라면 양명학은 상공인의 소망을 대변해 주는 사상이라고 할 수 있는 것이다.

왕양명(王陽明)은 1472년(明나라 憲宗 成化 8년) 9월 30일에 절강성(浙江省) 소홍부(紹興府) 여요현(餘姚縣) 서운루(瑞雲樓)에서 태어났다. 원래 이름은 운(雲)이었으나 다섯 살이 되도록 말을 하지 못하자 그의 조부가 수인(守仁)으로 개명하였다. 자는 백안(伯安)이요, 호는 양명이요, 시호는 문성(文成)이다.

양명은 진대(晉代)의 명필 왕희지(王義之)의 후예요, 아버지 화(華)는 진사시에 장원 급제하여 명의 무종(武宗) 때에는 남경이부상서(南京吏部尙書)를 지냈다.

양명은 임신 8개월만에 조산했기 때문에 출생 이래로 타고난 병골이어서 몸이 약했는데, 청년기에 벌써 폐병으로 피를 토하기도 하였다. 어려서는 할아버지로부터 글을 배우고, 10세 때 그의 아버지가 진사시에 급제하여 당시 수도였던 北京으로 상경하자 그도 따라가서 서당에 다니면서 글을 배웠다. 그는 아버지처럼 관리가 되는 것보다도 성현이 되는 것을 목표로 삼고 공부하였다.

1482년(11세)에 어머니 정(鄭) 씨가 죽고 계모가 들어왔는데, 그녀는 잔소리가 많고 양명을 냉대하였다. 이에 꾀를 내어 하루는 양명이 거리에서 올빼미 한 마리를 사 가지고 오는 길에 무당집에 들러서 무언가 약속을 하였다. 계모가 밤에 자려고 이불을 펴니 올빼미가 튀어나오는 바람에 계모는 기겁을 하여 떨고 있었다. 이것을 본 양명은 "올빼미는 흉한 새이니 무당에게 물어보아야 한다."고 하였다. 이를 그럴 듯하게 생각한 계모가 무당을 불렀는데 이미 양명과 짠 무당이 "그 올빼미는 죽은 양명의 어머니의 넋인데 계모가 양명을 학대하니 하늘의 상제님에게 허락을 받아 나타났다. 다음에 또 학대하면 너의 생명을 거두어갈 것이다."고 하였다. 이에 간담이 서늘해진 계모는 다시는 양명을 학대하지 않았다고 한다. 그의 이런 기발한 생각과 쾌활하고 영웅적인 성격은 후에 많은 싸움을 승리로 이끌게 한 원동력이 되었다.

1483년(12세)에는 말타기, 활쏘기 등을 배우고 병서를 읽었다. 이 무렵에 명나라는 외적의 침입과 난리가 잦았기 때문이었다. 그는 석화상(石和尚)과 유천근(劉千斤)의 난 때 가만히 궐 밖으로 나가서 사람들을 따라다니며 전투하는 것을 두루 살피고 한 달 만에야 돌아왔다. 이때 양명은 선생님에게 "인간은 어떤 일을 하면 일등 인물이 됩니까?" 하고 물었는데 선생님은 12살짜리 아이의 질문이므로 별 생각 없이 "그것은 뻔하지 않은가? 열심히 공부해서 과거에 합격하여 높은 벼슬을 하는 사람이 되는 것이지." 하고 대답하였다. 그 말을 들은 양명은 "그것은 틀린 말입니다. 열심히 책을 읽고 성현이 되는 것이 일등 아닙니까?" 하였다. 이에 선생님은 매우 놀랐고 그 말을 들은 그의 아버지는 "건방지게 네가 성현이 되겠다는 것이냐?" 하고 웃었다 한다.

1488년(17세)에는 장가들기 위하여 남창(南昌)의 제(諸)씨네 집에 갔는데 결혼하던 날 놀러 나가 도관(道觀)에서 도사(道士)를 만나 "양생(養生)의 길은 정(靜)의 일자(一字)에 지나지 않는다."는 말을 듣고 밤이 깊도록 머물러 있었기 때문에 혼가에서는 큰 소동이 일어났다 한다.

이듬해에 귀향하면서 광신(廣信)에 있는 양(諒: 婁一齊)을 찾아가 송유(宋儒)의 격물학(格物學)을 듣고, 또 성인은 누구나 힘써 공부하면 될 수 있다는 말을 듣고 감명을 받았다. 그래서 그는 친구와 함께 격물치지(格物致知)를 하기 위해 뒤뜰에 있는 대나무를 잘라 책상머리에 두고 연구를 계속하였다. 그의 친구는 3일만에 병들어 눕고 양명도 7일 만에 병을 얻어 중단하였다. 그리하여 그는 "성인은 따로 있는 것이구나." 하고 자기들은 성인이 될 수 없는 것으로 생각하여 포기하였다. 그 후에도 엉뚱한 데가 있는 그는 다섯 번이나 미혹(迷惑)에 빠진 일이 있는데 그것을 5닉(五溺)이라 한다. 그 오닉의 첫 번째는 싸움 연습을 한 것. 두 번 째는 말타기 활쏘기를 잘 하여 장군이 되려고 한 것. 세 번째는 글을 잘하려고 연습에 몰두한 것. 네 번째는 신선이 되려고 한 것. 그리고 다섯 번째는 불교를 연구한 것이다.

1492년(21세)에 향시에 합격하고 회시(會試)206)에 응시하였으나 낙방하였다. 1496년에도 응시하였으나 또 낙방하였다. 이 무렵에 폐병에 걸려 학문을 포기하였다. 그리고 산 속에 들어가 양생법을 공부하려고 했다.

1499년(28세)에 진사 시험에 합격하여, 흠차관(欽差官)으로 그의 험난한 관리 생활이 시작된다. 얼마 후 형부주사(刑部主事)로 강북에 가서 죄인들을 심판하고 구화산(九華山)의 여러 명승을 둘러보고 이듬해에 귀경하여 복명하였다.

1502년(31세) 5월에 병가원을 내고 여요로 돌아와 양명동에다 정사(精舍)를 짓고, 도인술(道引術)을 익혔다. 그러나 그 부질없음을 깨닫고 도가를 버리고 불가에 귀의한다. 그러나 곧 불가도 버리고 유가로 돌아온다.

1504년(33세)에는 건강이 회복되자 다시 북경으로 가서 관직을 맡았다. 그리하여 산동의 향시를 주관했으며, 9월에는 병부주사로 기용되었다.

1506년(35세)에 무종(武宗)이 즉위하면서부터 환관 유근(劉瑾)이 국사를 전담하여 세도를 부렸다. 그러자 대선(戴銑) 등이 유근의 탄핵을 권했는데 이를 미워하여 하옥시켰다. 양명은 그 부당함과 유근을 경계할 것을 상소하였다. 이에 유근이 칙지(勅旨)를 조작하여 양명에게 벌을 내렸다. 양명은 장형(杖刑) 40대를 맞고 기절하였다가 살아나자 귀주(貴州) 용장(龍場)의 역승(驛丞)으로 좌천시켰다. 양명이 그곳을 향하여 길을 떠났는데 사람이 그를 죽이려고 미행하였다. 이에 양명은 화를 당할 줄 알고 전

---

206) 과거에서 소과(小科) 초시(初試)에 합격한 사람에게 보이던 시험, 복시(覆試).

당(錢塘)에 이르자 투신 자살을 가장하려고 강가에 옷을 벗어놓고 글도 써두고 몰래 상선에 붙어서 그곳을 피했다. 그는 복건(福建)에 도달하여 산중을 방황하다가 어떤 절을 찾았다. 그런데 뜻밖에 전날에 만나서 양생법을 배웠던 철주궁(鐵柱宮)도사가 그곳에 있었다. 양명은 그에게 사실을 말하고 은둔할 뜻을 밝혔다. 그러자 도사는 이를 반대하였다. "만일 그대가 몸을 감추면, 유근이 그대의 아버지를 잡아다가 무함(誣陷)할 것이 아닌가?"고 하였다. 양명은 이 말이 옳다고 생각하여 용장으로 향하였다.

1508년(37세)에 용장에 이르렀다. 그는 숲 속에다가 초막을 짓고 있다가 다시 암굴로 들어가서 살았다. 그 당시 그곳 야만족들은 한인(漢人)이 오면 여러 가지 방법으로 죽이려고 하였다. 그러나 양명의 성실하고 인자함에 감동하여 오히려 양명을 따르게 되었다.

양명은 한편으로는 원주민들을 다스리면서 다른 한편으로는 진리를 깨치려고 안간힘을 다하였다. 그는 돌 관을 만들어 그 위에 앉았다 누웠다 하며 밤낮을 가리지 않고 진리를 깨치려고 하였다. 그러던 중 어느 날 밤 홀연히 "성인의 도리는 내 본성 곧 내 마음에 달렸구나, 마음을 따로 두고 도리란 없다!"고 생각하게 되어 격물치지(格物致知)의 본뜻을 깨달았다. 이것이 격물치지에 대한 용장(龍場)의 대오(大悟)라고 하는데 그는 그때 어찌나 기뻤던지 소리치고 날뛰었는데 주위에서 잠자던 사람들이 모두 놀랐다 한다. 그 후 양명은 서원을 만들어 주민들을 가르쳤다. 주민들은 점차 본심을 되찾고 양명을 사부로 존경하고 따랐다.

1510년(39세)에 유근이 죄로 주살되자 양명은 강서 여릉(廬陵)의 지현(知縣)으로 영전되었다. 그 후 순조롭게 영전을 거듭하다가 병부상서(兵部尚書) 왕경(王瓊)이 양명의 재능을 인정하고 1516년(45세)에 좌첨도어사(左僉都御史)로 승진시켜 남공을 다스리게 하였다. 그러나 그곳은 산적들 때문에 이전의 관리들이 다스리지 못하고 도피했으며 남공현 주부(主簿)가 전사한 곳이었다. 양명이 그곳에 이르니 전후좌우가 다 도적 무리들이라 크게 놀랐다. 이듬해 정월에 군사를 모아 도적 무리들을 쳐들어갔다. 그 후 1년여에 걸쳐 산적을 소탕하고 우부도어사(右部都御史)로 승진되었다.

1518년(47세)에 병으로 사직원을 냈으나 받아들여지지 않았다. 그 해에 「주자만년정론(朱子晚年定論)」을 출판하였고, 그의 문인 설간(薛侃) 등이 「전습록(傳習錄)」을 간행하였다.

1519년(48세) 6월에는 영왕(寧王) 신호(宸濠)가 반란을 일으켰는데, 이를 평정하였다. 이때 그의 공을 시기하는 사람이 왕에게 양명을 무고하였다. 즉 "양명은 반란을 일으킬 것입니다. 시험삼아 불러 보십시오. 반드시 오지 아니 할 것입니다." 고 모함하였다. 양명이 왕의 명을 받고 입조(入朝)하려고 하였는데 이를 여러 가지로 방해하였다. 양명은 할 수 없이 구화산(九華山)으로 들어가 암자에 숨었다. 무종(武宗)이 사람을 보내어 탐지하고는 양명의 무고함을 알았다.

1522년(51세)에 아버지가 돌아가셨다. 그 해에 세종(世宗)이 즉위하자 양명의 공로를 알고 조정에 들어오게 하려고 했다. 그러나 대신 양정화(楊廷和) 등의 모함으로 실현되지 못하고, 남경병부상서(南京兵部尙書)에 임명되었다. 양명은 부임치 않고 귀향할 것을 청했다. 얼마 후 신건백(新建白)에 봉해지고, 세록(歲祿) 천 석을 세습케 했으나 그를 시기하는 무리들로 인하여 지급 받지 못하였다. 양명은 원통하여 여러 번 상소하여 봉작을 사양했으나 아무런 성과도 없었다.

양명은 관직에서 떠난 후 모든 것을 잊고 학문 연구와 교육에 전력을 기울였다. 이에 제자들이 각지에서 구름처럼 모여들어 양명학파를 이루었다. 1525년에는 양명 서원을 회계성 안에 세웠다. 그 해에 부인 제씨가 죽고, 이듬해에는 후실 장(張)씨가 맏아들 정억(正億)을 낳았다.

1528년(57세)에는 광서(廣西)의 전주(田州)에서 묘족이 반란을 일으켰는데, 총독이 이를 막지 못하자 양명을 양광(兩廣)의 총독에 임명하여 반란군을 토벌하도록 했다. 양명은 이때 폐병에다가 이질 등에 걸려 있어 간곡히 사양했으나 받아들여지지 않았다. 양명은 할 수 없이 불편한 몸을 이끌고 광서로 향했다.207) 양명이 그곳에 당도하자 반란군은 항복하고 말

---

207) 이 반란을 진압하기 위한 출발 전야에 양명학의 진수를 논한 것으로 일컬어지는 유명한 4구결(四句訣)이 있는데, 그것은 '무선무악시심지체(無善無惡是心之體), 유선유악시의 지동(有善有惡是意之動), 지선지악시양지(知善知惡是良知), 위선거악시격물(爲善去惡是 格物), 즉 마음의 본체는 본래 선과 악이 없는 것이지만, 선과 악이 나타나는 것은 뜻 (意)의 작용 때문이다. 그러므로 이미 나타난 선과 악을 구별하여 아는 것이

았다. 이들의 반항이 그곳 관리들의 악정 때문임을 알고 태장 백으로 처벌하고 그 죄를 면해 주었다. 그는 은혜를 베풀어 학교를 세우는 등 교화 사업을 벌였다. 그런데 일기가 불순한 데다가 과로하였기 때문에 병이 악화되어 개선 도중에 쓰러졌다. 유언할 것을 물으니 그는 "이 마음이 광명(光明)하니 무슨 말을 하겠느냐?"고 말하고 눈을 감았다. 1528년(明 世宗 7년) 11월 20일로 그의 나이 57세였다.

저서로는 왕문성공(王文成公) 전집 38권과 그의 문인들의 기록인 전습록이 있다.

양명은 당시 주자학에 눌려 이단시되어 왔던 육상산(陸象山: 이름은 九淵)의 학설을 받아들여 육왕학 혹은 양명학을 완성하였다. 그리하여 양명학은 청조(淸朝)를 지배하게 되었고, 우리나라에도 이조 중엽에 들어왔으나 주자학에 눌려 빛을 보지 못하였다.

2) 사 상

가) 심즉이설(心卽理說)

양명은 그의 용장의 대오로 인해 "그렇다. 이치는 사물에 있는 것이 아니라 내 마음 속에 있다."고 깨달았는데 그것은 육상산(陸象山 :이름은 九淵)의 심즉리(心卽理)와 같다는 것을 깨달았다. 그리하여 양명은 "마음이 곧 이(理)이다(心卽理)."는 상산(象山)의208) 심학(心學)을 받아들여 "마음이 곧 이(理)이다. 천하에 마음 밖의 일이나 마음 밖의 이(理)가 있겠느냐?" "마음 밖에 물이 없고 마음 밖에 일이 없다(心外無物 心外無事)."고 하였다. 주자학의 주장과는 달리 이는 객관적으로 존재하는 것이 아니라 내 마음에 있다는 것이다.

그는 이(理)를 우주의 절대적인 근본 원리라고 하였고, 이는 곧 마음에 지나지 않는다고 하였다. 즉 모든 현상이란 마음의 인식에 의해서 비로소

양지(良知)이며 선을 행하고 악을 버려 마음의 본체로 돌아가는 것이 바로 격물(格物)이다'가 그것이다

208) 육구연(陸九淵, 1139 - 1192), 상산(象山)은 호. 중국 남송의 유학자. 그는 주자의 이기 이원론을 반대하여 '이만이 있다.'는 이 일원론을 주장했다. 후에 그의 주장은 왕양명에게 이어졌다.

존재한다는 것이다. 봄이 오면 꽃이 피고 새가 울지만, 마음이 없다면 아름다운 빛깔도 고운 목소리도 존재하지 않는다는 것이 그리고 우리의 마음이 천지 만물을 인식할 수 있는 것은 우리의 마음과 천지 만물이 서로 통하기 때문이며, 만일 서로 통하는 바가 없다면 천지 만물이란 없는 것이라 하였다. 이리하여 양명은 주자가 강조한 추상적인 이(理)를 배격한다. 주자는 효(孝)의 이(理)가 있기 때문에 어버이를 사랑하는 마음이 있으며, 충(忠)의 이(理)가 있기 때문에 임금에게 충성하는 마음이 있다고 하였다. 그러나 양명은 효의 마음이 있기 때문에 효의 이(理)가 있다. 임금에게 충성하는 마음이 있기 때문에 충성하는 이(理)가 있다. 효도하는 마음이나 충성하는 마음이 없다면 그러한 이(理)도 없다고 하였다.

주자의 사상 체계에 의하면 마음이 존재하건 안 하건 관계없이 모든 이(理)는 영원히 존재한다. 그러나 양명의 체계에 의하면 마음이 없으면 이(理)도 없다. 그러므로 마음은 우주의 입법자요 근원이다. 효도도 효도하려는 마음이 있기 때문에 있으며 그런 마음이 없다면 효도란 있을 수 없다는 주장이다, 밥상도 밥상이라는 고정된 이(理)가 있는 것이 아니라 내 마음의 결정에 따라 내 마음이 그것을 책상으로 정하고 그렇게 사용하면 그때는 밥상이 아니라 책상이 되는 것과 같다는 것이다.

나) 치양지설(致良知說)

양명은 맹자의 격물치지(格物致知)의 치지(지식에 이르는 것)를 참다운 지식에 이르는 것이라 하여 치양지(致良知)라 하였다. 공자, 맹자에서의 양지(良知), 양능(良能)은 선천적으로 타고나는 지식과 선천적으로 타고나는 능력으로서 공자는 성인은 양지, 양능으로 배우지 않고도 알고, 익히지 않고도 할 줄 안다고 하였다. 그러나 양명은 참다운 지를 양지라 하였고 그 참다운 지에 이르는 것을 치양지라 하였다.

그는 "공자, 맹자가 돌아가신 후 이 학문은 단절되었다. 이제 하늘의 은덕으로 내가 알게 되었다. 참으로 천년간에 둘도 없이 기쁜 일이다. 이제부터 백대 후에 성인이 나오더라도 틀렸다고는 하지 못할 것이다."라고 말하고 "양지를 실천하는 것 이외에 인간의 학문이란 있을 수 없다"고 단정하였다. 그 양지를 실천하는 것이 바로 치양지인 것이다. 그리하여 그는 제자들에게도 "내 이 양지설은 백 번 죽을 뻔한 여러 고난의 실제에서 얻어낸 것이다. 여러 학생들도 가볍게 생각하지 말고 양지를 체험하라"고 당부하였다. 그리고 그는 양지의 본체는 참으로 참을 수 없는 하나의 동정심, 참을 수 없는 마음이고 시비를 판단하는 것만 아니라 정감, 의욕과 함께 한 덩어리인 삶의 힘이며 이(理)보다는 살아 있는 마음이요 그것을 실현하는 것이 바로 치양지라고 하였다. 그러니까 양명은 맹자의 치지를 단순한 지식이 아니고 참다운 지식을 말하며 이 참다운 지식을 확충도저(擴充到底), 즉 확대하고 채우고 철저히 하여 양지를 발휘하는 것이 바로 치양지라 하였다.

다) 지행합일(知行合一)

어느 날 한 문인(문인)이 치양지하는 방법을 물으니 그는 "방법은 없다. 실천하는 것뿐이다."라고 하였다. 그 문인이 그 실천하는 수단이 무엇이냐고 다시 물으니 그는 "실천의 수단은 자기가 생각하라. 나에게 방법은 없다. 무별법(無別法)이다. 옛날 선종(禪宗)의 한 스님이 불법(佛法)이 무엇이냐는 후배들의 질문에 늘 총채를 내어 밀었다. 후배들이 총채를 숨겨 버리고 불법이 무엇이냐고 물으니 그 스님은 주먹을 내밀었다고 한다. 그 스님의 총채가 나의 치양지이다. 그대가 몇 번 묻더라도 나는 치양지, 치양지라 할 것이다."고 하였다. 이처럼 치양지하는 방법은 실천뿐이라는 말이다. 그리고 실천은 책상 위에서 하는 것이 아니고 사상마련(事上磨鍊)이라고 하였는데 사상이란 실제의 일, 실제의 작업에서라는 뜻이고 마련이란 마음을 닦고 단련한다는 뜻이다

양명은 모든 이(理)가 마음에 있다는 전제로부터 출발하여 앎(지식) 역시 마음에 본래부터 양지(良知)로서 갖추어져 있다고 생각하였다. 사람이 충과 효를 행하게 되는 것은 충효의 이(理)가 마음속으로부터 나오기 때문이며, 그것은 결국 행위가 양지의 표출이라는 뜻과 같은 것이라 한다. 이러한 의미에서 그는 지(知)와 행(行)은 합일의 관계에 있다고 하였다. 예로서, 색(色:sex)을 아는 것(知)과 색을 좋아하는 것(行)은 일치한다는 것

이다. 색을 보고서 일종의 정신 작용을 일으켜서 좋아하는 것이 아니고, 보는 것과 좋아하는 것은 동시에 일어나기 때문이다. 그러므로 앎과 행함은 둘로 나눌 수 없다. 따라서 지와 행은 함께 병진(併進)한다고 한다.

만일 지와 행이 합일하지 못하는 경우가 있다면 그것은 다만 '사욕의 가리움' 때문이라 한다. 그리하여 그는 "앎은 행동의 시작이요, 행동은 앎의 완성이다. 만일 무엇을 깨달았을 때에 다만 하나의 앎이라고 하지만 이미 스스로 행동도 거기에 있는 것이요, 다만 하나의 행하는 것이라고 하더라도 이미 그 가운데 앎이 있는 것이다." "행동을 밝히고 살피는 것이 곧 앎이요, 앎은 진실하고 독실하게 하는 것이 곧 행동이다."고 하였다. 이것이 그의 지행합일의 요지이다.

채 원효(元曉, 617~686)

● 한국 불교를 대중화함
● 일심사상(一心思想)과 화쟁사상(和諍思想)

---

1) 생 애

원효(元曉)는 617년(신라 眞平王 39년)에 압량군 불지촌(押梁君 佛地村; 지금의 경북 경산군 자인면. 發智村이라고도 한다.)의 밤실(栗谷: 밤나무골) 사라수(娑羅樹) 아래에서 태어났다. 사라수에 대해 이런 이야기가 있다. ― 원효의 집은 본래 골짜기 서남쪽에 있었다. 그의 어머니가 아기를 임신하여 날 달이 되어 이 골짜기 밤나무 밑을 지나다가 갑자기 아기를 낳게 되었는데 너무 급해 집으로 올 수 없어서 남편의 옷을 나무에 걸고 그 안에 누워 아기를 낳아서 그 나무를 사라수라 했는데 그 나무의 열매가 보통 나무와 달라 사라율(娑羅栗)이라고 한다. 그리고 그의 어머니가 꿈에 유성이 품속으로 들어오더니 이내 태기가 있었다는 이야기도 있다. 그의 아버지 설담날(薛談捺)은 내마(奈麻: 17등급 중 11등급)라는 하급 관리였다. 원효의 본명은 서당(誓幢)이었고 원효는 그의 법명(法名)이며 소성거사(小性居士) 혹은 복성거사(卜性居士)라고 스스로 불렀다.209) 그의 할아버지는 잉피공(仍皮

公) 또는 적대공(赤大公)이라고 하며 지금 적대연(赤大淵) 옆에 잉피공 사당
이 있다.

그는 "태어나면서부터 재주가 빼어나 어느 스승 밑에서도 배우지 않았
다."210) 기록 외에 그의 소년 시절에 관한 기록이 거의 없다. 다만 총각
나이에 3학(三學)에 통달하였다는 기록이 있을 뿐이다. 그러나 그도 당시
의 다른 청소년들처럼 화랑이 되어 학문은 물론 궁술·검술·기마술 그리
고 풍류 등을 익혔으며, 백제와의 전투에도 참가하였을 것으로 본다. 그가
불교에 귀의하게 된 것은 646년(30세)경으로 보는데, 이것은 백제와의 전
투에서 동료들이 죽어 가는 것을 직접 목격하고 큰 충격을 받았기 때문이
라고 한다.

그는 불문(佛門)에 들어간 후, 주로 혼자서 공부하였으나 낭지법사(郞智
法師), 법장(法藏), 보덕(普德) 등에게 배우기도 하였다.

650년(34세)에는 당시 다른 불교 학도들처럼 당나라에 유학가기 위해
서 의상(義相)과 함께 길을 떠났다. 그러나 당나라를 지척에 둔 요동 근처
에서 고구려의 순찰대에 붙잡혀 첩자 혐의로 심문을 받고 얼마 후 풀려나
서 귀국하고 말았다.

그로부터 10년 후 신라가 백제를 병합한 다음해인 661년(45세)에 또다
시 의상과 함께 바다를 건너서 당나라로 가기 위해서 서해안의 당주(唐州:
지금의 경기도 남양 부근)로 갔다. 어느 날 해변에서 상선을 기다리다가 해가
저물었다. 그들은 하룻밤 지낼 곳을 찾아 어둠 속을 방황하다가 빈 초막을
찾아 들어가 잠들게 되었다. 심한 갈증을 느껴 잠을 깬 원효는 주위를 더
듬다가 무슨 그릇에 물이 있음을 알고 그 물을 마셨다. 그리고 다시 잠들
었다. 잠에서 깨었을 때에는 해가 이미 중천에 떠올라 있었는데, 주위를
살펴보니 그가 잠들었던 곳은 초막이 아니라 무덤이었고, 맛있게 먹었던
물은 해골에 괴인 썩은 물이었다. 그것을 알게 되자마자 오장이 뒤집혀 뱃
속에 있는 것을 죄다 토하고 말았다. 그 순간 그는 세상의 온갖 것이 오직

---

209) 원효의 전기에 관한 기록은 「三國遺事」의 元曉不羈條, 「宋高僧傳」의 新羅國 皇龍寺
    元曉傳 및 高仙寺誓幢和尙塔碑銘 등을 들 수 있다.
210) 「삼국유사」, 원효불기조(元曉不羈條)

마음 하나라고 하신 부처님의 말씀의 뜻을 깨달았다고 한다.

이리하여 그는 "내가 미처 깨닫지 못하고 법(法)을 구하러 당나라에 들어가려 했으나 이제 구태여 당나라에 갈 필요가 없게 되었다." 하고 되돌아 왔다. 원효는 그 뒤로 좋고 나쁨, 길고 짧음, 너와 나를 초월하였고, 어떤 계율이나 형식에도 얽매이지 않고, 오로지 자신의 사상 체계를 완성하기 위하여 전념하였다. 이리하여 그는 화쟁 사상 체계 즉 「십문화쟁론(十門和諍論)」을 완성하였다.

향전(鄕傳)에 의하면 그는 "누가 자루 없는 도끼를 빌려주겠는가? 나는 하늘을 받칠 기둥을 찍으리라!"고 노래를 부르며 거리를 돌아다녔다고 한다. 그 뜻을 아무도 몰랐는데, 태종 무열왕이 이 노래를 전해 듣고 "아마 스님께서 귀부인을 얻어 훌륭한 아들을 낳고 싶은 모양이구나. 나라에 큰 현인이 있으면 그보다 더 이로움이 없을 것이다." 하고 그의 과부 된 둘째 딸 요석 공주를 마음에 두고 관리를 시켜 원효를 찾게 하였다. 관리들은 때마침 남산에서 내려와 문천교를 건너는 원효를 만났다. 관리들이 자기를 찾는 것을 눈치챈 원효는 다리에서 뛰어내렸다. 물에 빠져 옷이 젖었으므로 관리들이 그를 가까이 있는 요석궁으로 인도하였다. 옷을 말리기 위하여 옷을 벗고 하룻밤을 지내니 공주와 잠자리를 같이 하게 되어 파계하고 말았다. 그 후 요석공주는 임신하여 아들을 낳았으니 그가 바로 설총(薛聰)이다.

파계한 원효는 승복을 벗어버리고 속인의 옷으로 바꾸어 입고 자기를 소성거사 또는 복성거사라고 하였다.

그 후 원효는 우연히 광대들이 표주박을 가지고 춤추는 것을 구경하였는데 이때 광대와 같은 복장을 하고 불교의 이치를 노래로 지어 세상에 유포시키면 무식한 대중에까지 부처님의 가르침을 알릴 수 있겠구나 하는 생각이 들었다. 이리하여 그는 광대와 같은 복장을 하고 표주박을 두드리면서 화엄경의 이치를 노래로 지어 불렀다. 그는 표주박을 두드리며 화엄경의 '일체 무애인이라야 생사를 벗어난다.'는 문구를 따서 만든 무애가(無碍歌) 등의 노래를 부르면서 대로상을 걷기도 하며 거지들과 한데 어울려 잠을 자기도 하고 귀족들 틈에 끼어 기담으로 날을 새우기도 하였다. 이로 인해 무지한 백성들도 불호를 알게 되었고 나무아미타불(南無阿彌陀佛)을 부르게 되어 불교 대중화에 큰 업적을 남겼다.

그는 때로는 깊은 산중의 암자에서 꼼짝하지 않고 좌선(坐禪)으로 지낼 때도 있었으며 무애당에서 홀로 밤을 새우며 저술에 골몰하기도 했다. 그의 이러한 행동 때문에 그는 다른 승려들로부터 멸시를 받고 소외되었다. 그러던 중에 불교에 관심이 깊은 왕이 인왕경(仁王經)을 듣기 위하여 전국의 고승(高僧)들을 불러들였는데, 이때 원효도 추천되었다. 그러나 원효는 승려들로부터 배척을 받아 그 사이에 끼지 못하였다. 그로부터 얼마 후에 왕이 당나라로부터 새로 불경(金剛三昧經)을 구했는데, 그 해설을 듣고 싶어서 대규모의 법회를 열도록 명하였다. 그리하여 전국의 고승들을 초대하고 금강삼매경을 강설할 대사를 선정하였다. 그러나 그것은 대단히 어려웠기 때문에 이를 강설할 인물을 찾지 못하였다. 어떤 승려가 당나라 유학을 마치고 돌아온 대안법사(大安法師)를 추천하였다. 그러나 대안법사는 금강삼매경을 훑어보고는 머리를 가로 저으며 "이것을 강설할 수 있는 사람은 원효밖에 없다."고 하였다. 경주에서 멀리 떨어져 있는 초개사에 묻혀 있던 원효는 왕이 보낸 사신을 따라 나섰다. 그는 소를 타고 가면서 양쪽 뿔 사이에 벼루를 놓고 붓을 들어 강론할 금강삼매경을 풀이하였다. 후세 사람들은 이것을 각승(角乘)이라고 불렀다. 그런데 이 5권으로 된 책을 누가 훔쳐가고 말았다. 원효는 하는 수 없이 왕에게 사뢰어 사흘을 더 연기하고는 다시 3권으로 소(疏)를 지었다. 이것이 「금강삼매경론」이다.

왕은 물론 여러 대신들과 전국의 명망 높은 스님들 앞에서 원효는 「금강삼매경」의 강해를 시작하였다. 그 강설은 흐르는 물처럼 도도히 장내를 울려 퍼졌으며, 위풍 당당한 그의 모습을 찬양하는 소리가 고승들의 입에서 저절로 흘러 나왔다고 한다.

강론을 끝마친 원효는 장내의 고승들을 훑어보고 "얼마 전 나라에서 백개의 서까래를 구할 때에 나는 감히 그 축에 낄 수도 없었는데 이제 하나의 대들보를 구하게 되니 비로소 나 혼자 그 역할을 하는구나!"고 말하였다. 그 후로 원효는 더욱 더 연구에 몰두하여 그의 연구가 미치지 않는 불경은 하나도 없었다.

그는 686년(神文王 6년) 3월 30일에 산중 깊숙이 자리잡은 경천의 남산 혈사(穴寺)에서 조용히 숨졌는데 그의 나이 70세였다. 그가 세상을 떠나자 아들 설총은 그 유해를 부수어 그 모습대로 소상(塑像)으로 만들어 분황사에 모시고 공경 사모하여 슬퍼하였다. 설총이 곁에서 예배드리니 원효의 소상이 문득 고개를 돌려 돌아보았는데 지금도 돌아본 채로 있다. 원효가 일찍이 거주하던 혈사(穴寺) 옆에 설총의 집터가 있다고 한다.

그의 저서로는 「대혜 도경종요(大慧度經宗要)」, 「법화경종요(法華經宗要)」, 「화엄경종요(華嚴經宗)」, 「금강삼매경론(金剛三昧經論)」, 「십문화쟁론(十門和諍論)」, 「대승기신론소(大乘起信論疏)」 등 100여부 240여 권이 있으나 현재 남아있는 것은 20부 23권뿐이다.

고려 숙종 6년(1101년) 8월에 왕은 "원효와 의상은 동방의 성인이다. 시호를 내려 그 덕을 드러내지 못함을 민망히 여긴다. 원효 대성은 화쟁국사, 의상 대성은 원교국사라 시호를 내리노니, 유사(有司)는 계시던 곳에 비석을 세워 그 덕을 기록하여라!" 하였다. 이리하여 분황사에 화쟁국사비가 세워졌는데 지금은 비신은 없어지고 그 귀부(龜趺)만 남아 있다.

원효는 외래의 불교를 맹목적으로 받아들여 무조건 신봉하지 않고 이를 자기 나름대로 소화하여 독자적인 방향으로 발전시켰고 불교의 대중화에 힘썼다. 그리하여 그의 사상은 우리 불교 사상 독보적인 위치를 차지하였으며 따라서 그는 해동종(海東宗)의 조사(祖師)로 불리게 되었다. 또한 그의 사상은 중국이나 일본에까지 큰 영향을 미쳤다.

2) 사 상

가) 일심(一心)사상과 화쟁(和諍)사상

원효는 하나의 마음 즉 일심(一心) 밖에 이것과 독립하여 그 자체로서 존재할 수 있는 것은 아무 것도 없다고 하여 모든 존재의 근원을 일심이라고 하였다. 그리하여 우주 만물 즉 객관적 존재를 분별하고 거기에 집착하는 마음을 버리고, 절대 무차별하고 절대 평등한 마음 곧 인간 본래적인 마음으로서의 일심으로 돌아가는 것이 불교 신앙의 본질이라고 하였다.

반야경(般若經)에서는 자성청정심(自性淸淨心) 또는 여래장(如來藏)이라
고 하는데 인간 본래적인 마음으로서의 일심이라는 것은 인간적인 마음이
아니라 인간을 포함하여 모든 존재를 자기 안에 평등하게 감싸주고 있는
'우주적인 마음' 즉 대승(大乘: 큰 수레)으로서의 일심이다. 그는 대승으로
서의 일심의 진리를 "대승이란 무엇인가? 크다고 해서 어느 구석진 곳에
라도 들어가지 못하는 일이 없고, 작다고 해서 어떤 큰 것이라도 감싸지
못함이 없다. 있다고 해도 한결같이 텅 비어 있고, 없다고 해도 만물이 다
이로부터 나온다."고 말하였다.

그러므로 일심사상은 그가 해골물을 마시고 깨달은 바 모든 구별과 차
별은 각자의 마음이 정하는 것이어서 모든 것이 마음 하나에 달려 있다고
주장하는 사상이라고 쉬운 말로 이해할 수 있다.

이러한 그의 일심사상에 입각하여 무와 유, 성(性)과 상(相), 진(眞)과
속(俗), 동(同)과 이(異), 일(一)과 다(多)의 대립과 차이를 넘는 동일성의
원리에 귀일시킴으로써 종합 지양시켰다. 이것이 그의 화쟁사상이다. 그
러니까 인간의 인식에 의한 모든 구별과 차별을 보다 근본적이고 차원 높
은 경지에서 보아 그 다름을 뛰어넘어 조화에 이르는 것을 가리킨다.

㉔ 이 황(李滉, 1501~1570)

● 주리적 이기 이원론(主理的 理氣 二元論)
● 4단 7정론(四端 七情論)
---

1) 생 애

이황(李滉)은 1501년(연산군 7년) 음력 11월 25일 경상도 예안현 온계
리(禮安縣 溫溪里: 지금의 안동군 도산면 온혜동)에서 진성이씨(眞城李氏) 진사
이식(李埴)의 8남매(7남 1녀) 중 막내로 태어났다211). 이름은 황, 자는 계

---

211) 부친의 첫째부인 김씨는 2남 1녀를 낳았고 김씨부인과 사별한 후 재혼한 퇴계의 친
어머니인 박씨는 남아만 다섯을 낳았다. 그래서 퇴계의 형제는 7남 1녀로 모두 8명인
데 퇴계는 그 중 막내이다.

호(季浩) 후에 경호(景浩), 호는 퇴계(退溪)・도수(陶叟)・퇴도(退陶)・계수(溪叟)・청량산인(淸凉山人), 시호는 문순(文純)이다.

퇴계의 조상은 본래 진보(眞寶)에서 살았는데 5대조 송안군(松安君) 이수(李修)는 고려 공민왕 때 홍건적을 평정한 공으로 송안군이 되고, 왜구를 피하여 안동 주촌(周村)으로 이사했으며, 조부 계양(繼陽)에 이르러 온계(溫溪)로 옮겼다. 계양의 埴(식, 치)와 堣(우) 두 아들 중 埴이 퇴계의 부친이다. 아버지는 예조 정랑 김한철(金漢哲)의 딸과 결혼하여 3남 1녀를 얻고 부인이 세상을 떠나자, 다시 별시위(別侍衛) 박치(朴緇)의 딸과 재혼하여 4형제를 얻었는데, 퇴계가 난 지 7개월 만인 1502년 6월 40세의 나이로 사망했다. 양반 가문이라고는 하나 자기 힘으로 먹고 살아갈 정도는 못 되었는데 당시 32세였던 퇴계의 어머니는 농사와 누에치기 등으로 7남 1녀의 대가족을 부양하였다. 그녀는 혼자 힘으로 어려운 살림을 꾸려가면서 자식들의 교육에도 정성을 쏟았다. 그의 어머니는 "문예나 일삼지 말고 몸가짐과 행동을 삼감을 중하게 여겨라. 세상 사람들은 모두 과부의 자식들을 가정 교육이 없어 버릇이 없다고 비난하는 법이니 너희들은 남보다 백 배 이상 노력해서 예의 바르게 행동하지 않는다면 어찌 이런 비방을 면하겠는가." 라고 항상 타일렀다. 이러한 어머니의 엄격한 훈도는 퇴계의 학문과 인격 형성에 커다란 영향을 미쳤다.

퇴계는 6세 때부터 천자문을 배우기 시작하였는데, 아침 일찍 일어나서 세수하고 머리를 단정하게 빗고 나서 담장 밖에서 전날 배운 것을 외워본 다음에 들어가서 공부했다 한다. 8세 때(1508년) 그의 중형(仲兄)이 칼로 손을 다쳤는데 퇴계는 형을 붙들고 울었다. 이에 어머니가 "네 형은 손을 다쳤는데도 울지 않는데 다치지도 않은 네가 왜 우느냐?"고 하니 퇴계는 어머니에게 "형이 비록 울지 않으나 피가 저렇게 흐르니 어찌 아프지 않겠습니까."라고 하였다 한다. 이처럼 그는 어린 시절부터 늘 따스하고 공손하여 어른을 대할 때 비록 밤이 깊어도 부르면 곧 깨어 대답하였다고 한다. 12세 때(1512년)에는 숙부인 참판 송재공 이우(李堣)로부터 논어를 배우게 되었는데 "젊은이가 가정에서는 효도하고 나아가서는 어른을 공경한다"는 조목에 이르러 "아들의 도리는 당연히 이와 같아야 한다"고 하였으며, 어느 날 숙부가 이(理)의 뜻을 물으니 "모든 일에 타당한 것이 이(理) 아닙니까."라고 하였다. 이에 숙부는 "너는 이미 문의(文義)를 알았다"고 말하며 기뻐했다고 한다. 숙부는 30세에 과거에 급제하여 호조 참판을 지냈고 「동국사략(東國史略)」을 찬(撰)한 분으로 비록 병중에서도 손에서 책을 놓은 일이 없고 문장과 시에 능했는데 조카들을 친자식들과 같이 돌봐 주었다. 이 무렵에 퇴계는 많은 사람이 모여 소란을 피울지라도 벽을 바라보고 앉아서 책을 읽거나 사색에 잠겼다 한다. 그에게서 퇴계는 형 해(瀣)와 함께 배웠는데 숙부는 항상 "망형(퇴계의 부친을 가리킴)에게 이 두 아이가 있으니 형님은 돌아가시지 아나하였다."고 하였고 특히 퇴계에 대해 "집을 유지할 자는 반드시 이 아이일 것이다."고 하며 기대했다고 한다. 퇴계가 후에 회고하기를 "숙부 송재공은 엄격하게 교육 하셨으며, 논어와 집주를 돌아앉아 외울 적에 초장부터 끝까지 한 글자도 안 틀렸어도 좋다는 말씀이 없으셨다. 내가 게으르지 않은 것은 모두 숙부의 가르침 때문이다."고 하였다.

퇴계의 집에는 많은 장서가 있었는데 그것은 아버지의 첫째 부인(김씨)의 어머니가 남편이 죽자 "서책은 글을 좋아하지 않는 사람이 사사로이 가지고 있는 것이 아니라 글을 좋아하는 선비의 집으로 돌아가야 한다." 고 하며 퇴계의 아버지에게 기증하였기 때문이었다.

퇴계의 아버지는 생전에 자제들을 훈계하여 "나는 밥 먹을 때에도 책이요, 잠잘 때에도 책이요, 앉으면 같이 앉고 가면 같이 가서 어느 때나 책을 품에서 뗀 일이 없다. 너희들도 이와 같이 하여라. 부질없는 날을 보낸다면 어찌 소망이 이루어지겠느냐?"고 하였다.

1520년(20세)에는 「성리대전(性理大全)」의 일부를 읽었으며, 이듬해에는 주역을 읽었다. 이때 침식을 잊고 주역을 연구하느라 너무 무리해서 소화불량증을 얻어 내내 고생하였다. 특히 고기만 먹으면 체하였으므로 언제나 야채를 즐겼다 한다.

1522년(22세)에는 진사 허찬(許瓚)의 딸과 결혼하였다. 그 부인과의 사이에 아들 준(寯,1523년 10월)과 채(寀, 1527년 10월)를 낳았다.

1523년(23세)에는 서울로 가서 태학(太學: 성균관)에 들어갔다. 그때는 기묘사화로 조광조가 사형을 당한 이듬해로서 유생들은 사기가 떨어져 도학을 기피하고 문학만 숭상하는 경박한 풍조가 생겼었다. 그리하여 퇴계의 도학 공부는 유생들의 조소를 받게 되었다. 그러나 퇴계는 그들의 조소에도 아랑곳하지 않았고 오직 하서 김인후(河西 金麟厚) 한 사람만 사귀었다. 그때 퇴계는 진서산(眞西山, 이름은 德秀)이 쓴 「심경부주(心經附註)」한 권을 얻어서 여러 달 동안 고심한 끝에 그 뜻을 이해하였는데, 그는 "「심경」을 읽고 나서 비로소 심학의 연원과 심법(心法)의 정미함을 알게 되었다. 그래서 나는 평생 이 책을 믿기를 신명(神明)과 같이 하며 이 책을 공경하기를 엄부(嚴父)와 같이 한다."고 했다.

1525년(25세)에는 과거에 응시하여 세 차례 연거푸 낙방하였다. 그 후 노력을 경주하여 1528년(28세)에는 진사시에 수석을 차지했고 생원시에 차석으로 합격하였다. 그 해에(11월) 아내 허씨가 죽었다.

1530년(30세)에는 권봉사(權奉事, 權礩)의 딸과 재혼하였다. 이듬해에는 셋째 아들 적(寂)을 낳았다. 1533년에는 문과 초시에 차석으로 합격하였고 반궁(泮宮)에 유학하였다. 이듬해에는 과거에 급제하였다.

1535년 3월에는 대과에 급제하여 4월에는 승문원 권지 부정자(承文院 權知 副正字: 종 9품)에 임명되었다. 그러나 그의 관리 생활은 순탄치 못하였다. 그것은 당시 세도가 김안로(金安老)가 동향인(김안로의 토지가 퇴계의 전처 허씨의 고향인 영천군에 있었다 하여 동향인이라 했다)이라 하여 퇴계를 불렀으나 찾아가지 않았다. 이에 퇴계는 김안로의 미움을 받게 되었다.

1536년(36세) 6월에는 성균관 전적(典籍) 겸 중학 교수(中學敎授: 정 6품), 9월에 호조좌랑으로 계속 승진하였다. 이듬해 10월에는 어머니 상을 당하고 1540년 10월에 홍문관 교리가 되었다. 이때는 이미 김안로가 실각되었기 때문에 방해를 받지 않았다.

1540년(41세)에는 사간원 정언, 사헌부 지평(持平: 정 5품)으로 특진되었고, 다음해 10월에는 세자 시강원 문학(文學)이 되어 동궁에게 글을 가르치기도 하였다. 1542년에는 홍문관 부교리(副校理), 충청도 어사, 강원도 어사, 사헌부 장령(掌令: 정 4품)으로 승진되었다. 다음해에는 사간원 사간으로 승진되었으나 병으로 부임하지 않았다. 그 후 여러 관직에 승진

발령되었지만 건강을 이유로 사양하였다. 퇴계는 일찍부터 학문 연구에 그 뜻을 두었으나 집이 가난한 데다가 어머니와 형의 권고 때문에 과거에 응시하는 잘못을 저질렀음을 후회하고, 속세를 떠나서 독서를 즐기며 성현의 도(道)를 찾고 싶은 심정을 간혹 토로하였다. 그가 관직을 떠날 수 없었던 것은 조정의 요청을 거절할 수 없었기 때문이다.

1544년(44세) 8월에 홍문관 응교에 임명되어 부득이 조정에 나갔다. 그 해 11월에 중종이 죽고 인종이 왕위를 계승하였다. 그런데 인종이 8개월만에 죽자 그 배다른 아우인 명종이 즉위(불과 12세)하였다. 이때 이기(李芑) 등의 횡포로 을사사화가 일어났다. 퇴계도 삭직되었는데 얼마 후 퇴계를 존경하던 이기의 조카 이원록(李元祿)의 간청으로 환직되었다.

1546년 7월에는 부인 권씨를 잃고 낙향하여 마을 동쪽에 양진암(養眞菴)을 지어 그곳에서 학문에 전념하였다. 이때 스스로 호를 퇴계로 불렀다. 여러 관직을 임명받았으나 사양하고 단양군수를 희망하였다. 부임한 지(1548년) 9개월만인 12월에 풍기군수로 전임되었다. 그것은 그의 형이 감사가 되어 그 군이 산하로 들어갔기 때문이다.

1550년(49세)에 풍기군수 주세붕(周世鵬)이 세운 백운동서원에 소수서원(紹修書院)이라는 사액(賜額)을 내리게 해 줄 것을 청하여 허락 받았다. 이것이 사액서원의 효시가 되었다. 그 해 9월에는 경상도 감사에게 병을 이유로 사직원을 냈다. 3개월 동안 세 번이나 올렸어도 그 회답이 없으므로 12월에 행장을 꾸려 가지고 고향으로 돌아와 버렸다.

다음 해 1월에는 허락 없이 직책을 버렸다 하여 감사로부터 2계급 강등처분까지 받았다. 그러나 그는 개의치 않고 퇴계의 서쪽 양지 바른 곳에 한서암(寒栖菴)이라는 집을 지어 그곳에서 조용한 은둔 생활을 시작하였다. 이때부터 독서와 사색의 나날을 시작하였다. 8월에 형 좌윤공해의 부음을 받았다.

1553년(53세)에는 대사성에 임명되었고 정지운의 「천명도(天命圖)」를 고쳐서 개정 「천명도」를 썼고, 이어서 주자서 「절요(57년)」, 「계몽전의(58년)」를 썼고, 1560년에는 「기고봉(奇高峯)」과 4단 7정에 대한 변론도 시작하였다. 특히 4단 7정 논변은 8년간에 걸쳐 전개된 것으로 당시의 정체

된 학문 풍토에 참신한 기풍을 일으켜 우리나라 성리학의 독특한 발전을 가져오게 하였다. 당시 퇴계는 대사성(정3품)까지 지낸 60세의 노대가였는데 고봉은 겨우 과거에 급제한 소장에 지나지 않았음에도 퇴계는 고봉의 이론을 신중히 검토하면서 자신의 잘못을 발견할 때마다 개정하기를 주저치 않았다.

1562년(62세)에는 도산기(陶山記)를 쓴 데 이어 1564년에는 「심무체용변(心無體用辨)」을 썼으며, 1566년에는 「심경후론(心經後論)」을 썼다. 1568년 선조에게 「무진 육조소(戊辰六條疏)212)」와 「성학십도(聖學十圖)」를 지어 올렸다. 「성학십도」는 일생을 두고 최대의 심혈을 기울여 만든 것으로 선조는 이것을 열 폭의 병풍으로 만들어 거실에 두고 보았다 한다.

한편 그의 만년의 관직 생활은 문서상의 임명과 사퇴만이 계속되었다. 52세부터 70세까지 18년 동안 50회의 사퇴원을 냈고 특히 정 3품 이상의 벼슬은 하나도 받아들인 일이 없었다. 일설에 의하면 그의 어머니는 생시에 중앙의 고관 벼슬을 하지 않도록 당부하였다 한다.

학문이 깊어지고 덕행이 높아지자 제자들이 몰려들었는데 그는 조금도 싫어하지 않고 모두 받아들였다. 그런데 그는 제자를 대하기를 마치 벗을 대하는 것처럼 하였다. 비록 어린 제자라도 이름을 부른다거나 '너'라고 하지 않았고, 보내고 맞을 때에는 항상 공손히 대하였다. 그리고 부형의 안부를 언제나 물었다. 제자들이 먼길을 떠날 때에는 술을 대접하여 보냈다 한다. 그는 젊어서는 술을 많이 마셨으나 한번 과음하여 말에서 떨어진 뒤로는 두 잔 이상 마시지 않았고, 문인들에게도 그의 벗인 정지운과 김인후가 술로 건강을 해쳐 일찍 죽었다고 한탄하여 과음하지 않도록 타일렀다고 한다.

1570년(70세) 11월 9일 종갓집 제사에 참석했다가 감기에 걸린 것이 악화되어 자리에 누웠다. 12월 3일에는 제자를 시켜 남에게 빌려 온 책을 돌려보내고, 4일에는 형의 아들 영(甯)에게 유서를 받아쓰게 하였다. 여기에 퇴계는 나라에서 하사하는 예장은 사양할 것이며 비석도 세우지 말고

---

212) 六條疏: 重繼統以全仁孝, 杜讒間以親兩宮, 明道術以正人心, 推腹心以通耳目, 誠修省
    以承 天愛

자그마한 돌에 그저 '퇴도만은진성이공의묘(退陶晚隱眞城李公之墓)'라고 쓰도록 하였다. 5일에는 관을 짜라고 명하고, 8일 아침에 평소 사랑해 오던 매화 화분에 물을 주게 하고, 저녁 다섯 시경에 부축을 받아 일어나 앉은 채로 숨을 거두었다.

선조는 대광보국숭록대부 의정부 영의정으로 증작(贈爵)하고, 5년 후에는 도산서원을 세우고 1576년 12월 시호를 문순(文純)이라 하였다.

2) 사 상

가) 성리학(性理學)의 이해

유학의 철학적 영역으로서의 성리학은 중국 송대(宋代)에 이루어진 것으로 송학(宋學)이라고도 하며 정이천(程伊川, 1033 - 1107)과 주매암(朱매庵, 1130 - 1200)에 의해 체계화된 까닭에 정주학(程朱學)이라고도 한다.

한편 성리(性理)라는 말을 이성(理性)이라는 각도에서 이해하려는 경향이 있으나, 이성(reason)이라는 개체적인 한 단어의 의미보다는 성(性)의 이(理, 즉 이치)로 이해하는 것이 옳다. 다시 요약하면 '성(性)에 관한 이론'이다.

성리학은 사상적으로 노·장(老莊)과 불교의 형이상학적 학풍에 영향을 받아, 이에 대항하기 위해 또는 그런 영향을 받는 시대적 상황에서 새롭게 형성되고 체계화된 신유학으로서 비로소 유학은 경세적, 처세적, 수신적 규범의 영역에서 철학의 영역, 학문의 세계로 확대 심화되었다고 볼 수 있다.

이러한 성리학은 조선 중기에 크게 연구되어져 한국 철학으로서 새로운 국면을 열게 되었고, 이른바 사단칠정론, 인심도심설 등 인간의 심성을 다룬 주제는 중국의 성리학보다 심화된 철학의 경지를 이루었다.

나) 이(理)와 기(氣)

무릇 형이상학적 근본적 개념은 그것의 표현을 위하여 어떤 새로운 단어를 창안하게 되는데, 그렇더라도 그것이 의미를 온전히 전달한다고 볼 수는 없는 것이다. 그러한 단어의 의미는 주관적 성격을 띠게 되며 따라서 그 역사성 때문에 시대에 따라 변하고 성장하는 것이다.

이와 기에 관한 논의도 당연히 그런 범주에서 벗어날 수 없으며 중국에 있어서 선진시대의 이, 정이천의 이, 주매암의 이와 조선시대 퇴계와 율곡을 비롯한 우리나라 학자들의 이에 대한 의미와 이해도 각각 그러한 주관성과 역사성을 배제할 수가 없는 것이다. 그러나 일반적으로 이해되어온 이와 기를 설명해 본다면 스스로 조작하거나 변화하는 것이 기이고 그 변화에 따르는 원리가 이라고 말할 수 있다. 플라톤의 이데아(Idea), 아리스토텔레스의 형상(形相)에 이(理)를, 플라톤의 현상, 아리스토텔레스의 질료에 기(氣)를 비교해 봄으로써 우리의 이해를 보충할 수 있을 것이다.

주자는 "천지(天地)의 사이에 이도 있고 기도 있다. 이란 것은 형이상의 도로서 물(物)을 생(生)하는 근본(또는 본성)이요, 기란 형이하의 기(氣)로서 물을 생하는 자구(資具, 형질 즉 재료)이다."라고 함으로써 이를 천지만물의 체(體, 본체) 즉 형상으로, 기를 그 형상인 체를 구체화하는 용(用, 작용 즉 자료)으로 보아 이와 기의 개념을 구별하였다.

그러나 이가 형이상학적 개념이고 기가 형이하학적 개념이라고 이해해서는 안 되고, 둘 다 형이상학적 개념임에 유의하여야 한다. 그것은 모든 작용이 다 형이하학적 개념이 아님을 이해하면 수긍이 갈 것이다. 그런데 퇴계에 있어서 이는 원리 원칙으로서 형이상으로, 기는 현상적인, 구체적인 질료로서 형이하를 가리키고 있다.

다) 4단 7정론(四端七情論)

사단칠정론은 인심도심설(人心道心說)과 함께 한국 성리학의 일대 과제로서 퇴계 이후의 조선의 유학자들은 사단칠정에 대한 깊은 이해가 없으면 학자의 대우를 받지 못하였다. 그 정도로 당시 학자들의 관심사였던 사단칠정에 관한 논의는 중국의 정·주(程·朱: 정자와 주자)가 처음이라고 볼 수 있고, 퇴계 이전의 우리나라에서는 권근(權近, 1352 - 1419), 정지운(鄭之雲, 1509 - 1561) 등이 있었는데 그들은 모두 사단은 이(理)에 칠정은 기(氣)에 배분하여 설명하였다.

사단은 맹자의 말로서 인(仁:惻隱之心), 의(義:羞惡之心), 예(禮:辭讓之心),

지(智;是非之心)를 말하고 칠정은 희(喜), 노(怒), 애(哀), 구(懼)213), 애(愛), 오(惡), 욕(欲)으로서 「예기(禮記)」에서 비롯된 말이다. 여기서는 퇴계와 고봉간의 논변을 통해서 퇴계의 사단칠정에 관해 알아보고자 한다.

퇴계가 추만 정지운(秋巒 鄭之雲)의 저술인 천명도설(天命圖說)의 내용 중 사단칠정의 대목을 개정한 데서 퇴계와 고봉(高峯 奇大升,1527-1572)과의 논쟁이 시작되었다. 퇴계는 추만이 "사단은 이에서 발(發)214)하고 칠정은 기에서 발한다."고 한 것을 "사단은 이의 발이고 칠정은 기의 발이다.(四端理之發 七情氣之發)"고 개정하였는데 이것을 본 고봉이 퇴계에게 서면 질의를 함으로써 사단칠정에 관한 논변이 시작되었다. 당시 사단은 선이고 칠정은 선악 미정으로 이해되었고 사람에 따라 칠정은 악으로 생각하는 경향이 있었던 때문에 추만의 견해를 이에 비추어 보면 선은 이에서 발하고 선악 미정 내지 악은 기에서 발한다는 말이 되며 퇴계의 주장은 본체(本體,性)에서 선은 이가 발한 것이고 선악 미정 내지 악은 기가 발한 것이라는 주장이 된다.

퇴계에 의하면 모든 현상적인 사물은 이와 기로(그 합으로) 이루어진다. 따라서 사물 상으로 볼 때 이와 기는 서로 떨어져 있을 수 없다. 이와 기가 서로 별개의 것으로 논하여질 수 있는 경우는 다만 실체가 아닌 오직 개념 상으로 생각될 경우에 국한된다. 이에 대해 고봉은 이 이론에 대한 퇴계의 설명을 요청했던 것이다. 그러나 퇴계도 처음엔 자신의 이론에 별로 자신이 없어서 고봉에게 자세한 설명을 하지 않고 오히려 자기 이론을 "사단의 발은 순리(純理)이기 때문에 선하지 않음이 없고 칠정의 발은 기를 겸하기 때문에 선악이 있다."고 개정하였다. 이에 대해 고봉은 "사단 칠정의 구별이 있는 것은 전체적인 정(情)을 말하느냐 부분적인 정을 말하느냐에 달려 있다. 사단은 정의 일부로서 칠정 중에 드는 것이다. 그러므로 사단과 칠정이 근본적으로 다른 듯이 말할 수 없다. 또 이와 기는 사물에 있어서 혼륜(混淪)되어 떨어질 수 없는 관계에 있다. 정에 있어서 이. 기는 바로 실

---

213) 구(懼) 대신 락(樂)을 들기도 한다.
214) 발(發)은 「중용(中庸)」의 중화(中和)에 나타나는데 (喜怒哀樂之未發을 謂之中이요, 發而皆中節을 謂之和라.) 그 의미는 간단하지 않다. '작용', '활동'으로 이해할 수 있겠으나 적절하지 않고 그냥 발(發)이라고 써야 옳을 것 같다.

제 사물 상으로 말하는 것인 만큼 따로 이만의 발이니 기만의 발이니 라고 말할 수 없다. 선악을 생각해 보아도 선이란 기의 작위(作爲)가 적절하게 작용한 결과다. 사단이 선하다는 것도 그 정이 외부 조건에 들어맞도록 발동하였기 때문이다. 이렇게 조건에 맞게 발동한 것만 가려낸 것일 뿐 칠정과 근본적으로 다른 뜻이 처음부터 있었던 것이 아니다. 그러므로 처음 이론은 물론 수정한 새 이론도 수긍할 수 없다."고 주장하였다.

　퇴계는 때마침 「주자어류(朱子語類)」에 자기의 처음 이론과 똑 같은 것 (四端是理之發, 七情是氣之發: 사단은 이의 발이고 칠정은 기의 발이다)이 있음을 발견하고 자기의 처음 이론에 자신을 갖고 뿐만 아니라 추만의 것까지(사단은 이에서 발하고 칠정은 기에서 발한다) 무방한 듯하다고 주장하고 자기 이론의 타당성에 대해 "사단 칠정이 다 정이지만 그 의미(所指而言)가 다르다. 사단은 순선 이지만 칠정은 선악 미정이다. 그러므로 분별되지 않을 수 없다. 이. 기 역시 의미가 다르므로 결국 사단 칠정을 각각 이와 기의 발이라 할 수 있다. 사단 칠정은 원래 그 발하여 나오는 유래(所從來)가 서로 다르다. 사단은 인·의·예·지의 성으로부터 발하고 칠정은 외물(外物)이 다른 기관(形氣)에 감촉되어 심중(心中)에서 동(動)하게 되면 경(境)으로 말미암아 발생한다. 사단 칠정의 의미가 다른 것도 실은 이 유래의 다름을 근거로 한 것이다. 사단 칠정의 분별은 마치 성에 본연(本然), 기질(氣質)의 구별이 있는 것과 같다"고 설명하였다.

　이에 대해 고봉은 여전히 원래의 자기 주장을 내세우며 사단 칠정의 발출(發出)의 유래도 다르지 않고 외물에 감동시키는 사단 칠정이 결국 동실이명(同實異名)에 불과하다고 하였다. 그러나 퇴계는 사단을 말한 맹자(孟子)의 의도는 사단에 의하여 인간에게 선한 인·의·예·지의 성(性) 또는 이(理)가 있음을 말하는데 있고 그러므로 사단은 이의 발이라 할 수 있다는 것이다. 그리고 칠정은 정의 현상에서 보듯이 그 발출의 적중 여하가 일정하지 않다. 그것은 마치 기의 특성만 인정되는 경우와 같다. 그러므로 칠정은 기의 발이라 할 수 있다고 하였다. 다만 퇴계는 소종래(所從來: 어디서 왔는가)의 다름에 대한 고봉의 반론을 참작하여 또다시 수정론을 내놓았다. 즉 "사단은 이가 발함에 기가 따르는 것이고 칠정은 기가 발함에 이

가 타는 것(四則 理發而氣隨之, 七則 氣發而理乘之)"이 그것이다. 퇴계는 사단
과 칠정의 발출의 소종래(由來)가 다르며 이 수정설은 이와 기 중의 어느
하나를 위주로 말한 것일 뿐 서로 떨어져 있는 것을 말하는 것이 아니라고
해명하였다. 고봉은 이것을 보고 평하기를 "칠정에는 이, 기를 겸하였다고
하겠으나 사단은 다만 이발만 있다는 뜻이 된다."고 하였다. 그러나 퇴계
는 더 이상 개정하지 않아 이것이 결국 퇴계의 최종설이 되었다. 고봉도
나중에는 퇴계에게 수긍하는 듯한 태도를 보였다.

　퇴계의 주장에서 강조하고자 하는 것은 사단은 이가 발한 것으로 보고
자 하는 점이다. 그의 그러한 이론에 무리가 있었던 것은 무작위(無作爲)
라고 상정(想定)되었던 이가 기와 마찬가지로 발한다고 한 점이다. 그런데
그가 그렇게 말한 까닭은 선한 이가 인간에게 있음을 강조하여 맹자의 성
선설의 본지(本旨; 본래의 취지나 의미)를 계승하려는 목적 때문이었다. 따라
서 그의 사단칠정론은 성선설에 대한 이기론적 해석 내지 합리화라고 할
수 있다. 퇴계는 사단칠정을 이기로 해석하면서 "만일 정에 기만 있고 이
가 없다면 이욕(利慾)에만 이끌려 금수(禽獸)로 전락하게 된다."고 하였다.
이의 가치는 인간이 금수로 전락하지 않게 하는 데 있다는 것이다. 그러므
로 이의 발을 강조한다는 것은 결국 인간의 이성(理性)이라 할 수 있는 본
성을 회복함으로써 타락하지 않고 선한 본연의 인간이 되고자하는 노력의
일단이다. 그러나 인간은 어떤 이론이나 가르침 때문에 금수로 전락하지
않는 것이 아니다. 또 학문이나 어떤 이론이 어떤 목적을 위한 수단으로
이용되거나 강요된다면 그 자체의 존재가치를 보존할 수가 없게 된다. 이
런 점은 퇴계가 너무 주자의 이론을 추종하고 있다는 인식을 갖게 하고
그의 학자적 양심에 흠이 되지 않았나 하는 생각이 들게 한다. 이에 반해
고봉은 자기 이론에 자신을 가지고 있었고 문제의 핵심을 잘 이해한 듯한
인상을 준다. 그리고 퇴계의 이런 점이 후에 후학인 율곡에 의해 다시 한
번 평가받게 된다.

태 이 이(李珥, 1536～1584)

● 한국 유학의 대성자
● 저서:「성학 집요(聖學輯要)」,「격몽 요결(擊蒙要訣)」
● 기발 이승 일도설(氣發理乘一途說)
● 이통기국론(理通氣局論)
● 4단 7정론(四端七情論)
● 위민 정치 주장
● 조선 실학사상에 영향 끼침

---

1) 생 애

조선시대의 유명한 철학자요 정치가이며 교육 사상가인 이이(李珥)는 1536(중종 31년) 음력 12월 26일, 강원도 강릉 북평촌 외가집(申命和 宅) 오죽헌(烏竹軒)에서 사헌-부 감찰 이원수(李元秀)와 신사임당(申師任堂) 사이에서 셋째 아들로 태어났다. 성은 이(李)요, 관은 덕수(德水), 이름이 이(珥), 자는 숙헌(叔獻)이요, 율곡(栗谷)은 그의 호이다(石潭이라고도 했다). 율곡이 태어날 때 어머니가 꿈에 흑룡을 보았다 하여 어려서는 현룡(見龍)이라 하였다. .

율곡은 어린 시절을 강릉 북평촌 외가에서 외할머니의 사랑을 받으면서 자랐다. 외가에는 아들은 없고 딸만 다섯이었는데 어머니 사임당은 둘째였다. 어머니 사임당은 학문과 덕행뿐만 아니라 시문, 서예, 그림, 수예 등에도 뛰어난 인물이었다.

6세 때에는 어머니와 함께 서울의 친가로 갔다. 2년 후에는 고향인 경기도 파주의 율곡으로 가서 살았다. 7세 때(1542년)부터 율곡은 어머니의 지도로 사서삼경과 시문 등을 읽고 불교 서적까지 두루 섭렵하였다. 또 이웃집에 사는 진복창이라는 사람을 대상으로 진복창전을 지어 경계한 바 있다. 9세 때에는 「이륜행실(二倫行實)」을 읽었는데 당나라 장공예(張公藝)의 9세동거(九世同居) 항에 이르러 깊이 감동을 받았다. 그는 그 그림을 그려서 벽에 붙여놓고 보았으며 뒤에 해주 석담(石潭)에서 이를 실현하려고 했다. 1548년(13세)에 진사시에 가장 어린 나이로 응시하여 합격하였다. 1551년(16세) 5월에는 어머니가 돌아가셨다. 이때 허무감에 젖어 불교 서적을 다시 읽게 되었고, 19세 되던 1554년 3월에 간단한 행장을 꾸려

가지고 금강산의 어떤 절로 들어갔다. 그러나 논어를 읽고 깨달은 바 있어 1년도 못되어 그곳을 떠났다. 이때 평생의 학우인 우계(牛溪) 성혼(成渾)과 사귀었다. 1555년(20세) 봄 외가인 강릉으로 돌아와 1년간을 보내며 열심히 유학을 공부하였다. 율곡은 여기서 일생의 목표를 뚜렷이 정하고 이를 성취하기 위한 구체적인 방법까지 짜서 실천하려고 하였다. 그것이 자경문(自警文) 11개조인데 그 제 1조에는 "먼저 그 뜻을 크게 가지자 성인으로서 모범을 삼되 조금이라도 성인만 못한 점이 있다면 나의 할 일은 끝난 것이 아니다." 라고 되어 있다.

1556년 봄에는 서울로 갔다. 그때 국가의 정책을 논하라는 한성시에 응시하여 수석으로 합격하였고, 이듬해 9월에는 다섯 살 아래인 성주 목사 노경린(盧慶麟)의 딸과 결혼하였다.

1558년(23세) 봄에는 그가 머물고 있던 성주의 처가로부터 강릉의 외가로 가는 도중에 예안의 퇴계를 방문하였다. 23세의 율곡이 당시 58세로 학문적으로 완숙한 경지에 이른 퇴계와 만나 2일 동안 머물며 시로 화답하고 학문에 대하여 토론하였다. 퇴계는 율곡의 박학함을 칭찬하고 학문에 정진하도록 격려하였다. 그 후로도 율곡은 서신을 통하여 학문에 관한 질의를 하였다. 퇴계는 "지난 날 조카가 불교책을 읽고 그 독을 입었다고 들었으나 만나보니 참된 학문과 불교의 과오를 지적하였고, 또 두 편지의 뜻을 보니 조카와 함께 도(道)로 나아갈 것을 알았다"고 하였다.

외가를 거쳐 서울로 올라온 율곡은 그 해 겨울에 별시 과거에서 「천도책(天道策)」으로 장원급제하였다. 이는 시관들은 물론 후일 명나라 사자까지도 경탄한 바 있다고 한다.

1561년(26세) 5월에는 아버지가 돌아가셨다. 상을 벗은 1564년 7월과 8월에 걸쳐 여러 차례의 과거시험에 장원으로 급제하였다. 도합 9회를 장원했기 때문에 9도장원공(九度壯元公)으로 불리었다 한다.

율곡은 그 해 8월에 호조 좌랑(정 6품)에 임명된 후 예조 좌랑(65년), 이조 좌랑(66년), 사헌부 지평(持平: 정 5품, 68년) 등을 역임하였다. 1569년 10월에는 외할머니가 병환임을 알고 벼슬을 버리고 강릉으로 내려갔다.

1569년(34세)에 홍문관 교리(校理)에 임명되어 서울에 올라와 「동호문

답(東湖問答)」을 지어 올려, 임금으로서 취할 도리를 밝혔다. 10월에는 휴가를 얻어 강릉으로 갔다가 외조모 상을 당했다. 이듬해에 다시 교리에 임명되어 서울로 올라왔으나 곧 병으로 벼슬을 버리고 율곡으로 갔다. 이때 성혼(成渾)과 '4단 7정(四端七情)' '인심도심(人心道心)'을 논하였다. 12월에 퇴계의 부음을 듣고 매우 슬퍼하였다. 그 동안 이조정랑(정5품), 사간원 사간(종3품) 등에 임명되었으나 거의 사양하였다.

1573년(38세)에는 홍문관 직제학(정3품)에 임명되어 사퇴하였으나 허락 받지 못하였고 이듬해에는 우부승지에 임명되어 만언봉사(萬言封事)를 올렸고 그 해에 병조참지, 사간원 대사간 등에 임명되었으나 취임하지 않았다. 10월에는 황해도 관찰사(종 2품)에 임명되어 부임하였다.

1575년(40세)에는 병으로 벼슬을 사퇴하고 파주 율곡으로 돌아가 「성학집요(聖學輯要)」를 써 올려 군왕의 도(道)를 상술하였다. 그는 "신의 정력이 여기에 다 소비되었습니다"라고 하였다.

1576년에는 우부승지, 대사관, 이조참의, 전라감사 등에 임명되었으나 모두 병으로 사퇴하였고 이듬해에는 해주 석담으로 가서 집 한 채를 지어서 가족들을 모아 가훈을 정하고 함께 살았다. 12월에는 「격몽요결」을 완성하였고 향약과 사창(社倉: 일종의 장학제도)을 창설하였다. 1578년에는 고산 석담 9곡의 다섯째 골짜기에 은병정사(隱屛精舍)를 짓고 1580년에 정사의 북쪽에 주자의 사당을 지어서 주자와 조정암 그리고 이퇴계를 배향하였다.

1580년(45세)에는 대사간에 다시 임명되었다가 이듬해 사헌부 대사헌(종2품)으로 특진되었다. 재차 사직했으나 허락 받지 못하고 얼마 후 병으로 사면 받았다. 그 해 10월에는 호조판서로 승진되었다. 1582년에는 이조판서로 임명되었다. 그 해에 어명으로 「인심도심설」, 「김시습전」을 지어 올리고 「학교모범」 및 「사목(事目)」을 짓고, 8월에 형조판서에 임명되자 사퇴하고자 했으나 허락하지 않았다. 이때 만언소(萬言疏)를 올려 당시의 폐단을 시정할 것을 간하였다. 9월에 의정부 우참찬에 임명되고 숭정대부(崇政大夫: 종 1품)로 특진되었다. 그 후 의정부 우찬성(종1품)에 임명되어 역시 사퇴하였으나 허락 받지 못하였다. 12월에는 다시 병조판서에 임명되어 역시 사퇴하였으나 허락 받지 못하였다. 이때 율곡은 내금위(內禁衛)의 하급관리(종8품 정도)로 있는 이순신을 도승지(정3품) 유성룡에게 '장차 3한을 구제할 인물이니 등용하라'고 천거하였다.

1583년(47세)에는 「시무6조(時務六條)」를 지어 올리고 10만 양병을 진언하였다. 유성룡 등 여러 신하가 태평시에 공연히 민심만 불안케 하는 것이라고 하여 이를 반대하였다. 후에 임진왜란의 곤경을 겪고 나서야 율곡의 선견지명에 감탄하였다.

율곡은 선조 8년에 당쟁이 벌어진 후 양당에 초연 중립의 태도를 취하여 동·서 화합에 진력하였다. 그러나 아무런 효과도 거두지 못하였다. 그런데 서인 중에는 정철을 비롯하여 율곡의 친우들이 많았기 때문에 동인측은 율곡이 서인측을 옹호한다는 의혹과 비난을 받았다. 율곡이 병조판서로 있을 때 호인(胡人) 2만여 명이 함경도 종성을 포위하고 있다는 급보를 받고 사수 중 3등 이하의 자로서 말을 공출한 자에게는 출정을 면제해 주는 정책을 써서 말을 모집해 보낸 후 이를 상주하였고, 또 한번은 병으로 누워 있을 때 왕의 부름을 받고 억지로 기동하여 입궐하다가 현기가 일어나 할 수 없이 알현치 못함을 고하고 물러간 적이 있었는데, 동인 측은 이 두 가지 일을 천권(擅權: 독재)과 만군(慢君: 임금 무시)에 해당하므로 율곡을 파면하도록 요청하였다.

이에 율곡은 여러 차례에 걸쳐 자기 죄를 청하는 동시에 사직할 것을 애걸하였다. 그러나 왕은 허락지 않았다. 이때 율곡의 친우인 성혼(成渾)은 분개하여 율곡을 공격하는 무리들을 처벌하도록 상소하였다. 그러자 왕은 율곡 탄핵의 주모자인 송응개·허봉·박근원 등을 유배에 처하고, 그 후 이조 좌랑 김공민이 3인의 유배를 풀 것을 청하면서 율곡 일파가 편당을 짓고 있다고 모함하였다. 이때 왕은 노하여 "나는 이(珥)와 혼(渾)의 당이 되고 싶어하니 이로부터 나를 그렇게 알아줌이 좋겠다" 하고 그의 직을 갈아치웠다. 율곡은 파주의 율곡으로 물러나 사직소를 올렸으나 왕으로부터 재삼 소명을 받고 부득이 상경하여 이조판서에 취임하였다.

율곡이 벼슬을 마다하는 이유는 몸이 약하여 격무에 견디기 어려운 점도 있었을 것이나, 그보다도 시비가 많은 당쟁의 어려운 무대 속에 말려들지 않으려는 심정과 선조는 자기를 잘 이해하고 사랑해 주면서도 자기의 정책에 대하여 한 귀로 듣고 다른 귀로 흘려버리는가 하면, 추진력과 과단성이 없는데 실망하였기 때문이었다.

율곡이 취임한 지 3개월 만인 이듬해 정초부터 발병하여 치료를 하고 있던 중 때마침 북도순무(北道巡撫)의 명을 받은 서익(徐益)이 왕의 지시로 율곡을 방문하고 순무에 관한 방략을 물었다. 율곡은 그것을 쓰기 위하여 병석에서 일어나 붓을 들었다. 자제들이 병이 더 악화될까 우려하여 만류하였으나 율곡은 "이는 국가의 대사(大事)이니 기회를 놓칠 수 없다."고 하고 입으로 부르고 아우 우(瑀)로 하여금 받아쓰게 하였다. 이것이 이른바 「육조방략(六條方略)」이다.

이 때문에 율곡의 병은 더 악화되어 수일 후에 세상을 떠났다. 1584년(선조 17년) 1월 16일, 그의 나이 불과 49세였다. 임금은 이 소식을 듣고 애통해 하였는데 그 곡하는 소리가 밖에까지 들렸다 한다. 그의 출상 날에는 골목마다 사람들이 가득 차서 곡성이 진동하였으며 밤에는 시민들이 횃불을 켜드니 그 불빛이 서울 교외 수십 리 밖에까지 비쳤다 한다. 3월 20일 파주 자운산에 안장되었다. 1624년에 인조는 시호를 문성(文成)이라 사하였고, 1681년에 숙종은 문묘(文廟)에 배향하였다.

그의 첫째 형은 일찍 죽었는데 그가 형수와 조카를 보살펴 주었다. 벼슬을 하지 못한 둘째형은 율곡에게 마구 잔심부름을 시켰다. 제자들이 보다못해 "선생의 신분으로서 그것은 지나친 공손이 아닐까요?" 라고 했으나 율곡은 "부형 앞에 벼슬의 지위가 무슨 상관이냐? 부형 앞에는 지나친 공손이란 있을 수 없다" 하며 조금도 꺼리지 않고 몸소 시중을 들었다 한다. 또 율곡의 계모가 성품이 고약하여 조금이라도 비위에 거슬리는 일만 있으면 문을 닫은 채 늦도록 나오지 않았다. 그럴 때면 율곡이 문 밖에 앉아 공손하게 마음 풀기를 애원하였다. 그리고 또 계모는 술을 좋아하여 아침 해장술을 들고야 잠자리에서 일어났는데 율곡은 항상 약주를 따듯하게 데워 가지고 가서 권하였다. 이러한 정성에 감동된 그녀는 마침내 착한 사람이 되고 율곡이 먼저 죽자 그 고마움에 보답하기 위하여 3년상을 입었다고 한다.

　　율곡은 부인이 자식을 낳지 못하자, 김씨를 소실로 맞았다. 그러나 그녀 역시 생산을 못하자 다시 이씨를 맞았는데 그녀는 비로소 아들을 낳았다(1564년). 그 후 딸을 낳았고 또 둘째 부인이 아들을 하나 낳았다. 따라서 유족으로는 세 부인과 큰아들 경림(景臨)과 둘째아들 경정(景鼎), 그리고 딸이 있었다.

2) 사　상

가) 이기론(理氣論)

　　율곡에 의하면 이(理)는 기(氣)의 주재(主宰)가 되고, 기는 이의 탈 바가 된다. 그러므로 이(理)가 아니면 기(氣)가 근거할 수 없고 기가 아니면 이가 의착(依着)할 수 없는 것이다. 따라서 이기(理氣)는 둘도 아니요 또한 하나도 아니다. 이와 기가 서로 떨어질 수 없다 하더라도 이와 기는 서로 달라서 섞일 수 없으므로 하나가 아니요, 이와 기가 서로 다를지라도 둘을 분간하기가 어렵고 틈이 없으며 선후도 없고 이합이 없어 둘이 아니다.

　　그리고 이(理)는 본래 편(偏)·전(全), 청(淸)·탁(濁), 통(通)·색(塞), 순(純)·잡(雜)의 구별이 없다. 다만 이(理)를 태운 기(氣)가 승강(昇降)·비양(飛揚)하여 쉬지 않고 서로 섞이어 천지 만물을 생성하는 데서 그 나뉨이 수만 가지로 다르게 된다(理一分殊說). 이기는 본래 하나의 존재 양상이지만 이가 기이고 기가 이인 것은 아니다. 둘이면서 하나로 있고 하나로 있으되 둘인 관계를 율곡은 이기지묘(理氣之妙)라고 하였다. 이기지묘는 이기의 묘합(妙合)이라는 말인데 이기가 시간적으로 선후가 없고 공간적으로 이합(離合)이 없는 묘합의 존재 구조라는 의미이다.

　　퇴계는 주자의 주장을 따라가 사단(四端)을 이발이기수지(理發而氣隨之), 칠정(七情)을 기발이이승지(氣發而理乘之)라고 하는 이원적인 주장을 했는데, 율곡은 기발이이승지는 문제가 없으나 이발이기수지는 잘못된 것이라고 주장하였다. 이발은 있을 수 없다고 본 것이다. 율곡은 천지의 변화에 이화(理化), 기화(氣化)가 없듯이, 내 마음 또한 이발, 기발의 두 길이 없다고 하여 퇴계의 호발(互發)을 반대한다. 기발이이승지라는 말은 기가 발하고 이가 그 위에 올라탄다는 말이고, 이발이기수지는 이가 발하고 기는 그 뒤를 따라간다는 말인데, 두 말의 의미에 이를 기보다 더 상위로 중시하고 있지만 문제가 되는 것은 이발 즉 이가 발하는가, 발할 수 있는가 하는 것이다. 즉 기는 발하지만 이는 발하지 않는다는 것이며 따라서 이는 그 자신은 발하지 않지만 기발의 원인이 되고 주재가 된다는 것이다. 그리하여 율곡은 기발이승만을 인정하고 주장한다.

또 율곡은 이는 무형, 기는 유형이라는 이기 개념에 의거하여 이는 무형이므로 시간이나 공간의 제약을 받지 않는 보편성을 가졌고, 기는 유형이므로 시간이나 공간의 제약을 받는 국한성을 가져서 이는 언제 어디서나 두루 통하고(理通) 기는 언제 어디서나 한계 지어지고 국한된다(氣局)는 그의 이통기국설(理通氣局說)을 전개하였다.

나) 4단 7정론(四端七情論)

율곡은 주자나 퇴계와 마찬가지로 사람의 심(心)과 성(性)을 이기(理氣)의 합성으로 보되 심(心)의 체(本體, 理) 곧 사물에 감촉 되지 않은 상태(未發)를 성이라 하고, 심의(용, 기)작용 곧 이미 감촉된 뒤의 상태(已發)를 정(情)이라 하였다. 그리고 성(性)을 본연의 성(理性)과 기질의 성(感性)으로 나누었다.

그러나 율곡은 주자나 퇴계가 4단과 7정을 이(理)와 기(氣)에 각각 포섭시키는 견해에 대해서 기발이승의 입장에서 반대하였다. 주자는 맹자의 4단을 '이의 발(理之發)'이라 하고 예기의 7정을 '기의 발(氣之發)'이라 하였고, 퇴계도 '4단은 이에서 발하고 7정은 기에서 발한다'고 하였다. 이에 대해 고봉(기대승)이 이의를 제기하여 퇴계와 고봉간에 학문적인 논쟁이 있었음은 앞의 퇴계의 사단칠정론에서 언급하였다. 이러한 퇴계와 고봉간의 논쟁이 율곡과 우계(牛溪: 成渾)215)의 논쟁으로 재발된 것이다. 우계도 퇴계의 사단칠정설에 대해 의심을 품고 있었는데 주자의 「중용(中庸)」의 서문에 "인심(人心)은 형기(形氣)의 사(私)에서 발하고 도심(道心)은 성명(性

---

215) 우계 성혼(牛溪 成渾, 1535-1598) : 율곡과 동향인으로(경기도 파주) 서로 우의가 두터웠으며 율곡보다 한 살 위다.

命)의 정(正)에서 발한다"는 말을 깊이 음미한 후 생각하기를 "주자도 인심(人心)과 도심(道心), 즉 본연의 성과 기질의 성을 이(理)와 기(氣)의 합성으로 보았으니 퇴계의 이기호발설(理氣互發說; 이기가 다 같이 작용한다는 이론)도 옳지 않느냐?"고 율곡에게 질의하였다.

이에 율곡은 답하기를 "심(心)은 하나로되 인심과 도심의 둘로 나누어 말하는 것은 성명(性命: 理性)에서 나오는 것과 형기(形氣: 感性)에서 나오는 것의 구별이 있기 때문이며 또 정(情)도 하나로되 4단 혹은 7정이라 하는 것은 이(理)만 말할 때와 이와 기를 겸하여 말할 때의 다름이 있는 까닭이다. 그러므로 4단은 7정을 겸할 수 없으나 7정은 4단을 겸할 수 있다. (이것은 고봉의 견해와 같다) 사단은 칠정의 전부임과 같지 아니하고 칠정은 사단의 순수함과 같지 아니하다."고 하였다. 이것은 주자(朱子)의 「중용(中庸)」 자문(字文)에 "형기(形氣)의 사(私)에서 생기기도 하고, 성명(性命)의 정(正)에 근원하기도 한다(或生於形氣之私 或原於性命之正)에 근거하여 말한 것이다.

아무튼 율곡은 퇴계가 4단을 이(理)에서 발하고 7정은 기(氣)에서 발한다고 주장한데 반대하여, 마음이라는 것은 이기를 겸하고 있으므로 어떠한 정신작용을 막론하고 이기의 공동작용 아닌 것이 없다고 하였다. 그러므로 4단이 이(理)에서 발한 것이 아니라 7정 중 선한 상태만을 들어서 말한 데 불과한 것이며 이것은 인심(人心)과 도심(道心)을 대립적으로 말한 것과 다른 것이라 하였다. 인심은 즉 육체적 감관적인 일면에 쏠리는 마음이요, 도심은 이성적 도의적인 일면에 순응하는 마음을 의미하는 말로써 그 지향하는 방향이 서로 다르다. 따라서 인심 도심은 양면으로 나누어서 말할 수는 있지만 별도로 고정된 것이 아니라 처음에 도심이었다가 사적인 것이 개입하면 인심이 되고 마찬가지로 처음에는 도심이었지만 그 잘못을 알아 사심을 억제하여 굴복시키면(制伏) 도심이 된다는 것이다.

이러한 율곡의 사단 칠정에 관한 견해(七包四: 칠정이 사단을 포함한다는 이론)는 물론 그의 이기론에 근거한 것이다. 이기지묘, 이통기국이 그 근저를 이루고 있다.

율곡이 퇴계의 이기호발(理氣互發: 이와기가 각각 발한다는 아론)을 반대하고 퇴계의 기가 발할 때 이가 그 위에 탄다는 기발이승(氣發理乘)만을 인정한 것은 고봉의 견해에 동조한 것이 되었으나 율곡은 고봉의 견해를 단순하게 따른 것이 아니라 퇴계의 사상을 뛰어넘는 율곡 자신의 사상이라고 보아야 한다. 그리고 학문을 하는데 있어서 어떤 전통이나 권위에 무조건 따르는 입장은 지양되어야 한다는 것을 깨닫게 해 준다. 이러한 이·기에 대한 논쟁은 나중에까지 주리파와 주기파로 나누어져 발전하면서 대립하는데 그것은 각자의 입장이나 학문적 출발점, 그리고 용어에 대한 개념 정의나 이해의 차이에서 비롯된다고 볼 수 있다.

역대 세계의 소피스트

2009년 4월 25일 1판1쇄 초판인쇄
2009년 4월 30일 1판1쇄 초판발행
저 자 최 영 창
발행자 심 혁 창
발행처 **도서출판 한글**
서울특별시 서대문구 북아현동221-7
☎ 02) 363-0301 /영업부 02-362-3536
FAX 02) 362-8635
E-mail : simsazang@hanmail.net
등록 1980. 2. 20 제312-1980-000009

△ 파본은 교환해 드립니다
IN GOD WE TRUST
정가 **15,000원**

ISBN 978-89-7073-300-5- 93120